Baedeker

Allianz Reiseführer

Bayerischer Wald

www.baedeker.com

Verlag Karl Baedeker

TOP-REISEZIELE ★ ★

Sehens- und Erlebenswertes gibt es im Bayerischen Wald in großer Zahl. Für einen Überblick haben wir Bekanntes und weniger Bekanntes – Landschaften und Städte, Naturschönheiten und große Kunst – zusammengestellt.

1 ★★ Kloster Weltenburg
Der Donaudurchbruch und eines der wunderbarsten Werke der Brüder Asam, dazu ein schöner Biergarten mit ausgezeichnetem Gerstensaft ► **Seite 284**

2 ★★ Befreiungshalle
Ein Rundtempel hoch über dem hübschen Städtchen Kelheim feiert die Überwindung Napoleons. ► **Seite 284**

3 ★★ Regensburg
Einzige mittelalterliche Großstadt Deutschlands und UNESCO-Welterbe an der Donau – nicht weniger begeistert ihr »italienisches« Flair. ► **Seite 260**

4 ★★ Walhalla bei Donaustauf
Und noch ein Ruhmestempel aus dem antikenbegeisterten 19. Jahrhundert, mit schönem Ausblick über die Donau
► **Seite 53, 282**

5 ★★ Burg Falkenstein
Auf den Höhen des westlichen Vorwalds thront die einstige Burg der im Bayerischen Wald bedeutenden Grafen von Bogen.
► **Seite 170**

6 ★★ Klosterkirche Walderbach
Strenge Romanik mit seltener romanischer Architekturmalerei, kontrastiert mit barocker Ausstattung. ► **Seite 169**

Regensburg entdecken
Um den Dom St. Peter und die berühmte Steinerne Brücke pulsiert das Leben.

7 ✱✱ Straubing
Vom stattlichen Stadtplatz über das Gäubodenmuseum und prachtvolle Gotteshäuser bis zu den Agnes-Bernauer-Festspielen: das erlebenswerte Zentrum der »bayerischen Kornkammer«
▸ **Seite 286**

8 ✱✱ Bogenberg
Über der Donau ragt der »heilige Berg« Niederbayerns auf, ein bedeutendes Wallfahrtsziel mit herrlicher Aussicht.
▸ **Seite 295**

9 ✱✱ Pfahl bei Viechtach
Den Vorwald durchzieht schnurgerade eine Quarzrippe, die (unter anderem) hier die Landschaft eindrücklich prägt.
▸ **Seite 304**

10 ✱✱ Kaitersberg
Ein wenig spektakulärer Bergzug im Lamer Winkel, dennoch eines der schönsten Wander- und MTB-Reviere des Walds
▸ **Seite 151**

11 ✱✱ Großer Arber
Der »König des Bayerischen Walds«, höchster Berg und Zentrum des alpinen Skisports ▸ **Seite 157**

12 ✱✱ Kloster Metten
Um 766 gegründetes Kloster bei Deggendorf, einer der Ausgangspunkte für die Erschließung des Bayerischen Walds, mit berühmter barocker Bibliothek
▸ **Seite 176**

13 ✱✱ Kloster Niederaltaich
Ebenso verschwenderischen Barock kann man bei Hengersberg bewundern, im älteren Nachbarkloster von Metten.
▸ **Seite 179**

14 ✱✱ Lallinger Winkel
So lieblich kann der Bayerische Wald sein. Wenn möglich, sollte man zur Obstbaumblüte hierherkommen. Auch gibt es in einigen Dörfern noch alte Bauernhäuser.
▸ **Seite 181**

15 ✱✱ Burg Weißenstein
Seinen »Höhepunkt« erreicht der Pfahl bei Regen, bekrönt von der malerischen Ruine einer Burg der Grafen von Bogen. Im Kornspeicher bestaunt man eine riesige Sammlung von »Schmalzlerglasln«.
▸ **Seite 256**

16 ✶✶ Rinchnach
Die bedeutendste und schönste Barockkirche des Bayerischen Walds, ein Werk von Johann Georg Fischer
► Seite 258

17 ✶✶ Nationalpark Bayerischer Wald
Im Grenzkamm zwischen dem Arber und dem Lusen entwickelt sich der Wald nach eigenen Gesetzen, was man auf schmalen Steigen eindrucksvoll erleben kann.
► Seite 194

18 ✶✶ Großer Rachel
Der höchste Berg im Nationalpark mit überaus malerischen Punkten, aber schweißtreibenden Anstiegen
► Seite 216

19 ✶✶ Lusen
Der »zweite im Bunde« im Nationalpark. Durch neuen Urwald erreicht man seinen Gipfel, ein sagenumwobenes Granitblockmeer, das zu den »100 schönsten Geotopen Bayerns« zählt. ► Seite 217

20 ✶✶ Freilichtmuseum Finsterau
Auch wenn der bäuerliche Alltag hart war: Heute sind die alten Bayerwaldhöfe die pure Idylle. ► Seite 219

21 ✶✶ Osterhofen-Altenmarkt
Mit St. Margareta schufen Johann Michael Fischer und die Brüder Egid Quirin und Cosmas Damian Asam ein Wunder der barocken Gestaltung. ► Seite 310

22 ✶✶ Aldersbach
Kleiner Ort mit großer Kunst: Die ehemalige Klosterkirche zählt zu den bedeutendsten Werken von Egid Quirin und Cosmas Damian Asam. ► Seite 312

23 ✶✶ Fürstenzell
Nochmal ein »Fischer«: Außer der Kirche gilt die Bibliothek des einstigen Zisterzienserklosters als eines der Hauptwerke des süddeutschen Barocks. ► Seite 314

Winterparadies Bayerischer Wald
Skifahren am Großen Arber

Barocke Pracht In Altenmarkt
Niederbayern ist reich an herrlichen Sakralbauten aus Barock und Rokoko.

24 ✶✶ Passau
Wo Inn und Ilz in die Donau münden, entstand die Residenzstadt eines mächtigen Fürstbischofs – mit barocker Pracht und junger, quirliger Atmosphäre.
▸ **Seite 219**

25 ✶✶ Museumsdorf Bayerischer Wald
Der Großteil der alten bäuerlichen Bauten des Bayerischen Walds ist verloren – hier wurden viele der schönsten Zeugnisse vereint. ▸ **Seite 251**

26 ✶✶ Dreiburgenland
Fürstenstein, Englburg und Saldenburg haben dem abwechlsungsreichen Ländchen an der Ilz den Namen gegeben, zu sehen gibt's aber noch einiges mehr.
▸ **Seite 248**

27 ✶✶ Buchberger Leite
Eine schöne Wanderung durch die wilde, tief eingeschnittene Klamm des Saußbachs bei Freyung. ▸ **Seite 242**

28 ✶✶ Haidel
29 ✶✶ Dreisessel
Die höchsten Berge des Unteren Bayerischen Walds bieten großartige Ausblicke, nach mäßiger oder gar keiner körperlichen Anstrengung. ▸ **Seite 244, 245**

30 ✶✶ Webereimuseum in Breitenberg
In der »Neuen Welt« hat man früher Flachs angebaut und zu Leinen verarbeitet, um sich seinen Lebensunterhalt zu verdienen. Hier erinnert man an das alte Gewerbe. ▸ **Seite 247**

31 ✶✶ Museum Steinwelten in Hauzenberg
Ein buchstäblich harter Broterwerb war der Granit. Alles über das dauerhafte Material, über seine Gewinnung und Verwendung erfährt man in diesem hervorragend gestalteten Museum. ▸ **Seite 238**

DIE BESTEN BAEDEKER-TIPPS

Aus den Tipps in diesem Band haben wir eine Reihe besonders interessanter zusammengestellt – erleben Sie das Land zwischen Regensburg, Großem Arber und Passau von seiner schönsten Seite.

! Bier kulinarisch
Bier ist eine Wissenschaft, aber eine höchst vergnügliche ... Das lernt man beim ersten Bier-Sommelier Deutschlands. ► **Seite 99**

! Böhmisches Bier
Nicht nur Bayern, auch Tschechien ist für sein Bier berühmt. ► **Seite 100**

! Emerenz zum Anhören
Lernen Sie mit Emerenz Meier und Monika Drasch eine Schriftstellerin und eine Musikerin des Bayerischen Walds kennen. ► **Seite 108**

! Beim Lindnerbräu
In Bad Kötzting gibt's eine alteingesessene Brauerei mit exzellentem (Bock-) Bier. ► **Seite 146**

! Marseillaise vom Rathaus
Mit der französischen Nationalhymne erinnert Cham an seinen berühmten Sohn Graf von Luckner. ► **Seite 164**

! Falkensteiner Bockerl
Stillgelegte Bahntrassen eignen sich ganz hervorragend als Fahrradwege – dieser führt von der Burg Falkenstein nach Regensburg. ► **Seite 171**

! Scharfe Sachen
Schreiner und Köche, ob Amateure oder Profis, finden bei Dick in Metten ihr Handwerkszeug. ► **Seite 176**

! Kulturwald-Festival
Im September wird der Wild-Berghof zum Mekka für Musikfreunde.
► **Seite 178**

! Äpfel von Streuobstwiesen
Im idyllischen Lallinger Winkel kann man lernen, wie am Baum gereifte Äpfel schmecken. ► **Seite 183**

! Flederwisch
Furth i. W. wartet mit einem ungewöhnlichen »Museum« für die ganze Familie auf. ► **Seite 184**

! Eisvogelsteig im Chamb
An und in (!) diesem Fluss kann man interessante Natur hautnah erleben.
► **Seite 193**

! Angusrind aus dem Wald
Besonders herzhafte fleischliche Genüsse bietet der gemütliche Gasthof im Gut Oberfrauenau. ► **Seite 212**

Burg Falkenstein
Wahrzeichen des westlichen Vorwalds und Ausgangspunkt eines schönen Fahrradwegs nach Regensburg

Gäubodenvolksfest
Alljährlich pilgern im August weit über 1 Mio. Gäste nach Straubing.

Im Nationalpark Bayerischer Wald darf Natur wieder Natur werden.

▸ Seite 194

HINTERGRUND

PREISKATEGORIEN

▸ **Hotels**

2 Personen im Doppelzimmer mit Bad und Frühstück:

Günstig	bis 75 €
Komfortabel	bis 120 €
Luxus	über 120 €

▸ **Restaurants**

Preise für ein Hauptgericht:

Preiswert	6 – 12 €
Erschwinglich	10 – 16 €
Fein & teuer	15 – 30 €

PRAKTISCHE INFORMATIONEN VON A BIS Z

Mit dem Bayerischen Wald im Hintergrund: »Gäubodenmetropole« Straubing

► **Seite 286**

TOUREN

REISEZIELE VON A BIS Z

Hintergrund

DUNKLE WÄLDER, EINE
INTERESSANTE GESCHICHTE,
GROSSE KUNST UND
LEBENDIGE TRADITIONEN:
DER BAYERISCHE WALD
UND SEIN VORLAND

WALDEINSAMKEIT ...

»Waldwoge steht hinter Waldwoge, bis eine die letzte ist und den Himmel schneidet«, so hat Adalbert Stifter seine Heimat beschrieben, damals als Böhmerwald, heute als Bayerischer Wald bekannt.

So schön uns dieses Bild anmutet, es liegt eine gewisse Schwermut darin. Die Landschaft ist nicht spektakulär, sondern ruhig, und der Wald kann finster sein. Im Inneren Bayerischen Wald nimmt er gut 90 Prozent der Fläche ein. Dort kann der Mensch auch heute einen ganzen Tag unterwegs sein, ohne auf einen anderen zu treffen. Dort ist, in der Begegnung mit einer großartigen Natur, noch die »Waldeinsamkeit« zu finden. Keine halbe Stunde zu Fuß vom Arbergipfel, auf den im Sommer die Gondelbahn die Touristen schaufelt, ist man allein in der Arberseewand und schaut zwischen uralten Bergahornen und Fichten, zwischen umgeworfenen Tannen und Buchen hinunter ins dunkle Auge des Arbersees: Einmal Wildnis und zurück in zwei Stunden.

Regensburg
Selbstbewusstsein und Pracht der bedeutenden Reichsstadt: Goliathhaus

Der »Woid«

So nennen die Bewohner ihre Heimat, ebenso wie den Wald. Es war harte Arbeit über Jahrhunderte, dem undurchdringlichen Forst Land abzuringen, um sich eine Lebensgrundlage zu schaffen. Da ist nicht schwer zu verstehen, dass die Bindung der »Waidler« zu diesem Landstrich groß ist, sehr groß. 1970 hat man dem Wald hier ein lebendes »Denkmal« gesetzt: Der erste deutsche Nationalpark wurde geschaffen, in dem der Wald die Chance hat, wieder zum Urwald zu werden. Doch der wilde Wald ist das eine, Kulturlandschaft das andere. Die Bauern, die Milch- und die Holzwirtschaft haben das Bild der Landschaft geprägt. Sanft bis steil buckeln sich die Wiesen, und indem die Bauern die Wiesen mähen und die Äcker bestellen, halten sie die Landschaft offen, machen sie den Blick frei zum Horizont, wo immer noch »Waldwoge hinter Waldwoge steht«. Fast schon zärtlich ist das Gefühl, das die junge Generation für ihre Heimat empfindet: »Manchmal freue ich mich schon auf den Moment, wo gerade zum ersten Mal die dunkelblauen Hügelreihen am Horizont sichtbar werden ... Wenn man lange nicht da war, ist es umso schöner«, schreibt Sebastian Stern, der junge

Auf dem Großen Arber

Was wäre der Bayerische Wald ohne seine aussichtsreichen Gipfelziele, besonders wenn – wie am 1936 erbauten Arberschutzhaus – eine ausgiebige Brotzeit lockt?

Barocker Überschwang

Der Osten Bayerns ist mit vielen wunderbaren barocken Gotteshäusern gesegnet. Der Passauer Dom – hier mit seiner weltberühmten Orgel – ist nicht nur das größte, sondern auch eines der kunsthistorisch bedeutendsten seiner Art nördlich der Alpen.

Gelebter Glaube

Klöster, Kirchen und Wallfahrten haben in der »Seelenlandschaft« des Bayerischen Walds immer noch ihren festen Platz (Wallfahrtskirche Mariahilf in Passau).

Auf Schusters Rappen

Wandern, sei es auf bequemen flachen oder auf anstrengenden steilen Pfaden, ist das große Ferien- und Freizeitvergnügen im Bayerischen Wald.

Lebendige Traditionen

Einst ein abgelegenes, unwegsames Gebiet, besitzt der Bayerische Wald eine reiche Geschichte, die man wie hier beim Säumerfest in Grafenau gerne wachruft und feiert.

Land des Glases

Auch wenn die große Zeit der Glasindustrie vorüber ist, wird der Bayerische Wald immer mit dem faszinierenden Material Glas verbunden bleiben. In vielen Werkstätten, etwa in der Glashütte Valentin Eisch, kann man die Arbeit damit erleben.

Filmemacher aus Viechtach. Leicht macht es der Bayerische Wald dem Besucher im 21. Jh. allerdings nicht, Originales und Ursprüngliches zu finden. Die Region ist voll »erschlossen«, rund um die Ortschaften macht sich der gleiche Gewerbebauten-Einheitsbrei breit wie überall, es gibt erbitterte Diskussionen über absurde Straßenbauprojekte, die Entwicklung des Tourismus, die Nationalpark-Politik.

Urlaubsland Bayerischer Wald

Romantiker und Naturliebhaber haben im 19. Jh. die »dunkelblauen Hügelreihen« des Bayerwalds für sich entdeckt, als Hort des Urwüchsigen, als das echte, unverfälschte Bayern. 1867 etwa war Friedrich Nietzsche nach seinem Studium hier. »Alles hat im Bayerischen Wald begonnen!« schrieb Nietzsche, der mit einem Studienkollegen zum Lamberg gewandert war, im »schönen uncivilisirten Wald, wo dem … Sorglosen das Glück begegnet«. 1890 meinte Karl von Reinhardstoetter in seinem Buch »Land und Leute im Bayerischen Walde«: »Der Bayerische Wald ist anspruchslos. Man muss … sagen, er ist kein modernes Reiseziel für Komfortleute.« Das ist anders geworden: Gut zehn Millionen Übernachtungen verzeichnet die Region im Jahr, und der Gast findet – wenn auch wenige »große« Sehenwürdigkeiten – alles, was man für einen erholsamen Urlaub braucht: eine schöne Landschaft, die der Seele guttut und erwandert werden will; bodenständige Wirtschaften und feine Restaurants; eine schier unendliche Vielfalt an lohnenden Ausflugszielen und Möglichkeiten zu sportlicher Betätigung. Nicht zuletzt ist der Bayerische Wald ein Ferien-Dorado für Familien mit kleineren und größeren Kindern. Mit Passau und Regensburg liegen im Vorland zwei der schönsten bayerischen Städte; die nordböhmischen Bäder Karlsbad, Marienbad und Franzensbad sind nah, auch Budweis oder Krumau in Südböhmen. Und was heute nicht wenig bedeutet: Man darf sich insgesamt über ein sehr angenehmes Preisniveau freuen. Sicher trifft man auch im Bayerischen Wald auf unschönen Massentourismus. Wer aber zum richtigen Zeitpunkt am richtigen Ort ist – vielleicht in Untergriesbach im »Lanz«, bei einem frisch gezapften Bier –, kann erleben, dass sich nach einer Zeit die Wirtin dazusetzt und fragt: »Wo sads jetz nacha ihr her?« Vielleicht ist das der Beginn einer wunderbaren Freundschaft zu einem wunderbaren Landstrich.

Bayern und das Bier …
Auch beim Straubinger Gäubodenvolksfest fließt es in Strömen.

Fakten

Wie ist die Landschaft des Bayerischen Walds entstanden, das touristische Hauptkapital dieser beliebten Ferienregion? Was hat es mit dem »Pfahl« auf sich, der die ganze Region durchzieht? Welche Rolle spielen Holz und Glas in Geschichte und Gegenwart, und womit verdient man hier heute sein Geld? Interessantes und Wissenswertes über Land und Leute, Natur und Wirtschaft.

Natur und Landschaften

»Bayerischer Wald« und »Böhmerwald«

Bis nach dem Zweiten Weltkrieg hieß das Waldgebirge zu beiden Seiten der deutsch-tschechischen Grenze »Böhmerwald«. Als »Bayerischer Wald« wurde seit dem frühen 19. Jh. nur der Vorwald bezeichnet, das niedrigere Bergland zwischen dem Gebirge und der Donauebene. Dass die ursprünglich als Einheit empfundene Region auch terminologisch aufgeteilt wurde, war eine Folge des Eisernen Vorhangs, 1951 wurde der Name »Bayerischer Wald« offiziell für den ganzen Gebirgszug zwischen der Cham-Further Senke im Nordwesten und dem Dreisessel im Südosten festgelegt. Die Ferienregion, der dieser Reiseführer gewidmet ist, ist allerdings um einiges größer; sie umfasst auch die Donauebene mit dem Vorwald (Vorderer Bayerischer Wald) sowie die Donaustädte Regensburg und Passau – historisch gehören sie ebenso wie touristisch fest zum Bayerischen Wald.

Kleiner Ausflug in die Erdgeschichte

Entstehung des Waldgebirges

Bayerischer Wald und Böhmerwald gehören geologisch zur **Böhmischen Masse** zwischen Donau und Moldau (Moldanubikum), einer der ältesten Landschaften Mitteleuropas. Das bayerisch-böhmische Grenzgebirge liegt an ihrem westlichen Rand. Die Anfänge der Gesteinsbildung liegen im Proterozoikum vor etwa einer Milliarde Jahren, als Sand, Ton und Mergel in einem Meeresbecken abgelagert und durch Druck und Hitze im Bereich der Erdkruste eine Metamorphose durchmachten. Das Ergebnis waren **Gneise**, die später durch plattentektonische Verschiebungen aufgefaltet wurden. Bei erneuten Verschiebungen vor etwa 300 Millionen Jahren bildeten sich Spalten im Gestein, in die flüssiges Magma eindrang und zu **Graniten** erkaltete. In den heutigen Landschaftsformen sind die beiden Gesteinsarten deutlich erkennbar: Gneise formen – wie am Großen Arber – lange Gebirgsrücken; Granite sind zu Kuppen oder wie am Dreisessel zu charakteristischen Felstürmen mit gerundeten Kanten erodiert, die aufgrund ihrer Form als Wollsack-Granit bezeichnet werden. Die ursprünglich wohl bis zu 5000 m hohen Gipfel des Bayerwalds schrumpften durch die Verwitterung auf ihre jetzigen Höhen. Vor etwa 65 Millionen Jahren, im Tertiär, wurde der Bayerische Wald von den tektonischen Bewegungen erfasst, die zur Entstehung der Alpen führten, und angehoben; dabei sank das Donautal ab, es entstand der **Donaurandbruch** zwischen Regensburg und Vilshofen, der heute noch als Geländesprung zwischen den Vorwaldbergen (Einödriegel 1121 m) und der nur wenige Kilometer entfernten,

← Glas, geboren aus Quarz und Feuer: Ofen in der Glasmanufaktur Freiherr von Poschinger in Frauenau

Bayerischer Wald Geologie

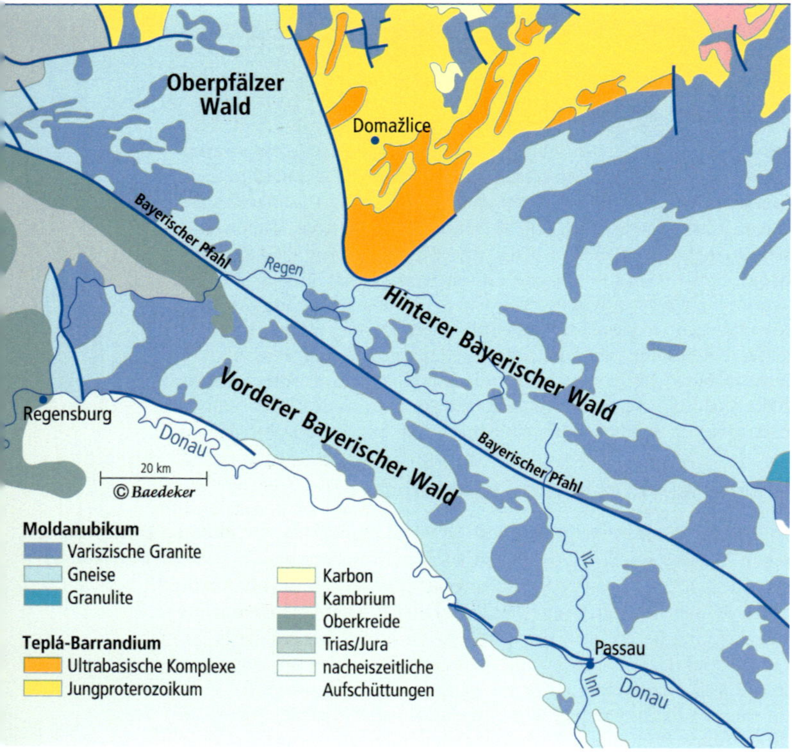

300 – 350 m über NN gelegenen Donauebene die Landschaft prägt. Die tiefen Einschnitte der Täler von Donau und Inn in der Umgebung von Passau entstanden ebenfalls durch die Gebirgshebung. Die Flüsse suchten sich dabei keinen neuen Weg, sondern wuschen in schon existierenden Tälern tiefe Betten mit steilen Wänden aus.

Der Pfahl Die große geologische Besonderheit des Bayerischen Walds ist der Pfahl, ein schmales **Felsriff**, das sich über gut 140 km schnurgerade zwischen dem Naabtal (Naabburg) in der Oberpfalz und kurz vor Linz in Oberösterreich erstreckt. Bei Plattenverwerfungen vor etwa 275 Millionen Jahren entlang einer von Nordwest nach Südost verlaufenden Störung – der Vordere Bayerische Wald wurde dabei gegenüber dem Hinteren um mehrere hundert Meter angehoben – wurden Gneis und Granit zerrieben und zu Schiefer (»Pfahlschiefer«) gepresst. In seine Klüfte drangen heiße Kieselsäurelösungen ein; das Siliziumdioxid kristallisierte aus und schuf einen **harten Quarzkern**, der bis heute der Verwitterung weitgehend trotzt. Bei der alpidischen

Gebirgsbildung wurde der Bayerische Wald emporgehoben, die Erosion trug das weichere Gestein ab, während der Quarzkern, der Pfahl, freigelegt wurde. Der Quarz war einst der Grundstock für die Entstehung der Glasindustrie im Bayerwald, später wurde er als Straßenschotter abgebaut. Für den Namen »Pfahl« gibt es verschiedene Erklärungen; die einen führen ihn auf das lateinische Wort »pallidus« für »bleich, fahl« ab, die anderen vom ebenfalls lateinischen »vallum« für »Wall«. Besonders eindrucksvoll ragt die weiße Quarzrippe bei Viechtach (bis 30 m hoch und 120 m breit) und südöstlich von Regen aus dem Boden, wo er sogar eine Burg trägt (Weißenstein); zwischen Thierlstein bei Cham und Weißenstein kann man ihn auf dem bequemen, idyllischen Pfahlwanderweg kennenlernen.

Die Eiszeiten

Vor etwa drei bis zwei Millionen Jahren wurde das Erdklima deutlich kälter. Der Bayerische Wald und der Böhmerwald erlebten insgesamt sechs Kälteperioden, die letzte, die Würmeiszeit, endete vor etwa 11 000 Jahren. Anders als in den Alpen waren hier nur Höhen über 800 m in den Gipfelbereichen des Hinteren Bayerischen Walds, also um Arber, Rachel und Lusen, von der Vergletscherung betroffen; als **Karseen** sind der Rachel- sowie der Große und der Kleine Arbersee Spuren der Vereisung. Die charakteristischen **Blockmeere**, etwa auf dem Lusen, entstanden auf Gipfeln und an steileren Hängen, die innerhalb des Eises geblieben waren; es handelt sich um Granitmassen, die durch häufigen Frostwechsel bei eindringendem Wasser in Blöcke gespalten wurden. Der Vorwald glich einer Tundra mit Dauerfrostboden. Als die Kaltzeit endete, verwandelte sich die Tundra in Wald.

Landschaften

Berge und Flüsse

Der Bayerische Wald besteht aus zwei parallel verlaufenden Bergzügen, dem **Vorderen Wald** (Vorwald) und dem **Hinteren (Inneren) Wald**. Ersterer erreicht Höhen von etwas über 1000 m, die Gipfel des Letzteren über 1300 m. Die höchsten Gipfel sind der Große Arber (1456 m) und der Große Rachel (1453 m). Zwischen den beiden Ketten verlaufen der Pfahl und – zwischen Chammünster und Regen bzw. Zwiesel – die Regensenke. Der Kamm des Waldgebirges bildet die **Wasserscheide zwischen Donau und Moldau** und somit zwischen Schwarzem Meer und Nordsee; entwässert wird die Region hauptsächlich von den Flüssen Regen und Ilz zur Donau hin (s. u.), einen kleinen Teil der grenznahen Nordosthänge entwässert die Moldau zur Elbe. Was bei den Einheimischen einfach jeweils als **Regen** bezeichnet wird, ist tatsächlich meist nur ein Teil des Regen-Systems. Der Kleine Regen entspringt am Nordostfuß des Großen Rachels in Tschechien, durchfließt die Trinkwassertalsperre bei Frauenau und vereint sich in Zwiesel mit dem Großen Regen, der am Osthang des Pancíř entspringt und bei Bayerisch Eisenstein deutsches Gebiet erreicht, zum Schwarzen Regen. Zwischen Regen und Viechtach bildet er im malerischen »Bayerischen Kanada« ein echtes Wildwasser, hin-

Kastl
Schwandorf
Winklarn
Rötz
Burglengenfeld
Regen
Cham
Roding
Naab
Parsberg
Walhalla
Wörth
REGENSBURG
ALTMÜHLTAL
Kelheim
Bad Abbach
Befreiungshalle
Sünching
Geiselhöring
Abensberg
Neustadt
Vohburg
Geisenfeld
Neufahrn
Pfeffenhausen
Mainburg
Wolnzach
Au
Landshut

BÖHMERWALD
ERISCHER WALD
Klatovy
Klattau
Furth
im Wald
Strakonice
Strakonitz
Sušice
Schüttenhofen
Kötzting
GR. ARBER
1456 m
Bayer.-
Eisenstein
Viechtach
GR. FALKENSTEIN
1315 m
Zwiesel
Horní Vltavice
Obermoldau
GR. RACHEL
1453 m
Regen
Grafenau
Philippsreut
Deggendorf
Freyung
Plattling
Waldkirchen
Tittling
Isar
DONAU
Oster-
hofen
Ilz
andau
Vilshofen
Passau
Unter-
griesb.
bach
Inn

Urtümliche Bachlandschaft am Kaitersberg zwischen Ottmannszell und Eck

ter Viechtach durchfließt er die Stauseen Höllensteinsee und Blaibacher See. Unterhalb von Kötzting stößt der Weiße Regen dazu, der aus dem Kleinen Arbersee kommt. Der nun wirklich nur »Regen« heißende Fluss strömt in westlicher Richtung weiter, nimmt vor Cham den von Furth i. W. kommenden **Chamb** auf und mündet nach einem scharfen Knick nach Süden in Regensburg in die Donau. Auch die **Ilz** bildet ein ganzes Flusssystem, das von der Mündung in Passau bis hinauf in den Nationalpark reicht. Ihre Quellflüsse Große und Kleine Ohe entspringen im Bereich des Rachels bzw. des Lusens und vereinen sich südlich von Grafenau mit der Mitternacher Ohe zur Ilz; nahe Fürsteneck nimmt sie dann noch die Wolfsteiner Ohe auf. Charakteristisch für den Fluss ist sein weiches, bräunlich-dunkel gefärbtes Wasser. Erstere Eigenschaft verdankt er den kalkarmen kristallinen Gesteinen Granit und Gneis, letztere den Hochmooren und Fichtenwäldern des Inneren Bayerischen Walds. Aufgrund der ökologischen Bedeutung wurde die Ilz zur »Flusslandschaft der Jahre 2002 / 2003« proklamiert, einige Teile (Obere Ilz, Halser Ilzschleifen) stehen unter Naturschutz.

Die Donau

Obwohl die Donau im Bereich dieses Reiseführers fast durchgehend etwa 15 m tief ins Gelände eingeschnitten ist, wird ihr Lauf nicht »Tal«, sondern »Ebene« genannt. Bei Kelheim durchbricht die Donau in einer spektakulären Schlucht, der **Weltenburger Enge**, die Kalkschichten des Fränkischen Juras. Ihr weiterer Lauf wird am linken Ufer von den Bergen des Vorwalds begleitet, die teils sanft, teils mit steilen Hängen vom Fluss ansteigen (Donaurandbruch, s. o.), während das rechte Ufer vom flachen Gäuboden gesäumt ist (s. u.).

Bei Regensburg fließt der Donau von Norden der Regen, bei Deggendorf von Süden die **Isar** zu; deren Mündungsgebiet ist ein wertvolles Auwald-Biotop mit zahlreichen seltenen Pflanzen- und Tierarten. In Passau münden am berühmten **Dreiflüsseeck** Inn und Ilz in die Donau, der von Süden kommende Inn mit der grüngrauen Farbe eines Gebirgsflusses, die von Norden aus dem Bayerischen Wald strömende Ilz schwärzlich-braun gefärbt. Ab Kelheim, wo der Rhein-Main-Donau-Kanal die Verbindung zur Nordsee herstellt, ist die Donau auch für große Frachtkähne schiffbar. Mit **Staustufen** wurde der Fluss bis Straubing und unterhalb von Vilshofen begradigt. Um den Ausbau zwischen Straubing und Vilshofen wird erbittert gerungen. Befürworter beharren auf dem wirtschaftlichen Nutzen für die Region, Gegner befürchten die Zerstörung der letzten natürlichen Flusslandschaften und die wachsende Gefahr von Hochwasserkatastrophen (www.donau-ausbau.de). Gegenwärtig bewertet das bayerische Umweltministerium den Abschnitt als »natürliches Gewässer«, was die Errichtung einer Staustufe bei Aicha verunmöglichen würde.

Der Gäuboden

Im Gegensatz zum nährstoffarmen und klimatisch benachteiligten Bayerischen Wald ist der Gäuboden südlich der Donau ein überaus fruchtbarer Landstrich. Dies verdankt er den bis zu 6 m dicken Lößschichten, die im Zug der Auffaltung der Alpen und der Absenkung dieser Region entstanden: In der Eiszeit trieb der Wind Kalkstaub als Erosionsprodukt der Alpen in die Senke. Daraus wurde Löß, der Reichtum der brettebenen, erschreckend monotonen und fast baumlosen Region, die von Regensburg bis Künzing reicht, maximal etwa 12 km, an den schmalsten Stellen nur 2 bis 3 km breit. Produziert werden hier vor allem Zuckerrüben, Kartoffeln, Mais, Getreide und Gurken – das größte Gurkenanbaugebiet Deutschlands.

Flora und Fauna

Wälder, Filze, Schachten

Der gesamte Gebirgszug ist – als Teil des größten zusammenhängenden Waldgebiets Mitteleuropas – dicht bewaldet, im Inneren Bayerischen Wald bedeckt der Baumbestand über 90 % der Fläche. Die aus der Verwitterung von Gneis und Granit hervorgegangen Böden sind nährstoffarm und sauer, in Tälern und **Lagen bis 700 m Höhe** zudem feucht und kalt. Die Bedingungen im Aufichtenwald fordern von der Pflanzengesellschaft eine hohe Toleranz, weshalb sie hier fast ausschließlich aus widerstandsfähigen, frostbeständigen Fichten besteht. Bessere Bedingungen bieten die **Hanglagen von 700 bis 1150 m**, wo Buchen und Tannen die ursprüngliche Mischwald-Vegetation bildeten; durch Aufforstung mit den ertragreicheren Fichten wurde sie allerdings weitgehend verdrängt. Im Nationalpark, wo die Natur Gelegenheit zur Regeneration erhalten hat, bildet sich wieder die ursprüngliche Vegetation heraus. Zu Buchen und Tannen gesellen sich Bergahorn, Eschen, Eiben und Vogelkirschen. In der dritten Höhenstufe, in den **Gipfellagen**, werden die Mischwälder wegen der rauen

Blick vom Ruckowitz-Schachten auf den Großen Rachel

klimatischen Bedingungen von Fichtenwäldern abgelöst. Eine eigene Vegetationszone begleitet den **Pfahl**: Hier finden sich Birken, Kiefern und Wacholder. Als **Filze** werden die Hochmoore bezeichnet, die besonders auf tschechischer Seite die Gipfellandschaft prägen; kleinere Filze finden sich auch im Bayerischen Wald, so der Latschenfilz nördlich des Großen Rachels. **Schachten** sind Zeugnisse menschlicher Eingriffe in die Natur. Schon für die Zeit vor dem Dreißigjährigen Krieg sind solche fürs Vieh gerodete Weiden in 1000 – 1200 m Höhe verbürgt (1613 wird der Ruckowitz-Schachten nahe dem Zwieslerwaldhaus erwähnt), in den 1960er-Jahren wurde ihre Bewirtschaftung aufgegeben. Von Georgi bis Michaeli (23. April – 29. Sept.) weideten auf den zeitweise über 60 Schachten die »Waldstiere«, womit Ochsen und Jungtiere gemeint waren; Mitte des 18. Jh.s sollen es insgesamt an die 1000 Stück gewesen sein. Heute sind die im Wald versteckten Lichtungen, oft mit alleinstehenden bizarren, uralten Baumriesen oder toten Bäumen geschmückt, mit ihrer fast unheimlichen Stille und Abgeschiedenheit wahre Juwelen der Natur.

Besondere Tier- und Pflanzenarten im Bayerischen Wald

Der seit Jahrhunderten bewirtschaftete Wald konnte nur wenige seiner ursprünglichen Pflanzen- und Tiergesellschaften erhalten; die Holzwirtschaft mit Fichten-Monokulturen und die Viehwirtschaft zerstörten den Lebensraum vieler Pflanzen- und **Tierarten**. So überlebte der Luchs nur auf tschechischer Seite im Nationalpark Šumava, erste Tiere kehren in den Nationalpark Bayerischer Wald zurück. Fischotter, Rauhfußhuhn, Auerhahn, Schwarzstorch, Wanderfalke

und Kleineulen sind weitere Vertreter der bedrohten und unter Naturschutz stehenden Arten. Sogar Elche werden auf ihren Wanderungen im Bayerischen Wald gesichtet. Wölfe und Bären sieht man allerdings nur noch in den Tiergehegen des Nationalparks. Nicht bedroht sind die Populationen von Rothirsch, Reh und Wildschwein.
Die **Flora** fällt weniger durch Blütenpracht als durch Spezialisierung auf. Unter den widrigen Klimabedingungen im Inneren Wald (Nationalpark) gedeihen vor allem blütenlose Pflanzen wie Farne, Bärlappe, Flechten, Moose und holzbewohnende Pilze, aber auch Eiben und Hochmoorspezialisten wie Moosbeere, Andromedaheide, Wenigblütige Segge und Sonnentau; die alpine Flora ist etwa mit Alpenheckenrose, Schwarzer Heckenkirsche, Gebirgsfrauenfarn, Bergsoldanelle und Gamswurz vertreten, die nordeuropäische mit Krähenbeere und Sumpfporst. In den Gipfelregionen wachsen Zwergsträucher und da und dort auch Legföhren (Latschen). In den vom Menschen angelegten Wiesen gedeihen Märzenbecher (Frühlingsknotenblumen), Knabenkraut und Wollgras, an trockenen, mageren Standorten Borstgras, Arnika, Pechnelke und Glockenblume.

An der Donau

Die Auenlandschaft an der **Mündung der Isar** in die Donau ist Lebensraum von Eisvogel, Blaukehlchen, Mittelspecht, Prachtlibelle und Nachtpfauenauge. Im Wasser leben Huchen, Barsche und Moorfrösche; besonders artenreich ist die Flora mit Orchideen, Sumpfgladiolen und Hundswurz. In den Hängen der **Donauleiten** zwischen Passau und der österreichischen Grenze sind Äskulapnattern und Smaragdeidechsen, Gelbbauchunken und Hirschkäfer zu Hause, in der Donau Huchen und Sterlet. In der fischreichen **Ilz** leben u. a. Nasen und Neunaugen, auch ist gelegentlich noch die sonst nahezu ausgerottete Flussperlmuschel zu finden.

Naturschutz

Nationalpark Bayerischer Wald

Die Gründung des Nationalparks Bayerischer Wald 1970 (►Baedeker Special S. 202) war ein erster Schritt zur Regenerierung des durch intensive Nutzung und Monokultur gefährdeten Walds. 13 100 ha um Rachel und Lusen wurden unter Schutz gestellt und ihrer natürlichen Wachstumsdynamik überlassen. Die Nationalparkverwaltung greift bei natürlichen »Schädigungen« – Befall durch Schädlinge oder Pilze, Windwurf – nicht ein; kranke Bäume stürzen um und verrotten, auf dem natürlichen Substrat keimen neue Pflanzen. So konnten sich im 11 000 ha großen Kerngebiet Pflanzen ansiedeln, die im von Fichten dominierten Staatsforst keine Überlebensmöglichkeiten haben, etwa Beerensträucher. Im Lauf der Zeit sind richtige Urwälder gewachsen, so am Fuß des Rachels, wo ein Sturm 1983 Verwüstung hinterlassen hatte. 1997 wurden weitere 11 500 ha um den Falkenstein dem Nationalpark zugeschlagen. Die rigide Politik des Nicht-Eingreifens in natürliche Prozesse konnte in diesem neuen Areal wegen der heftigen Proteste von Bauern und Waldbesitzern allerdings noch nicht um-

Naturparks *Orientierung*

gesetzt werden. Viele Nachbarn des Nationalparks befürchten das Übergreifen von Schädlingen auf ihren Wirtschaftsforst.

Borkenkäfer und Stürme

Der Borkenkäfer ist ein gefürchteter Feind der Waldbesitzer. Zeugnisse für Borkenkäferbefall sind in der Geschichte des Bayerischen Walds zahlreich; die Wallfahrt auf den Bogenberg geht auf ein Gelübde zurück, das die Holzkirchner Ende des 15. Jh.s bei einer Borkenkäferplage taten. Der »Buchdrucker«, wie er auch heißt, befällt bevorzugt Altfichten, und zwar in Schwärmen von bis zu 200 Tieren. Einem einzelnen Angreifer kann die Fichte durch Harzfluss begegnen, einem Schwarm steht sie wehrlos gegenüber. Die Käfer graben Brutgänge unter der Rinde, schwächen so den Baum und bringen ihn zum Absterben. In bewirtschafteten Forsten werden die befallenen Bäume möglichst schnell gefällt und entfernt. Im Kerngebiet des Nationalparks bleiben sie liegen, wo sie Wanderer nicht gefährden. Bis 2005 waren im Rachel-Lusen-Gebiet Fichten auf einem 4350 ha großen Gebiet abgestorben. Dramatische Folgen für den geschwächten Forst haben Stürme: Kyrill, der am 18. Januar 2007 den Bayerischen Wald heimsuchte, hinterließ im Falkenstein-Rachel-Gebiet 120 000 m³ und im Rachel-Lusen-Gebiet 40 000 m³ Windwurf.

Naturschutz erfahren

Die Nationalparkverwaltung will Besuchern die Besonderheiten von Landschaft und Natur des Bayerischen Walds näherbringen und fördert mit didaktischen Angeboten das Verständnis für die natürlichen Prozesse. Lehrpfade zu markanten Landschaftsformen wie Schachten und Filzen oder durch den Aufichtenwald verbinden Wanderspaß und Lernen. In den Nationalparkhäusern (Hans-Eisenmann-Haus, Haus zur Wildnis) zeigen Ausstellungen die Dynamik von Wachstum und Vergehen und erklären Lebensräume von Tieren und Pflanzen. In den Freigeländen begegnen Besucher den früher im Waldgebirge verbreiteten Tierarten in ihrer natürlichen Umgebung.

Naturparks

Auch die Regionen südlich, westlich und nördlich des Nationalparks sind in die Pflege der Landschaft einbezogen. Ausgehend vom Landkreis Regen wurde 1967 der **Naturpark Bayerischer Wald** eingerichtet, der heute mit 278 000 ha Fläche von Bayerisch Eisenstein bis zur Donau und nach Waldkirchen reicht und den Nationalpark einfasst. Der 1966 gegründete **Naturpark Oberer Bayerischer Wald** schließt nordwestlich an und umfasst mit 180 000 ha auch den Vorderen Oberpfälzer Wald jenseits der Cham-Further Senke. Im Gegensatz zum Nationalpark wird in den Naturparks Wert auf den Schutz der Natur bei gleichzeitiger Nutzung durch den Menschen gelegt. Weitere bedeutende Naturschutzgebiete sind die Weltenburger Enge, die Mündung der Isar in die Donau, die Donauleiten südöstlich von Passau, die Obere Ilz und die Halser Ilzschleifen.

Der Nationalpark dient vor allem der Wiedergewinnung natürlicher Wälder, er bietet aber auch viele Möglichkeiten zu sportlicher Betätigung.

Die Eisensteiner Hütte am Großen Arber: Hier reicht der Blick von Zwiesel über Bayerisch Eisenstein bis in den Lamer Winkel.

Klima

»Nei Monat Winter, drei Monat koid – des is da Woid« – es ist kein Zufall, dass der Bayerische Wald zunächst als Winterreiseziel beliebt wurde. Dank der östlichen, kontinentalen Lage ist es hier deutlich kälter als in anderen deutschen Mittelgebirgen, und es gibt häufig Niederschläge. Im Winter kommt es oft zu Inversionswetterlagen mit Nebel in den Tälern und Sonnenschein in den höheren Hanglagen. Während die meiste Zeit des Jahres Wind aus südwestlicher Richtung vorherrscht, sorgt im Winter gelegentlich der von Osten kommende »Böhmwind« für unangenehme, bittere Kälte.

Niederschläge und Schnee

Wie die Vegetation, so lässt sich auch das klimatische Geschehen in **drei Höhenzonen** einteilen. Im unteren Bereich des Bayerwalds, bis etwa 700 m, fallen jährlich 1100 – 1300 mm Regen; wegen der immer feuchten, kalten Talsenken liegen die Temperaturen im Jahresmittel zwischen 5 und 6 °C. Schnee gibt es mindestens 5 Monate im Jahr, in einigen Lagen kann es sogar das ganze Jahr über Frost geben. (Ein wesentlich günstigeres Klima verzeichnet man an der Donau; hier wird es mit einem Jahresmittel von 9 °C deutlich wärmer.) Bis etwa 1150 m Höhe reicht die zweite Höhenstufe, in der das Klima günstiger ist, weil sich hier keine Nässe staut. Bei **Inversionslagen** sind diese Bereiche nicht vom Nebel betroffen. Temperaturen, Niederschläge und Schneeaufkommen unterscheiden sich kaum von denen im Tal. Schneesicher, und das bis zu 6 Monate im Jahr, sind die Gipfelbereiche im Hinteren Wald. Am Großen Falkenstein wird ein Jahresmittel von 3,5 °C gemessen, 1400 mm Niederschläge jährlich sind die Regel. Skifahrer finden deshalb ideale Bedingungen, und die Wintersportgebiete kommen trotz der auch hier spürbaren Klimaerwärmung die meiste Zeit ohne Schneekanonen aus. In guten Wintern ist am Großen Arber von Anfang November bis in den Mai Saison.

Wanderwetter

Während das Wetter im Winter stark vom Kontinentalklima geprägt ist, macht sich im Sommer gelegentlich der von den Alpen kommende warme Föhn bemerkbar. An klaren Tagen ist dann von den Bayerwaldgipfeln die Kette der Alpen zu sehen. Im Sommer ist aber auch mit häufigen Niederschlägen zu rechnen. Frühjahr und Herbst fallen verhältnismäßig kurz aus, als beste Jahreszeit für Wanderungen gilt der relativ trockene Herbst mit seinen Schönwetterperioden.

Bayerischer Wald *Klimastationen*

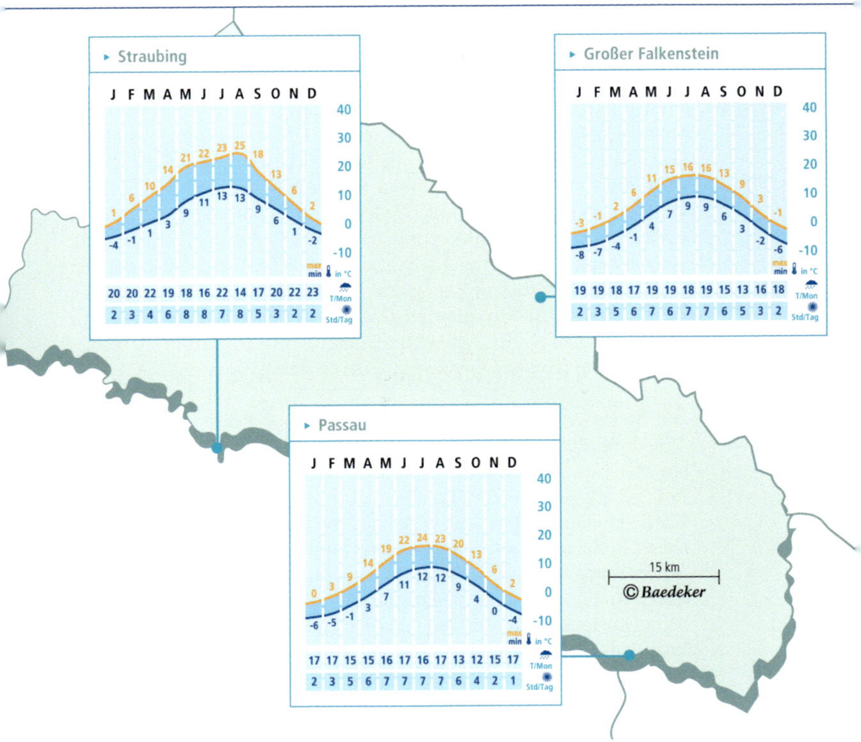

Bevölkerung und Wirtschaft

Der Bayerische Wald zwischen Niederbayern und Oberpfalz

Politisch gehört der Bayerische Wald zu zwei Regierungsbezirken: Niederbayern mit Regierungssitz in Landshut (Landkreise Straubing-Bogen, Deggendorf, Passau, Regen, Freyung-Grafenau) und Oberpfalz mit Regierungssitz in Regensburg (Landkreise Regensburg, Cham). Die beiden Bezirke haben sich historisch sehr unterschiedlich entwickelt, was in der Ausrichtung der Wirtschaft, in Sprache, Brauchtum und Küche heute noch greifbar ist. Während Niederbayern und die südliche Oberpfalz bis Regensburg römische Provinz waren, wurden der Bayerische Wald und der Rest der Oberpfalz als unwegsames Waldgebiet nicht romanisiert. Auch das Christentum fand erst spät in die Region. Im Gegensatz zum katholischen Niederbayern traten die Menschen in der Oberen Pfalz zum Protestantismus über. Niederbayern blieb bis ins 20. Jh. hinein agrarwirtschaftlich geprägt, die Oberpfalz besitzt hingegen eine lange industrielle Tradition (Eisenverhüttung, Glas). Die Grenzlage am Eisernen Vorhang nach 1945 traf beide Regierungsbezirke hart, doch waren die wirtschaftlichen Folgen für die Oberpfälzer Industrie gravierender als für die niederbayerischen Bauern.

Region an der Grenze

An der Grenze zu Böhmen gelegen, war der Bayerische Wald schon immer Durchgangsland; Völkerwanderungen und Flüchtlingswellen haben ihre Spuren hinterlassen. Viele von eingewanderten Germanen gegründete Siedlungen tragen im Namen die Endung -ing; Ortsnamen, die mit Windisch- beginnen oder auf -winden enden, verweisen auf slawische Besiedlung. Die letzte große Zuwanderung erfolgte nach dem Zweiten Weltkrieg mit über 300 000 aus dem Sudetenland vertriebenen Deutschen. Auch in jüngerer Zeit sind Niederbayern und Oberpfalz Ziel von Zuzüglern, allein 2004 und 2005 ließen sich jeweils über 100 000 Neubürger in Ostbayern nieder, viele davon aus der ehemaligen DDR. Der Ausländeranteil ist in Niederbayern hingegen gering (5,6 %; Oberbayern 13,4 %, Bayern gesamt 9,5 %).

Die Menschen vom »Wald«

Die Menschen im Bayerischen Wald, die sich selbst durchaus mit Stolz **»Waidler«** (Waldler) nennen, galten lange als Hinterwäldler, als ein bisschen langsamer, ein bisschen einfacher. Hart und karg war ihre Lebensweise in der Tat über Jahrhunderte hinweg. Land- und Holzwirtschaft prägen von alters her die Region; anders als die reichen Großbauern des Gäubodens bei Straubing hatten die Landwirte im Wald mit magerer Krume und harschem Klima zu kämpfen. Man lebte in kleinen, abgeschiedenen Dörfern auf Rodungen im Wald, baute Kartoffeln für den Eigenbedarf an, hielt einige Kühe, betrieb Wald- und Holzwirtschaft. Manufakturen und Kleinindustrie gab es nur in der Glasproduktion. Hier brachten es die Bayerwäldler, auch unter dem Einfluss böhmischer Glasmacher, zur Meisterschaft. In dieser Isolation wurden Traditionen und Bräuche bewahrt, die im

Zahlen und Fakten Bayerischer Wald

Geografische Daten

- Länge: (Nordwest – Südost) ca. 120 km
- Breite: (Südwest – Nordost) ca. 60 km
- Fläche: Bayern 70 549 km², davon
  Niederbayern 10 330 km²
  Oberpfalz 9691 km²
  Nationalpark Bayerischer Wald 242 km²
- Einwohner:
  Bayern 12,5 Mio., davon
  Niederbayern 1 195 000
  Oberpfalz 1 087 000

Verwaltung

- Bundesland: Bayern
- Regierungsbezirke:
  Niederbayern (Sitz Landshut), davon 5 Landkreise, 2 kreisfreie Städte (Passau, Straubing) und eine Große Kreisstadt (Deggendorf)
  Oberpfalz (Sitz Regensburg), davon 2 Landkreise und 1 kreisfreie Stadt (Regensburg)

Wirtschaft

- Bruttoinlandsprodukt:
  Bayern 434,3 Mrd. € (2007), davon
  Niederbayern 33 Mrd. €
  Oberpfalz 31 Mrd. €
- Anteil der Wirtschaftssektoren:
  Niederbayern:
  Land- und Forstwirtschaft 2 %, Industrie 35,6 %, Dienstleistung 62,4 %
  Oberpfalz:
  Land- und Forstwirtschaft 1,4 %, Industrie 35,5 %, Dienstleistung 63,1 %

Tourismus

- Bayern: 26,7 Mio. Gäste (2008), davon
  Niederbayern: 2,7 Mio.
  Oberpfalz: 1,7 Mio.
  Gäste aus dem Ausland: 11 bzw. 14 %
  Bayerischer Wald: ca. 2 Mio. Gäste mit über 10 Mio. Übernachtungen im Jahr

übrigen Niederbayern von der Moderne aufgesogen wurden. Das Wolfauslassen beispielsweise, mit dem die Menschen früher ihr Vieh im Wald vor Wölfen und Bären schützen wollten, wird heute noch Anfang November in Rinchnach praktiziert. Der Glaube an »Schrazel«, kleine Schutzgeister, die in Erdlöchern leben und den Menschen helfen, ist verbreitet. Sie sollen »Schrazellöcher« (Höhlen und Gänge) gegraben haben. In Viechtach und Zwiesel gibt es im Untergrund solche Höhlensysteme, in Zwiesel können sie auch besichtigt werden. Typisch altbairisch ist die Art, wie im Bayerischen Wald der (katholische) Glaube praktiziert wird; Fronleichnamsprozessionen, Wallfahrten, Leonhardiritte und der Kirta / die Kirwa (Kirchweih) werden heute wie gestern mit Freude und Aufwand begangen.

Eine lärmige Angelegenheit ist das Wolfauslassen in Rinchnach.

Dickschädel und Querköpfe

Häufig schreibt man den Menschen im Bayerischen Wald eine gewisse Sturheit zu. Die Menschen hier lieben keine schnellen Veränderungen und halten an (anscheinend) Bewährtem fest, auch politisch. Die CSU erzielt seit 60 Jahren in Ostbayern ihre besten Wahlergebnisse, bei überregionalen Wahlen fast durchgängig absolute Mehrheiten. Allerdings auch nicht unbegrenzt: Niederbayern, das sich beim geplanten Donauausbau nicht ernstgenommen fühlt, versetzte der CSU 2008 bei der Landtagswahl mit einem Ergebnis von 44,3 % eine schallende Ohrfeige (nur in Oberbayern, Oberpfalz und Mittelfranken war das Ergebnis noch schlechter). Auf dem »schwarzen Substrat«, der »Dreieinigkeit von CSU, Kirche und Lokalpresse«, wie es ein Passauer Kabarettist einmal bezeichnete, gedeiht eine aufmüpfige Gegenkultur. Aus kaum einem anderen bayerischen Regierungsbezirk kommen so viele begabte und bekannte Querdenker: von dem in Mietraching aufgewachsenen Autor und Filmemacher Herbert Achternbusch über die Kabarettisten Bruno Jonas und Sigi Zimmerschied aus Passau bis hin zu Ottfried Fischer aus Ornatsöd und dem »zugroasten« (eingewanderten) niederbayerischen Türken Django Asül aus Hengersberg. Letzterer ist ein Beleg dafür, dass Fremde in dieser erzkonservativen Umgebung durchaus akzeptiert werden können. Sehr viel schwerer hatte es hingegen »Das schreckliche Mädchen« (so der Titel des Films von Michael Verhoeven) aus Passau, Anna Rosmus, die Anfang der 1980er-Jahre die NS-Vergangenheit angesehener Passauer Bürger aufdeckte und 1994 auch aufgrund der massiven Anfeindungen in die USA übersiedelte.

Kleine Wappenkunde

Mögen die übrigen Altbayern auch auf ihre Mitbürger im Osten herabblicken, eines haben sie ihnen zu verdanken: das weiß-blaue Rautenmuster des bayerischen Staatswappens (► S. 296). Das niederbayerische Wappen zeigt ebenfalls die Rauten, dazu auf silbernem Grund den roten Panther der Grafen von Ortenburg. Im Wappen der Oberpfalz nehmen die Rauten das rechte obere Drittel ein, der goldene Pfälzer Löwe die linke; dazwischen schiebt sich von unten ein rotes Dreieck mit gekreuzten silbernen Schlüsseln, dem Symbol der Stadt Regensburg.

Sprache

Das Niederbairische gehört zur Familie der mittelbairischen Dialekte, die Oberpfälzer hingegen sprechen ein Nordbairisch. Deutlichstes Kennzeichen ist die Unterscheidung ou / u: Ein »Bube« ist in Niederbayern ein »Bua«, in der Oberpfalz und im angrenzenden Niederbayern ein »Bou«. Die scharfe, ost-westlich verlaufende Sprachgrenze liegt auf Höhe von Bodenmais; nördlich von ihr wird das oberpfälzische »ou« gesprochen, südlich das »u«. Die »Mutter« heißt in Straubing »Muatta«, in Regensburg »Mouda«, die »Schnur« wird dort zur »Schnoua«. Was sich »höckricht, hart und steif« anhört – so der Literat Johann Christoph Gottsched im 18. Jh. über das Oberpfälzische –, leitet sich aus dem Alt- und Mittelhochdeutschen ab. Die mittel- und nordbairischen Dialekte bewahren Elemente, die in der Hochsprache verlorengingen: Während das Deutsche nur vier Diphthonge kennt (ei, eu, au, ui), gibt es im Bairischen 24.

Wirtschaft

Im Bayerischen Wald fristete die Bevölkerung ihr Dasein lange auf ärmlichen Einödhöfen und ernährte sich mühselig von ihren Feldern und Wäldern; da sie dem kargen Boden kaum Ertrag abringen konnten, verdingten sie sich z. B. als Waldarbeiter und Schindelschneider. Die riesigen Äcker des Gäubodens hingegen zogen schon früh Saisonarbeiter aus dem Wald an, heute erledigen dort monströse Landmaschinen die Arbeit. Die reichen Bauern vom Gäuboden waren schon im 19. Jh. als »Bauernkönige« ein Begriff in Bayern, zeigten sie doch ihren Wohlstand in Form silberner Münzen auf der stolzgeschwellten Brust. Eisenverhüttung, Glasbläserei und Porzellanmanufakturen bescherten der Oberpfalz bereits ab dem 13. Jh. eine blühende Industrie; der Wegfall der Märkte im Osten nach dem Zweiten Weltkrieg hat die Region arm gemacht. Heute haben die Wirtschaftsförderung des bayerischen Staats und die neuen Märkte nach der

Säuberlich aufgeschichtetes Holz in Wiesenfelden

EU-Osterweiterung Ostbayern einen Aufschwung beschert. Niederbayern steigerte sein Bruttoinlandsprodukt von 1990 bis 2006 um fast 70 %, die Arbeitslosenquote bewegt sich mit 6,5 % nur noch geringfügig über dem bayerischen Durchschnitt; in den Bayerwald-Landkreisen liegt sie sogar regelmäßig unter dem Landesdurchschnitt – aber nur deshalb, weil viele Bayerwäldler Berufspendler sind.

Land- und Forstwirtschaft

Das östliche Bayern ist traditionelles Agrarland: Mit 55 % landwirtschaftlicher und 33 % Waldfläche weist Niederbayern nur 12 % Siedlungs- und Verkehrsfläche auf; in der Oberpfalz sind es 44 % Agrarfläche und 41 % Wald. Die Region dieses Reiseführers ist in zwei Landwirtschaftsräume geteilt: den Bayerischen Wald, der wegen der schlechten Böden und der Höhenlage bestenfalls für Vieh- und Holzwirtschaft geeignet ist, und die Donauebene mit den fetten Lößböden des Gäubodens, die von alters her den Ackerbau begünstigt haben (»bayerische Kornkammer«). **Forstwirtschaft** im Bayerischen Wald sowie **intensiver Ackerbau** im Gäuboden sind die landwirtschaftlichen Standbeine der Region. Die Entwicklung zeigt zwischen 1999 und 2007 einen Rückgang der Zahl landwirtschaftlicher Betriebe um

? WUSSTEN SIE SCHON ...?

- Niederbayern gehört zu den Regionen mit besonders hohem Anteil an Berufspendlern. In früheren Zeiten suchten sommers Menschen aus dem Bayerischen Wald im Gäuboden Arbeit und Brot. Heute kommen allein bei BMW Dingolfing 15 000 Beschäftigte mit Werksbussen zur Arbeit. In Straubing sind über ein Drittel der Erwerbstätigen Auspendler, müssen also weitere Strecken zu ihrem Arbeitsplatz zurücklegen. Insgesamt liegt Niederbayern mit 68 % Berufspendlern hinter Niederfranken an zweiter Stelle in Bayern.

über 20 %. Diese dramatische Zahl ist nicht gleichbedeutend mit einem Verlust an Anbaufläche: Im Gäuboden wuchs im gleichen Zeitraum die durchschnittliche Größe der Betriebe um 12 %. Der Kampf ums Überleben führt zur Aufgabe kleiner, meist im Nebenerwerb geführter Höfe. So haben sich rund 1500 Landwirte auf den Tourismus eingestellt und bieten »Ferien auf dem Bauernhof« an. Zu Ende des 20. Jh.s betrug im Landkreis Straubing-Bogen, zu dem der Gäuboden gehört, der Anteil der Landwirtschaft an der Bruttowertschöpfung knapp 9 %, der höchste Wert in Bayern. Niederbayern besitzt mit 353 000 ha Wald etwa ein Fünftel des bayerischen **Waldbestands**. Nur ein Viertel davon ist Staatswald (7 % entfallen auf den Nationalpark Bayerischer Wald), der Rest ist in Privatbesitz, wobei über die Hälfte der Forstbesitzer Flächen von unter 20 ha bewirtschaftet. Dem Nachteil der Kleinbetriebe begegnen die Waldbauern durch Zusammenschlüsse in Vermarktungsgesellschaften. Diese Form des Zusammenhalts hat in der Region Tradition. Dennoch sind die Erträge nicht hoch: Die Forstwirtschaft erbringt nur 6 % des gesamtbayerischen Umsatzes, 17 % entfallen auf das Holzgewerbe. In Niederbayern, das wegen seiner Randlage wenig industrielle Förderung erhielt, fehlt es an verarbeitenden Betrieben. Der relativ geringe Beitrag der Wald- und Forstwirtschaft an der Wertschöpfung Niederbayerns spiegelt sich auch in den Beschäftigungszahlen; etwa 10 % der in Bayern in diesem Wirtschaftszweig Beschäftigten, rund 14 000 Menschen, arbeiten in der niederbayerischen Forstwirtschaft.

Hightech im Bauernland

Die Ansiedlung von BMW (bzw. die Übernahme des Autobauers Glas) in Dingolfing 1966 hatte für Niederbayern tiefgreifende Folgen. Das traditionelle Agrarland entwickelte sich zu einem Industriestandort, und die Industrie spielt hier bis heute eine wichtigere Rolle als im übrigen Bayern. Das BMW-Werk beschäftigte bis zu 26 000 Arbeitnehmer, ein Busdienst transportiert Arbeiter und Angestellte aus ganz Niederbayern nach Dingolfing. Die Zahnradfabrik Friedrichshafen hat in ihren Passauer Werken ca. 4000 Mitarbeiter. Insgesamt steht in Niederbayern der Fahrzeugbau mit 32 000 Arbeitskräften an der Spitze der Industriebetriebe; an zweiter Stelle folgen Maschinenbau und Herstellung von Metallerzeugnissen (27 000 Beschäftigte). In der Oberpfalz liegt die Elektrotechnik mit 20 % der in der Industrie Beschäftigten vorne:

Der große Arbeitgeber der Region: BMW in Dingolfing

Unter anderem ist Osram in Regensburg mit einer hochmodernen LED-Produktion vertreten. Nach München ist die Region Regensburg mit über 40 Unternehmen und rund 1300 Mitarbeitern der zweitgrößte Biotechnologiestandort in Bayern.
Nicht nur große Firmen schaffen Arbeitsplätze und Wirtschaftskraft, der **Mittelstand und Kleinbetriebe** haben einen wichtigen Anteil: In Niederbayern kommen 46 Betriebe auf 1000 Einwohner, im Durchschnitt mit sechs Arbeitnehmern. Viele niederbayerische Unternehmen haben sich als Zulieferer für die Fahrzeugindustrie spezialisiert und leiden daher unter der gegenwärtige Wirtschaftskrise besonders. Im Jahr 2008 kostete die Insolvenz des traditionsreichen Wohnmobilbauers Knaus Tabbert in Jandelsbrunn, der an einen niederländischen Investor verkauft wurde, 400 der bis dahin 1400 Arbeitsplätze.

Eine Glashütte zu Beginn des 15. Jh.s, wahrscheinlich in Böhmen. Illustration aus Sir John Mandeville's Travels (um 1420–1450)

Wirtschaftliche Schwierigkeiten haben auch beim Regener Traditionsunternehmen Rodenstock (optische Linsen, Brillengläser) zu einem dramatischen Arbeitsplatzabbau geführt: Von 2800 Beschäftigten Ende der 1980er-Jahre sind heute nur noch etwa 500 übrig.

Glasproduktion

Auf eine jahrhundertelange Geschichte blickt die Glasproduktion zurück, Zwiesel, Frauenau, Spiegelau und Riedlhütte sind teils schon seit dem 14. Jh. Standort von Glashütten. Die benötigten **Rohstoffe** waren im Bayerischen Wald in großen Mengen vorhanden: Die unendlichen Wälder, die sonst kaum wirtschaftlich genutzt werden konnten, lieferten Holz bzw. Holzkohle für die Feuerung der Schmelzöfen und die für die Schmelze unentbehrliche Pottasche; das kristalline Gebirge lieferte den Quarz, den eigentlichen Grundstoff. Nur Kalk, der Ton für die Schmelztiegel und kleine Mengen seltener Erden für farbiges Glas mussten »importiert« werden. Was die Glasproduktion an mechanischer Energie benötigte, stellten die Wasserräder an den Bachläufen zur Verfügung.
In der zweiten Hälfte des 20. Jh.s hat die industrielle Glasproduktion viele Traditionsunternehmen in den Ruin getrieben. Die renommierte Firma Nachtmann, die 1990 die Kristallglasfabrik Spiegelau übernommen hatte und 2004 vom österreichischen Konkurrenten Riedel geschluckt worden war, schloss 2009 ihr Werk in Riedlhütte. Überleben werden hauptsächlich Manufakturen, deren Glas höchste künstlerische und handwerkliche Ansprüche erfüllt, wie die 1836 gegründete Glashütte Theresienthal. Auch sie war drei Jahre geschlossen, bevor sie 2004 auf Initiative der Hüttenarbeiter und einer Stiftung wiederbelebt wurde und seitdem wieder erfolgreich arbeitet.

Nahrungsmittelindustrie

Mit rund 10 000 Beschäftigten in 150 Betrieben spielt auch die Nahrungsmittelindustrie eine wichtige Rolle. Das bekannteste Produkt des Bayerischen Walds, **Bärwurzschnaps**, ist nicht der große Arbeitbringer. Hergestellt werden vor allem Milchprodukte, Getreideprodukte und Sauerkonserven. Die in Cham ansässige Großmolkerei **Goldsteig** verarbeitet in Cham, Plattling und Tittling die Milch von etwa 5000 Bauern im Bayerwald sowie im angrenzenden Tschechien. Etwas exotisch wirkt im Wald der Lachsverarbeiter Laschinger in Birkenthal bei Bischofsmais. Über 70 **Brauereien** sind in Niederbayern beheimatet, darunter die älteste Weißbierbrauerei Bayerns, Schneider in Kelheim, und die älteste Klosterbrauerei der Welt in Weltenburg in der Umgebung von Regensburg.

Tourismusregion Bayerischer Wald

Der Fremdenverkehr ist ein wichtiges wirtschaftliches Standbein, rund 20 000 Menschen bietet er einen Arbeitsplatz. Der Ritterschlag der UNESCO rückte Regensburg in den Focus des Städte- und Kulturtourismus; in Passau gehen jährlich 800 000 Passagiere von Kreuzfahrtschiffen an Land, um die malerische Altstadt zu besichtigen. Gut ein Fünftel der niederbayerischen Feriengäste, 500 000 im Jahr, kuren in den Thermalbädern des Bäderdreiecks.

In eine sanfte Wald-und-Wiesenlandschaft zu Füßen des Großen Arbers ist Bodenmais eingebettet, der bedeutendste und bekannteste Fremdenverkehrsort.

Eine ganz große Attraktion ist die wieder »natürliche« Natur im **Nationalpark Bayerischer Wald**, durch den herrliche Wander- und Radwege führen und die als einzige niederbayerische Region 2008 einen Besucherzuwachs von gut 2 % verzeichnen konnte.

Vieles, was das klassische Bild von Bayern, besser gesagt von Oberbayern ausmacht, ist in Ostbayern nicht zu finden: keine schroffen Gebirge, kein weiß-blauer Schäfchenhimmel, keine blumenübersäten Hochalmen. Die **dichten Wälder** geben der Region etwas Herbes, ja Dunkles, das Dichter und Maler begeisterte: »Waldwoge steht hinter Waldwoge, bis eine die letzte ist und den Himmel schneidet«, schrieb Adalbert Stifter 1867 über »seinen« Bayerischen Wald (► Berühmte Persönlichkeiten, S. 87). Ihm folgten Künstler wie der Grafiker Alfred Kubin und die Schriftsteller Siegfried von Vegesack und Georg Britting, der schrieb: »Das ist nicht ein Wald wie sonst einer / Der Böhmische Wald / Er ist so schwarz wie sonst keiner / Es hat ihn noch keiner gemalt / Wie er ist.«

Der »richtige« Tourismus setzte im Bayerischen Wald erst um die Wende zum 20. Jh. ein, als der Ausbau der Eisenbahn die Anreise erleichtert hatte und die ersten Fremdenverkehrsvereine mit Anzeigen in den Zeitungen der deutschen Großstädte um Gäste warben.

Im Nationalsozialismus kam der Region auch eine politische Rolle als Bollwerk gegen die tschechischen Nachbarn zu. Die Organisation »Kraft durch Freude« brachte ab 1933 von Jahr zu Jahr mehr Feriengäste ins Waldgebirge, 1938 verzeichnete die Gemeinde Bodenmais 38 000 Übernachtungen (gegenwärtig ca. 650 000). Nach dem Zweiten Weltkrieg waren Pensionen und Privatzimmer mit Flüchtlingen aus Böhmen belegt.

Der neuerliche Aufschwung kam mit dem Wirtschaftswunder in den 1950er-Jahren: Der Bayerische Wald wurde zur **beliebten, weil preiswerten Sommerfrische**. Der Fall der Berliner Mauer 1989 und die Durchlässigkeit der Grenzen brachten für eine kurze Zeit Feriengäste aus dem Gebiet der DDR und aus Tschechien. Das Image einer preiswerten Urlaubsregion, das seit je und immer noch besonders Familien angezieht, genügt heute nicht mehr. Gemeinden und Gästebetriebe am und im Bayerischen Wald mussten umdenken und »aufrüsten«. Kaum ein Ort, der nicht stolz auf ein **Erlebnisbad**, einen Hochseilpark oder anspruchsvolle Mountainbike-Strecken verweisen kann. Familienpensionen verwandeln sich in komfortable **Wellnesshotels** mit umfangreichem Sport- und Unterhaltungsangebot. Im Winter locken schneesichere **Alpinskigebiete**, vor allem aber bestens präparierte Loipen.

◄ Entdeckungen im Bayerischen Wald

Im Gegensatz zu Oberbayern präsentiert sich der Bayerische Wald weniger gefällig und aufpoliert; man kann hier noch richtige Entdeckungen machen – Burgen und Burgruinen etwa, anrührende gotische Dorfkirchen, aber auch den jubelnden Rokoko der Asam-Brüder, die Auenwälder an der Isarmündung oder die schwimmenden Inseln auf dem Arbersee. Im Bayerischen Wald gibt es die einzigartigen Sammlungen des Frauenauer Glasmuseums und des Niederbayerischen Landwirtschaftsmuseum in Regen, das Bergwerk im Silberberg von Bodenmais und die Hauzenberger »Granitwelten«, die Bauernhausmuseen bei Tittling und in Finsterau. Der Nationalpark ist mit seinen Lehrpfaden und Wanderwegen ein Abenteuerspielplatz für Groß und Klein. Nicht zuletzt hat der Tourismus dazu beigetragen, alte Traditionen und Handwerkskünste wenigstens museal zu erhalten. In den Bauernhausmuseen führen Handwerker und Hausfrauen alte Techniken vor, etwa in der Schmiede oder beim Brotbacken. Festspiele wie der Further Drachenstich oder das Spiel um Agnes Bernauer in Straubing finden in Tausenden von Gästen ein dankbares Publikum.

Geschichte

Wer waren die Bajuwaren, die Wittelsbacher? Welche Rolle spielten Klöster und Städte in der Besiedlung des Bayerischen Walds, und wie entstand die Glasindustrie? Stationen auf dem Weg der Region vom menschenleeren, rauen Landstrich zu einer der beliebtesten Ferienregionen Deutschlands.

Vor- und Frühgeschichte

Bis 2000 v. Chr.	Jungsteinzeit: Erste Siedlungsspuren
8. Jh. v. Chr.	Keltische Besiedlung

Steinzeit

Etwa 130 000 Jahre alt sind die ältesten menschlichen Zeugnisse in Niederbayern. Steinwerkzeuge, Tierknochen und Skelette von Neandertalern wurden auf Anhöhen und in Höhlen über dem Altmühltal entdeckt. Ein Knochenfund im Schulerloch bei Kelheim konnte auf die jüngere Altsteinzeit (um 30 000 v. Chr.) datiert werden. In der Cham-Further Senke sind menschliche Spuren für die Altsteinzeit (von der Eiszeit bis 8000 v. Chr.) erhalten. Mit dem 6. Jt. v. Chr. gelangen Völker mit neuen Kenntnissen und Techniken aus dem Mittelmeerraum entlang der Flussläufe von Donau, Isar und Inn nach Niederbayern. Die Menschen werden sesshaft, bauen Getreide an, halten Nutzvieh und stellen Tongefäße her. Nach dem charakteristischen Dekor wird diese Kultur der Linearbandkeramik zugerechnet. Abgelöst wird sie durch regionalspezifische Ausformungen wie die Münchshöfener Kultur im fruchtbaren Gäuboden (Straubing), die erstmals Metall benutzt, und die Altheimer Kultur (Landshut).

Eisenzeit

Um das 9. Jh. v. Chr. treten die **Kelten** und mit ihnen die Gewinnung und Verarbeitung von Eisen ins Licht der Geschichte. In der Hallstatt- und der folgenden Latènezeit finden große Völkerverschiebungen statt, in deren Folge Einflüsse aus dem Mittelmeerraum nach Niederbayern gelangen. Keltische Gruppen wandern von Osten ein. Städte werden gegründet; das größte *oppidum* ist Alkimoenis auf dem Michaelsberg bei Kelheim mit 20 000 Einwohnern. Auch Regensburg, Straubing und Passau sind ursprünglich keltische Siedlungen. Die nördliche Oberpfalz bietet mit ihren dichten Wäldern und mageren Böden wenig Anreiz zur Besiedlung; Spuren von Eisenerzabbau belegen aber, dass die Kelten die Bodenschätze nutzten.

Römische Zeit

ab 15 v. Chr.	Besetzung des Alpenvorlands durch die Römer. Gründung der Provinz Raetia
3./4. Jh. n. Chr.	Eindringen der Germanen
5. Jh. n. Chr.	Rückzug der Römer aus den Donauprovinzen

← *Eine romantische Geschichte: Kaiser Karl V. und Barbara Blomberg in Regensburg 1546. Holzstich nach Willem Geets (1894).*

Römische Besetzung Erst 15 v. Chr. zeigt Rom Interesse an den Ländern nördlich der Alpen. Drusus und Tiberius, die Stiefsöhne des Kaisers Augustus, erobern Südbayern fast bis zur Donau. Die Befestigung durch Kastelle erfolgt allerdings erst Ende des 1. Jhs. n. Chr., u. a. mit dem Bau von Sorviodurum (Straubing) und Boiodurum (Passau). Die neue römische Provinz heißt **Raetia** und wird mit Handels- und Militärstraßen erschlossen. Der Bayerische Wald, von den Römern *hercynia silva* genannt, liegt jenseits der Donau und damit des Limes. Die erste römische Blütezeit beenden ab 170 n. Chr. Einfälle der germanischen Markomannen. Die Plünderungen und Zerstörungen sind so nachhaltig, dass Kaiser Marcus Aurelius persönlich mit Elitetruppen eingreift. Er stationiert 179 am Zusammenfluss von Regen und Donau, dem heutigen Regensburg, eine Legion und verstärkt die anderen Kastelle. Die Donau bildet nun die nördliche Grenze des Römischen Reichs. Im 3. Jh. haben Germaneneinfälle die Aufgabe vieler Siedlungen zur Folge. Die Bevölkerung flüchtet in die Städte, das Land verarmt. Das geschwächte Rom kann die Provinz nicht mehr schützen.

Spätantike In dieses Vakuum wandern im 4. Jh. von Nordosten verschiedene germanische Volksgruppen ein, die mit der keltoromanischen Bevölkerung verschmelzen und den später als **Baiuvarii**, d. h. Menschen aus Böhmen, bezeichneten Stamm bilden. Die Ankömmlinge gründen auch vereinzelt Dörfer in den Wäldern der nördlichen Oberpfalz. Nach dem Ende des Römischen Reichs 476 übernehmen sie den Schutz der Städte, später auch des Umlands, sodass Landwirtschaft und Handel wieder möglich sind. Mitte des 5. Jhs. beginnt der **hl. Severin** (etwa 410 – 482) seine Missionstätigkeit im Donauraum, wo er eine christlich-romanische Bevölkerung vorfindet. Im Kastell Boiotro (Passau) baut er eine kleine Kirche.

Früh- und Hochmittelalter

536	Raetien fällt an das Frankenreich
6. Jh.	Herzogtum der Agilolfinger
739	Gründung der Bistümer Regensburg und Passau
10. Jh.	Herzogtum der Luitpoldinger
um 740	Gründung von Chammünster: Beginn der Besiedlung des Bayerischen Walds

Die Agilolfinger Als Provinz des Fränkischen Reichs wird Baiern östlich des Lechs ab Mitte des 6. Jh.s von den Herzögen der Agilolfinger beherrscht. Garibald I. (ca. 548 – 595) wählt Regensburg zum Sitz. 551 taucht in einer Quelle erstmals der Stammesname »baibaros« (griech.), also »baiuvarii« (lat.), auf. Mit der »lex Baiuvariorum« besitzt das Herzogtum eine weitgehend vom Frankenreich unabhängige Verfassung, die Herrscherwürde vererbt sich vom Vater auf den Sohn. Die Agilolfinger holen **Missionare** ins Land: Eustasius gründet 617 das Kloster Weltenburg, Emmeram († 652) begründet ein Kloster in Regensburg. 739 ordnet Bonifatius die Einrichtung von vier Bistümern an (Regensburg, Freising, Salzburg und Passau). Regensburg engagiert sich in der Missionierung Böhmens und des Nordgaus, Passaus Einfluss wächst über Wien hinaus bis ins heutige Ungarn. Um 740 begründen Mönche von St. Emmeram in Chammünster eine Cella, Keimzelle für die Besiedlung des Oberen Bayerischen Walds. 741 stiftet Herzog Odilo das Kloster Niederalteich, 792 unterstützt Kaiser Karl der Große die Ansiedlung von Mönchen im seit 766 bestehenden Kloster Metten. Die beiden Abteien sollten die Rodung und **Besiedlung des Nortwalds** vorantreiben, wie das bewaldete, menschenleere Gebirge nördlich der Donau genannt wird. Karl der Große befestigt die Grenze zu Böhmen mit Burgen. Da ihm die Eigenständigkeit des Herzogtums Baiern ein Dorn im Auge ist, verbannt er 788 Tassilo III. und seine Familie, möglicherweise in das Kloster Weltenburg.

Zeugnis römischer Zeit: Porta Praetoria in Regensburg

Ungarneinfälle und Dynastiewechsel

Als Teil des Fränkischen Reichs wird Baiern von den Söhnen Karls des Großen regiert. Aufgrund der karolingischen Landesteilungen herrscht zunächst Ludwig der Fromme 814 von Regensburg aus über die östliche Provinz, ihm folgt 843 Ludwig der Deutsche. 825 ist erstmals von einem Königreich Baiern (»regnum bavariae«) die Rede. In der Zeit des letzten Karolingers Ludwig das Kind beginnen die aus ihren Gebieten am Schwarzen Meer abgedrängten Ungarn ins Frankenreich einzudringen. Ihnen stellt sich der baierische Herzog Luitpold erfolgreich entgegen; sein Sohn Arnulf fügt den Ungarn 909 eine schwere Niederlage zu. Er gilt als Begründer des »jüngeren« Stammesherzogtums Baiern. Die eigenständige Herrschaft der Luitpoldinger dauert nur bis 947, dann werden die baierischen Herzöge von den über Sachsen und das ostfränkische Reich regierenden Ottonen eingesetzt. 955 besiegt König Otto I. die Ungarn in der Schlacht auf dem Lechfeld.

? WUSSTEN SIE SCHON …?

- Die Einfälle der Ungarn hinterließen ihre Spuren im Nibelungenlied, dessen zweiter Teil wahrscheinlich auf Anregung des Passauer Bischofs Wolfger von Erla (1191–1204) verfasst wurde. Der historische Hintergrund: Piligrim, im 10. Jh. Bischof in Passau († 991), hatte den ungarischen König überredet, seinen Sohn Stephan taufen zu lassen. Dieser wurde 997 Nachfolger seines Vaters und heiratete die bairische Herzogstochter Gisela. Sie wird im Epos zu Kriemhild, Prinzessin von Burgund und Witwe des Helden Siegfried. Kriemhild gibt dem Werben des Hunnenkönigs Etzel nach, reist vom Rhein die Donau hinunter ins »Hunnenland« (Ungarn) und besucht in Passau ihren Onkel Pilgerin. Der Maler Ferdinand Wagner verewigte diese Szene Ende des 19. Jhs. auf einem Gemälde im Großen Saal des Passauer Rathauses.

Passaus Weg zum Hochstift

In Passau gab es schon vor der kirchlichen Neuorganisation 739 durch Bonifatius einen **Bischof**, der über weltliche Macht verfügt haben muss; dessen Nachfolger können jedenfalls zwischen Isar, Arber und Enns Herrschaftspolitik durch Besiedlung betreiben. Im 9. Jh. geht die Missionierungstätigkeit über Mähren hinaus bis nach Bulgarien, wo sie mit den Ost-Missionaren Kyrill und Methodios in Konflikt kommt; in der Folge steigt das Bistum zum größten des Reichs auf. Das Bischofskloster in der Stadt ist seit Ludwig dem Frommen ein immuner Bezirk mit eigenem Recht. Aber es gibt einen zweiten Herrschaftsträger in Passau, ebenfalls mit eigenem Bezirk und Recht, das **Kloster Niedernburg**, das 976 als königliches Eigenkloster bezeugt ist. Kaiser Heinrich II. überträgt der Äbtissin Eilika, seiner Tante, 1010 den Ilzgau und den böhmischen Zoll, d. h. die Hoheit über die Handelswege nach Böhmen; 1042 wird seine Schwester Gisela, Witwe des ungarischen Königs, Äbtissin. Im Jahr 999 hatte Kaiser Otto III. dem Bischof den größten Teil der Stadtrechte übergeben, aber erst 1161, als auch Niedernburg dem Bischof unterstellt wird, ist dessen Macht in der Stadt ebenso wie territorial etabliert, ein Status, der mit der **Reichsfürstenwürde** 1217 bestätigt und gefestigt wird.

Regensburg im Hochmittelalter

Im 12. Jh. erlebt Regensburg seine höchste Blüte. Im Zweiten und Dritten Kreuzzug dient es als Sammel- und Ausgangspunkt des deutschen Heers, das donauabwärts zum Schwarzen Meer zieht. Am **Schnittpunkt bedeutender europäischer Handelswege** unterhalten die Kaufleute Kontakte nach Italien und Böhmen, nach Byzanz und an die Ostsee. Sie handeln mit Fellen und Häuten aus dem Osten, mit Luxusartikeln aus Venedig und Byzanz, aus Passau kommt auf der Donau Salz. Um Handel und Warenumschlag zu erleichtern, wird 1146 nach elfjähriger Bauzeit ein Weltwunder des Mittelalters fertiggestellt, die noch heute erhaltene **Steinerne Brücke**. Sie ist der einzige befestigte Donauübergang zwischen Ulm und Wien. In der Lombardei werden Handwerker für den Bau von Patrizierpalästen angeworben. Aus Italien übernehmen die Regensburger Händler auch architektonische Impulse: Die meist vierseitigen Kaufmannshöfe werden nach dem Vorbild der **Geschlechtertürme** mit hohen Türmen ausgestattet. Da anders als in Oberitalien keine innerstädtischen Fehden ausgetragen werden, dienen diese Türme wahrscheinlich als Stapelplatz. Von den damals rund 40 Türmen sind noch 20 erhalten. Daneben werden Kirchen und Klöster errichtet, der Bau des Doms begonnen. Um das Jahr 1200 zählt Regensburg 10 000 Einwohner. Selbstbewusst fordert die Kaufmannschaft gegenüber Bischof und Herzog einen größeren politischen Einfluss. Mit der Ernennung zur Freien Reichstadt 1245 durch Friedrich II. erlangen die Regensburger Bürger das Recht auf Selbstverwaltung.

Die Wittelsbacher

Beim Reichstag zu Regensburg 1180 setzt Kaiser Friedrich I. Barbarossa Pfalzgraf Otto VI. von Wittelsbach als Herzog Otto I. von Baiern ein und begründet damit die über sieben Jahrhunderte dauernde Herrschaft der Wittelsbacher. Zugleich wird auf diesem Reichstag Baiern drastisch verkleinert und in seiner heutigen Größe festgelegt. Heute österreichische Territorien (Oberösterreich, Steiermark) werden als eigenständiges Herzogtum abgetrennt, im 13. Jh. macht sich Tirol selbstständig. Passau ist mit seinen Besitzungen unabhängig, seit Kaiser Friedrich II. Bischof Ulrich von Passau 1217 zum Fürstbischof erhob, der die Stadt auch politisch führt. Regensburg fühlt sich nur König und Kaiser verpflichtet und wird von Friedrich II. 1245 zur Freien Reichsstadt ernannt, in der sporadisch – ab 1594 dauerhaft – der Reichstag abgehalten wird. Die **Grafen von Bogen** haben sich im mittleren Bayerischen Wald Gebiete und Macht gesichert, mit der sie den Herzögen trotzen können. Im westlichen Niederbayern tun es ihnen die Grafen von Ortenburg gleich. Zur herzoglichen Hauptstadt wählt Otto I. Kelheim, da Regensburg sich verweigert. Sein Sohn Ludwig I. der Kelheimer heiratet 1204 Ludmilla, die Witwe des Grafen von Bogen. Damit gewinnen die Wittelsbacher erhebliche Territorien hinzu, und nach dem Aussterben der Bogener Grafen 1242 erben sie ihr Wappen, die **weiß-blauen Rauten**. Ludwig bestimmt Landshut zur neuen bairischen Hauptstadt und lässt Burg Trausnitz (damals »Landes Hut« genannt) errichten sowie zahlreiche Städte wie Cham und Straubing gründen. Am 15. September 1231 wird Herzog Ludwig I. auf der Donaubrücke in Kelheim ermordet, Nachfolger wird sein Sohn Otto II.

Spätmittelalter · Frühe Neuzeit

1255	Erste baierische Landesteilung
1475	»Landshuter Hochzeit«
1505	Aufhebung der Landesteilungen
16./17. Jh.	Reformation und Gegenreformation
1618–1648	Dreißigjähriger Krieg

Landesteilungen

Die Wittelsbacher Erbfolge sieht vor, dass die Söhne zu gleichen Teilen erben. Nach dem Tod Ottos II. 1253 versuchen seine Söhne **Ludwig II. und Heinrich XIII.**, das Land als gleichberechtigte Regenten zu führen. Bereits zwei Jahre später entschließen sie sich, das Erbe zu teilen, und legen damit den Grundstein für die heutige Gliederung Altbayerns: Ludwig II., zugleich Pfalzgraf am Rhein, bekommt das kleinere Oberland mit dem neuen Herzogssitz München; Heinrich XIII. bleibt in Landshut und behält die Herrschaft über das Unterland, zu dem das heutige Niederbayern und Teile der Oberpfalz gehören. Im 14. Jh. existieren durch weitere Teilungen zeitweise bis zu vier Herzogtümer. 1329 regelt der **Hausvertrag von Pavia** die Besitzverhältnisse zwischen der rheinpfälzischen und der baierischen Linie der Wittelsbacher. Ein Großteil des Nordgaus fällt an die Rheinpfälzer und wird zur Unterscheidung vom Kernland am Rhein **Obere Pfalz** genannt. Obwohl Niederbayern durch Auseinandersetzungen unter den Wittelsbachern, durch einen Anfang des 14. Jh.s ausgetragenen Krieg mit den österreichischen Habsburgern sowie durch Einfälle der Hussiten geschwächt wird, beginnt im 15. Jh. die Ära der **»reichen« Herzöge**: Auf Heinrich den Reichen (1393 – 1450) folgen Ludwig der Reiche (1450 – 1479) und Georg der Reiche (1479 bis 1503). Dessen Ehe mit der polnischen Königstochter Jadwiga (Hedwig) besiegelt ein wichtiges Bündnis mit dem mächtigen König im Osten; der Prunk bei der Landshuter Hochzeit 1475 ist legendär.

Die Ehe Georgs des Reichen und Jadwigas bleibt ohne männliche Erben, und so droht das Herzogtum Baiern-Landshut an die Münchner Linie zu fallen. Um dies zu verhindern, bestimmt Georg den Gatten seiner Tochter Elisabeth zum Nachfolger. Nach Georgs Tod 1503 löst dies den **Landshuter Erbfolgekrieg** aus, den Albrecht IV. von Baiern-München 1505 als Sieger beendet; nach 250 Jahren sind Unter- und Oberland wieder vereint, Albrecht IV. ersetzt die Wittelsbacher Erbfolge durch das Recht der Primogenitur. Herzog Georgs Enkel Ottheinrich und Philipp, die leer ausgegangen sind, erhalten zum Ausgleich als Grafen die »junge Pfalz« um Neuburg an der Donau.

Regensburg in einem Holzschnitt aus Hartmann Schedels »Weltchronik« von 1493

Judenpogrome

Vertreibungen und Pogrome gegen jüdische Gemeinden sind bereits im Frühmittelalter dokumentiert. 1338 werden die Deggendorfer Juden wegen »Hostienfrevels« verjagt bzw. umgebracht. Am Platz der Synagoge wird die »Gnad« errichtet, zu deren Gnadenbild schon bald eine Wallfahrt einsetzt. Auch die Straubinger Juden werden infolge dieser Pogrome ausgewiesen, kehren aber später zurück. Um 1440 erlässt Herzog Albrecht ein Dekret, nach dem alle Juden Straubing endgültig verlassen müssen. Zuflucht bietet in diesen Zeiten die Reichsstadt Regensburg, in der die Juden unter dem besonderen Schutz des Kaisers stehen. Regensburgs jüdische Gemeinde zählt zu den größten Baierns; bereits 1227 lässt sie eine Synagoge errichten. Nach dem Tod Kaiser Maximilians I. 1519 beschließt der Regensbur-

ger Stadtrat jedoch die Auflösung des Ghettos. Noch bevor ein neuer Schutzherr für die Juden gewählt ist, müssen sie die Stadt verlassen, Synagoge und Häuser werden niedergebrannt und an der Stelle des Gotteshauses eine Wallfahrtskirche mit einem von Albrecht Dürer gemalten Gnadenbild, der »Schönen Maria«, errichtet.

Industrie und Handel

Um das 13. Jh. sind erste Glashütten im Bayerischen Wald verbürgt. Für die Glasfertigung werden große Mengen an Holz benötigt, das als Feuerholz oder zu Pottasche verschwelt Verwendung findet. Die ersten Glashütten sind »fliegende« Hütten; ist ein Gebiet gerodet, ziehen sie weiter. Um das 15. Jh. arbeiten bereits 40 Hütten im Bayerischen Wald. Sie stellen **»Waldglas«** her, Glas für Butzen- und Fensterscheiben, einfache Becher, Rosenkranzperlen. Den Glashütten folgen Siedler, die sich auf den gerodeten Flächen niederlassen. Erst im 15./16. Jh. gibt es im Wald die ersten Glashüttengüter, also fest installierte Glashütten. 1434 wird das Glashüttengut Oberzwieselau erstmals schriftlich erwähnt. Seit 1568 besteht die Manufaktur Ferdinand von Poschinger in Frauenau. Im Nordgau, der Oberpfalz, entwickelt sich zwischen dem 13. und dem 16. Jh. eine florierende **Eisenindustrie**. Eisenerz wird um Amberg, Sulzbach und Hirschberg abgebaut und zu Waffen und Werkzeug verarbeitet. Neben der Montanindustrie florieren damit verbundene Handwerke wie die Köhlerei. Den unkontrollierten Einschlag kompensiert man mit **Aufforstung** durch schnellwachsende Nadelbäume. Ein Netz von teils miteinander konkurrierenden Handelsstraßen verbindet die Städte in Niederbayern und der Oberpfalz mit den Nachbarn im Osten. Passau besitzt seit 999 das Monopol auf **Salztransporte** von Salzburg und Berchtesgaden nach Böhmen. Das weiße Gold wird auf dem Inn in die Dreiflüssestadt transportiert, muss hier gestapelt, also verzollt werden,

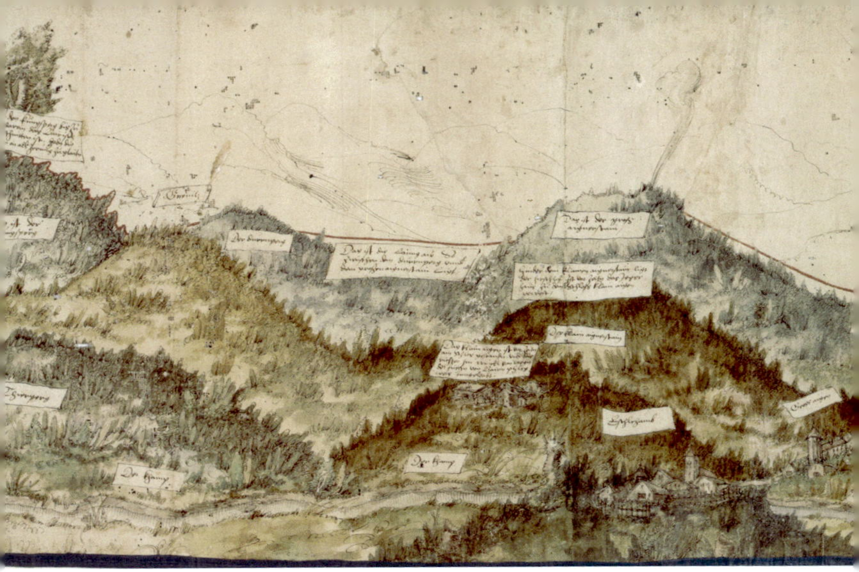

Ein Teil der Böhmerwald-Grenzkarte von 1514. Diese älteste bayerische Karte ist insgesamt 4 m lang.

und gelangt dann auf Säumerwegen über das Waldgebirge nach Böhmen oder auf der Donau weiter flussaufwärts bis Regensburg. Ein ähnliches Monopol besitzt Regensburg, wo neben Salz auch Eisen aus der Oberpfalz umgeschlagen wird. Österreich und Baiern konkurrieren um diese Handelsprivilegien und versuchen sie zu umgehen. 1611 verliert Passau sein Stapelrecht an das Herzogtum Baiern.

Reformation und Gegenreformation

Die territoriale Zersplitterung der Oberpfalz hat im Zeitalter von Reformation und Gegenreformation bizarre Folgen: In knapp 100 Jahren, zwischen Mitte des 16. und des 17. Jh.s, wechseln die Oberpfälzer fünf Mal den Glauben. Sulzbacher Norden und kurpfälzische Mitte bekennen sich schon früh zu den Lehren Luthers. Nach dem erfolglosen Disput zwischen **Philipp Melanchthon und Johannes Eck** 1541 in der Neuen Waag zu Regensburg tritt die Freie Reichsstadt 1542 zum Protestantismus über. Eine protestantische Enklave im katholischen Niederbayern bildet ab 1563 die **Grafschaft Ortenburg**; dort kann sich der lutherische Glaube, nicht zuletzt dank der Aufnahme von österreichischen Konfessionsflüchtlingen, bis zum Anschluss an Baiern 1805 behaupten. Im übrigen Niederbayern werden Klöster umgestaltet oder neu erbaut, mit großer Pracht im Stil des Barocks gestaltet, etwa in Oberalteich (1622 – 1630).

Dreißigjähriger Krieg

Der Krieg zwischen Katholischer Liga und Protestantischer Union trifft Niederbayern und die Oberpfalz hart. Zu Beginn kann Herzog Maximilian I. (1598 – 1651) mit seinen Feldherren Buquoy und Tilly die Böhmen 1620 in der Schlacht am Weißen Berg bei Prag schlagen. Zur Belohnung erhält Herzog Maximilian 1623 die Kurfürstenwürde und 1628 die sieben Jahre vorher annektierte Oberpfalz. Nach dem Kriegseintritt Gustav Adolfs 1630 besetzen die Schweden ab 1632 mehrmals Landshut, aber auch Regensburg und Straubing. Plünderungen und Zerstörungen bringen den Handel zum Erliegen; über die Hälfte der Bevölkerung kommt im Krieg und den folgenden Pestepidemien ums Leben. Nach dem Westfälischen Frieden 1648 wandelt sich der in Regensburg auf Einberufung tagende Reichstag in einen **Immerwährenden Reichstag** um. Ab 1663 wird die Versammlung der Gesandten und Stände nicht mehr aufgelöst; in Regensburg sind zeitweise über 80 Gesandtschaften akkreditiert.

Erbfolgekriege Die Friedenszeit ist nur kurz. Der baierische Kurfürst Max Emanuel (1679–1726) stellt sich im **Spanischen Erbfolgekrieg** gegen Österreich und England auf die Seite Frankreichs. Erneut wird Niederbayern Schauplatz von Kämpfen und Zerstörungen, Passau wird erst von Baiern, dann von Österreichern genommen. Nach dem Sieg 1704 besetzen österreichische Truppen das Land und treiben hohe Steuern ein. 1705/1706 erheben sich Bauern gegen die Besatzer, 1705 werden sie in der Mordweihnacht von Sendling bei München sowie 1706 bei Aidenbach im Rottal zu Tausenden massakriert. Max Emanuel kehrt 1715 aus dem holländischen Exil zurück. Auch diesmal ist der Frieden nur von kurzer Dauer. Max Emanuels Sohn Karl Albrecht (1726–1745) erhebt Anspruch auf den Habsburger Thron, nachdem Kaiser Karl IV. 1740 ohne männliche Erben gestorben ist und seine Tochter Maria Theresia zur Nachfolgerin bestimmt hat. 1741 besetzen baierische Truppen Passau und ziehen weiter nach Oberösterreich. Karl Albrecht lässt sich zum Kaiser Karl VII. krönen, doch die österreichischen Truppen, darunter die gefürchteten Panduren des Obersten **Franz Freiherr von der Trenck**, verwüsten Niederbayern ein weiteres Mal. Maximilian III. Joseph (1745–1777) verzichtet auf die Kaiserwürde seines Vaters und beendet 1748 den Krieg. Seine Regierungszeit ist vom Bemühen um den wirtschaftlichen wie kulturellen Wiederaufbau geprägt. So führt er 1770 die allgemeine Schulpflicht ein. Da er kinderlos stirbt, geht Baiern nach seinem Tod an die kurpfälzische Linie der Wittelsbacher

? WUSSTEN SIE SCHON …?

- Gastgeber des Immerwährenden Reichstags zu sein, war eine sehr kostspielige Angelegenheit, die sich nur wenige deutsche Adelsfamilien leisten konnten. Prunkvolle Empfänge und Gelage waren zu organisieren, Feste waren auszurichten. Einen »Prinzipalkommissär« für diese Aufgabe zu finden, war nicht leicht. 1741 und wieder 1748 berief Kaiser Karl I. den in Frankfurt a. M. ansässigen Fürsten Ferdinand Alexander von Thurn und Taxis auf diesen Posten. Die Familie aus niederem Adel war durch das Monopol am Postwesen reich geworden und zu Reichsfürsten befördert worden. In Regensburg führten die Fürsten auf eigene Kosten einen aufwendigen Hof. Nach dem Ende des Reichs 1803 ließen sie sich in Regensburg nieder – bis dahin hatten sie ihre Residenzen nur gemietet, da auswärtige Reichsstände keine Immobilien erwerben durften.

Sitzung des Reichstags 1653 im Rathaus zu Regensburg unter dem Vorsitz → Kaiser Ferdinands III. Zeitgenössisches Flugblatt von Paul Fürst, Nürnberg.

Eigentlicher Abriß der Reichstages Solennitet, so den 13=23. Junii Anno 1653. in Regenspurg auf dem gewöhnlichen grosen Rhathauß=Saal, bey eröfnung der Kayserlichen Proposition angestellet und gehalten worden.

Ihr Röm: Käyserl. Mayest.

* 7. *	* 5. *	* 1. *	* 3. *	* 4. *	* 6. *
Chur Brandenburgischer Abgesandter Herr Johañ Friederich Freyherr von Blumenthal.	Chur Bäyerischer Abgesandter Herr Maximilian Wilibald Graff zu Wolffs Eck.	Ihr ChurFürstl. Gn. Herr Johann Philipps/ Ertz Bischoffs zu Mäintz.	Ihr Churfürstl. Durchl. Herr Carl Ludwig Pfaltzgraf bey Rhein.	Chur Cöllnischer Abgesandter Herr Frantz Egon Graf zu Fürstenberg.	Chur Sächsischer Abgesandter Herr Heinrich von Friesen der Jünger.

* 2. *

Ihr Churfürstl. Gn. Herr Carl Caspar Ertz Bischoff zu Trier.

Geistliche Banck/

Zu der rechten Hand

Wegen Oesterreich/ Herr Georg Achatius/ Graf und Herr zu Losenstein/ rc.

Wegen Burgund. H. AURELIUS AUGUSTINUS de MALINEZ, &c.

0. Wegen Saltzburg/ H. Johann Baptista Graf zu Ladron.

1. Wegen Speyer/ Ihr Fürstl. Gn. Herr Lotharius Friederich/ Bischoff zu Speyer.

2. Ihr Fürstl. Gn. Herr Dieterich Adolph/ Bischoff zu Paderborn.

3. Ihr Fürstl. Gn. H. Frantz Wilhelm Bischoff zu Regenspurg und Oßnabruck.

4. Ihr Fürstl. Gn. H. Christoff Bernhard/ Bischoff zu Münster.

5. Ihr Fürstl. Gn. H. Joachim Abbt zu Fulda.

6. Ihr Fürstl. Gn. H. Wilhelm Administrator zu Stabel.

7. Wegen Bisantz/ H. Franciscus del Jhola. H. zu Thil.

8. Wegen Teutschmeister. H. Georg Wilhelm von Elckerhausen/ genannt Klüpl.

9. Wegen Bamberg/ H. CORNELIUS GOBELIUS, L.

0. Wegen Würtzburg/ H. Wilhelm Sebastian Mehl.

1. Wegen deß Stiffts Straßburg/ H. Johañ von Giffen.

2. Wegen Costantz H. Leonhard Pappus.

3. Wegen Hildesheimb/ H. Johann Godefried von Hörde.

4. Wegen Freysing/ H. Johann Georg Freyh. von Puch.

5. Wegen Passaw/ H. Johann Georg/ Graff von Herberstein.

6. Wegen Basel/ H. Nicolaus Wilhelm von Reinach.

7. Wegen Lüttich/ H. Peter Buschmann.

8. Wegen Berchtoldsgaden/ H Joh. Christoff Aldenhouen.

9. Wegen Brunn/ H. Damian Hertardt von der Leyen.

0. Wegen Corvey/ H. Dieterich Kloid auff Breitenbach.

1. Wegen der H. Prælaten, H. DOMINICUS. Abbt zu Weingarten.

A. H. Graff Kurtz Reichs ViceCantzler.
B. H. Reichs-Marschall Graff von Pappenheim.
C. H. Margraff zu Baaden.
D. H. Secretarius Schröder/ rc. benebens den Käyserlichen- Königlichen- und Reichs-Herolden.
E. H. Schenck von Limburg.

Auff der Zwerchbanck haben gesessen Der Secularischen Stiffter Abgesandte/ als:

32. Wegen Magdeburg/ H. Friedrich Ulrich von Hagen/ sonst Geist genannt. und
33. H. Johann Grull/ D.
34. Wegen des Stiffts Lübeck/ H. Christianus CASSIUS, J.C.

Weltliche Banck/

Zu der lincken Hand.

1. Ihr Fürstl. Durchl. H. Ludwig Philipps/ Pfaltzgraf bey Rhein. (Rhein.
2. Ihr Fürstl. Durchl. H. Philipps Wilhelm/ Pfaltzgraff bey
3. Ihr Fürstl. Durchl. H. Eberhard/ Hertzog zu Würtenberg.
4. Ihr Fürstl. Gn. H. Landgraf Georg zu Hessen Darmstadt.
5. Ihr Fürstl. Gn. H. Wilhelm Marggraff zu Baaden/ so im Nahmen Ihr Mayest. den Vortrag thut.
6. Wegen Bäyern/ H. Herman EGO, Graff zu Fürstenberg.
7. Wegen Pfaltz Lautern/ H. Johann Paul von Gemingen.
8. Wegen Pfaltz Summern/ H. Arnold Prill/ D.
9. Wegen Bremen und Verden/ H. Friederich Bohl.
10. Wegen Pfaltz Zweybrück/ Jonas Meisterlin/ D.
11. Wegen Pfaltz Lauterecl/ H. Johann Conrad Vahrenbühler von und zu Heinningen/ rc.
12. Wegen Sachsen Altenburg/ H. AUGUSTUS CARPZOVIUS, D.
13. Wegen Sachsen Coburg/ H. Johann Thomas/ D.
14. Wegen Sachsen Weimar/ H. Zacharias Prüschenck von Lindenhoffen.
15. Wegẽ Sachsen Gotha/ H. Georg Achatius Heher/ D.
16. Wegen Sachsen Eisenach/ H Wilhelm Schröder/ D.
17. Wegen Brandenburg Culmbach/ H. Johann Georg Hofer/ von Lobenstein.
18. Wegẽ Brandenburg Onoltzbach/ H. Tobias Appold/ D.
19. Wegen Braunschweig Wolffenbütel/ H Johann Schwartzkopf/ D.
20. Wegen Braunschweig Zell und Grubenhagen/ H. Heinrich Dieterich/ D.
21. Wegen Braunschweig Callnberg/ H. Heinrich Speyermann/ D.
22. Wegen Pommern/ H. Matthias Beerenklau.
23. Chur Brandenburg/ wegen Hinter Pommern/ H Johann Portman/ D. (ben.
24. Wege Mecklenburg Schwerin/ H. Balthasar võ Rie-
25. Wegen Mecklenburg Gustrau/ H. Daniel Nicolaj/ D.
26. Wegen Hessen Cassel/ H. Adolph Wilhelm võ Krosieg
27. Wegen Leuchtenberg/ H Johann Ernst/ D.
28. Wegen Anhalt/ H Martinus Milagius, Cantzler.
29. Wegen Henneberg/ H. Johann Ernst PISTORIUS zu Seuselitz
30. Wegen Arenberg/ H. Jacob Christoff Kaßler/ D.

31. Wetterauisch	Directoria.	H Friederich Casimir Graff zu Hanaw
32. Schwäbisch		Herr Rudolph Friederich Graff von Fürstenberg.
33. Fränckisch.		Herr Friederich Ludwig Graf von Löwenstein.

Auf den übrigen Bäncken als 34. biß 41. seind die Herrn Abgesandten der Reichs-Städt gesessen/ als: Wegen der Stadt Regenspurg/ Nürnberg/ Augspurg/ Ulm/ Straßburg/ Franckfurt/ Cöln/ Aachen/ und dergleichen mehr/ welche aber mit ihren Namen hier nicht eingebracht werden können über. Der Erbe Karl-Theodor, unter dem Namen Karl II. Kurfürst von Baiern (1777 – 1799), sieht sich mit Ansprüchen des österreichischen Kaisers Joseph II. konfrontiert, der Teile Baierns für sich fordert. Die in der Wiener Konvention vereinbarte Abtretung von Straubing, Burghausen und Innviertel genügt Joseph II. nicht, wieder marschieren die Österreicher in Ostbaiern ein. 1779 geht dieser Krieg nach Intervention von Friedrich II. von Preußen zu Ende; das Innviertel ist verloren.

Barock und Rokoko

Noch im Dreißigjährigen Krieg beginnt der Wiederaufbau zerstörter Klöster und Kirchen; unterbrochen von weiteren kriegerischen Auseinandersetzungen erreicht er Mitte des 18. Jh.s seinen Höhepunkt. In Passau wird ab Mitte des 17. Jh.s an der Stadterneuerung gearbeitet. Hier hatten zwei Brände einen Großteil der mittelalterlichen Stadt und den gotischen Dom vernichtet. Der italienische Baumeister Carlo Antonio Carlone errichtet einen anspruchsvollen Dom im Stil des Barocks. In neuen Klöstern wie Aldersbach, Altenmarkt und Weltenburg feiern die Rokoko-Künstler Egid Quirin und Cosmas Damian Asam Triumphe. Rekonstruktion und prunkvolle Ausstattung von Kirchen und Klöstern bekräftigen den Sieg des katholischen Glaubens. Seit Jahrhunderten bestehende Wallfahrtsorte wie der Bogenberg oder die »Gnad« in Deggendorf verzeichnen starken Zulauf.

Königreich Bayern

1796	Einmarsch Napoleons
1803	Reichsdeputationshauptschluss: Viele geistliche und weltliche Territorien kommen zu Baiern
1806	Erhebung Baierns (ab 1825 »Bayern«) zum Königreich
1842	Einweihung der Walhalla
1877	Eröffnung der Bahnstrecke von Plattling nach Bayerisch Eisenstein mit Anschluss nach Böhmen

Bayern wird Königreich

Kurfürst Karl II. Theodor flieht 1796 vor den anrückenden Franzosen nach Sachsen. 1800 nehmen Napoleonische Truppen Ingolstadt und kurz darauf Landshut ein, in der **Schlacht von Hohenlinden** schlagen sie das baierisch-österreichische Heer. Mit dem 1803 in Regensburg dekretierten **Reichsdeputationshauptschluss** – dem letzten Beschluss des Reichstags – werden die Eigentümer linksrheinischer Besitzungen, die sie im Friedensvertrag von Lunéville verloren haben, mit dem Land säkularisierter Klöster und weltlicher Territorien entschädigt. Passau verliert seinen Status als Fürstentum, Regensburg die Privilegien der Freien Reichsstadt. Bereits vor der Wende zum 19. Jh. waren Klöster, die größten Landeigentümer in Baiern, säkularisiert worden; nun setzt Maximilian IV. Joseph diese Politik fort und vergrößert damit den Wittelsbacher Besitz um deutlich mehr als die linksrheinischen Verluste. Maximilian IV. Joseph schlägt sich 1805 auf die Seite Napoleons, der Baiern **am 1. Jan. 1806 zum Königreich** und den Kurfürsten als Maximilian I. zum König erhebt. In Regensburg löst sich der Reichstag auf. Der Preis für die Königswürde sind u. a. die 30 000 baierischen Soldaten, die bei Napoleons Russlandfeldzug 1812 ums Leben kommen.

Das neue Bayern

Mit der Gründung des Deutschen Bundes 1815 ist die Neuordnung im ehemaligen Reich abgeschlossen. In einer »Revolution von oben« reformiert der »Superminister« **Graf Montgelas** unter König Max I. Joseph (1806 – 1825) das Königreich: Abschaffung von Adelsprivilegien, Rechtsgleichheit, Gleichstellung der christlichen Konfessionen. 1818 fixiert der Monarch in einer der ersten deutschen Verfassungen die bürgerlichen Grundrechte. Allerdings bewirkt die Aufhebung von Fürstentümern und Klöstern eine Provinzialisierung des Landes, das seiner Bildungs- und Kulturzentren beraubt wird. König Ludwig I. (1825 – 1848) benennt in seiner Begeisterung für die Antike sein Königreich 1825 in **»Bayern«** (mit y) um. Er schafft auf der Basis der historischen Landesstrukturen Regierungsbezirke, darunter Niederbayern (mit Sitz in Landshut) und Oberpfalz (Sitz Regensburg). Sie kommen in den Genuss königlicher Bauten: Leo von Klenze errichtet 1830 – 1842 bei Donaustauf die Walhalla, eine Replik des Athener Parthenons, als Ruhmestempel für verdiente Deutsche; 1838 lässt Ludwig auf dem Michaelsberg bei Kelheim ein Denkmal für die Befreiungskriege gegen Napoleon errichten, die Befreiungshalle (vollendet 1863). Ludwig reaktiviert auch zahlreiche Klöster wie Metten und Weltenburg.

Bei Donaustauf thront die Walhalla des griechenlandbegeisterten Königs Ludwig I. über der Donau.

Reichseinigung und Industrialisierung

Das Zusammenwachsen der deutschen Staaten im 19. Jh. wird von Ludwig I. gefördert (Deutscher Zollverein, Bau des Main-Donau-Kanals, Eisenbahnbau). Der deutschnational orientierte, aber autokratisch und in Abwehr der republikanischen Bewegung zunehmend konservativ agierende König sieht sich durch die **Revolution von 1848**, die sich an seiner Affäre mit der Tänzerin Lola Montez entzündet, zur Abdankung gezwungen. Erst jetzt wird die Grundherrschaft abgeschafft, die Bauern werden Herren ihres Landes. Ludwigs Sohn Maximilian II. (1848–1864), Förderer der Wissenschaften und der Kunst, führt die Politik eines »Dritten Deutschlands« unter bayerischer Führung weiter, das gleichberechtigt neben Preußen und Österreich stehen soll. Ludwig II. (1864–1886), mit 19 Jahren König geworden, ist im Amt überfordert. Am Bundeskrieg 1866 zwischen Österreich und Preußen nimmt er an der Seite Österreichs teil; nach der Niederlage muss er 1871 die kleindeutsche **Reichseinigung** unter preußischer Führung akzeptieren. Für die Oberpfalz und Niederbayern hat dies gravierende Folgen. Sie sind nun Grenzregion und werden zudem von Ludwig, dessen Liebe den Alpen gilt, vernachlässigt. Viele Menschen aus dem Wald ziehen in die Donaustädte, nach München oder nach Amerika. Der Ausbau des **Eisenbahnnetzes**, die Anbindung Ostbayerns an die Hauptstadt München, wird vorangetrieben. 1859 sind Straubing und Regensburg angeschlossen, 1861 verbindet eine Bahnlinie Schwandorf mit Furth im Wald, 1877 eine weitere Plattling mit Bayerisch Eisenstein. Dies hat tiefgreifende Folgen für die Industrialisierung in der Oberpfalz, weniger für das landwirtschaftlich orientierte Niederbayern. Dennoch erleben im Bayerischen Wald Holzwirtschaft, Glasproduktion und Granitabbau durch die Fortschritte in Technik und Transportwesen einen Aufschwung.

20. und 21. Jahrhundert

1919	Bayern erklärt sich zum Freistaat
1933	Nationalsozialistische Machtübernahme. Der Bayerische Wald wird ein Teil des »Gaues Bayerische Ostmark«
1938	Münchner Abkommen: Annexion des Sudetenlands
1946	Verkündung der Bayerischen Verfassung

Erster Weltkrieg und Weimarer Republik

Der Erste Weltkrieg bereitet einer äußerlich friedlichen, prosperierenden Zeit unter dem Prinzregenten Luitpold (1886–1912) ein jähes Ende. Über 900 000 bayerische Soldaten ziehen in den Krieg, etwa 180 000 kehren nicht mehr heim. Am 7./8. Nov. 1918 entladen sich die schon in der Prinzregentenzeit zunehmenden sozialen Spannungen unter dem Einfluss von Mangelwirtschaft und Kriegsmüdigkeit im **Sturz der Monarchie**. Der letzte Wittelsbacher König Ludwig III. (1912/13–1918) verlässt ohne Gegenwehr das Land und stirbt, ohne formell auf den Thron verzichtet zu haben, 1921 in Ungarn. Bayern erklärt sich zum Freistaat, 1919 konstituiert sich in München eine Räterepublik. Das Unterland reagiert ebenso wie Oberbayern mit der Aufstellung von rechtsgerichteten Bürgerwehren und Freikorps gegen die »rote Gefahr«. 1926 wird Heinrich Himmler Gauleiter der NSDAP in Niederbayern. Durch die Gründung der Tschechoslowakei hatte der Weltkrieg zur Isolierung Niederbayerns und der Oberpfalz geführt, die Region ihre früheren Märkte verloren. Für die beiden Regierungsbezirke sowie Oberfranken wird die Bezeichnung **Bayerische Ostmark** eingeführt. Während Niederbayern unter der schlechten Verkehrserschließung leidet, verlieren Erz- und Porzellanindustrie der Oberpfalz den Zugang zu den Rohstoffen. 1926 wird die Ostmark in das Osthilfe-Programm aufgenommen.

Die Zeit des Nationalsozialismus

Am 9./10.3.1933 übernehmen die Nationalsozialisten in Bayern als letztem deutschem Land die Macht. Aus Ostbayern wird, um seine Stellung als »antitschechisches Bollwerk« zu betonen, der **Grenzgau Bayerische Ostmark** mit Verwaltungssitz in Bayreuth. Niederbayern und die Oberpfalz sind das Armenhaus des Landes, und so gelten die Spendenaufrufe der ersten von den Nationalsozialisten ins Leben gerufenen »Winterhilfe« der Unterstützung der Notleidenden im Bayerischen Wald. Wirtschaft, Tourismus und Infrastruktur werden gefördert, durch den Massentourismus der Organisation »Kraft durch Freude« steigt in Bodenmais die Übernachtungszahl von 4200 im Jahr 1933 auf 38 000 im Jahr 1938. 1935 wird in Passau für Versammlungen und Aufmärsche die Nibelungenhalle erbaut. Das **Münchner Abkommen** 1938 bringt mit der Annexion des Sudetenlands (1939 folgt die Rest-Tschechei) die Grenzregion wieder in die Mitte des Reichs. Die niederbayerischen **Juden**, deren Hauptgemeinde in Straubing ansässig ist, sind ebenso Verfolgung, Vertreibung und Deportation ausgesetzt wie ihre Leidensgenossen in Regensburg und der Oberpfalz. Ab 1944 werden die ostbayerischen Städte von den Alliierten aus der Luft angegriffen.

Von 1945 bis 1989

1945 besetzen die Amerikaner Bayern; 1946 gibt sich der Freistaat eine neue Verfassung. Die ersten Landtagswahlen gewinnt die **CSU** mit 52 % der Stimmen, und sie regiert Bayern von 1962 bis 2008 mit absoluter Mehrheit. Die alten Regierungsbezirke werden wieder als Verwaltungseinheiten eingesetzt, Niederbayern und Oberpfalz aber vorläufig noch von Regensburg aus regiert. Das östliche Bayern muss eine Welle deutschstämmiger Flüchtling verkraften. Die größte Gruppe der Sudetendeutschen avanciert (neben Altbayern, Franken und Schwaben) zum »vierten Stamm« Bayerns, 1954 übernimmt die Staatsregierung für sie die »Schirmherrschaft«. Der Zustrom belastet die mageren Ressourcen der Region, fördert aber auch ihren Wiederaufbau. Mit dem Aufbau der Zahnradfabrik Passau (ab 1946), des BMW-Werks in Dingolfing (bis 1966 der Autobauer Glas) und zahlreicher kleinerer Betriebe erreicht die **Industrialisierung** auch Niederbayern. Dennoch leidet die Region unter ihrer erneuten **Randlage** am Eisernen Vorhang, 1954 hat Cham die höchste Arbeitslosenquote

Im Nationalpark, auf dem Weg zum Lusen, wächst im Schutz der Baumskelette ein neuer wilder Wald.

Bayerns. Die neuen politischen Gegebenheiten spiegeln sich auch in der geografischen Namensgebung. 1951 benennt der Landtag den bayerischen Teil des Waldgebirges, bis dahin meist »Böhmerwald« genannt, zum »Bayerischen Wald« um. In den Focus der Öffentlichkeit rückt Niederbayern alljährlich zu Beginn der Fastenzeit, wenn die CSU ihren Politischen Aschermittwoch in der Passauer Nibelungenhalle abhält und der Parteivorsitzende Franz Josef Strauß seine unnachahmlichen, in Form und Inhalt wenig zimperlichen Reden hält. Das Wirtschaftswunder der 1950er-Jahre lässt die Gästezahlen im Bayerischen Wald rasch steigen, der **Tourismus** wird zu einem wichtigen Wirtschaftsfaktor. 1950 zählt man in Bodenmais 2700 Übernachtungen, 1966 fast 274 000 und 1980 schon 654 000. Das Festival Europäische Wochen in Passau wird 1952 von US-Offizieren ins Leben gerufen, um den europäischen Gedanken in Ostbayern zu verankern. Trotz der Proteste von Waldbauern wird 1970 der **Nationalpark Bayerischer Wald** eingerichtet, der sich heute zu einem der großen Anziehungspunkte der Region entwickelt hat. Südlich von Passau machen die Kurorte des **Niederbayerischen Bäderdreiecks** in den 1960er, 1970er-Jahren groß Karriere. Um die Grenzregion auch im Bereich Bildung und Forschung aufzuwerten, gründet der Freistaat Bayern 1967 die Universität Regensburg und 1978 die Universität Passau; sie verzeichnen heute ca. 17 000 bzw. 8500 Studenten.

Seit dem Fall des Eisernen Vorhangs

Die politische Wende in Osteuropa 1989 verändert die wirtschaftliche und die kulturelle Situation Ostbayerns grundlegend. Verstärkt fließen Fördermittel in den **infrastrukturellen Ausbau**, zwischen 1995 und 2006 alleine 600 Mio. € zur Förderung der Wirtschaft. 2007 gehen 80 % der bayerischen Wirtschaftsförderung auf die beiden Regierungsbezirke. Die Durchlässigkeit der europäischen Grenzen nach dem **EU-Beitritt Tschechiens** 2004 gibt der wirtschaftlichen Entwicklung einen weiteren Schub. 2008 liegt die Arbeitslosenquote in Niederbayern und der Oberpfalz nur noch knapp über dem Bayern-Durchschnitt. Die Universitäten verzeichnen einen regen Zulauf; viele Studierende kommen aus dem ehemaligen Ostblock. Ein Jahrhunderthochwasser der **Donau** überschwemmt 2002 u. a. das Kloster Weltenburg und die Passauer Altstadt. Die Pläne der bayerischen Staatsregierung, den letzten naturbelassenen Abschnitt des Flusses zwischen Straubing und Vilshofen auszubauen, stoßen auf immer größeren Widerstand; der Altabt von Niederaltaich macht mit Donausegnungen von sich reden. Nach der Wahl des langjährigen Regensburger Theologieprofessors Joseph Ratzinger zum **Papst Benedikt XVI.** wird die Stadt Wallfahrtsort von Papst-Pilgern, die seine Wirkungsstätten aufsuchen. Zwei Jahre später erklärt die UNESCO die Regensburger Altstadt und Stadtamhof am Donauufer gegenüber zum Weltkulturerbe. 2008 endet die Ära der absoluten CSU-Herrschaft über Bayern, die Partei muss dramatische Stimmenverluste hinnehmen und regiert in einer Koalition mit der FDP, Ministerpräsident wird Horst Seehofer. 2009 beginnt der CSU-Umweltminister Markus Söder, in der Frage des Donauausbaus zurückzurudern.

Kunst und Kultur

Als reiche Kulturlandschaft kann das Donautal mit vielen großartigen Kunstschätzen aufwarten, nicht nur im UNESCO-Welterbe Regensburg und in der alten Bischofsstadt Passau. Aber auch im lange Zeit benachteiligten Bayerischen Wald trifft man auf bemerkenswerte Leistungen hoher Kultur; spärlich geworden sind dort allerdings die materiellen Zeugnisse der Volkskultur.

Kunstgeschichte

Im spät besiedelten, armen, bäuerlich geprägten Bayerischen Wald konnte sich keine reiche Kunstlandschaft entwickeln, wenngleich in den kleinen Kirchen und Kapellen viele anrührende, schöne Zeugnisse der Volksfrömmigkeit zu sehen sind. Werke der »großen« Kunst finden sich vor allem im älteren Siedlungsland, und das ist zunächst das dem Wald vorgelagerte Donauland mit den Zentren Regensburg und Passau, in zweiter Linie der Vorwald. Gegenüber den am reichen Handelsweg Donau gelegenen Orten sind die in den Tälern und auf den Höhen des Walds gelegenen Siedlungen, Burgen und Klöster deutlich schlichter. Die meisten hier tätigen Künstler haben auch an anderen Orten in Altbayern und der Oberpfalz Werke hinterlassen. Künstlerische Einflüsse aus dem benachbarten Böhmen sind nur zeitweise festzustellen, vor allem in Spätmittelalter und Barock.

Frühzeit und Antike

Maske aus dem Römerschatz im Straubinger Gäubodenmuseum

Spuren früherer Kulturen lassen sich bis in vorgeschichtliche Zeit zurückverfolgen. Besonders alte Zeugnisse kamen im fruchtbaren Gäuboden zwischen Regensburg und Vilshofen zutage. Das Gäubodenmuseum in Straubing besitzt Fundstücke, die eine kontinuierliche Besiedlung von der Jungsteinzeit bis zu den Kelten dokumentieren. In keltischer Zeit wurden Bewirtschaftung und Besiedlung intensiver. So lag im Bereich des Altstadthügels von Passau das keltische Oppidum Boiodurum. Die Römer drangen bei ihrer Eroberung Süddeutschlands bis an die Donau vor und unterhielten dort mehrere Kastelle; um 70 – 90 n. Chr. befestigten sie die osträtische Grenze mit dem Limes. In **Passau** entstand der Stützpunkt Batavis; das größte Lager, Castra Regina, legten sie ab 179 n. Chr. am nördlichsten Punkt der Donau an. Mit seinen Straßen und Mauern, von denen noch eindrucksvolle Reste erhalten sind, bildet es den Kern der Stadt **Regensburg**. Der zum Teil erhaltene nördliche Torbau, die Porta Praetoria, ist mit seinen mächtigen Steinquadern das älteste Zeugnis römischer Architektur in Ostbayern. Römische Kunst und Alltagsgegenstände, darunter das Grabmal der Sarmannina aus dem 4. Jh. – dessen Inschrift ist das älteste

← Ein prachtvolles barockes Kleinod: Klosterbibliothek Metten

schriftliche Zeugnis des Christentums in Bayern – und Bronzeplastiken, sind im Historischen Museum der Stadt Regensburg und im Straubinger Gäubodenmuseum zu sehen.

Frühes Mittelalter · Romanik

Der Abzug der Römer im 4./5. Jh. n. Chr. war eine kulturgeschichtliche Zäsur, deren Ausmaß nur schwer abzuschätzen ist. Das Wirtschaftsleben sank auf ein niedriges Niveau. Manche römerzeitliche Siedlungen verloren einen Teil, andere vielleicht sogar sämtliche Einwohner.

Passau Ein Zeugnis für die Kontinuität zwischen römischer und frühmittelalterlicher Welt und ein weiterer früher Beleg für das Christentum ist die Vita des Laienmönchs **Severin** († 482), der in Passau wirkte und als Prediger, Klostergründer und Berater weltlicher Herrscher tätig war. In der Beschreibung seines Lebens werden in Passau ein Baptisterium und eine Basilika mit Mönchszellen erwähnt. Durch Grabungen in der Kirche St. Severin konnte der Vorgängerbau, eine 15 m lange Saalkirche mit Apsis, dokumentiert werden. Zur gleichen Zeit, vielleicht aber auch erst im 7. Jh. wurde in Passau eine Kirche inmitten des römischen Kastells errichtet. Ihre Reste wurden unter der Kirche der Benediktinerinnenabtei Niedernburg ermittelt.

Regensburg In Regensburg, der bis ins Hochmittelalter bedeutendsten baierischen Stadt, wurden ebenfalls Gebäude aus römischer Zeit genutzt. Die hier ab 532 residierenden baierischen Herzöge der Agilolfinger dürften in den römischen Bauten gewohnt haben, die im Areal des späteren Benediktinerinnenklosters Niedermünster lagen. Gegen 700 häufen sich die Anzeichen für eine fortschreitende Christianisierung. Seit der durch den hl. Bonifatius 739 vorgenommenen Einteilung Baierns in Bistümer hatten auch die **Bischöfe** in Regensburg einen festen Sitz. Sie wohnten in der römischen Porta Praetoria, die zum Bischofshof umfunktioniert wurde. Der noch aus römischer Zeit verbliebene Bestand an großen Bauwerken kann aus einer Beschreibung Regensburgs durch den Freisinger Bischof Arbeo um 770 erschlossen werden, der Rataspona als uneinnehmbar beschrieb, aus Quadern erbaut, mit hohen Türmen und Brunnen reichlich versehen. Wenig später, im Jahr 778, wird eine Bischofskirche erwähnt. Ein bedeutendes Zeugnis des frühmittelalterlichen Regensburg ist das einstige **Benediktinerkloster St. Emmeram**, das 739 als bischöfliches Eigenkloster genannt wird und 975 vom Bischof unabhängig wurde. Die in das 8. Jh. zurückgehende Ringkrypta mit dem Grab des hl. Emmeram und das weiträumige Langhaus zählen zu den wichtigen Beispielen frühmittelalterlicher Architektur in Deutschland. Vom 8. bis zum 11. Jh. war das Kloster ein hochstehendes Zentrum der Buchmalerei und Goldschmiedekunst, zu dessen qualitätvollsten Arbeiten das Uta-Evangelistar gehört (in der Bayerischen Staatsbibliothek Mün-

Rätselhaft: Portal der Schottenkirche in Regensburg

chen). Außergewöhnliche Beispiele der ottonischen Steinskulptur sind die um 1050/1060 gefertigten Reliefs in der großen Portalanlage der Abteikirche und das aus St. Emmeram stammende Astrolabium im Historischen Museum der Stadt.

Weitere romanische Kirchenbauten sind die als Zentralbau konstruierte Alte Kapelle und die **Schottenkirche St. Jakob**. Ihr von gefährlichen Wesen bevölkertes Skulpturenportal (um 1180) ist im Einzelnen kaum mehr erklärbar; es ist ein steinernes Symbol für den Schutz, den diejenigen erhalten, die in die Kirche eintreten. Künstlerisch ist hier der Einfluss der italienischen Skulptur stärker als der der französischen. Etwas außerhalb von Regensburg steht mit dem ehemaligen Benediktinerkloster in **Prüfening** ein weiterer bemerkenswerter Kirchenbau, der u. a. durch das unter dem Einfluss der Hirsauer Reform stehende Bauschema und die romanische Wand- und Deckenmalerei (2. Viertel 12. Jh.) ausgezeichnet ist. Trotz der späteren Übermalung ist die Ausstattung von großem ikonografischem Interesse, sie gibt eine Vorstellung von der Ausmalung mittelalterlicher Kirchen im deutschsprachigen Raum. Stilistisch ist diese Stufe der hochromanischen Malerei von den natürlicher bewegten Figuren in den Wandbildern des Benediktinerklosters **Karthaus-Prüll** (um 1200) am südlichen Rand von Regensburg zu unterscheiden.

Vom 11. bis zum 14. Jh. war Regensburg ein Handelszentrum, vor allem im Verkehr mit Italien und Böhmen. Ein berühmtes Zeichen für die Bedeutung der Handelsstadt ist die 1146 vollendete **Steinerne Brücke**. Sie überquert in 16 Bögen die Donau und war im Mittelalter die einzige Steinbrücke, die östlich von Ulm über den größten baierischen Fluss führte. Im 12. Jh. bildete sich westlich des Dombezirks ein Kaufmannsviertel heraus, der *pagus mercatorum*. Den Reichtum der Regensburger Kaufleute demonstrieren die ungewöhnlich zahlreichen und gut erhaltenen **Wohntürme**, die in Europa allein mit den Geschlechtertürmen in italienischen Städten vergleichbar sind.

Außerhalb der großen Städte

Außerhalb von Regensburg und Passau sind aus dieser Zeit nur mehr geringe Architekturreste zu finden. Das Regensburger Kloster St. Emmeram legte durch die Einrichtung einer Cella in **Chammünster** im 8. Jh. den Grund für die Christianisierung und die Erschließung des westlichen Bayerischen Walds. Westlich von Cham gibt es in **Roding** die runde Josefikapelle, deren älteste Bauteile im Untergeschoss in das 8./9. Jh. datiert werden. Die Kirchenburg in **Kötzting**, die schon im 11. Jh. erwähnt wurde, ist ein gutes Beispiel für das System derartiger Anlagen zur Sicherung der Grenzen in diesem Gebiet. Romanische Skulpturen sind an den Portalen der Kirchen von St. Peter in **Straubing** und der Klosterkirche in **Niederaltaich** zu finden. Ein architekturhistorisch bemerkenswerter Bau der späten Romanik ist die Kirche des Zisterzienserklosters **Walderbach** bei Cham. Der nach der Mitte des 12. Jh.s errichtete Bau zeigt in seinen Gewölbeprofilen ein massiges Erscheinungsbild, das technisch bereits in die Zukunft weist, im Vergleich mit den französischen Formen jedoch eine schwerblütige Variante der altbayerischen Baukunst darstellt.

Gotik

Regensburg

Der gotische Stil, der aus Frankreich kurz vor 1230 nach Deutschland gelangte, zeigt sich in der Architektur Ostbayerns erstmals im Bau der Regensburger Dominikanerkirche. Ihre östlichen Teile wurden vor 1246 begonnen. Im etwas späteren Langhaus wird das gotische Bauprinzip auf eine Bettelordenskirche übertragen. Etwa zwanzig Jahre später wurde der **neue Dom** begonnen, der wie kein zweiter in Bayern der klassischen gotischen Kathedralbauweise folgt. Bis in das Spätmittelalter wurde an dieser Kirche gearbeitet. Durch die zahlreichen Arbeitsmöglichkeiten, die sich für Steinmetze, Bildhauer und Glasmaler ergaben, wurde Regensburg zu einem Zentrum dieser Künste. Im späteren Mittelalter behauptete sich die Baumeisterfamilie Roritzer als eine der angesehensten in Deutschland über mehrere Generationen hinweg in der Leitung des Dombaus.
Wichtige Werke der Skulptur sind die Figuren des sog. **Erminoldmeisters**, eines zuerst am Basler Münster nachweisbaren Bildhauers, der um 1270/1280 nach Regensburg kam und in der Klosterkirche von Prüfening das Grabmal des Klostergründers Erminold und im Dom die Verkündigungsgruppe schuf, die wegen ihrer lebhaften Mimik berühmt ist. Ein qualitätvolles, jedoch künstlerisch isoliert stehendes Bildwerk derselben Zeit ist das Grabmal der ostfränkischen Königin Hemma in St. Emmeram, die im Jahr 876 starb und der

man in gotischer Zeit ein spätes Denkmal schuf. Heute findet man diese Arbeiten oft nicht mehr an Ort und Stelle, sondern in den großen Skulpturenmuseen in Nürnberg und München.

Außerhalb von Regensburg

Eine der wenigen gotischen Basiliken Altbayerns, die Heilig-Grab-Kirche in Deggendorf, entstand bis 1360. Bedeutende gotische Skulpturen, meist Madonnendarstellungen, entstanden im 14. Jh. auch in Passau und Straubing.

Spätmittelalter und frühe Neuzeit

Böhmische Einflüsse

Wie ganz Süddeutschland erlebte die Donauregion im späten Mittelalter eine Zeit des wirtschaftlichen und kulturellen Aufstiegs. In Städten wie Amberg (Oberpfalz) und Straubing baute man große Stadtkirchen, in Passau einen Dom. In mehreren dieser Bauten sind erstmals künstlerische Beziehungen mit dem jenseits des Bayerischen Walds gelegenen **Böhmen** erkennbar. Dort hatte Prag, die unter Kaiser Karl IV. großartig ausgebaute Residenzstadt, seit den 1370er-Jahren eine Fülle von herausragenden Künstlern angezogen, womit Böhmen zu einer der führenden Kunstregionen Europas wurde. Der von der Baumeisterfamilie Parler errichtete Prager Veitsdom bot den deutschen Architekten ein außerordentliches Anschauungsmaterial. Der Baumeister des Passauer Doms, von dem heute noch die spätgotischen Außenteile des Chors sichtbar sind, stammte – wie sein Name Hans Krumenauer besagt –, aus Krumau (Český Krumlov), einer der kleineren kunstreichen Städte östlich des Böhmerwalds. Die kirchliche Architektur zeigt in der Nachfolge der Parler immer verspieltere Formen. Schöne Beispiele der städtischen Profanarchitektur sind die alten Rathäuser von Regensburg und Sulzbach (Oberpfalz), die im 14. Jh. begonnen wurden.

Skulptur

Wichtige Zeugnisse der Skulptur sind die in Ostbayern zahlreich erhaltenen Grabmäler. Im Chor der Karmelitenkirche in **Straubing** befindet sich die Rotmarmor-Tumba Herzog Albrechts II. von Straubing-Holland, die um 1410/1420 von einem böhmisch beeinflussten Künstler geschaffen wurde. Ein Zeichen für die wachsende Bedeutung der Bürger als Auftraggeber von Kunstwerken sind die eindrucksvollen Grabmäler in Straubing. Das bekannteste ist dasjenige für den 1431 verstorbenen Ulrich Kastenmayr in der Jakobskirche; der harte Realismus in der Darstellung steht in engem Zusammenhang mit den realistischen Tendenzen der gleichzeitigen Porträtkunst in der niederländischen Malerei. Wohl von einem anderen Meister wurde kurz nach 1435 das als Flachrelief ausgeführte Grabmal der Agnes Bernauer in der Friedhofskapelle von St. Peter geschaffen. Agnes Bernauer, eine heimliche Gemahlin Albrechts III., wurde wegen ihrer nicht standesgemäßen Beziehung mit Albrecht von dessen Vater, Herzog Ernst von Bayern, zu Tode gebracht, indem er sie in der Donau ertränken ließ. Das Grabmal und die Kapelle errichtete der

Gruseliges Grabmal für den Pfalzgrafen Johann von Mosbach im Kloster Reichenbach

Herzog später aus Sühne für seine Tat. Auf andere Weise ergreifend ist das Grabmal des Wittelsbachers Johann von Mosbach († 1486 im Heiligen Land) im Kloster **Reichenbach** am Regen, es zeigt den halbverwesten Leichnam, umgeben von Löwen mit Wappenschilden. Die Kirchen Ostbayerns beherbergen einige bekannte Skulpturen der **Spätgotik**. Zu ihnen zählt die Madonna aus St. Severin in Passau (heute in St. Gertraud), eine vor 1450 geschaffene Marienfigur mit ungewöhnlicher Komposition und unruhigem Gewandstil. Beides unterscheidet sich deutlich von den »Schönen Madonnen« aus der ersten Hälfte des Jahrhunderts. In Straubing, im 15. Jh. ein produktives Zentrum der figürlichen Tonbildnerei, sind am Hauptportal der Kirche St. Jakob große Tonfiguren der Zeit um 1460 zu sehen. Ein Reflex der großen oberrheinischen Kunst des Spätmittelalters ist die thronende Madonna in Thyrnau; das schwungvoll bewegte Bildwerk (um 1480) zeigt Einflüsse des Niederländers Niklas Gerhaert, der außer in Passau auch in Straßburg und v. a. in Wien tätig war.

Profanbauten

Der Wandel vom Mittelalter zur Neuzeit lässt sich gut im Profanbau erkennen. Waren mittelalterliche Burgen einfache, stark befestigte Anlagen, so zeigen sich neuzeitliche Potentatensitze als repräsentative Schlösser. Das lässt sich etwa an den verschiedenen Bauteilen der Veste Oberhaus in Passau ablesen; weitere Beispiele für die im Bayerischen Wald reich vertretene ältere Art sind etwa Weißenstein bei Regen (um 1100), Burg Hals bei Passau (12. Jh.), Neunussberg (um 1340) bei Viechtach und die Saldenburg aus dem 14. Jh. im Dreiburgenland, ein quadratisches Bollwerk, das wegen seiner Form auch »Waldlaterne« genannt wird. Wörth und Donaustauf, die malerisch an der Donau gelegenen Burgen der Regensburger Bischöfe, waren durch ihre Position oberhalb des Flusses schwer einnehmbar. Erst zu Beginn der Neuzeit treten regelmäßige Grundrisse auf. Zierliche Fassadengliederungen werden künftig zu Merkmalen der Architektur; in der Renaissance werden Arkadenhöfe wie im Schloss Rathmannsdorf modisch. Das Schloss Egg im Perlbachtal ist allerdings zum größten Teil ein Produkt des romantischen 19. Jahrhunderts.

Barock

Vor dem Dreißigjährigen Krieg

Da die Kirche im 16. Jh. durch eine tiefgreifende Krise erschüttert wurde und der Streit zwischen Katholiken und Protestanten weite Teile Deutschlands in Unsicherheit stürzte, gibt es aus dieser Periode nur wenige Kirchenbauten. Einzig die 1519 begonnene Wallfahrtskirche zur Schönen Madonna in **Regensburg** (heute Neupfarrkirche) ist ein bekannter Bau aus dieser Zeit, der sowohl spätgotische wie Renaissance-Merkmale zeigt. Die Kirche wurde an der Stelle gebaut, an der bis 1519 die jüdische Synagoge stand (die jüdische Gemeinde wurde vertrieben). Albrecht Altdorfer, der bedeutendste bayerische Maler dieser Zeit, hat Grafiken hinterlassen, die sowohl Ansichten der alten Synagoge wie der späteren Marienwallfahrtskirche zeigen; mehrere seiner Arbeiten sind im Historischen Museum Regensburg zu sehen. Da die Protestanten in der Regensburger Stadtbevölkerung immer mehr Bedeutung gewannen, wurde von 1627 bis 1631, mitten im Dreißigjährigen Krieg, die Dreieinigkeitskirche errichtet, nach der Kirche von Neuburg an der Donau die **erste neu erbaute evangelische Kirche in Bayern**. Die Aufteilung ihres breiten Langhauses mit Emporen und das prachtvolle Gestühl berücksichtigt die Struktur der ständisch gegliederten Bürgergemeinde.

Nach dem Dreißigjährigen Krieg

Nach dem Dreißigjährigen Krieg (1618 – 1648) setzte sich in Bayern in der Gegenreformation der Katholizismus als Quasi-Staatsreligion durch. Da die Bischöfe und Äbte ihre kleinen Territorien wirtschaftlich gut führten und hohe Einnahmen hatten, begann in der zweiten Hälfte des 17. Jh.s eine überaus fruchtbare Zeit des Neubaus von Kirchen und des Ausbaus der alten Klöster. In **Passau** wurde ab 1668 der Dom fast vollständig neu errichtet, nachdem ein Stadtbrand das ältere Gebäude beschädigt hatte. Als Architekten und Ausstatter wurden, wie häufig in dieser Zeit, oberitalienische Meister gerufen. Für die Entwicklung der Deckenmalerei in Süddeutschland sind die 1683/1684 von Carpoforo Tencalla gemalten Chorfresken besonders bedeutsam, da sie erstmals die von der Architektur vorgegebenen Felder der Jochgliederung überwinden und den Beginn der großen einheitlichen Deckenbilder des bayerischen Barocks markieren.
Besonders umfangreich ist die Reihe der Großbauten, die um 1720 geschaffen wurden. In kurzem Abstand werden die Klosterkirchen

St. Margareta in Altenmarkt, ein Rokoko-Meisterwerk der Brüder Asam

von **Metten, Niederaltaich, Aldersbach, Altenmarkt, Fürstenzell und Reichenbach** erbaut. Einige folgen in Teilen des Grundrisses noch den mittelalterlichen Vorgängern; Aldersbach und Altenmarkt, zwei Hauptwerke der süddeutschen Barockarchitektur, repräsentieren die für diese Zeit typische Form der Wandpfeilerkirche. Sie besitzen eine überwältigende Ausstattung mit prunkvollen Altären und reicher Wanddekoration aus Stuck und Fresken. In den Kirchen von Aldersbach und Altenmarkt sorgten die Brüder **Egid Quirin und Cosmas Damian Asam** für die Ausstattung. In Aldersbach gehören die großen Deckengemälde von C. D. Asam mit ihren Darstellungen der Vision des Bernhard von Clairvaux, mit dem Leben Marias und Christi aufgrund ihrer perspektivischen Komposition und der reichen Lichtwirkung zu den Hauptwerken der damaligen Deckenmalerei. Der von Egid Quirin Asam geschaffene Hochaltar in Altenmarkt zählt, neben seinen Altären von Rohr und Weltenburg, zu den Höhepunkten barocker Illusionskunst. Stand die Kunst der Gebrüder Asam, etwa in Weltenburg, noch stärker in der Tradition des römischen Barocks, so macht sich in den elegant kurvierten Bauten des Münchner Hofbaumeisters **Johann Michael Fischer** eher ein böhmischer Einfluss bemerkbar. Erstaunlicherweise harmoniert in Altenmarkt die zarte Fischersche Architektur gut mit dem üppigen Dekor der Asams. Am deutlichsten kommt das böhmische Element in Fischers achteckigen Kirchenräumen von Aufhausen und Rinchnach zum Ausdruck, deren Gestalt mit böhmischen Kirchen der Baumeisterfamilie Dientzenhofer in Verbindung steht. Eine späte und in ihren Goldtönen

höchst verfeinerte Stufe des Rokokos präsentiert die um 1750 umgestaltete Alte Kapelle in Regensburg.
Der Reichtum und die Kultur der Klöster offenbaren sich auch in der prunkvollen Ausstattung ihrer **Klosterbibliotheken**. In Metten und Fürstenzell tragen Atlanten die Last der Gewölbe, Emporen und Galerien. Die in den 1760er-Jahren von Joseph Deutschmann aus Passau geschaffenen Trägerfiguren von Fürstenzell (zur Zeit nicht zugänglich) sind aufgrund ihrer schockierenden Expressivität – Körper winden sich in Krämpfen, Gesichter sind von Leid, Schmerz, Hohn oder Verzweiflung verzerrt – höchst bemerkenswerte Bildwerke.
Beachtliche Ausnahmeleistungen sind auch die Stuckarbeiten des Straubinger Meisters **Mathias Obermayr**, besonders an den 1756 geschaffenen Seitenaltären des Prämonstratenserklosters in Windberg. Sie schildern das Leben der Heiligen, wie Dehio treffend schrieb, »geistreich verwildert«. Neben diesen exzentrischen Bildwerken sind an verschiedenen Orten unseres Gebiets auch klassische Vertreter der bayerischen Barockskulptur zu finden: die trauernde Magdalena am Kreuz in der Regensburger Niedermünsterkirche von Georg Petel (um 1625), die Madonna im alten Hochaltar von Aldersbach von Hans Degler (um 1620) und die Skulpturen an Hochaltar und Tabernakel in Fürstenzell von Johann Baptist Straub (1745). Dieses reiche Schaffen fand in der Säkularisation (1803 – 1806) ein Ende, als das kurfürstliche Bayern den Besitz der Geistlichkeit einzog.

19. und 20. Jahrhundert

Klassizismus und Historismus

Ein Hauptzeugnis der Napoleonischen Zeit in Baiern ist das Präsidialpalais in Regensburg. Dieses 1805 für den französischen Gesandten am Reichstag errichtete Gebäude ist mit seinem monumentalen Portikus ein fremd anmutendes Beispiel **klassizistischer Architektur** in der mittelalterlich geprägten Stadt. In Straubing findet sich mit dem Ludwigstor von 1810 ein antikisches, prospekthaft angelegtes Gebäude, das in der Stadtbefestigung die Stelle des geschleiften Unteren Tors einnimmt. Nachdem die französischen Truppen Baiern verlassen hatten, initiierte König Ludwig I. große Bauprojekte, die an den Befreiungskrieg 1813 – 1815 erinnern und vom Ruhm Baierns künden sollten. In der 1842 nach Plänen von Friedrich von Gärtner und Leo von Klenze begonnenen, hoch über Donau und Altmühl aufragenden **Befreiungshalle bei Kelheim** versinnbildlichen Viktorien, die für die deutschen Länder stehen, den erneuerten Nationalgedanken. Bekannter noch ist die griechische Tempelarchitektur der **Walhalla bei Donaustauf**, in der Bildnisse von »rühmlich ausgezeichneten Teutschen« aufgestellt sind; nach langer Vorbereitung wurde sie 1830 nach Plänen von Klenze begonnen. In der Idee steht der Bau dem Pariser Pantheon nahe, den Napoleon 1806 als Ehrentempel für die französische Armee hatte errichten lassen.
Kaum einer der größeren Orte im Bayerischen Wald blieb von wiederholten Stadtbränden verschont, ein Grund dafür, dass hier über-

Ein ungewöhnlicher Sakralbau, nicht nur für den Bayerischen Wald: Herz Jesu in Ludwigsthal

raschend viele und überraschend aufwendige Sakralbauten des **Historismus** zu finden sind. Einzigartig ist die Kirche Herz Jesu in Ludwigsthal, in romanisch-byzantinischem Stil 1893/1894 errichtet und von Franz Xaver Hofstötter vollständig ausgemalt. Architekt war der Münchner **Johann Baptist Schott**, der die ganze Palette des Historismus beherrschte und fast nur in Ostbayern tätig war; allein im Bistum Passau errichtete er 16 Kirchen, im Bayerwald stammen von ihm u. a. St. Nikolaus in Zwiesel, Herz Jesu in Haus im Wald, St. Oswald im gleichnamigen Ort und St. Margareta in Teisnach. Beachtliche »Dome des Bayerwalds« stehen auch in Waldkirchen (St. Peter und Paul, 1861) und Freyung (Mariä Himmelfahrt, 1877).

Künstler des Bayerwalds

Die Abgeschiedenheit, Urtümlichkeit und Stille des Bayerischen Walds, die Melancholie seiner unendlichen dunklen Forsten, die kargen Lebensbedingungen und seine Mythen haben im 20. Jh. eine Reihe von bildenden Künstlern angezogen – einige »lieferte« der Wald selbst –, die allerdings keine größere, überregionale Bekanntheit erlangten. Kennenlernen kann man sie vor allem in der Galerie in der Burg Wolfstein zu Freyung und im Museum Moderner Kunst in Passau. Eine gewisse Initialfunktion hatte der große Grafiker und Maler **Alfred Kubin** (1877–1959), der ab 1906 in Zwickledt, südlich von Passau in Oberösterreich, lebte und das düstere Waldgebirge in vielen Bildern festhielt. Er war häufig in Waldhäuser zu Gast, dem

»Künstlerdorf« am Lusen, und zwar bei dem Maler Reinhold Koeppel (1887–1950), bei dem sich die Literaten und bildenden Künstler des Bayerwalds trafen. 1946 gründete er die **»Donau-Wald-Gruppe«**, einen lockeren Verbund, der inhaltlich und formal keinem bestimmten Programm verpflichtet war, auch wenn der Bayerwald immer so etwas wie den Rahmen des Schaffens darstellte; man bemühte sich um neue Sichtweisen, die Relativierung der »Bodenständigkeit« und Offenheit für divergente Stilrichtungen. Weitere Namen der Gruppe sind v. a. Hermann Erbe-Vogel (Frauenau), August Philipp Henneberger (Kötzting), Oskar Matulla (Hengersberg), Walter H. Mauder (Zwiesel), Heinz Theuerjahr (Waldhäuser), Georg Philipp Wörlen (Passau) und Otto Sammer (Passau). Werke des 1966 gegründeten **»Bayerwaldkreises«** – darunter von Josef Fruth, der als bodenständigster Bayerwaldkünstler gilt – sind im Schönberger Rathaus ausgestellt; zu nennen ist auch die Künstlergruppe **»Eule«** um den Maler und Bildhauer Rupert Berndl (Waldkirchen). Auf der Veste Oberhaus in Passau kann man das Werk des niederbayerischen Bildhauers Hans Wimmer (1907–1992) kennenlernen, der großformatige Skulpturen von Tieren und Menschen schuf. Freunde moderner Kunst besuchen auch das Kunstforum Ostdeutsche Galerie in Regensburg, das dem Erbe der ehemals deutsch geprägten Kulturräume im östlichen Europa gewidmet ist. Ausgestellt sind hier Gemälde der klassischen Moderne von Lovis Corinth und Käthe Kollwitz bis zur jüngeren Zeit mit Werken von Sigmar Polke und Dan Flavin.

Traditionen

Bäuerliche Architektur

»Hätten wir die Häuser im Museumsdorf Bayerischer Wald nicht gesammelt, wären alle diese Gehöfte restlos zerstört«, sagt Georg Höltl, der bei Tittling eines der größten Freilichtmuseen Europas aufgebaut hat. Auf 20 Hektar Fläche vereint das Museum über 150 Gebäude aus der Zeit von 1580 bis 1850. Höltl begann Anfang der 1970er Jahre, Häuser zu »sammeln«. Denn in der zweiten Hälfte des 20. Jh.s begann im Bayerischen Wald das große Abreißen. Man wollte sich trennen von dem »oiden Glump«, dem man keinerlei Wert beimaß. Und so kann man die Dörfer, in denen noch einigermaßen gut erhaltene Bauernhäuser stehen, fast an zwei Händen abzählen.
In der bäuerlichen Architektur des Bayerwalds waren die **Einfirsthäuser (Wohnstallhäuser)** am weitesten verbreitet. Bei diesem Haustyp sind Wohnraum und Stall unter einem Dach vereint. Der Stadel ist ans Haus angebaut oder steht einzeln. Oft hatten die Häuser an der Giebelseite einen doppelten Balkon mit einer Laubensäule in der Giebelmitte. »Die neuern Gebäude werden (…) aufgemauert, doch

◄ Weiter auf S. 74

FASZINATION GLAS

Sand und Feuer – auf diese zwei Elemente lässt sich ein Phänomen reduzieren, das seit rund 4000 Jahren die Menschen fasziniert. Und ohne das Glas wären Geschichte und Kultur des Bayerischen Walds nicht denkbar.

Ein unscheinbares Gemenge aus Quarzsand, Pottasche, Kalk und Metalloxiden erschmilzt bei einer Temperatur von fast 1500 °C zu einer zähen Flüssigkeit, die bei 1200 °C dem Ofen entnommen und geformt wird und über mehrere Stunden kontrolliert abkühlt, damit das fertige Glas nicht zerspringt. Aus Glas macht man alltäglich Brauchbares ebenso wie höchst Kunstfertiges. Glas spielt mit Licht und Farbe, spiegelt Ideen, Moden, Kunst und Techniken seiner Zeit. Es bleibt »glatt« oder wird »dekoriert«, ist von Hand gemacht oder von der Maschine produziert.

Wie das Glas in den Wald kam

Die Römer brachten ihre hochstehende Glastechnologie in die Provinzen nördlich der Alpen. Nach dem Ende des Römischen Reichs erhielt sie sich in Resten im Rheinland und auch im Umfeld der **Klöster**, die ihr Wissen untereinander durch Handschriften verbreiteten. So kam wohl das Glas im Hochmittelalter in den kaum besiedelten Bayerischen Wald. Um 1260 wird berichtet, dass Abt Poppo II. von Niederalteich in seiner Klosterkirche Fenster »aus den Hütten des Waldes« anbringen ließ. Auch die Klöster Rott am Inn, Oberalteich und Windberg sowie der Bischof von Passau erhielten durch Schenkungen großen Landbesitz in den riesigen Wäldern. Diese Kirchenherren gründeten wohl kleine Glashütten, von denen wir nur durch archäologische Funde oder archivalische Quellen Kenntnis haben. Nachgewiesen sind Glashütten im 15. Jh. im ganzen Bayerischen Wald in größerer Zahl. Diese **»Waldglashütten«** machten die Urwälder wirtschaftlich nutzbar. Die **Rohstoffsituation** war ideal: Quarz, der zu Sand zermahlen werden musste, Kalk, ohne den das Glas wasserlöslich wäre, und vor allem Holz waren reichlich vorhanden. Das Holz diente nicht nur zum Befeuern der Öfen, es war auch in großen Mengen für die Gewinnung von Pottasche zur Senkung des Schmelzpunkts nötig.

Glas im Wandel der Zeiten

Die Glasmeister wurden von den Grundherren mit vielen Privilegien in die Wälder gelockt. Man übergab ihnen Hüttengüter mit großen Wäl-

Die älteste Ansicht des Poschinger Glashüttenguts in Oberfrauenau (18. Jh.)

dern und landwirtschaftlichen Flächen auf Erbrecht. Die Waldglashütten waren kleine Betriebe. Sie stellten mit Bechern, Flaschen, Butzenscheiben und Glasperlen meist einfaches Gebrauchglas her, das wegen des hohen Eisenanteils im Quarz als **»grünes Waldglas«** bekannt ist. Oft waren die Hütten Keimzellen für Siedlungen, die auch nach der Einstellung der Glasproduktion bestehen blieben. Ortsnamen wie Altglashütte, Engelshütt, Voithenberghütte oder Flanitzhütte erinnern daran. Die Glasmacher waren ungebundene Leute, die mit ihren Familien von Hütte zu Hütte wanderten, eine Praxis, die teils bis ins 20. Jh. Bestand hatte. Mit der Vergrößerung der Hütten ging eine Differenzierung der Glasberufe einher, und neben den Glasmachern gab es bald die Schmelzer, Ofenbauer, Aschenbrenner usw. Die Händler nutzten die günstige Lage am »Goldenen Steig« für den Vertrieb der Glaswaren nach Ost und West.

In der Renaissance kamen die begehrtesten Gläser aus Murano, der Glasmacherinsel bei Venedig. Alle Versuche, die Qualität dieses geheimnisvollen filigranen »Cristallo« anderswo zu erreichen, scheiterten. In Böhmen jedoch gelang im Barock die Entwicklung einer neuen Glassorte, die es an Brillanz mit dem »venedischen Glas« aufnehmen konnte. Auch die dickwandigen Gläser besaßen eine glänzende Reinheit und waren damit für die Dekorationstechniken des tiefen Glasschliffs und der Glasgravur geeignet. Nun entstanden für Fürstenhöfe und Adelsschlösser **aufwendige Luxuswaren**, Spiegel und Kronleuchter, die für funkelndes Licht sorgten. Die Glashütten des Bayerischen Walds erlebten einen ersten Aufschwung. Besonders Fensterscheiben und Spiegel waren ein großer Erfolg. Die Glasmeister kamen zu Geld und Einfluss und stiegen zu einer ländlichen Oberschicht auf. Sie lösten ihre Bindungen an Grundherrschaften, kauften Wälder und bewirtschafteten große Güter. Sie erwarben Adelstitel und wurden »Glasfürsten« und »Waldkönige«. Verzweigte Familiendynastien betrieben Glashütten beiderseits der Grenze. Bis heute sind die Namen **Hafenbrädl, Abele, Poschinger, Kießling oder Hilz** berühmt.

Als sich das Bürgertum als prägende Kraft der Gesellschaft etablierte, gingen, aufgrund der frühen Industrialisierung, die wichtigsten Impulse von England aus. Die bürgerliche Wohn- und Tischkultur verlangte nach neuen Produkten und füllte mit vielteiligen Glasservices die Schränke. Die Technisierung erfasste auch die Glasherstellung. Das **Pressglasverfahren** ermöglichte ab den 1820er-Jahren die industrielle Fertigung repräsentativer

Glasmuseum in Frauenau: Trinkschale »Magalein« aus dem 15. Jh. (links), ein Römer mit hohlem Schaft und Beerennoppen (Mitte) und ein Warzenbecher, beide aus dem 18. Jh.

Imitationen von Luxusglas, die für alle Gesellschaftsschichten erschwinglich wurden. Das junge **Königreich Bayern** holte durch seine engagierte Wirtschaftspolitik den Rückstand zu den führenden europäischen Staaten auf. Der selbstbewusste Nationalstaat förderte technische Erfindungen, veranstaltete Wettbewerbe und Industrieausstellungen und schützte durch Einfuhrzölle die eigene Wirtschaft. Böhmische Fabrikanten übernahmen daraufhin eine Reihe von Glashütten auf bayerischer Seite oder gründeten hier neue Fabriken, um die hohen Zölle zu umgehen. Ein Beispiel ist die heute noch existierende Kristallglasmanufaktur Theresienthal bei Zwiesel. Der böhmische Glasveredler und -händler **Franz Steigerwald** erbaute sie 1836, von König Ludwig I. erheblich gefördert. Steigerwald holte seine Belegschaft fast ganz aus den Glaszentren Böhmens und konnte so hochwertiges Glas nach böhmischem Vorbild herstellen. Diese Glashütte wurde später eine der ersten Aktiengesellschaften Bayerns und besaß das Privileg zur Erzeugung von Pressglas. Das Hüttengebäude mit seinem beeindruckenden offenen Dachstuhl ist das älteste noch in Betrieb stehende Industriedenkmal der bayerischen Glasgeschichte. Nach mehreren Konkursen gelang es 2004, die Glashütte zu reaktivieren. Heute arbeitet wieder eine kleine Belegschaft und hält sich mit hochwertigen, von Hand gefertigten Glasserien im internationalen Wettbewerb.

Im 19. Jh. schrieben die Glashütten im Bayerischen Wald viele Erfolgsgeschichten. Im Raum Zwiesel waren neben Theresienthal die Hütten Schachtenbach, Ludwigsthal, Spiegelhütte, Oberfrauenau, Oberzwieselau und Regenhütte mit qualitätvollen Erzeugnissen auf den internationalen Märkten vertreten. Nachdem gegen Ende des Jahrhunderts die Tafelglashütten aufgrund der zunehmend maschinellen Herstellung von Flachglas und der Gründung neuer Glasfabriken in verkehrstechnisch besser erschlossenen Regionen aufgeben mussten, trat die Verbindung von Glas, Design und Kunst in den Vordergrund. **Historismus und Jugendstil** fanden im Glas eine besonders prächtige Ausdrucksform. Die Pokale und Römer aus Theresienthal und die irisierenden Jugendstil-Gläser von Ferdinand von Poschinger in Buchenau gelangten zu Weltruhm und konkurrierten auf den Weltausstellungen mit Gallé aus Frankreich, Loetz aus Böhmen und Tiffany aus New York. Berühmte **Künstler und Designer** wie Carl Schmoll von Eisenwerth, Richard Riemerschmidt oder Peter Behrens lieferten Entwürfe für die Bayerwaldhütten. 1904 wurde in Zwiesel – wieder nach böhmischem Vorbild in

Besonders schöne mehrfach überfangene, in irisierendem Lila schimmernde Jugendstil-Vase nach Tiffany, gefertigt um 1900 in der Poschinger-Glashütte

Haida – eine **Glasfachschule** gegründet, die heute die wichtigste Ausbildungsstätte für Glasberufe in Deutschland ist.

Bayerwaldglas heute

Nach dem Zweiten Weltkrieg erlebten die Glashütten des Bayerischen Walds einen Boom. Im **Wirtschaftswunderland** wurden Gläser gebraucht, mit modischen Schliffen, Malereien und Vergoldungen: eine letzte Blüte der handgefertigten Massenware, die in einigen Fabriken jeweils über 150 Glasmacher und etwa die vierfache Zahl an weiteren Arbeitern beschäftigte. Aus den Glaszentren Nordböhmens kamen Vertriebene, die an ihre Tradition der organisierten Veredelungswerkstätten anknüpften. Anfang der 1960er-Jahre aber gelang ein endgültiger Durchbruch in der Maschinentechnik. Der **»Eiserne Mann«** revolutionierte die Glasherstellung und veränderte die Glaskultur fundamental. Seit dem Ende des 19. Jh.s konnte bereits einfaches Gebrauchs- und Verpackungsglas maschinell gepresst und geblasen werden. 1961 lief bei der Vereinigte Farbenglaswerke AG in Zwiesel (heute Zwiesel Kristallglas AG) die erste vollautomatische Fertigung von dünnwandigen Trinkgläsern im maschinellen Blasverfahren an. Jetzt wurden nur noch Stiel und Boden gepresst und angesetzt, Schleifmaschinen ersetzten die handwerkliche Veredelung. Billige Trinkgläser konnte man nun massenhaft in hoher Qualität produzieren, und Glas aus Hand- oder Maschinenfertigung war nur noch für Fachleute unterscheidbar. Die erste Serie (»Neckar«) wird in Zwiesel heute noch hergestellt, sie ist die meistproduzierte Kelchglasserie der Welt. Diese Gläser leiteten den **Strukturwandel** in der Glasindustrie des Bayerischen Waldes ein. Ab den 1980er-Jahren war ein rapider Niedergang der traditionellen Glasherstellung zu beobachten. Traditionsreiche Hütten gingen in Konkurs oder mutierten zu touristischen Schaubetrieben mit stark verkleinerter Belegschaft. Die Konkurrenz mit der Maschinenfertigung, der Wandel der Dekormoden und Produktionsverlagerungen in Billiglohnländer sorgten für ein massives »Hüttensterben« mit einem dramatischen Verlust von Arbeitsplätzen. Die jahrhundertelange, kulturell prägende Tradition des handwerklichen Glasmachens im Bayerischen Wald ist heute fast verschwunden. Aber die seit den 1960er-Jahren international bedeutende Glaskunstszene, kleine Werkstätten und flexible Produktionsbetriebe für Nischenmärkte sowie die museale und touristische Vermarktung der Glastradition werden die Erinnerung an glanzvolle Zeiten wach halten.

Museumsdorf Bayerischer Wald bei Tittling: Kapelle Maria vom Guten Rat …

meist nur aus Bruchsteinen, die man mit Lehm verbindet, weil die Ziegel, insbesondere aber der Kalkmörtel, hier zu Lande theuer zu stehen kommen«, schrieben A. Müller und B. Grueber 1846. Vielleicht wollte man gut 100 Jahre später die gebauten Erinnerungen an diese armen Zeiten beseitigen, als man das Geld dazu hatte. Die Abkehr von der traditions- und landschaftsgebundenen Bauweise war radikal. Weithin nahm man Anleihen im Alpenland, da bringen mächtige Balkone im pseudobayerischen Stil Häuser aus dem Gleichgewicht. »Es ist zu leicht geworden, schlecht zu bauen, man musste sich bei den Materialien nicht mehr auf das beschränken, was vorhanden war«, versucht Architekt Georg Oswald aus Kirchdorf im Wald zu erklären, warum so viele Neubauten misslungen sind. Aber in den vergangenen Jahrzehnten gab es auch immer wieder Architekten, die sich auf die Bautradition des Bayerwalds beriefen: heimisches Holz und heimischer Stein, einfache Formen, Bauen mit dem Gelände. Trotzdem wuchern neue Moden: »Toskana-Häuser« sind auch im Bayerischen Wald der letzte Schrei, und rund um die Städte des Walds fährt der Gast erst einmal durch die mitteleuropäische Einheitsmischung von Supermärkten, Tankstellen und Schnellimbissen, ehe er in die durchaus sehenswerten Zentren kommt. Das gilt auch für die städtebaulichen Perlen des Vorwalds Passau und Regensburg. Durchaus erfolgreiche Initiativen gibt es, den Dörfern wieder ihren angestammten Charakter zu geben. »Unser Dorf soll schöner werden

… und Gasthof Mühlhiasl

– unser Dorf hat Zukunft« heißt ein Wettbewerb der Landwirtschaftsverwaltung in Bayern. Und in den vergangenen 20 Jahren kamen zehn Landessieger aus dem Bayerwald: Schönau (Ldkr. Regen), Schützing (Deggendorf), Fischbach (Cham), Denkzell (Straubing-Bogen), Sattelpeilnstein (Cham), Friedersried (Cham), Großmisselberg (Freyung-Grafenau), Rettenbach (Cham), Unterseilberg (Freyung-Grafenau), Rehberg (Freyung-Grafenau).

In den meisten dieser Dörfer sind auch noch Häuser aus der Zeit von 1850 oder früher anzutreffen. Wer aber bäuerliche Architektur konzentriert erleben will, ist auf die **Freilichtmuseen** angewiesen. Neben dem bei Tittling gibt es ein zweites, in dem die alten Hausformen und das alte Leben kennenzulernen sind. In Finsterau hat der Bezirk Niederbayern ein solches eingerichtet, in 1000 m Höhe traumhaft gelegen, aber: »Kein Paradies, keine Idylle! Der Alltag der Bauern und Tagwerker im Bayerischen Wald war mühsam. Muße, Freude und Schönheit waren selten und kurz. Diese Menschen haben einen blühenden Rosenstock, ein bunt gewebtes Tuch, einen bemalten Schrank mit ganz anderen Augen gesehen« – das Museum will den Besuchern ermöglichen, die Dinge so sehen zu können. Und nebenbei lernt der Besucher die Hausformen im Bayerischen Wald und im Böhmerwald kennen. In Finsterau steht etwa das Schanzer-Häusl aus Riedelsbach (Ldkr. Passau), ein echtes **Böhmerwaldhaus**. Diesen Haustyp gab es im Inneren Bayerischen wie im Inneren Böhmischen

Wald. Charakteristisch für ihn ist ein weit herabgezogenes Schopfwalmdach mit Schindeldeckung, unter dem im Holz-Blockbau eine Stube und ein aus Naturstein gemauerter Stall Platz finden.

Trachten

»Was die Kleidung betrifft, so drängt sich, wie allenthalben, so auch im Waldgebirge beim Volksfreunde die unliebe Beobachtung auf, dass die alte Nationaltracht immer mehr abgelegt wird und verschwindet«, schrieben 1846 A. Müller und B. Grueber in ihrem Buch »Der bayrische Wald«. Das ist auch heute richtig. Tracht im Alltag? Nie. Tracht bei Festen und an Feiertagen? Bestenfalls für die Mitglieder von Trachtenvereinen. Allerdings grassiert auch im Bayerischen Wald die sog. Landhausmode, und zu den Volksfesten verkleiden sich Menschen, die mit Ländlichem sonst nichts am Hut haben, in Dirndl und Lederhosen. Um 1800 wuchs am bayerischen Hof die Begeisterung für Volkstümliches, und in den 1840er-Jahren begann **König Max II.** eine Kampagne zur Stärkung der Traditionen und des »Nationalgefühls«; u. a. wies er 1853 Amtsträger an, die Bevölkerung dazu anzuhalten, bei besonderen Anlässen Tracht zu tragen. Im bayerischen Oberland wurde der erste Trachtenverein 1883 gegründet, im Bayerischen Wald dauerte es etwas länger. Und die Vereine im Bayerwald sind weniger auf das Thema der Tracht fixiert; als 1905 in Viechtach der **Verein »Waldler«** gegründet wurde, war das eher ein großer Stammtisch. 1907 bekam er noch den Titel »Gebirgstrachtenerhaltungsverein«; und wo die Vorbilder daheim waren, macht der Beiname klar: »Edelweiß«. In der ersten Hälfte des 20. Jh.s wurden viele Trachtenvereine im Bayerischen Wald gegründet, 1931 der **Verband Bayerischer Waldgau**, der heute 43 Mitgliedsvereine hat und der »Erhaltung der Waldlertracht und der Waldlertänze« dienen will. 1932 entstand der **Dreiflüssegau**, der den Unteren Wald abdeckt. »Die« Bayerwald-Tracht hat es aber wohl nie gegeben. »Ob es nun von der vermutlich sehr verschiedenen örtlichen Herkunft der Siedler im Bayerischen Walde kommt, oder ob der Grund im sippenartigen Zusammenschluss der Talschaften liegt – gleichlaufend mit körperlichen und seelischen Unterschieden in den einzelnen Teilgebieten des Waldes findet man weit schärfer ausgeprägte Unterschiede der Tracht ... als etwa im Niederbayerischen Flach- und Hügelland«, stellte der Trachtenforscher Oskar von Zaborsky-Wahlstätten 1958 fest. Die Trachtenvereine gingen das Problem pragmatisch an, wie die Chronik der Wolfstoaner Buam in Freyung zeigt; ebenso belegt sie, dass das große Vorbild für viele Bayerwald-Trachtenvereine im Oberbayerischen lag: »Im Gründungsjahr 1953 fuhr Heinrich Rosenauer mit Dr. Fritz Lang in verschiedene Ortschaften der Umgebung, um nach einer bodenständigen Tracht Ausschau zu halten. Die Suche blieb jedoch ohne Erfolg, und man hat sich dann für die Anschaffung der Miesbacher Tracht entschieden, weil diese am meisten Gefallen fand.« Aber es blieb nicht bei der gebirglerischen Tracht,

Hornisten der Altnussberger Musikanten beim »Drumherum« in Regen, der größten Volksmusik-Veranstaltung Bayerns

»Trachtenerneuerung« hieß das Motto. Die Vereine suchten nach Vorbildern auf alten Votivtafeln und ließen sich von Volkskundlern beraten; so kamen sie zu einer relativ schlichten Tracht. »Mag sein, dass die Menschen im Bayerischen Wald lange Zeit ärmer waren als in anderen Regionen und deshalb Auszier und Schmuck an ihren Trachten nicht so protzig, ihrer Liebe und Treue zur Heimat tut dies keinen Abbruch«, sagt dazu Elfriede Dannerbauer, die langjährige Trachtenberaterin des Bayerischen Waldgaus.

Musik und Tanz

Lebendige Tradition

In Bayern existiert noch eine echte Volksmusik – nicht als Medien- oder Tourismusinszenierung, sondern als selbstgemachtes Lebensmittel für Leib und Seele. (Von dem fragwürdigen Kunstprodukt der »volkstümlichen Musik« soll hier nicht weiter die Rede sein.) 50 000 Besucher bei einer Volksmusik-Veranstaltung? Unvorstellbar? Nicht im Bayerischen Wald. Hier gibt es seit 1998 in Regen, in den geraden Jahren um Pfingsten, das **»Drumherum«**, die größte Volksmusik-Veranstaltung in Bayern, manche sagen in Deutschland. »Wir wollten die Musik wieder zu den Leuten und unter die Leute bringen«, sagt der Musikant, Volkskundler und Organisator Roland Pongratz. Rund 2000 Musikanten und Sänger in über 300 Besetzungen sind an den fünf Tagen dabei. Wer hören will, was es an bayerischer Volksmusik gibt, der wird hier fündig. Da spielen traditionelle Ensembles, Tanz-

böden werden mit dem vertrackten »Zwiefachen« und schwungvollen Ländlern beschallt, es sind aber auch Gruppen zu hören, die »Volksmusik« »Volxmusik« und »Volkstanz« »Voixtanz« schreiben und sich »Einstürzende Heuschober« oder »Kapelle Rohrfrei« nennen und schräge Töne in das überlieferte Musikgut bringen.
Volksmusik als Musik nur für gesetzte Jahrgänge, das war einmal. Ein gutes Beispiel ist der »Niederbayerische Musikantenstammtisch« (www.wirtshausfreundliche-musikanten.de), junge Frauen und Männer aus dem östlichen Niederbayern, die Arbeit oder Studium nach München verschlagen hat. Sie musizieren in Münchner Wirtshäusern und Clubs und natürlich auch in der Heimat, »im nahen Osten«. Die Tageszeitung »Die Welt« hat »die jungen Wilden aus dem Osten« gar als »neue Avantgarde« tituliert. »Unser Repertoire stammt aus den Wirtshäusern und Tanzböden unserer Heimat, und auch die Instrumentierung ist traditionell: Klarinetten und Trompeten sind zuständig für die Melodie, Harmonika, Basstrompeten und Tuba sind Begleitung; manchmal ist noch ein bisschen mehr Holz in Form von Geige und Kontrabass dabei«, sagt Hans Bachmaier. Auch die Grenzöffnung 1990 hat neue Impulse gegeben. Hervorragend ausgebildete Musiker und Musiklehrer aus Tschechien kamen damals über die Grenze und spielten mit den Musikanten aus dem Bayerischen Wald. Wer Glück hat und auf ein Wirtshaus trifft, das durch ein Schild an der Tür als musikantenfreundlich ausgewiesen ist, kann spontane Musik erleben (siehe www.volksmusik-niederbayern.de). Oder man kommt im Herbst nach Zwiesel, wenn der **»Zwieseler Fink«** ausgetragen wird, der renommierte Volksmusikpreis des Bayerischen Walds (www.zwieseler-fink.de). Und wenn im Herbst die Veranstaltungsreihe »Menschen in Europa« läuft (www.menschen-in-europa.de), ist ein großer Volksmusiktag dabei, der seine Heimat im Freilichtmuseum Finsterau gefunden hat. Nur eines stimmt noch, was 1846 in der Müller-Grueberschen Beschreibung des Bayerischen Walds stand: »Auch Jodler findet man im Walde, doch erreichen nur wenig den hohen Grad von Kehlenfertigkeit, den die Alpenbewohner sich eigen gemacht.« Hier wird die Beziehung der nieder-/ostbayerischen Musik zu der des bayerischen Oberlands angesprochen. Polkas, Walzer, Landler und Zwiefache werden hier wie dort gespielt; doch was im Oberbayerischen die Jodler sind, das sind im Bayerischen Wald die Arien, getragene Melodien, bei der nicht so häufig und virtuos zwischen Bruststimme und Falsett gewechselt wird.

Bräuche und Feste

Die wichtigen Termine des Jahres – zum großen Teil bestimmt durch kirchlich-religiöse Feste und bäuerliche Jahreszeiten – werden mit großer Freude begangen. Tradition ist auch, dass sie in mindestens demselben Maße unmittelbar irdischen Freuden dienen. Brauchtum wandelt sich, der Hintergrund, vor dem es entstanden ist, existiert heute oft nicht mehr. Kaum ein Landwirt, mit Ausnahme einiger

Für Eingeweihte ist das Gäubodenvolksfest in Straubing schöner als das Oktoberfest in München.

Waldbauern, arbeitet mehr mit Pferden; trotzdem sind bei den Pferdewallfahrten und Umritten Hunderte prächtiger Rösser dabei. Die Totenbretter, die im Wald noch zahlreich zu sehen sind, haben ausgedient (►S. 160); Verstorbene werden nicht mehr zu Hause aufgebahrt. Bären und Wölfe gibt es nur noch in den Gehegen des Nationalparks, Viehhirten überhaupt nicht mehr; trotzdem treffen sich am 10. November in Rinchnach Hunderte junge Burschen und Männer (und mittlerweile auch Frauen), um mit großen Glocken beim Wolfauslassen Radau zu machen, in Erinnerung an das Wölfe-Vertreiben und an den Brauch, bei den Bauern einen kleinen Extralohn einzufordern. Mittlerweile wird auch schon einmal im Sommer bei Volksfesten mit den großen Glocken gelärmt. Auch Christian Stückl bediente sich für das Potpourri, das er für die Eröffnung der Fußballweltmeisterschaft 2006 inszenierte, der Rinchnacher Wolfauslasser, und Hans-Jürgen Buchner (»Haindling«) hatte sie schon als überdimensionale Percussion-Gruppe bei sich auf der Bühne.

Frühjahr

Ostermontag ist in mehreren Orten der Tag der Pferde. In Furth im Wald und in Regen gibt es **farbenprächtige Umritte**. Bis zu 500 Rösser bewegen sich nach einem Gottesdienst um die Stadt, um dann auf dem Stadtplatz gesegnet zu werden. Ein Renner ist das Maibaumaufstellen geworden. Am 30. April oder 1. Mai wird der geschmückte Fichtenstamm in fast allen Dörfern in die Senkrechte gebracht. Am besten natürlich, wenn das nur mit Muskelkraft und mit Hilfe der »Schweiberl« (lange Stangen, mit einem Riemen verbunden) passiert. Ein religiöser Brauch zwischen Touristenspektakel und Glaubensbekenntnis ist der **Kötztinger Pfingstritt**. Bis zu 40 000 Zuschauer und an die 900 Reiter sind am Pfingstmontag dabei. Der Ritt geht ins Jahr 1412 zurück, als junge Burschen zu Pferd einen Priester und das Allerheiligste zu einem Sterbenden nach Steinbühl begleiteten. Weil alle wohlbehalten wieder zurückkehrten (was nicht selbstverständlich war), gelobten sie, den Ritt jedes Jahr zu wiederholen. Eiserne Regel dabei: Es dürfen nur Männer in den Sattel. Eine ernste Unternehmung ist die **Bogenberger Wallfahrt**, bei der Männer aus Holzkirchen im Landkreis Passau einen 13 Meter langen Fichtenstamm, der mit Wachsdocht umwickelt ist, über 70 km weit zum und auf den Bogenberg tragen. Die über 500 Jahre alte Wallfahrt entstand aufgrund einer Borkenkäferplage in den Holzkirchener Wäldern. Spektakulär ist die letzte Etappe, wenn die »Kerze« senkrecht von jeweils nur einem Mann auf den Bogenberg getragen werden darf. Wenn sie umfällt, droht Krieg – in den Jahren 1913 und 1938 soll das geschehen sein. Beim **Englmari-Suchen** in St. Englmar ist am Pfingstmontag die ganze Gemeinde daran beteiligt, den Leichnam des Einsiedlers Englmar im Wald zu suchen, mit Hilfe eines Dackels zu finden und in die Kirche zu geleiten. Eine lebensgroße hölzerne Figur verkörpert bei dem barocken Schauspiel den Heiligen.

Zur Arberkirchweih lässt man sich heute gern mit der Seilbahn fahren.

Sommer Der Sommer ist die Zeit der **Volksfeste**. Außer dem Gäubodenvolksfest in Straubing ist das Pichelsteinerfest in Regen eines der bekanntesten. Es beginnt am Freitag vor dem 1. Sonntag nach Jakobi (25. Juli), seine Höhepunkte sind die Gondelfahrt auf dem Regen (Sa.), der Festzug (So.) und natürlich das Pichelsteineressen am Montagmittag. An die Zeit, als die Salzsäumer durch den Bayerwald nach Böhmen zogen, erinnert das **Säumerfest** im Juli in Grainet. Ein Salzfest gibt es Ende Juni auch im tschechischen Prachatitz, der Salzstadt in Böhmen und einst Ziel der Säumer. Eines der größten Schauspiele im Bayerischen Wald ist im August der **Drachenstich** in Furth im Wald, der an die Hussitenkriege erinnert und bei dem es um den ewigen Kampf von Gut und Böse geht. Das Böse – der Drache – wird heute von einem computergesteuerten Hightech-Monstrum dargestellt … Hoch hinauf geht es am vorletzten Sonntag im August, wenn unter dem Gipfel des höchsten Bayerwald-Bergs, des Großen Arbers, Tausende die **Arberkirchweih** feiern.

Herbst

Die Beziehung zur Natur, zur Landwirtschaft ist noch stark im Bayerischen Wald. Deshalb wird Ende September/Anfang Oktober in vielen Gemeinden **Erntedank** mit großen Festen begangen; die Erntekrone wird dabei in einer Prozession zum Altar gebracht, und der kirchlichen Feier folgt natürlich immer eine »weltliche«. An der Spitze der Lautstärkeskala liegt das **Wolfauslassen** in Rinchnach: Am Vorabend des Martinitags (11. Nov.) machen die Wölfe die Nacht zum Tag mit ihren bis zu einem Zentner schweren Glocken. Hunderte Wolfauslasser ziehen durch den Ort, von Wirtshaussaal zu Wirtshaussaal. Ein Tipp für Besucher: Ohropax mitnehmen.

Winter

Advent ist im Bayerischen die »stade Zeit« – doch lassen der Weihnachtsrummel, die inflationären Christkindlmärkte und kommerziellen Weihnachtskonzerte des öfteren von Stille und Besinnung wenig übrig. Das Brauchtum im Wald dominieren die **Rauh- oder Losnächte**, die eine gewisse Nähe zum oberbayerisch-salzburgischen Perchtenlaufen aufweisen. An vielen Orten, etwa in Waldkirchen, St. Englmar, Rinchnach und Neuschönau, toben Ende Dezember / Anfang Januar wilde Gesellen durch den Ort, die aufwendig geschnitzte Masken und zottelige Kostüme tragen. Eine Faschingshochburg ist der Bayerische Wald, bei aller Freude am Feiern, nicht unbedingt. Rauhnacht und Fasching treffen sich immerhin (seit Anfang der 1950er-Jahre) beim Ball in Frauenau mit den fantasievollsten Masken. Das Motto ist im 1957 gedichteten Rauhnachtsvers enthalten: »Der Uhu, Wolf und Luchs, der Bär, der Hirsch, der Fuchs, die Hex, die Drud, der Zaubermeister, Nachtgespenster, Nebelgeister, Waldschrat, Kräuterweib und Fee, Wildschütz, Fledermaus und Reh, die Wildkatz und der Teufelsbraten, alle seid ihr eingeladen.« Auch im Bayerischen Wald sind die »alten Bräuche« also oft gar nicht so alt – schön sind sie aber trotzdem.

Berühmte Persönlichkeiten

Einem Sohn des Bayerischen Walds wurde die Marseillaise, heute französische Nationalhymne, gewidmet, aus dem Gäuboden kam der geniale Glastechnologe Joseph von Fraunhofer, ohne Erwin Eisch wäre die Studioglas-Bewegung nicht denkbar. Eine kleine Ruhmeshalle für Menschen, die im Bayerischen Wald und darüber hinaus bedeutende Spuren hinterlassen haben.

Egid Quirin Asam · Cosmas Damian Asam

Baumeister und Künstler

Die Brüder Egid Quirin (1692 – 1750) und Cosmas Damian Asam (1686 – 1739) dürfen als Mitbegründer und Hauptvertreter des bayerischen Spätbarocks (Rokokos) gelten. Beide zeichnete eine vielfältige gestalterische Begabung aus: Egid Quirin war Bildhauer, Maler, Stuckator und Architekt, Cosmas Damian Maler und Architekt. Ihr Vater war der »Hausmaler« des Klosters Benediktbeuern, Hans Georg Asam, bei dem sie ihr Handwerk lernten; ab 1711 studierten sie in Rom, wo sie sich von den Werken Berninis beeindrucken ließen. Zwischen Böhmen und der Schweiz statteten die Asams viele Kirchen und Klöster aus, wobei sie meist gemeinsam arbeiteten. So konnten sie »Gesamtkunstwerke« schaffen, bei denen Architektur, Plastik und Malerei eine wunderbare Verbindung eingehen; Licht und Farbe setzten sie bewusst als verbindende Elemente ein. Der Schwerpunkt ihrer Tätigkeit lag in Ostbayern, die großartigsten Werke im Bereich dieses Reiseführers sind die Neugestaltung der Emmeramskirche in Regensburg, die Gotteshäuser in Altenmarkt und Aldersbach sowie insbesondere die Klosterkirche Weltenburg, das erste gemeinsame Werk, und die Ursulinenkirche in Straubing, die letzte Gemeinschaftsarbeit – Cosmas Damian starb während ihres Baus 1739.

Agnes Bernauer (ca. 1410 – 1435)

Opfer dynastischer Interessen

In Straubing begegnet einem auf Schritt und Tritt der Name Agnes Bernauer, Protagonistin einer tragischen Geschichte um Liebe und grausame Herrscherwillkür. Über ihre Geschichte geben die Archive nicht viel Zuverlässiges her, was die Fantasie aber eher beflügelte. Die um 1410 geborene Augsburger Baderstochter, als die Agnes gilt, begegnete wohl 1428 auf einem Turnier dem Münchner Herzog Albrecht III., der sie an seinen Hof holte. Möglich, dass er sie (heimlich) heiratete, Nachrichten darüber wie über Kinder gibt es nicht. Agnes muss selbstbewusst aufgetreten sein, und ihre Verbindung mit Albrecht war keineswegs geheim. Er hielt sich ab 1422 häufig im Schloss Blutenburg bei München auf, in der Nähe erwarb er für sie zwei Bauernhöfe. Dem Vater Albrechts, Herzog Ernst, missfiel die nicht standesgemäße Verbindung, die seine dynastischen Pläne bedrohte: Damals war Bayern in drei Herzogtümer zerfallen (München, Landshut und Ingolstadt), deren Inhaber sich bekriegten; seine Linie, die Münchner, wäre ausgestorben und sein Land an die verhassten Vettern gegangen. Unter der mysteriösen Mitwirkung des Landshuter Herzogs Heinrich ließ Herzog Ernst seinen Sohn auf eine Jagdpartie locken und Agnes am 12. Oktober 1435 in der Donau bei Straubing ertränken, eine Hinrichtungsart, mit der »Hexen« beseitigt

← Die Brüder Egid Quirin (links) und Cosmas Damian Asam prägten den Barock in Ostbayern. Porträts im Diözesanmuseum Freising

Agnes Bernauers Grabstein auf dem Petersfriedhof in Straubing

wurden. Albrecht versöhnte sich – wie auch immer das ging – mit seinem Vater und heiratete 1436 Anna von Braunschweig. Im selben Jahr ließ Herzog Ernst im Friedhof von St. Peter zu Straubing eine Kapelle errichten und eine Grabplatte legen, die heute noch von der noblen Erscheinung der Bernauerin kündet. Im Lauf der Zeit wurde der Stoff vielfach verarbeitet, in Gedichten, Epen, Romanen, Dramen und Opern; am bekanntesten sind das Trauerspiel von Friedrich Hebbel (1852) und die Oper von Carl Orff (»Die Bernauerin«, 1947). Sogar Brigitte Bardot verkörperte – neben Alain Delon als Albrecht – die Agnes in einer Episode des Films »Les amours célèbres« (1961). Seit 1995 vergegenwärtigen die Agnes-Bernauer-Festspiele im Straubinger Schloss alle vier Jahre das Leben und Sterben dieser bemerkenswerten Frau.

Erwin Eisch (* 1927)

Glaskünstler und Maler

Der bedeutendste deutsche Glaskünstler der »Internationalen Studioglas-Bewegung« hat seit den 1960er-Jahren das Material Glas als eigenständiges Medium im Kunstbetrieb etabliert und viele zur künstlerischen Auseinandersetzung mit ihm inspiriert. Auch in seiner Malerei wird Eischs Credo deutlich: kreative Freiheit, künstlerische Individualität kontra Design und maschinelle Perfektion, kritischer Widerspruch und Weltoffenheit im Oszillieren »zwischen Himmel und Erde«. Eisch wuchs in einer Glashandwerkerfamilie in Frauenau auf, erlernte in der väterlichen Werkstatt den Beruf des Glasgraveurs und besuchte die Klasse von Prof. Mauder an der Glasfachschule Zwiesel. 1949 ging er zur Weiterbildung in der Glasgestaltung an die Münchner Kunstakademie. Mit der Rückkehr in den Bayerischen Wald 1952, als er mit Eltern und Geschwistern eine eigene Glashütte aufbaute, kam er erstmals mit heißem Glas in Kontakt. 1956 setzte Eisch sein Akademiestudium bei Prof. Kirchner mit der Bildhauerei fort und widmete sich auch der Malerei. Er war Gründungsmitglied der Gruppe »S.P.U.R.« und formierte mit der Bildhauerin Gretel Stadler und Max Strack 1959 die Gruppe »Radama«. Mit seinen frei geformten Gläsern, seinen Skulpturen, Installationen und Bildern ist Erwin Eisch zu einer Leitfigur der Kunst im Bayerischen Wald geworden. Er machte seinen Heimatort zum Treffpunkt der internationalen Glaskunstszene, war ein Initiator des Glasmuseums Frauenau und gründete 1987 die Sommerakademie »Bild-Werk Frauenau«.

Erwin Eisch

Joseph von Fraunhofer (1787 – 1826)

MP3-Player sind heute in aller Ohren. Die dahinterstehende Computertechnik ist ein Produkt der 1949 gegründeten »Fraunhofer-Gesellschaft zur Förderung der angewandten Forschung«, der größten Organisation für Forschungsdienstleistungen in Europa mit Sitz in München. Sie benannte sich nach dem in Straubing als Sohn eines Glasers geborenen Joseph von Fraunhofer, weil der Glastechnologe und Optiker in einzigartiger Weise praktische technische Entwicklung mit wissenschaftlicher Forschung verband. Nach einer Glasschleiferlehre trat er in das Optische Institut von J. v. Utzschneider in Benediktbeuern ein, wo er Schleifmaschinen und Gläser für optische Geräte entwickelte, die den Fernrohrbau revolutionierten. 1814 gelang ihm seine bedeutendste Entdeckung, die Absorptionslinien im Sonnenspektrum; mit einem Beugungsgitter aus Glas, in das pro Millimeter 300 Linien geritzt waren, konnte er ihre Wellenlängen bestimmen. 1824 fertigte Fraunhofer ein astronomisches Objektiv mit fast 2,5 m Öffnung, im selben Jahr wurde er in den Adelsstand erhoben. 1826 starb er an Tuberkulose.

Nikolaus Graf von Luckner (1722 – 1794)

Marschall von Frankreich

Auf dem Marktplatz von Cham erinnert ein Brunnen an den berühmtesten Sohn der Stadt, der 1722 als zweitjüngstes von acht Kindern eines vermögenden Gastwirts, Bierbrauers und Hopfenhändlers geboren wurde. Nach Lateinschule und Jesuitenkolleg in Straubing und Passau entschied er sich gegen eine Beamten- oder Kirchenlaufbahn und für das bayerische Militär. Im Siebenjährigen Krieg führte er in hannoverischen Diensten ein Husarenkorps gegen die Franzosen, wechselte dann die Seiten und wurde 1763 Generalleutnant. Als Frankreich ihn nicht mehr benötigte, wurde er Großgrundbesitzer in Holstein und 1778 in den dänischen Adelsstand erhoben. Doch 1790 trug er der französischen Revolutionsregierung seine Dienste an, ab 1791 befehligte er die Rheinarmee, und Ende desselben Jahres wurde er zum Marschall von Frankreich ernannt. Aus Begeisterung über seine Erfolge widmete ihm Rouget de Lisle die »Marseillaise«, heute die französische Nationalhymne. Das alles half Luckner allerdings nichts, als er im Oktober 1793 in Paris wegen angeblicher Konspiration verhaftet und am 4. Januar 1794 guillotiniert wurde. Luckner hatte die Stirn besessen, nach Paris zu fahren, um ausstehende Pensionen und die Rückzahlung von Krediten einzufordern – mit dem lästigen Repräsentanten der alten feudalen Zeit fackelte man nicht lange. Schon ein Jahr später wurde er rehabilitiert.

Emerenz Meier (1874 – 1928)

Schriftstellerin

Emerenz Meier ist eine der interessantesten Frauenpersönlichkeiten Niederbayerns. Die Wirtstochter aus Schiefweg bei Waldkirchen las im Alter von zehn Jahren Goethe, Heine, Dante und Homer und verfasste bald selbst Gedichte und Geschichten. Ab 1893 wurde sie als junges Literaturtalent weit über Bayern hinaus als »Naturwunder« gefeiert. Ihre Themen kreisten um die Orte ihrer Heimat, um eigene Erlebnisse und sonderbare Charaktere. Es sind naturalistische Erzählungen voller Leben und Melancholie, Schmerz und sehnsüchtiger Hoffnung. Mit sozialkritischem Empfinden spürte Emerenz Meier Ungerechtigkeiten nach, rebellierte gegen Traditionen und Konventionen. Mit emanzipatorischer Kraft suchte sie ihren Weg als Schriftstellerin und gesellschaftlich akzeptierte Frau. Ihre Texte erschienen im »Simplizissimus« und in den »Fliegenden Blättern«, doch trotz der Bekanntschaft mit Schriftstellern wie Hans Carossa und Heinrich Lautensack fand sie keinen dauerhaften Zugang zur literarischen Welt. Aus wirtschaftlichen Gründen folgte sie 1906 ihrer Familie nach Chicago in den USA. Die Quellen ihres Schaffens blieben indes in der Heimat, sie verlor sich in den Widrigkeiten eines Auswandererschicksals und fand keine Inspiration zum Schreiben mehr. Emerenz Meier war in der Heimat eine Fremde und als Emma Lindgren heimatlos in der Fremde; 1928 starb sie in Chicago. Seit den 1980er-

Emerenz Meier um 1895 – 1900

Jahren werden Person und Werk wieder entdeckt, etwa in Theaterstücken von Joseph Berlinger oder im musikalischen Werk von Monika Drasch (► S. 108). Einer breiten Öffentlichkeit wurde Emerenz Meier durch zwei Spielfilme von Jo Baier bekannt. Das denkmalgeschützte Elternhaus wurde restauriert und beherbergt heute das Gasthaus »Zur Emerenz« und eine kleine Ausstellung (► S. 236, 241).

Maximilian Schmidt (1832–1919)

Heimatdichter

Als Prinzregent Luitpold ihm 1898, als Quasi-Adelsprädikat, den vererbbaren Namenszusatz »genannt Waldschmidt« verlieh, befand sich der aus Eschlkam gebürtige Sohn eines Oberzollverwalters auf dem Höhepunkt seiner zweiten Karriere. Nach der Schulzeit in Metten, Straubing und Passau und der Ausbildung am Münchner Polytechnikum trat er 1850 ins bayerische Militär ein, wo er (nach dem Krieg gegen Preußen 1866) zum Hauptmann aufstieg. Nachdem er 1874 aus gesundheitlichen Gründen endgültig den Abschied genommen hatte, konnte er sich ganz seiner eigentlichen Passion widmen, dem Schreiben. Sein Werk – darunter ca. 60 größere Erzählungen, 40 Humoresken und Skizzen, 40 Theaterstücke und zahlreiche Gedichte – sollte einmal 32 Bände füllen. Die Themen schöpfte er großenteils aus dem volkstümlichen Erzählgut des Bayerischen Walds, nach seiner Pensionierung auch aus dem des bayerischen Oberlands. Er avancierte rasch zum Bestsellerautor, wobei seine Geschichten meist zunächst in Zeitungen und Zeitschriften als Fortsetzungsroman erschienen. 1864 erwarb er eine prächtige Villa in Tutzing am Starnberger See, die Gäste wie Kaiserin Elisabeth und König Ludwig II. sah; 1884 ernannte ihn Letzterer zum Hofrat. Aber nicht nur literarisch machte sich Waldschmidt um den Bayerischen Wald, ja um ganz Bayern verdient: 1890 gründete er, um den Tourismus anzukurbeln, den »Landesverband zur Hebung des Fremdenverkehrs«; 1895 organisierte er für das Münchner Oktoberfest ein großes Trachtenfest, aus dem sich der Einzug der Wiesenwirte entwickelte, heute eine der großen Attraktionen des Oktoberfests. Mit Ehrungen überhäuft und fast blind, starb der Waldschmidt in hohem Alter in München.

Adalbert Stifter (1805–1868)

Dichter des Böhmerwalds

»Und über allem der feeige Duft und Schmelz der Luft, der ausgedehnte Landschaften so unsäglich anmutig macht … Gegen Nordwest, Nord und Nordost ist die Aussicht beschränkt, aber sehr ernst. Waldwoge steht hinter Waldwoge, bis eine die letzte ist und den Himmel schneidet … Kann man eine herrliche Alpenansicht ein schwungvolles lyrisches Gedicht nennen, so ist die Einfachheit dieses Waldes ein gemessenes episches.« Kein anderer Schriftsteller hat dem Böhmerwald ein vergleichbares literarisches Denkmal gesetzt wie Adalbert Stifter, der jenseits der Grenze in Oberplan (Horní Planá, am Lipno-Stausee) als ältester Sohn des Webers geboren wurde. Sein

Adalbert Stifter (1863)

Rückzug in die Natur, seine religiös anmutende Versenkung in ihre unergründlichen Gesetze entsprachen dem romantischen Zeitgeist, aber auch Stifters schwermütiger innerer Natur. Wann immer möglich, verbrachte der in Linz ansässige k. k. Schulrat Wochen und Monate in seiner weiteren Heimat. Er unternahm lange Wanderungen in den Wäldern, erstieg den Dreisessel und blickte über Granittürme und Waldmeer auf die silbernen Streifen von Donau und Inn. Zwischen 1855 und 1866 hielt er sich sechs Mal im Rosenberger-Gut in Lackenhäuser auf; »wenn ich irgendwo völlig genese, so ist es dort«, schrieb er seinen Freunden. (Auch den Kaffee, den er in Jandelsbrunn im Gasthof der Brauerei Lang genoss, lobte er über alles.) In Lackenhäuser schrieb er große Teile des historischen Romans »Witiko«, seine Liebe zum Wald verherrlichte er in der Erzählung »Hochwald«. Seinen seelischen und körperlichen Leiden setzte er am 27. Januar 1868 ein Ende, indem er sich die Halsschlagader aufschnitt. Auf dem tschechischen Plöckenstein erinnert ein Obelisk an den Dichter.

Gloria Fürstin von Thurn und Taxis (* 1960)

Enfant terrible und Unternehmerin

Im Jahr 1980 heiratete Mariae Gloria (und weitere 13 Vornamen) Gräfin von Schönburg-Glauchau, mehr oder minder berufsloser Spross eines verarmten Adelshauses und z. T. in Afrika aufgewachsen, den schwerrreichen, 34 Jahre älteren Johannes Baptista (etc.) von Thurn und Taxis. Die Prinzessin von Thurn und Taxis wurde als Partygängerin mit schrillem Outfit und schrägen Sprüchen, die sich selbst gern als »Elefant im Porzellanladen« sah, eine fruchtbare Lieferantin von Storys für die Klatschpresse. Als ihr Ehemann 1990 bei einer Herztransplantation starb, übernahm sie die Leitung der diversen Firmen und Besitztümer (darunter 28 000 ha Wald) und entwickelte sich zur ernstzunehmenden Unternehmerin: Sie machte sich bei Fachleuten kundig und strukturierte das verschuldete Familienunternehmen um. Die 22 Mio. € Erbschaftssteuer beglich sie mit dem Verkauf von Erbstücken an den bayerischen Staat. Teile des Regensburger Schlosses St. Emmeram, Deutschlands größtes, wurden an Anwälte, Steuerberater und eine Bank vermietet, betuchte Menschen können hier feiern, und im Sommer finden im Schloss Festspiele statt. Heute kleidet sich Prinzessin Gloria standesgemäß seriös, ihre anderen Markenzeichen, das herzhafte Lachen und die Vorliebe für markige Sprüche, hat sie beibehalten. Dazu gehört, als bekanntestes Beispiel, ihre 2001 im Fernsehen verbreitete Erklärung dafür, dass AIDS in Afrika so verheerend wütet: nämlich weil die Afrikaner gerne »schnackseln«. 2004 wurde sie von der CSU in die Versammlung für die Bundespräsidentenwahl nominiert; später bekannte sie, nicht für Horst Köhler gestimmt zu haben, sondern für Gesine Schwan, die unterlegene Kandidatin der SPD. Für die Wahl 2009 wurde sie nicht wieder aufgestellt. Der bayerische Ministerpräsident Horst Seehofer erklärte dazu, keine »Paradiesvögel« mehr in die Bundesversammlung entsenden zu wollen.

Gloria von Thurn und Taxis

Sigi Zimmerschied (* 1953)

Kabarettist, Schauspieler, Regisseur

Schon sein Debüt als Kabarettist war so, wie es sich ein Kabarettist nur wünschen kann. Im Passauer Peschlkeller brachte er 1975, mit Bruno Jonas als die »Verhohnepeopler« firmierend, das Stück »Himmelskonferenz« auf die Bühne, in dem der resignierte Gottvater von einem Funktionär namens Erzengel Michael entmachtet wird – Resultat war ein Verfahren wegen Gotteslästerung, das aber mit einem Freispruch endete. Auch ein Vorwurf der Verunglimpfung des Staats 1979 hatte keine weiteren juristischen Folgen. Im konservativ-reaktionären Passau geboren und aufgewachsen, absolvierte Zimmerschied eine intensive katholische Sozialisation inkl. Karriere als Ministrant und Pfarrjugendführer, sein erster Berufswunsch war Religionspädagogik. Der »durchschlagende« Erfolg 1975 brachte jedoch den letzten Kick zur Profession des Kabarettisten, und das 1977 gegründete Scharfrichterhaus in Passau wurde seine künstlerische Heimat. Mit markantem Quadratschädel, intensivster Mimik und bemerkenswertem Imitationstalent gesegnet, nimmt er alles aufs Korn, was es in Gesellschaft, Politik oder Kirche an Dummem und Gemeinem gibt, und trifft mit ätzendem, derbem, »rücksichtslosem« Witz ins Schwarze. Wenn Zimmerschied in der Region auftritt, etwa in Passau im Scharfrichterhaus oder im Peschlkeller (www.sigi-zimmerschied.de), sollte man ihn sich nicht entgehen lassen: Zu erleben ist eine Urgewalt, die einem physisch und seelisch den Atem raubt.

Praktische Informationen

WAS BIETET DER BAYERISCHE WALD KULINARISCH? WANN FINDEN WO SCHÖNE FESTE STATT? WAS KANN MAN MIT KINDERN ALLES UNTERNEHMEN? WISSENSWERTES FÜR EINEN GELUNGENEN URLAUB

Anreise · Reiseplanung

Anreise

Mit dem Auto

Die **A 3** entlang der Donau zwischen Regensburg und Passau bildet das »Rückgrat« für die Anfahrt. Aus dem Osten des Bundesgebiets erreicht man sie über die A 9 bis Nürnberg bzw. A 4 / A 72 bis Hof, dann weiter über A 9 bzw. A 93; aus dem Norden über die A 7, und aus dem Westen über A 6 und A 3. Von München aus erreicht man auf der A 9 / A 93 Regensburg und den Oberen Bayerischen Wald, auf der A 92 Deggendorf und den Mittleren Bayerischen Wald.
Im Bayerischen Wald sind die Straßen bestens ausgebaut. Die B 16 / B 85 Regensburg – Cham – Regen – Passau (»Ostmarkstraße«) sowie die B 533 / B 12 Grafenau – Freyung – Passau stellen die regionalen Hauptverkehrsadern dar. (Auch die Straße zwischen Spiegelau und Frauenau, früher in den Karten als landschaftlich schöne Strecke gekennzeichnet, wurde über jeden Bedarf hinaus ausgebaut; ►S. 214).
Grenzübergänge nach Tschechien gibt es bei Waldmünchen, Furth i. W., Eschlkam, Bayerisch Eisenstein, Philippsreut und Haidmühle, nach Österreich bei Passau, Kappel, Wegscheid, Kohlstatt, Breitenberg und Lackenhäuser. Grenzbestimmungen ►rechts.

Mit der Bahn

Für die Anfahrt mit der Bahn sind Nürnberg und München die Hauptverteiler. Regensburg, Plattling und Passau, die an der Hauptstrecke Köln / Hamburg / Berlin – Nürnberg – Wien liegen, sind mit ICE, EC und IC mehrmals täglich zu erreichen. Von München aus fährt man mit dem ALEX nach Regensburg / Schwandorf oder mit Regionalbahn / Regionalexpress nach Plattling und Passau. Besonders bequem ist die Anreise über Nacht mit CityNightLine oder EuroNight nach Nürnberg, Regensburg oder Passau. Autozüge fahren von Berlin, Hamburg, Hildesheim und Düsseldorf nach München-Ost (ca. 140 km von Deggendorf). Wer mit dem **RIT-Ticket** nach Ostbayern fährt, kann bis 50 % sparen; Voraussetzung ist mindestens eine Übernachtung in Ostbayern. Für die Anfahrt innerhalb Bayerns

← Mit der Eule auf Du und Du: Jagdfalkenhof in Oberfrauenau

INFORMATIONEN ANREISE

► Straßenverkehr
ADAC Verkehrsservice
Mobil Tel. 22 4 11 (E-plus 11 4 11)
Festnetz Tel. 0900 11 22 4 11

ADAC Stau-Info
Mobil Tel. 22 4 99
Festnetz Tel. 0900 11 22 4 99

► Deutsche Bahn
Reiseservice Tel. 11 8 61 (Gebühr)
Tel. 0800 1 50 70 90, www.bahn.de
Service NachtZug
Tel. 01805 14 15 14
www.nachtzugreise.de
Service AutoZug
Tel. 01805 24 12 24
www.dbautozug.de

ist das **Bayernticket** zu empfehlen, mit dem bis zu fünf Personen bzw. zwei (Groß-)Eltern mit beliebig vielen (Enkel-)Kindern fahren können (Achtung: Beim Kauf am Fahrkartenschalter teurer als am Automaten!). Eisenbahn im Bayerischen Wald ►Verkehr, S. 125.

Mit dem Bus von Berlin

Der Busverkehr Berlin bietet eine preisgünstige Linie von Berlin in den Bayerischen Wald an. Angefahren werden Waldmünchen, Gleißenberg, Furth i. W., Rimbach, Bad Kötzting, Arnbruck, Bodenmais, Zwiesel, Frauenau, Spiegelau, Grafenau, Freyung. Hinfahrt Di./Sa., Rückfahrt Mi./So.; die Wochenendverbindung besteht ganzjährig, die Di./Mi.-Verbindung Ende April – Ende Okt. (www.bvb.net).

Mit dem Flugzeug

Für eine Anreise per Flugzeug kommen die Flughäfen in München (S-Bahn zum Hauptbahnhof), Nürnberg (U-Bahn zum Hauptbahnhof), Salzburg und Linz in Frage.

Ein- und Ausreise Tschechien / Österreich

Personalpapiere

Österreich und die Tschechische Republik sind wie Deutschland Mitglied der EU, in Tschechien bezahlt man jedoch mit Kronen (►Geld, S. 105). Personenkontrollen an den Grenzen gibt es nicht mehr. Mitzuführen sind ein gültiger Reisepass, Personalausweis, Kinderreisepass oder Kinderausweis mit Foto (ggf. ein gültiger vorläufiger Reisepass). Kinder unter 16 Jahren können auch im Pass eines Elternteils eingetragen sein.

Haustiere

Für Hunde und Katzen ist bei Reisen nach Österreich und in die Tschechische Republik ein EU-Heimtierausweis mitzuführen.

Zollbestimmungen

Innerhalb der EU ist der Warenverkehr für private Zwecke weitgehend zollfrei. Zur Abgrenzung zwischen privater und gewerblicher Verwendung gelten folgende Höchstmengen: 800 Zigaretten, 400 Zigarillos, 200 Zigarren, 1 kg Rauchtabak; 10 l Spirituosen, 20 l Zwischenerzeugnisse, 90 l Wein (davon max. 60 l Schaumwein) und 110 l Bier. Bei größeren Mengen ist nachzuweisen, dass die Waren für den privaten Verbrauch bestimmt sind.

Auskunft

Im Bayerischen Wald ist das System der Tourismusorganisationen auf regionaler und lokaler Ebene bestens ausgebaut. Ihre Prospekte, Websites und Telefondienste lassen kaum keine Frage unbeantwortet. Das Internet ist eine ausgezeichnete Informationsquelle, vertreten sind Orte, Verkehrsmittel, Reiseveranstalter, Museen und Veranstaltungen ebenso wie Möglichkeiten zum Nächtigen und Essen.

ADRESSEN AUSKUNFT

DACHVERBAND

▶ **Tourismusverband Ostbayern**
Luitpoldstr. 20, 93047 Regensburg
Tel. 0800 1 21 21 11 (kostenlos)
und (09 41) 5 85 39-0
www.ostbayern-tourismus.de
www.bayerischer-wald.de

URLAUBSLANDSCHAFTEN

▶ **Landratsamt Cham**
Rachelstraße 6, 93413 Cham
Tel. (0 99 71) 7 84 30
www.landkreis-cham.de
www.bayerischer-wald.org

▶ **Deggendorfer Land Tourismusreferat**
Herrenstr. 18, 94469 Deggendorf
Tel. (09 91) 31 00-231
www.deggendorfer-land.de

▶ **Landratsamt Freyung-Grafenau**
Wolfkerstr. 3, 94078 Freyung
Tel. (0 85 51) 57-1 14
www.bayerwald-info.de

▶ **Tourist-Information Passauer Land**
Domplatz 11, 94032 Passau
Tel. (08 51) 3 97-6 00
www.passauer-land.de

▶ **Tourismusservice Landkreis Regen**
Amtsgerichtstr. 6, 94209 Regen
Tel. (0 99 21) 96 05-0
und 0800 2 72 37 52 63
www.landkreis-regen.de, www.arberland-bayerischer-wald.de

▶ **Touristinformation Landratsamt Straubing-Bogen**
Leutnerstr. 15, 94315 Straubing
Tel. (0 94 21) 97 31 27
www.tourismus-straubing-bogen.de

▶ **Landratsamt Regensburg**
Tourismus
Altmühlstr. 3, 93059 Regensburg
Tel. (09 41) 40 09-495
www.landkreis-regensburg.de

▶ **Bayerisch-Böhmisches Informationszentrum für Natur- und Nationalparke**
Bahnhofstr. 54
94252 Bayerisch Eisenstein
Tel. (0 99 25) 90 24 30
www.naturpark-bayer-wald.de

▶ **Nationalpark Bayerischer Wald**
Freyunger Str. 2, 94481 Grafenau
Tel. (0 85 52) 96 00-0
www.nationalpark-bayerischer-wald.de

▶ **Naturpark Bayerischer Wald**
Infozentrum 3, 94227 Zwiesel
Tel. (0 99 22) 80 24 80

▶ **Naturpark Oberer Bayerischer Wald**
Rachelstr. 6, 93413 Cham
Tel. (0 99 71) 78-3 94
www.naturpark-obw.de

▶ **Bayerischer-Wald-Verein**
Angerstr. 39
94227 Zwiesel
Tel. (0 99 22) 92 65
www.bayerischer-wald-verein.de

WEITERE INTERNET-ADRESSEN

www.waidlerinfo.de
www.waidlerwiki.de
www.waidlerblog.de
www.bayerwaldregion.de
www.museen-in-bayern.de
www.kunst-in-ostbayern.de
www.bier-und-barock.de
www.festspielsommer.de

Mit Behinderung unterwegs

In den Kur- und den frequentierten Urlaubsorten sind die meisten Einrichtungen behindertengerecht ausgestattet. Im Verlag FMG (Nordkanalstr. 52, 20097 Hamburg, Tel. 040 / 54 80 78 77) erscheint der Katalog »Handicapped-Reisen«. Informationen geben auch die Tourismusbüros.

INFORMATIONEN FÜR BEHINDERTE

- **BSK-Reiseservice**
  Altkrautheimer Str. 20
  74238 Krautheim
  Tel. (062 94) 42 81-50
  www.bsk-ev.de

- **BAG der Clubs Behinderter und ihrer Freunde e. V.**
  Langenmarckweg 21
  51465 Bergisch Gladbach
  Tel. (0 22 02) 9 89 98-11
  www.bagcbf.de

Essen und Trinken

Die Küche des Bayerwalds

Wie jede traditionelle Regionalküche weist die des Bayerischen Walds nur eine kleine Zahl typischer Gerichte auf. Die billigen Zutaten, die immer vorrätig waren, bestimmen den Charakter: Kartoffeln und Mehl, ergänzt durch Milch, Eier und Schmalz. Fleisch konnten sich nur wenige leisten, und dann meist nur zum Sonn- oder Festtag. Gemüse entwickelte naturgemäß in dem Landstrich mit seinem rauen Klima keine Bedeutung. Wenn etwas die Bayerwaldküche charakterisiert, dann die Kartoffel (die im restlichen Altbayern allenfalls in Form von Kartoffelknödel und -salat eine Rolle spielt) und die vielen »Pfandlgerichte«, Gebratenes aus Kartoffeln, Nudeln und Knödeln in unterschiedlichster Kombination – ein Erbe der Bauern und Waldarbeiter, die sich bei ihrer Arbeit tagelang aus Vorräten ernährten und oft nur Vorbereitetes aufwärmen konnten. Nur einige Beispiele: Fuchsnfouda (»Fuchsenfutter«) – das sind »Schornbladl«, eine Art Roggennudeln, mit Kartoffeln im Ofen gebacken; Bauchstecherl: Schupfnudeln aus Kartoffelteig, als Ritschi(-nudeln) mit Eiern und Sauerrahm gebacken; Essignudeln mit Schnittlauch (kalt gegessen, etwas für den Sommer); »Gschnittene Gebratne«: gekochte Nudeln vom Vortag, mit Eiern und Sauerrahm gebacken.

Essen gehen

Gerichte aus der echten »waldlerischen Kuchl« sind nur selten auf den Speisekarten vertreten; längst hat sich eine allgemein-bayerische Küche mit österreichisch-böhmischen Einschlägen etabliert. Und

Wenn so ein appetitliches Rauchfleisch aufgetragen wird, wer könnte da widerstehen!

SCHWARZGERÄUCHERTES

Außen sieht es aus wie ein dunkelbraun bemooster Stein, innen ist es rosig und blütenweiß: das »Schwarzgeräucherte« oder »Gselchte«, eine berühmte Spezialität aus Niederbayern und dem Bayerischen Wald.

Landauf, landab, von Metzgereien wie von Bauern wird das typische Rauchfleisch angeboten, als Bestandteil einer zünftigen Brotzeit ebenso unverzichtbar wie als Beigabe zum Kraut. Am besten, sagt man, wäre eines aus einer Hausschlachtung. Als man noch keine Kühlschränke hatte, wurde vorzugsweise im Winter geschlachtet; und um das Fleisch über den Winter hinaus haltbar zu machen, wurde es gepökelt und geräuchert.

Wie das Gselchte entsteht

Rohes Schweinefleisch, vorzugsweise Schlegel und Bauch (»Wammerl«), aber auch Nacken und Rücken, wird nach einer alten Methode 4 – 6 Wochen in Buchenholzfässern in einer Mischung aus Pökelsalz, Traubenzucker und Gewürzen – darunter Knoblauch, Zwiebeln und Wacholderbeeren – »gesurt«. Das Salz entzieht dem Fleisch allmählich die Feuchtigkeit, so dass eine **Sur** (Salzlake) entsteht. Das Fleisch reift also im eigenen Saft, es wird trocken und durch Pökelsalz und Zucker rosig, der Speck kernig und schmelzend-fest. Der Zucker unterstützt auch die aromabildenden Bakterien. Dann wird das Fleisch in die **Selch** (Räucherofen) gehängt und eine Nacht über Buchenspänen und **Kienholz**, das ist besonders harzreiches Fichtenholz, geräuchert. Anschließend wird das Fleisch weitere 2 – 3 Tage über Buchenspänen und Tannenreisig heiß, d. h. bei 50 – 55 °C, geräuchert. Der Rauch färbt das Fleisch außen schwarz. Vor dem Genuss reibt man es, wenn es denn nötig sein sollte, ein wenig ab.

Aber Achtung: Manche Hersteller injizieren Salzlake in das Fleisch; das bedeutet beträchtliche Zeitersparnis und Gewichtsgewinn – denn das Fleisch bleibt »nass«, und man kauft mit seinem guten Geld viel Wasser mit. Hier einige gute Metzgereien: Mader in Hengersberg (Hörpling 8, Tel. 0 99 03 / 5 00); Stegbauer in Fürsteneck (Dorfstraße 3); Tremml in March bei Regen (Hauptstraße 33, Tel. 0 99 21 / 18 88), Schedlbauer in Denkzell (► S. 302); Schreder in Lindberg (Lindbergmühle 3, Tel. 0 99 22 / 17 36); Höfermühle in Geiersthal (Zur Mühle 1, Tel. 0 99 23 / 22 40); Wagner in Thurmansbang (Bayerwaldstr. 15, Tel. 0 85 44 / 569).

was etwa als »Waldlerpfanne« oder »Waldlerspieß« kredenzt wird, ist meist eine wenig fantasievolle Erfindung des Kochs, die mit der Region nicht viel zu tun hat. Die Qualitätsgastronomie ist auch im Bayerwald auf der Höhe der Zeit, regionale Küche wird zur Haute Cuisine verfeinert und mit Internationalem »gekreuzt«, und man schöpft auch in den Zutaten aus dem – zunehmend ökologisch erzeugten – Fundus der Region: Fleisch von Waldschaf, Weidekalbin (junge Kuh) und Chamer Ochs, wild gewachsene Pilze und Beeren, Wild aus Jagd (mit »Ursprungsnachweis«) oder Zucht, Forellen, Saiblinge, Zander und Waller aus heimischen Flüssen oder Teichen.

Der Biergarten

Die bayerische Institution des Biergartens, dieser wunderbare Ort ruhiger Lebensfreude unter mächtigen Bäumen hatte seinen Ursprung in dem früheren Verbot, den Sommer über Bier zu brauen, weshalb die Brauer ihr Bier in kühlen Kellern unter schattenspendenden Bäumen lagerten. Dort wurde der Gerstensaft denn auch gleich ausgeschenkt. Dazu war aber eine Schankerlaubnis nötig, und weil die Zunft der Wirte etwas gegen die Konkurrenz hatte, gewährte König Ludwig I. 1830 dieses Recht unter der Auflage, dass kein Essen verkauft werden durfte. Deshalb muss man in einem echten Biergarten (im Gegensatz zum Wirtsgarten) nur die Getränke erstehen. Meist gibt es in einem Biergarten auch einen Bereich mit gedeckten Tischen, an denen man restaurantmäßig zu essen und trinken bestellt.

Die Brotzeit

Eine eigene Kategorie – vor allem fürs zweite Frühstück beliebt – bildet die berühmte **Weißwurst**, die »schön gekurvte Tellerzier«, die 1857 in München das Licht der Welt erblickte. Dazu gehören Brezen und süßer Senf, etwa den der Regensburger Firma Händlmaier. (Ein Tipp: Wenn Ihnen der süße Senf zu sanft ist, mischen Sie ein wenig scharfen drunter.) Sehr beliebt im Biergarten ist die neuzeitliche Errungenschaft der **Spare Ribs**, die mit einer Sauce auf der Basis von Ketchup und Curry kredenzt werden. Als **Steckerlfisch** werden meist fette Makrelen über Holzkohle gebraten. Der **Leberkäs** enthält weder Leber noch Käse, sondern Rinder- und Schweinebrät, Speck und Zwiebeln. Er wird gebacken, so dass er eine schöne braune Kruste bekommt, und wenn er gerade frisch aus dem Ofen kommt, ist das ein Fest. Den **Wurstsalat** (mit Zwiebeln, Öl und Essig) macht man meist aus den dicken Regensburgern; kommt Emmentaler dazu, heißt er Schweizer Wurstsalat. Den **Pressack** aus Schweinefleisch und Schwarten gibt's in Weiß und Rot (Letzterer mit Blut), häufig herzhaft mit Majoran gewürzt. Der echte **Obatzte** – hochdeutsch »Zu Matsch Angerührte« – entsteht aus reifem Camembert und Butter, dazu kommen Zwiebeln, Paprika und Kümmel. Als würzige Beigabe zu alldem dient der **Radi** (großer weißer Rettich), als Ziehharmonika oder Spirale dünn aufgeschnitten und gesalzen.

Suppen

Als Vorspeise gibt es meist eine Fleischbrühe mit einer Einlage: mit Pfannkuchenstreifen, Leberknödel (aus Rinderleber, Semmel, Zwiebeln und Majoran), Leberspätzle, Grießnockerln. Ein echter Bayerwälder ist der **Pichelsteiner**, einer der berühmtesten Eintöpfe der Welt; erfunden wurde er 1847 in Grattersdorf (►S. 182).

Fleisch Die ehernen Säulen der bayerischen Küche sind der Schweinsbraten und die Haxe. Zum **Schweinsbraten** (nicht Schweinebraten) aus Schulter oder Hals – am besten mit knuspriger Schwarte – gehören Semmel- und/oder Kartoffelknödel (Reiberknödel), dazu ein Krautsalat (rohes Weißkraut, gewürzt mit Kümmel) oder im Winter Sauerkraut. Im Bayerischen Wald werden die Semmelknödel übrigens auch in der Version der **Böhmischen Knödel** (mit einem Anteil Hefeteig) serviert. Die **Haxn**, vom Schwein oder vom Kalb, werden gebraten oder gegrillt und ebenfalls mit Knödel und Kraut serviert. Für ein **Tellerfleisch** wird Rindfleisch in Brühe gesotten und in Scheiben und mit frischem Kren (Meerrettich) und scharfem Senf serviert. Die **Fleischpflanzl**, im übrigen Deutschland als Frikadellen oder Buletten bekannt, schmecken am besten mit Kartoffelsalat. Kenner schätzen das **Saure Lüngerl** mit Semmelknödel und das ähnliche **Beuschel** österreichischen Ursprungs; außer Lunge kommen hier noch Herz und Milz dazu. Zu den Winterfreuden gehört die **Schlachtschüssel** mit Wammerl (Bauch), Leber- und Blutwurst, dazu – wie zu erwarten – Sauerkraut, Kartoffelpüree oder Knödel. Das **Böfflamott** – das Bœuf à la mode, das französische Besatzer vor 200 Jahren mitbrachten – ist ein Stück gutes Rindfleisch, das sauer gebeizt und mit Wein und Wurzelwerk weichgeschmort wird. Nicht zu vergessen **Geflügel und Wild**: ob als Hirschgulasch oder Rehragout bzw. -braten, ob als **Ganserl** zur Kirchweih erfreuen sie sich großer Beliebtheit.

Wurst Die Weißwurst haben wir schon kennengelernt. Die mit Majoran gewürzten **Schweinswürstl** werden gebraten oder besser auf Holzkohle gegrillt. Die **Gschwollnen**, auch als Wollwürste bezeichnet, bestehen aus feinem Kalbsbrät und besitzen keine Haut; sie werden in der Pfanne gebraten und mit Sauce und Kartoffelsalat serviert. **Regensburger**, dicke, kurze Schinkenwürste, werden kalt gegessen oder in Wasser heiß gemacht. Nicht jedermanns Sache ist die **Milzwurst** (aus Kalbsbries und -milz, daher auch kälberne Briesmilzwurst), die in dicken Scheiben gebraten wird. **Leoni** heißt in Bayern die Lyoner.

Süßes Für **Dampfnudeln** werden Hefeteigklöße in einem Milch-Fußbad gedämpft (besonders begehrt ist die karamellig-knusprige Kruste), dazu gibt's Vanillesauce oder ein Kompott. Bäckt man die Hefeteigklöße, entstehen **Rohrnudeln**. Für Schmalznudeln bzw. **Auszogne** wird eine Kugel Hefeteig so auseinandergezogen, dass er in der Mitte papierdünn ist, und in Fett ausgebacken. Zum Fasching beliebt sind die **Krapfen**, ausgebackener Hefeteig, traditionell mit Marmelade gefüllt. Für dem Prinzregenten Luitpold kreierte ein Hofkonditor die **Prinzregententorte**: Sieben (ursprünglich acht) Biskuitschichten – nach der Zahl der Regierungsbezirke – werden mit Schokoladenbutter-

Das Schwellhäusl bei Zwieslerwaldhaus ist für seine guten Brotzeiten bekannt.

creme gefüllt und mit Schokolade überzogen. Wie in Österreich schätzt man den **Strudel**, dünn ausgerollter Nudelteig, der mit Äpfeln oder – als Topfen- oder Millirahmstrudel – mit Quark gefüllt wird. Derselben Herkunft sind die **Germknödel**, gedämpfte Hefeklöße, die mit Mohnbutter, Vanillesauce oder Kompott serviert werden. Am besten warm genossen werden die **Hoiberdatschi** (Heidelbeeromelett); im Frühsommer beliebt sind die **Hollerkiachl**, Blütendolden vom Holunder, die in Eierkuchenteig ausgebacken wurden.

Das Bier

Bayern und Bier, das gehört zusammen. Bier ist hier ein Grundnahrungsmittel, mit über 200 l pro Kopf (über 16-Jährige) und Jahr liegt Bayern an der Spitze des Verbrauchs in Deutschland. Auf bayerischem Boden wurde schon in keltisch-römischer Zeit Bier gebraut. Im 14. Jh. entwickelten sich größere Brauereien, die meist von Klöstern und Fürstenhöfen betrieben wurden. Zu Beginn der Neuzeit begründeten zwei Ereignisse die Qualität und die führende Stellung des bayerischen Biers: Im 15. Jh. kam die untergärige Brauweise auf, die haltbareres und daher transport- und lagerfähiges Bier er-

! *Baedeker* TIPP

Bier kulinarisch

Nach allen Regeln der Kunst und dennoch sehr vergnüglich kann man sich in Neureichenau in die Welt des Biers einweisen lassen. Bernhard Sitter, der erste Biersommelier-Wirt Deutschlands, bietet in seinem Gut Riedelsbach das »Bierkulinarium« an: mehrgängige Menüs mit passenden Bieren, unter anderen auch aus seiner eigenen Gasthausbrauerei (siehe S. 237).

gab, und 1516 erließ Herzog Wilhelm IV. das heute noch gültige Reinheitsgebot, nach dem Bier nur aus Gerste, Hopfen und Wasser hergestellt werden darf.

Kleine Bierkunde

Die beiden großen bayerischen Spezialitäten sind das Weißbier und das Helle. Das säuerlich-frische **Weißbier** wird aus Weizen obergärig gebraut und vorzugsweise mit dem vitaminreichen Hefesatz (Hefeweißbier) abgefüllt. Zu den untergärigen Bieren zählen das milde, süffige **Helle** und das herbere Pils. Liebhaber malziger Aromen greifen zum **dunklen Bier** mit seiner interessanten Balance zwischen leichter Süße und hopfiger Bittere. Alle diese Sorten haben etwa 5 % Alkohol. Klösterlicher Tradition sind die besonders kräftigen **Fastenbiere** zu verdanken (Bock mit über 6 %, Doppelbock über 7 % Alkohol); jede Brauerei hat für sie einen eigenen Namen, der auf »-ator« endet. Mit dem **Maibock** erfährt die Biersaison einen Höhepunkt.

Eine berühmte Oberpfälzer Spezialität, die auch im nördlichen Bayerischen Wald da und dort angeboten wird, ist das **Zoiglbier**. Das untergärige, ungefilterte Bier muss jedoch, wenn es »echt« sein soll, in »Kommunbrauhäusern« gebraut und im selben Ort ausgeschenkt werden.

! *Baedeker* TIPP

Bierausflug nach Böhmen

Das böhmische Bier ist zu Recht berühmt, und es gibt viel mehr schmackhafte Sorten als die bei uns bekannten Marken Pilsner Urquell und Budweiser. Wer in einer der landestypischen Schenken (Pivnice) z. B. ein »Samson« oder ein »Gambrinus« bestellt, kann immer noch einen halben Liter für gerade mal 1 € bekommen. Autofahrer sollten aber das fast überall erhältliche alkoholfreie »Radegast« bevorzugen: In Tschechien gilt ein absolutes Alkoholverbot.

Durstlöscher mit Bier

Das **Radler** (Helles mit Zitronenlimo) erfand 1922 der Wirt der Gaststätte Kugler-Alm bei München, als die Ausflügler seinen Biervorrat zu rasch dezimierten. Als Kind der Revolution von 1918 gilt der **Russn**, die Variante mit Weißbier: Russen hießen in München die Anhänger der Räterepublik; bei ihren Zusammenkünften streckten sie das Bier, um länger einen klaren Kopf zu behalten.

Bärwurz

Ein etwas gewöhnungsbedürftiger Stoff mit sellerie- oder liebstöcklartigem Aroma ist der im Bayerwald beliebte Bärwurz, ein 40 – 50 % starker klarer Schnaps, der in zylindrischen Steingutflaschen verkauft wird. Destilliert wird er – hier unterscheiden sich die Hersteller – aus den Wurzeln der Mutterwurz *(Ligusticum mutellina)*, die im Bayerischen Wald Bärwurz heißt, oder aus der botanisch »richtigen« Bärwurz *(Meum athamanticum)*, die, da unter Naturschutz stehend, gewerblich angebaut wird. Die wichtigsten Marken sind: Alte Hausbrennerei Penninger mit Stammsitz in Hauzenberg-Jahrdorf und Läden in mehreren anderen Orten, Drexler und Liebl in Bad Kötzting, Hieke in Zwiesel, Brennerei zum Bären in Mietraching bei Deggendorf, Schloss Rammelsberg in Schönberg.

Feiertage, Feste und Events

In Bayern werden das ganze Jahr über unzählige traditionelle Feste gefeiert, häufig religiöser Art, immer aber (auch) um sich zu treffen und sich miteinander des Lebens zu freuen. Auch die »Kulturszene« im Bayerischen Wald kann Hochkarätiges bieten. Ergänzt wird das Programm durch Sport, Stadt- und Kinderfeste und diverse neuzeitliche Events. Die regionalen und örtlichen Tourismusbüros informieren gerne. Im Folgenden eine Terminübersicht, Näheres ist gegebenenfalls bei den Reisezielen zu erfahren.

TERMINKALENDER

FEIERTAGE

1. Jan.: Neujahr
6. Jan.: Heilige Drei Könige
Karfreitag
Ostermontag
1. Mai: Tag der Arbeit
Christi Himmelfahrt
Pfingstmontag
Fronleichnam
15. Aug.: Mariä Himmelfahrt
3. Okt.: Tag der deutschen Einheit
1. Nov.: Allerheiligen
25./26. Dez.: Weihnachten

FESTE UND EVENTS

▸ Januar

Neujahrsanblasen in Passau und Geyersberg (bei Freyung). 5./6. Jan. (Epiphaniasnacht) Rauch-/Rauhnacht, besonders in Neuschönau, Frauenau und Regensburg.

▸ Februar / März

Mitte Febr.: Internationales Hundeschlittenrennen in Haidmühle. Fasching mit Umzügen (»Gaudiwürmern«) in vielen Orten. Faschingssamstag: Rauhnachtball in Frauenau. Politischer Aschermittwoch in der Dreiländerhalle Passau (CSU), im Wolferstetter Keller zu Vilshofen (SPD) und in Deggendorf (Freie Wähler). An vielen Orten gibt es in der Mitte der Fastenzeit ein Starkbierfest.

▸ März / April

Frühlingsfeste (Kirmes) in Straubing und Passau. Palmsonntag: Palmritt in Schönberg. Ostern: Pferdeprozessionen in Regen und Furth im Wald (beide am Ostermontag); Ostereier-Beckeln in Lalling; Emmausgang in Waldkirchen und Zwiesel (am Ostermontag).

▸ April / Mai

Letzter April- oder 1. Mai-So.: Apfelblütenfest in Lalling. Ab Ende April: Maidult in Passau. Georgiritt in Aidenbach. In vielen Orten wird ein Maibaum aufgestellt (wenn er nicht von den Burschen des Nachbarorts geklaut wurde).

▸ Mai / Juni

Anf. Mai: Maidult in Regensburg. Von Himmelfahrt bis zum folgenden So.: Bergmarktfest mit Exaudimarkt in Pilgramsberg. Um Pfingsten (in geraden Jahren): »Drumherum« (Volksmusikfest) in Regen. Pfingsten: Kerzenwallfahrt auf den Bogenberg. Pfingst-Openair in Hauzenberg (Popmusik). Pfingstmontag: Kötztinger Pfingstritt;

»Englmari-Suchen« in St. Englmar; Pfingstl-Gehen in Bischofsmais; Bergfest auf dem Gallner (bei Konzell). Mitte Mai – Anf. Aug. Europäische Wochen in Passau. Fronleichnamsprozessionen in vielen Orten.

Juni

Um den 24. Juni (Johannistag): Sonnwendfeuer an vielen Orten, v. a. auf freien Höhen. Mitte Juni: Leonhardiritt von Neukirchen b. Hl. Blut nach Tschechien. Letztes Juni-Wochenende: Gunther-Fest in Rinchnach (mit Fuhrleute-Gedächtnisfahrt am Sonntag). Ende Juni: Altstadtfest in Regensburg.

Juli

Ab Ende Juni: Agnes-Bernauer-Festspiele in Straubing (alle 4 Jahre, wieder 2011). Anf. Juli: Kirchhamer Heimatfest mit Goldhaubentreffen. Um den 10. Juli: Bayerisches Jazzweekend in Regensburg. Mitte Juli: Ilzer Haferlfest in Passau; Grenzlandfest (einwöchig) in Zwiesel. 2. Juli-Hälfte: Burgfestspiele in Neunussberg bei Viechtach. 2. Juli-Hälfte: Thurn-und-Taxis-Schlossfestspiele in Regensburg. Mitte Juli – Ende Aug.: Historienspiel »Trenck der Pandur« in Waldmünchen. 3. Juli-Wochenende: Säumerfest in Grainet. Um den 20. Juli: NaturVision (Internationales Naturfilmfestival) in Neuschönau. Um den 25. Juli: Marktrichtertage in Waldkirchen. Ende Juli: Pichelsteinerfest in Regen; Fischerstechen in Vilshofen.

August

1. Aug.-Sa.: Salzsäumerfest in Grafenau, nachdem der Säumerzug von Haus im Wald (8 km) eingetroffen ist. 2. Sa.: Waldkirchner »Dreschersuppe«. Mariä Himmelfahrt (15. Aug.) an vielen Orten, u. a. Wallfahrt in Sammarei, Bergmesse mit Kräuterweihe auf dem Geißkopf. Ab dem 2. Aug.-Fr.

Beim Kötztinger Pfingstritt sind an die 900 Männer auf prachtvollen Rössern unterwegs.

(elf Tage): Gäubodenvolksfest in Straubing. So. vor oder nach 14. Aug. (St. Bartholomäus): Arberkirchweih. 10. und 24. Aug.: Kirwa (Kirchweih) in Bischofsmais-St.-Hermann. 2. und 3. August-Wochenende: Further Drachenstich.

► **September**
Ende Aug. – Mitte Sept.: Herbstdult in Regensburg. Drescherfest im Webereimuseum Breitenberg. Sept./Okt. Kulturfestival in Bad Füssing. Um den Michaelitag (29. Sept.): Erntedankfeste.

► **Oktober**
2. Okt.-So.: Leonhardiritt in Kellberg. Mitte Okt.: Kirchweih in vielen Orten. Okt. – Dez.: Passauer Kabaretttage, mit Verleihung des Scharfrichterbeils.

► **November**
So. nach dem 6. Nov. Leonhardiritt in Waldkirchen und Röhrnbach. 1. Nov.-Wochenende: »Zwieseler Fink« (Volksmusiktage) in Zwiesel. 10. Nov. (Nacht zu Martini): »Wolfauslassen« in der Gegend von Zwiesel, besonders in Rinchnach. Um den 11. Nov. Martiniritt in Miltach bei Cham.

? WUSSTEN SIE SCHON ...?

- Grafenau, Grainet und viele andere Orte waren Stationen der Säumer. Ein »Saum« war die Last, die ein Pferd auf seinem Rücken tragen kann. Da Böhmen kein eigenes Salzvorkommen hatte, musste das zum Konservieren und Würzen begehrte »weiße Gold« aus bayerischen, salzburgischen und tirolischen Salinen importiert werden. Transportiert wurde es zuerst auf dem Wasser, dann auf Fuhrwerken und auf den Bergpfaden auf Pferden. Die Leute, die diese Karawanen begleiteten, hießen Säumer, die Handelswege entweder Straß oder Steig.

► **Dezember**
Christkindlmärkte in vielen Orten, besonders in Regensburg, Passau, Straubing und auf dem Bogenberg. Zwischen 21. Dez. und Dreikönig – in der Thomasnacht (21./22. Dez.), der Christnacht (24./25. Dez.), der Silvesternacht (31. Dez./1. Jan.) und der Epiphaniasnacht (5./6. Januar) – Rauh- bzw. Rauchnächte in vielen Orten, u. a. St. Englmar, Lam, Rinchnach, Neuschönau, Waldkirchen. 26. Dez.: Stephaniritt in Stephling bei Bogen.

MUSIK UND THEATER

KONZERTREIHEN UND FESTIVALS

Bernried-Buchet
Kulturwald-Musikfestival (1. Sept.-Hälfte)
Cham
Musiksommer, Sommer am Regenbogen (Mai – Mitte Aug.)
Frauenau
Frauenauer Konzerte
Furth im Wald
Kultursommer (Mai – Sept.)
Hauzenberg
Kulturwochen (Mitte Juni – Juli)
Metten
Konzerte im Kloster (ganzjährig)

Ein »erschröckliches« Spektakel mit historischem Hintergrund: Further Drachenstich

Oberalteich
Konzerte im Kloster (ganzjährig)
Passau
Europäische Wochen (Mitte Juni bis Ende Juli)
Eulenspiegel-Zeltfestival (Ende Juni/Anf. Juli)
Regen
»Drumherum« (Volksmusikfest, um Pfingsten, in geraden Jahren)
Regensburg
Tage Alter Musik (Pfingsten)
Bayerisches Jazzweekend (um den 10. Juli)
Thurn-und-Taxis-Schlossfestspiele (2. Juli-Hälfte)
Saldenburg
Konzerte im Schloss (Nov.)
Salzweg
Kulturwochen (März / April)
Straubing
Jazz an der Donau (2. Juli-Hälfte)
Bluval (Bläsermusikfestival, Sept.)
Viechtach
Kultursommer (mit Openair-Konzert um den 10. Juli)
Walderbach
Konzerte im Barocksaal des Klosters (ganzjährig)
Zwiesel
»Zwieseler Fink« (Volksmusikwettbewerb, Anf. Nov.)

VOLKSBÜHNEN UND FREILICHTTHEATER

Aidenbach
Freilichttheater »Lieber bairisch sterben – Aidenbach 1706« (Juni/Juli, in geraden Jahren)
Arnbruck
Bauerntheater (Juli – Sept.)
Bad Kötzting
Waldfestspiele (Theaterklassiker im Dialekt, Ende Juli/Anf. Aug.)
Falkenstein
Burghofspiele (klassisches Theater, ca. 20. Juni – 25. Juli)
Fürsteneck
Barockspiele im Schloss (Juli)
Furth im Wald
Further Drachenstich (2. – 3. Aug.-Wochenende)
Perlesreut
Passionsspiele (2. August-Hälfte)
Regen
Ritterspiele in der Burg Weißenstein (Mitte Juni, gerade Jahre)
Ringelai
Bühne Mund+Art (spielfreie Monate: Jan., Febr., Sept., Nov.)
Rötz
Rittertheater auf der Schwarzenburg (Juli/Aug.)

Straubing
Agnes-Bernauer-Festspiele (Juni/Juli, alle vier Jahre, wieder 2011)
Viechtach
Burgfestspiele Neunussberg (Juli)
Vilshofen
Burgfestspiele Hilgartsberg (im Sommer)
Waldmünchen
Trenck-Festspiele (Juli/Aug.)

Geld

Öffnungszeiten

Die Filialen von Banken und Sparkassen haben sehr unterschiedliche Öffnungszeiten, als Kernzeit kann 8.30–12.30, 14.00–16.00, Do. bis 18.00 Uhr gelten. An den Geldautomaten kann man mit Bank- oder Kreditkarte und Geheimnummer rund um die Uhr Geld abheben.

Bank- und Kreditkarten

Die meisten Hotels, Restaurants und Geschäfte akzeptieren die Bank-/Maestro- sowie Kreditkarten. Einen Verlust von Bank- oder Kreditkarte meldet man beim Sperr-Notruf, seinem Geldinstitut oder bei den jeweiligen Zentralen. Dafür unbedingt vor der Reise Kartennummer (und Gültigkeitsdauer), Kontonummer und Bankleitzahl notieren. Nach der Verlustmeldung Datum, Uhrzeit und Namen des Gesprächspartners aufschreiben.

i Karte verloren?

- Sperr-Notruf: Tel. 116 116
- Bank-/Maestro-Karte: Tel. 01805 021 021
- Visa: Tel. 0800 811 8440
- Mastercard: Tel. 0800 819 1040

Tschechien

Die Tschechische Republik hat den Euro noch nicht eingeführt, hier ist die Krone das Zahlungsmittel (koruna; 1 CZK = ca. 0,04 €, 1 € = ca. 27 CZK). Ein Tausch ist in den grenznahen Orten jedoch nicht nötig, man kann mit Euro bezahlen. Wollen Sie dennoch tauschen, achten Sie darauf, ob der an den Wechselstuben genannte Kurs für den Ankauf oder den Verkauf von Kronen gilt; der Verkaufskurs, der für den Tausch relevant ist, ist deutlich schlechter. Sitzt man einem Irrtum auf, weigern sich die Wechselstuben, den Tausch rückgängig zu machen.

Gesundheit

Apotheken

Die Öffnungszeiten der Apotheken sind unterschiedlich, als Kernzeit kann Mo.–Fr. 8.30–12.30, 14.00–18.00, Sa. bis 13.00 Uhr gelten. An der Tür jeder Apotheke ist die nächstgelegene Apotheke mit Nacht- und Sonntagsdienst genannt,

Gesundheitsvorsorge

In größeren Höhen ist die Sonneneinstrahlung besonders intensiv – auch bei bedecktem Himmel! –, weshalb man auf guten Schutz achten sollte. Wer sich ausgiebig in freier Natur aufhalten möchte, sollte über eine wirksame Tetanus-Impfung (maximal 8 Jahre alt) verfügen. Der Bayerische und der Böhmerwald gehören zu den Zecken-Risikogebieten, eine Impfung gegen FSME sollte man in Betracht ziehen.

Mit Kindern unterwegs

Ferienregion für Kinder

Viel wunderbare Natur, insbesondere die einzigartigen (Ur-)Wälder, ist die große Attraktion im Bayerischen Wald, der sich zu einer der **beliebtesten Familienferienregionen Deutschlands** entwickelt hat. Entsprechend gut, vielfältig und umfangreich sind die Angebote für Kinder, von den »Ferien auf dem Bauernhof« (► S. 116) über die Berghütten des Bayerischen Wald-Vereins (► S. 131) bis hin zu den Unterhaltungsprogrammen in den Hotels. Auch viele Orte bieten Vergnügliches und Interessantes unterschiedlichster Art wie Brotbacken, Reiten, Naturführungen und Kletterkurse. Eine Fülle wertvoller Informationen und Anregungen enthalten die Prospekte »Mein Familienwald« und »Familienferien mit Urlaub auf dem Bauernhof« sowie die »Freizeitkarte Kinderland Bayerischer Wald« des Tourismusverbands Ostbayern, außerdem der preiswerte Führer »Freizeit mit Kindern: Niederbayern/Bayerischer Wald« (Stöppel-Verlag).

Erlebnisse für Kinder

Im Vordergrund steht das Erleben der mehr oder weniger **ursprünglichen Natur**, sei es »einfach so« oder mithilfe didaktischer bzw. sportlicher Einrichtungen. Die ganz große Attaktion ist natürlich der Nationalpark Bayerischer Wald, dessen hervorragende Infozentren mit ihren Freigehegen Geist und Sinne schärfen. An vielen Orten gibt es Spielgelände und Lehrwanderwege; gezähmte Tierwelt ist in Vogelparks und Falknereien, im Straubinger Zoo oder in Wildparks hautnah zugänglich. Naturerleben und Bewegungsdrang bringt eine **Wanderung** unter einen Hut, auf die Berge des Bayerwalds oder in seinen ganz besonderen Wanderrevieren: an Flüssen wie der Ilz, im Nationalpark (z. B. Himmelsleiter am Lusen, Felswandergebiet und Seelensteig) oder entlang des Pfahls; dabei kann man da und dort luftige Aussichtstürme erklimmen. Für **Fahrradtouren** gibt es genügend flache, bequeme Wege in idyllischer Landschaft abseits des Verkehrs. Sport und Abenteuer bieten **Hochseilparks**, Kletterwände und z. B. der Bikepark am Geißkopf mit einem Kinderparcours. Im Winter werden **Skifahren und Rodeln** großgeschrieben, gerade für Kinder sind die sanften Hänge des Bayerwalds ideal; im Sommer ist ein Tag in einem der Erlebnisbäder oder an einem Badesee willkommen. Die vielen **Burgen und Burgruinen** sowie Museen wie die Veste Oberhaus in Passau ermöglichen einen fantasievollen Ausflug in die Geschichte, ebenso das Keltendorf Gabreta und historische Feste wie der Further

Drachenstich oder das Säumerfest in Grafenau. Immer ein schönes Erlebnis ist der Besuch der **Bauerhausmuseen** in Finsterau und Tittling, die mit dem Landleben früherer Zeiten vertraut machen. Industrie und Handwerk des Bayerwalds erlebt man beim Besuch des **Bergwerks** im Bodenmaiser Silberberg, einer **Glasfabrik oder -bläserei** und des Granitmuseums in Hauzenberg. Nicht an letzter Stelle auf der Beliebtheitsskala steht eine **Schiffsfahrt auf der Donau**, etwa von Kelheim durch den Donaudurchbruch nach Weltenburg oder von Passau zum Kraftwerk Jochenstein.

Kuren und Wellness

Alles für die Gesundheit

Heilbäder und Kurorte – im Gebiet dieses Führers über 25, davon 15 Luftkurorte, ein Heilklimatischer Kurort (Bodenmais) und ein Kneippkurort (Bad Kötzting) – helfen mit modernen Einrichtungen, qualifiziertem Personal und den Gaben der Natur, Krankheiten und Verletzungen zu kurieren oder einfach etwas für die Gesundheit zu tun. Insbesondere Krankheiten des Bewegungsapparats, Herz-Kreislauf-Probleme, Magen-Darm-Krankheiten, Stoffwechselprobleme, Atemwegserkrankungen und seelische Probleme können hier erfolgreich angegangen werden. Dazu werden klassische Anwendungen wie Moor, Fango und Kneippgüsse mit Therapien wie Autogenes Training oder Fasten kombiniert. Eine Spezialität des Bayerischen Walds sind die **Stollenkuren** in Bodenmais und Lam. In den Zeiten von **Well- und Fitness** gibt es darüber hinaus kaum ein größeres Hotel und kaum einen Ort, die nicht eine ganze Reihe entsprechender Angebote im Programm hätten, von Nordic Walking und Erlebnisbädern über Ayurveda, Klangschalenmeditation und diverse Diäten bis zur Thalasso-Therapie. Außer den Tourismusverbänden und -büros informiert der Bayerische Heilbäder-Verband über Orte, Angebote und die Bedingungen für eine Kur (Postfach 1063, 94066 Bad Füssing, Tel. 0 85 31 / 97 55 90, www.gesundes-bayern.de).

Literaturempfehlungen

Land und Leute

Joseph Berlinger (Hrsg.): Grenzgänge. Streifzüge durch den Bayerischen Wald. Passau 1985. Mit Texten von H. Achternbusch, Siggi Zimmerschied, Hermann Lenz, Cleo Kretschmer u. v. a. Eine ebenso faktenorientierte wie literarisch-subjektive Erkundung der Seelenlandschaft des Bayerwalds.

Hannes Burger: Der Bayerische Wald. Linien einer Landschaft. Grafenau 2008. Der bekannte Münchner Journalist liefert mit seinen Texten und gut ausgewählten Fotos ein kenntnis- und facettenreiches Porträt seiner Wahlheimat und ihrer Menschen.

Georg Dehio: Handbuch der deutschen Kunstdenkmäler. Bayern II: Niederbayern. Bayern V: Regensburg und Oberpfalz. München 2008. Die unverzichtbaren Reisebegleiter für den Kunst- und Architekturfreund.

Hubert Ettl (Hrsg.): Bayerischer Wald. Reise-Lesebuch. Viechtach 1993 Ein realistisches, dennoch liebevolles Porträt des Bayerischen Walds in all seinen Widersprüchen. Der engagierte, querdenkerische Viechtacher Verlag Lichtung (www.lichtung-verlag.de) zerstört mit dieser Anthologie, die mit eindrucksvollen Fotos ausgestattet ist, touristische Klischees und reizt gerade damit, die Koffer zu packen.

August Sieghardt: Bayerischer Wald. Landschaft, Geschichte, Kultur, Kunst. Nürnberg 1962. Auch wenn es schon etwas in die Jahre gekommen ist, das kleine, dicke Buch ist eine Fundgrube für alle, die mehr über das Land, seine Geschichte und Kultur wissen wollen.

Karl Friedrich Sinner / Günter Moser: Waldwildnis grenzenlos: Nationalpark Bayerischer Wald. Amberg 2006. K. F. Sinner, der Leiter der Nationalparkverwaltung, und der Fotograf G. Moser zeigen den wilden Bayerischen Wald in seiner ganzen Pracht, auch im vermeintlich Unspektakulären, und vermitteln ein Verständnis dafür, was es heißt, »Natur Natur sein zu lassen«.

HB Bildatlas Bayerischer Wald (Nr. 316). Die Region wird in schönen Bildern und interessanten Texten vorgestellt.

Literarisches

Emerenz Meier: Aus dem Bayerischen Wald. Hrsg. H. Bleibrunner / A. Fuchs. Grafenau 2005. Gesammelte Werke. Hrsg. H. Göttler. Grafenau 2010 (►Berühmte Persönlichkeiten, S. 86)

Adalbert Stifter: Witiko / Hochwald / Nachsommer (viele Ausgaben). Aus dem bairischen Walde. Grafenau 2005. Adalbert Stifter (► Berühmte Persönlichkeiten) ist heute aus der Mode gekommen. Der etwas betuliche Stil seiner Romane, Erzählungen und Betrachtungen mit ihren weitschweifigen Naturbeschreibungen erscheint kaum aufregend, doch steckt, wie Thomas Mann bemerkte, hinter der stillen, innigen Genauigkeit eine »Neigung zum Exzessiven, Elementar-Katastrophalen, Pathologischen«.

Friedl Thorward: Die Müllerbuben von Eschlkam. Grafenau 2008
Der 2008 im Alter von 93 Jahren verstorbene »Luis Trenker des Bayerischen Walds« – aus seiner Feder stammen viele Bildbände und Tourenbeschreibungen – illustriert am Beispiel einer Familie vor dem Hintergrund der Kriege von 1870/71, 1914–1918 und 1939–1945

! *Baedeker* TIPP

Emerenz zum Anhören

Beim »Bairisch-Diatonischen Jodelwahnsinn« und bei Hubert von Goisern hat Monika Drasch mit ihrer grünen Geige und ihrer phänomenalen Stimme Furore gemacht. Mit einigen Kollegen setzte die gebürtige Niederbayerin der zeit ihres Lebens von Fernweh und Heimweh geplagten Emerenz Meier ein liebevolles akustisches Denkmal: Emerenz Meier – Out of Heimat (CD, Morsak, Grafenau; www.emerenz-meier.de).

das Leben, die Menschen und die Landschaft des Bayerischen Walds.
Anna Wimschneider: Herbstmilch. München 2009. Die Autobiografie der aus dem niederbayerischen Pfarrkirchen stammenden Bäuerin (1919 – 1993) beschreibt das harte Leben zu Hause und auf dem Hof ihres Mannes im Bayerischen Wald. Verfilmt von Josef Vilsmeier.

Medien

Radio

Ostbayern wird – außer von privaten Sendern wie Antenne Bayern und Radio Charivari – vom Bayerischen Rundfunk versorgt. Bayern 1 bringt Regionales und Volkstümliches, Bayern 2 Radio ist der Feuilleton-Kanal mit interessanten Berichten und Magazinen, Bayern 3 der »junge« Sender mit Popmusik; Bayern 4 spielt klassische Musik, Bayern 5 bringt Nachrichten. Alle strahlen Verkehrsmeldungen aus, am aktuellsten sind Bayern 3 und Bayern 5.

Zeitungen und Zeitschriften

Im östlichen Bayerwald zwschen Viechtach und Wegscheid dominiert die **Passauer Neue Presse** mit ihren zahlreichen Lokalausgaben (www.pnp.de), im Westen bis in die Oberpfalz die in Regensburg ansässige **Mittelbayerische Zeitung** (www.mittelbayerische.de). Im Raum Straubing macht ihnen das **Straubinger Tagblatt** Konkurrenz (www.straubinger-tagblatt.de), das wie die Kötztinger, die Chamer und die Bogener Zeitung zur Idowa-Gruppe (»Isar, Donau, Wald«) gehört. Alle geben, vor allem zum Wochenende, Informationen wie Kinoprogramme, Veranstaltungshinweise und Ausflugstipps.
Das vierteljährlich erscheinende **magazin lichtung** (www.lichtung-verlag. de) bringt Hintergrundberichte und Kommentare zu regionalen Themen und eine Übersicht über kulturelle Veranstaltungen in ganz Ostbayern. Diverse **Stadtmagazine** (wie »InnSide« in Passau, »Logo« in Regensburg und Straubing, »Kulturjournal« und »Stadtzeitung« in Regensburg) berichten über die Politik- und Kulturszene.

Museen und Kirchen

Besuch

Ein Großteil der Museen hat am Montag Ruhetag. Kinder, Schüler, Studenten, Arbeitslose und Senioren bekommen meist Ermäßigung (Rabattkarten ►S. 111).

Infopoint München

Die ganze Fülle der Museen in Bayern erschließt der »Infopoint«, der von der Landesstelle für die nichtstaatlichen Museen zusammen mit den großen staatlichen Einrichtungen unterhalten wird. Hier bekommt man Infos und Tipps aller Art. Infopoint Museen & Schlösser, Alter Hof 1, 80331 München, Tel. (0 89) 2 10 140-50, www.info point-museen-bayern.de, www.museen-in-bayern.de.

Kirchen Viele schöne Kirchen sind außerhalb der Gottesdienstzeiten nicht voll zugänglich, meist gestattet ein Gitter vor dem Langhaus wenigstens den Einblick. Wer sichergehen will, dass er die wunderbare Kunst aus der Nähe sehen kann, sollte sich einer Führung anschließen; dazu ist eine Anmeldung nötig, manchmal einige Tage vorher.

Notrufe

- **Europaweiter Notruf**
  Tel. 112 (Notarzt, Feuerwehr)
- **Polizei**
  Tel. 110
- **Bergrettung**
  Mobiltelefon 112
  Festnetz Tel. 1 92 22
- **ADAC-Pannendienst**
  Tel. 01802 22 22 22
  Vom Mobiltelefon ohne Vorwahl.
- **ACE-Pannendienst**
  Tel. 01802 34 36 36

Post und Telekommunikation

Öffnungszeiten Die Filialen der Deutschen Post haben unterschiedliche Öffnungszeiten; Kernzeiten sind 10.00 – 12.00, 14.00 – 17.00, Sa. 9.00 – 12.00 Uhr. In größeren Orten gibt es Filialen, die länger geöffnet sind.

Telefonieren Öffentliche Telefone funktionieren fast ausschließlich mit Karten. Das Mobilnetz ist zwar gut ausgebaut, dennoch kann es in engen Tälern und abgelegenen Regionen Funklöcher geben. In der Nähe Österreichs darauf achten, dass der eigene (Inlands-)Anbieter eingeschaltet ist, sonst Netz manuell wählen.

Internet Viele Hotels bieten einen Internet-Zugang über einen Kabelanschluss oder einen Hotspot an. Internetcafés, in denen man gegen eine Gebühr surfen und E-Mails schreiben kann, sind sehr dünn gesät (u. a. First Floor Deggendorf, D@ylight Grafenau, Café Tagblatt in Kelheim und Regensburg, Café Alibi in Straubing und Passau). Weitere sind ggf. unter www.worldofinternetcafes.de zu finden.

Preise und Vergünstigungen

Übernachten

►S. 115

Essen & Trinken

Bewährte Einheiten für den Vergleich sind die Preise für die »Grundnahrungsmittel« Schweinsbraten und Bier. In einer »normalen«, guten Wirtschaft kostet ein Schweinsbraten mit Knödel und Krautsalat um die 8 €, die Halbe (1/2 l) Bier 2,50 – 3 €.

Rabattkarten

In der Region gibt es einige »Cards« (wie die elektronischen Plastikkarten auf Neudeutsch heißen), deren Inhaber von vielen Gratisangeboten und Rabatten profitieren: GehnussCard (erhältlich beim Tourismusverband Ostbayern), BayerwaldCard (bei einigen Tourismusbüros und Mitgliedsfirmen), in Passau die PassauCard.

Bahnreisen

►Anreise, S. 92; Verkehr, S. 125

WAS KOSTET WIE VIEL?

Einfaches DZ
ab 30 Euro

Einfaches Essen
ab 6 Euro

3-Gänge-Menü
ab 15 Euro

1 Tasse Kaffee
ab 2 Euro

0,5 l Bier / Limo
ab 2,50 Euro

Reisezeit

Ein Ziel für alle Jahreszeiten

Der Bayerwald hat fast immer Saison, trotz des bekannten Worts von »neun Monate Winter und drei Monate Kälte« (►Klima, S. 28). Im Frühling, wenn frisches Grün das Land überzieht und das Wetter einigermaßen sonnig ist, kann man im Donautal und im Vorwald wandern und Rad fahren, sehr schön ist Ende April / Anfang Mai die Obstblüte im Lallinger Winkel. Im Juni wird es auch in den Hochlagen Frühling; auf einigen Bergrouten ist bis in den Mai noch mit Schneefeldern zu rechnen. Die beste Zeit für Bergwanderungen ist

Blühende Obstbäume: Frühling im Lallinger Winkel

Juni bis Oktober. Die Monate Juli–September sind Ferien- und damit Hauptreisezeit; wer sich eine bestimmte Bleibe ausgesucht hat, sollte daher frühzeitig buchen. Die Herbstwochen ab Mitte/Ende September eignen sich mit beständigem Wetter, guter Fernsicht und zauberhaften Farben wieder besonders für Touren zu Fuß oder auf dem Rad, aber auch für Streifzüge – der Kultur wegen und/oder zum Shoppen – durch die großartigen Städte Regensburg und Passau. Im Donautal sind im Herbst Inversionswetterlagen häufig; das heißt, wenn hier dichter Nebel herrscht, scheint schon wenige Kilometer weiter nördlich die Sonne. Die (noch) schneereiche Wintersaison dauert von Weihnachten bis März, auf dem Großen Arber kann von Oktober bis April Schnee liegen. In der Zwischensaison, den vom Wetter benachteiligten Wochen zwischen Ende Februar und Ostern sowie zwischen Ende Oktober und Weihnachten, ist es besonders ruhig; viele Hotels bieten preiswerte Pauschalen, ideal für Menschen, die ausspannen und etwas für die Gesundheit tun wollen.

Shopping

Glas Im Bayerwald kauft man natürlich Glas in vielfältigster Art, vom edlen, eleganten Weinglas zum schlichten Alltagsgerät, vom hübschen Schnupftabakfläschchen bis zum wertvollen Unikat, sei es ein Kunstwerk oder ein Schmuckstück. Insbesondere am Rand des Nationalparks – in Frauenau, Spiegelau, St. Oswald-Riedlhütte, Zwiesel –, aber auch in Bodenmais oder im Zellertal haben renommierte Glasfabriken und Werkstätten ihre Niederlassungen mit Werksverkauf bzw. Verkaufsstellen: Nachtmann, Spiegelau, Riedel, Zwiesel, Eisch, Poschinger, Joska, um die wichtigsten zu nennen. Die Preise liegen im Allgemeinen um etwa ein Drittel niedriger als im normalen Laden, zweite Wahl geht schon mal zu wenig mehr als einem Zehntel über den Ladentisch. Eindrucksvoll ist aber auch, einmal zu erleben, wie Glas und Gläser – sei es handwerklich oder industriell – hergestellt werden; Führungen und Kurse werden an vielen Orten angeboten. Adressen sind im Teil »Reiseziele von A bis Z« zu finden.

Die Zwiesel Kristallglas AG macht mit einer Pyramide aus über 93 000 Weingläsern auf sich aufmerksam.

Lederhosen und andere schöne Produkte

Im Bayerischen Wald wird naturgemäß auch Holz verarbeitet: zu hübschen Schnitzereien und Gebrauchsgegenständen sowie zu ländlichem Mobiliar. Im Wegscheider Land, der »Neuen Welt«, waren einmal Flachsanbau und Leinweberei zu Hause; in der Handweberei Moser in Wegscheid kann man schöne Tisch- und Bettwäsche, Flickenteppiche und Decken aus Schafwolle oder Kaschmir erstehen. Bayerisches Gewand, ob traditionell oder neuzeitlich nach Landhausart, bekommt man etwa bei Spieth & Wensky in Obernzell (Passauer Str. 30) und Lederfreund Beckert in Schönberg (Alte Passauer Str. 3), deren Lederhosen aus eigener traditionsreicher Produktion stammen. Für einen perfekt angepassten Hut wende man sich in Regensburg an den Hutmachermeister Nuslan gegenüber dem Dom.

Genussvolles

Wenn man schon in Regensburg ist: Die Stadt ist bekannt für gute Konditoreien und ihre Süßigkeiten, hier gab es zum ersten Mal in Deutschland Pralinen (► Tipp S. 262). Die anderen Regensburger Genüsse sind handfester: die »Regensburger« (Würste) und der Senf von Händlmaier. Bärwurz und Blutwurz, die bodenständigen Bayerwälder Spirituosen (► S. 100), werden allenthalben angeboten. Zugänglicher sind allerdings die guten Obstschnäpse aus der Gegend von Ortenburg und Fürstenzell. Das kernig-herzhafte niederbayerische Rauchfleisch, als »Bauerngeräuchertes« oder als »Gselchts« bezeichnet (► S. 96), ist fast schon ein Markenartikel und weithin bekannt. Fein ist auch das Glaslfleisch: Schweinefleisch, gut gewürzt und angebraten, wird im eigenen Saft gegart und mit seinem Aspik

in Gläser gefüllt. Zum zünftigen Abschluss eines Mahl könnte man eine Zigarre aus Perlesreut rauchen oder eine »Pris Schmai« nehmen, also einen Schmalzler schnupfen, wie er bis 1974 in Grafenau hergestellt wurde (in Niederbayern, bei Landshut, ist Pöschl ansässig, die größte Schnupftabakfabrik der Welt). Auf vielen Wochen- und Bauernmärkten und in zahlreichen Hofläden werden die kulinarischen Schätze des Bayerwalds in ihrer ganzen Vielfalt direkt vom Hersteller angeboten.

Übernachten

Hotels und Gasthöfe

Das Angebot an Nächtigungs- und Wohnmöglichkeiten lässt keine Wünsche offen, vom schlichten Dorfgasthof bis zum Fünf-Sterne-Hotel. Traditionell ein Land preiswerter Beherbergung, haben sich inzwischen viele Betriebe den Anforderungen des modernen Aktiv- und Wellness-Tourismus angepasst, das Komfortniveau ist gut bis sehr gut. Die örtlichen und regionalen Tourismusbüros (►S. 94) geben Gastgeberverzeichnisse heraus, und die meisten Betriebe können im Internet »besichtigt« werden.

Preise

Ein Doppelzimmer mit Frühstück in einem einfachen Dorfgasthaus oder bei einem Privatvermieter ist schon ab 20 € zu haben, in einem Luxushotel bezahlt man dafür 140 – 180 €; im Schnitt muss man für eine ordentliche Unterkunft 40 – 60 € rechnen. Für Familien sind Ferienwohnungen/-häuser die günstigste Wahl, eine schöne Alternative ist ein Urlaub auf dem Bauernhof. Viele gehobene Hotelbetriebe bieten ihre Zimmer und Suiten mit »Verwöhnpension« oder »Dreiviertelpension« an: mit Imbiss- und / oder Kuchenbüffet am Nachmittag und 4- bis 6-gängigem À-la-carte-Menü abends. Wie in allen Feriengebieten sind die Preise in der Hauptsaison zum Teil höher als in der Nebensaison. Häufig wird für eine Übernachtung ein Aufschlag verlangt oder umgekehrt ab drei Übernachtungen ein Nachlass gewährt. Viele Häuser bieten preisgünstige Pauschalarrangements in Verbindung mit Gesundheits-, Sport- oder Kulturprogrammen an. In den Kurorten kommt zum Übernachtungspreis eine Kurtaxe hinzu, aus deren Erlös Einrichtungen wie Bibliotheken, Wanderwege und Buslinien unterhalten werden, die für Inhaber der Gästekarte gratis oder zu ermäßigten Preisen zu benutzen sind.

Ferienwohnungen und Privatzimmer

Sehr beliebt und groß ist das Angebot an preiswerten Ferienwohnungen und Privatzimmern, die Häuser werden in den Broschüren der Tourismusbüros vorgestellt. Frühzeitige Reservierung ist angezeigt, besonders für die Ferienzeiten.

← *Traditionelles Kunsthandwerk: Holzschnitzer in Bodenmais*

INFORMATIONEN ÜBERNACHTEN

BAUERNHOFURLAUB

▸ **Urlaub auf dem Bauernhof im Deggendorfer Land**
Grafinger Str. 81
94469 Deggendorf
Tel. (09 91) 2 20 27
www.bauernhof-urlaub.com

▸ **Urlaub auf dem Bauernhof im Landkreis Cham**
Johann-Brunner-Str. 1
93413 Cham
Tel. (0 99 71) 8 54 30

▸ **Urlaub auf dem Bauernhof im Oberen Bayerischen Wald**
Mönchshofstr. 35, 94234 Viechtach
Tel. (0 99 42) 431

▸ **Urlaub auf dem Bauernhof im Mittleren Bayerischen Wald**
Probsteigasse 8, 94269 Rinchnach
Tel. (0 99 21) 10 03

▸ **Urlaub auf dem Bauernhof im Unteren Bayerischen Wald**
Bahnhofstr. 18
94065 Waldkirchen
Tel. (0 85 81) 91 02 80

▸ **DLG-Verlagsgesellschaft**
Eschborner Landstr. 122
60489 Frankfurt a. M.
Tel. (0 69) 2 47 88-466
http://shop.dlg-verlag.de

JUGENDHERBERGEN

▸ **Deutsches Jugendherbergswerk**
Landesverband Bayern e. V.
Mauerkircherstr. 5
81679 München
Tel. (0 89) 92 20 98-0
www.jugendherberge.de

Jugendherbergen Im Bereich dieses Führers gibt es Jugendherbergen in Regensburg, Straubing, Passau, St. Englmar, Saldenburg, Waldmünchen, Furth i. W., Lam, Bayerisch Eisenstein, Waldhäuser, Mauth, Haidmühle. Sie bieten nicht nur Übernachtung an, sondern auch ein reichhaltiges Ferienprogramm. Hinweis: In Bayern werden Erwachsene ab dem 27. Lebensjahr nur einzeln und »nachrangig« aufgenommen, d. h. wenn genug Platz vorhanden ist; dies gilt nicht für Erwachsene mit mindestens einem Kind.

Ferien auf dem Bauernhof Nicht nur Familien mit Kindern fühlen sich auf einem Bauernhof wohl. Diese Urlaubsform ist nicht nur preiswert, man ist auch viel näher an der Natur und den Menschen dran. Angeboten werden sowohl Übernachtung als auch Ferienwohnungen; darüber hinaus kümmern sich einzelne Häuser besonders um Wanderer / Radfahrer, Reiter, Wellness etc. Informationen geben die Tourismusbüros, der Tourismusverband Ostbayern (Prospekte »Familienferien mit Urlaub auf dem Bauernhof«, »Mein Familienwald«), der Verband »Urlaub auf dem Bauernhof in Bayern«, Verzeichnisse diverser Verlage (im Buchhandel) und die gute private Website www.bauernhofurlaub.de.

Camping und Caravaning

In Ostbayern gibt es zahlreiche Campingplätze an landschaftlich schönen Stellen, viele stellen Plätze für Dauercamper zur Verfügung. Informationen geben der Tourismusverband Ostbayern (»Camping-Info« mit Karte) sowie die Camping- und Stellplatzführer des ADAC- und des Hallwag-Verlags.

Urlaub aktiv

Urlaub im Bayerischen Wald, das heißt vor allem mehr oder weniger sportliche Betätigung in schöner Landschaft. Ob man es gemütlich angehen lassen oder sich richtig austoben will, den Möglichkeiten sind kaum Grenzen gesetzt. Ganz groß geschrieben wird das **Wandern** (► S. 128). Daneben sind Rad- oder Kajakfahren, Gleitschirmfliegen, Golfen, Klettern und Reiten sowie im Winter Skifahren – vor allem Langlauf, aber auch alpin – die wichtigsten Sportarten. Die regionalen und lokalen Tourismusbüros geben detaillierte Auskunft über das riesige Angebot.

Sport zum Zuschauen

Wichtige **Wintersportevents** sind die Wettbewerbe im Alpinskilauf am Großen Arber (alle drei Jahre – wieder 2013 – Weltcuprennen; FIS- und Europacuprennen), im Langlauf und Biathlon (z. B. Langlaufmarathon »Skadi Loppet« in Bodenmais, Biathlon-Bayerncup in Bayerisch Eisenstein) und im Skispringen (in Breitenberg-Rastbüchl, auch Sommer-Mattenspringen), dazu kommen die Hundeschlittenrennen in Haidmühle.
Die **Trabrennen** in Straubing ziehen zweimal im Monat Pferdefreunde an. Eingefleischte Fußballfans nehmen die Anfahrt zur **AllianzArena** in München-Fröttmaning auf sich, in der die Clubs FC Bayern und TSV 1860 München ihre Matches austragen (von Deggendorf 140 km auf A 92 / A 9, www.allianz-arena.de).

Angeln

Der Bayerische Wald verfügt über fischreiche Flüsse, Weiher und Seen; attraktive Angelreviere sind etwa Regen, Weißer, Schwarzer und Großer Regen, Perlbach, Chamb, Ilz, Wolfsteiner Ohe und die Altwasser der Donau. Man benötigt den staatlichen Fischereischein und einen Erlaubnisschein für das Fischwasser, den man meist bei den Tourismusbüros erhält. Diese informieren auch über Bestände, Fangzeiten und weitere Vorschriften.

Badeseen

Eine ganze Reihe von Weihern und Seen lädt zum Bade. Die vom Bayerischen Landesamt für Gesundheit nach EU-Richtlinien überwachten Gewässer bieten – außer sauberem Wasser – freie Zufahrt und Parkplätze, sanitäre Einrichtungen, Kioske / Geschäfte, Überwachung durch Rettungsschwimmer und Erste-Hilfe-Stationen. Badeplätze sind in den Topographischen Karten (► S. 128) verzeichnet.

Hauptsache es gibt viel Schnee: Winterparadies für Kinder

Ballonfahren In einem Heißluftballon über die sanfte Berg-und-Wald-Landschaft zu schweben ist immer ein Erlebnis. Einige bewährte Adressen: Flugzentrum Bayerwald, 93086 Wörth a. D., Tel. (0 94 82) 95 95 25, www.ballonfahrten-regensburg.de; Bayernhimmel, 94032 Passau, Tel. (08 51) 3 46 00, www.bayernhimmel.de; Airsport Ballonzentrum, 93164 Laaber, Tel. (0 94 98) 90 24 60; Lallinger Winkel: Hans Urmann, Stöcklholz 6, 94481 Grafenau, Tel. (0 85 54) 94 35 69.

Drachen- und Gleitschirmfliegen Einige Berge, insbesondere im Vorwald, bieten herrliche Flugmöglichkeiten und ausgezeichnete Thermik. Allerdings sind nur wenige mit Seilbahnen zu erreichen, was schweißtreibende Anstiege erfordert. Die wichtigsten Startberge, von Nordwest nach Südost: Voithenberg, Kaitersberg, Pröller, Sommerberg, Hoher Bogen, Osser, Büchelstein (nur Drachenflieger), Hausstein, Almberg. Kurse für Anfänger und Fortgeschrittene sowie Tandemflüge für Passagiere bietet das Flugzentrum Bayerwald an (s. o.). Detaillierte Info im Web unter www.dhv.de und www.paragliding365.com.

Golfen In Ostbayern hat sich Golf (fast) zum Volkssport entwickelt, kein Wunder bei der wunderbaren Landschaft. Plätze von 9 bis 21 Loch findet man in Deggendorf-Rusel, Furth i. W., Jandelsbrunn-Poppenreut, Lindberg-Oberzwieselau, Regensburg-Thiergarten, St. Oswald, Straubing-Aiterhofen, Straubing-Kirchroth, Thyrnau-Raßbach und Waldkirchen. Infoadressen ►S. 122.

Hochseilparks

Wer – gut gesichert – auf schwankendem Drahtseil durch Baumwipfel balancieren und andere adrenalinträchtige Erlebnisse haben will, kann das am Perlsee bei Waldmünchen, im Lamer Ortsteil Himmelreich und in Schönau tun.

Hundeschlitten

Man kann sich nicht nur Hundeschlittenrennen ansehen (in Haidmühle), sondern auch selbst lernen, wie man ein Gespann mit den liebenswerten Tieren leitet und beherrscht. Der bekannte Musher Thomas »Waldschrat« Gut, der seinem Beinamen alle Ehre macht, bietet auf seinem Huskyhof in Flanitzmühle zwischen Zwiesel und Frauenau die ganze Palette von Schnupperkursen bis zum Musherdiplom an, daneben auch viele andere Aktivitäten wie Schneeschuhtouren, Iglubau und »Multiabenteuer-Wochen«. Flanitzmühle 9, 94258 Frauenau, Tel. 0 99 26 / 7 31, www.waldschrat-adventure.de.

Kanu und Kajak

Die Flüsse im Bayerischen Wald – Regen, Ilz, Rinchnacher Ohe, Bischofsmaiser Ohe, Rothbach u. a. – stellen ausgezeichnete Betätigungsfelder für Kajak- und Kanadierabenteurer. Eine große Attraktion für Kanuwanderer ist der 107 km lange Abschnitt des Regens zwischen dem Blaibacher See nahe Bad Kötzting bis zur Mündung in die Donau in Regensburg (fünf Tage, zurück mit der Bahn). Informationen geben die Tourismusbüros, die Broschüre »Bootswandern auf dem Regen« vom Tourismusverband Ostbayern sowie G. Burghart, Kanu-Wanderführer für Bayern, herausgegeben vom Deutschen Kanuverband. Bootsverleihe und Tourenveranstalter ►S. 122.

Klettern

Dass der Bayerische Wald mit seinen Granittürmen und Quarzwänden auch landschaftlich herausragende Kletterreviere für Könner aufweist, ist wenig bekannt. Informationen im Internet (► S. 123) und in C. Hartl, Kletterführer Ostbayern (Panico Alpinverlag).

Radfahren

Bayerwald und Donauebene bieten für jeden Geschmack das richtige Gelände, von gemütlichen Genuss- bis zu knackigen Bergtouren für trainierte Leistungssportler. Sehr beliebt ist der nach Wien führende Donauradweg, aber auch die Radwege entlang der anderen Täler – Regental, Chambtal, Zellertal u. a. – sind für weniger Sportliche und Familien geeignet. Natürlich hat der Bayerische Wald jede Menge attraktive Bergstrecken zu bieten, für Rennradler wie für MTB-Fans (für Letztere ist auch der Bikepark am Geißkopf bei Bischofsmais ein Mekka). Für Radurlauber ist hervorragend gesorgt. Der Allgemeine Deutsche Fahrradclub (ADFC) zertifiziert radlerfreundliche Unterkünfte (Verzeichnis »Bett & Bike«) und gibt Tipps rund ums Radeln. Fahrräder kann man in fast allen Ferienorten mieten. Detaillierte Informationen über schöne Routen und Radwege geben die regionalen

und örtlichen Tourismusbüros. Radtourenführer und -karten erscheinen im Verlag Galli (www.galli-verlag.de, Tel. 0 84 43 / 89 17) und im Verlag Esterbauer (www.esterbauer.com, Tel. 0 30 / 2 93 63 80-0). Weitere Informationsquellen ► S. 123, Radwanderkarten ► S. 128. Im Folgenden eine Übersicht über die wichtigsten Fernradwege.

Fernradwege

Donau-Radweg: Regensburg – Jochenstein, 173 km
Einer der populärsten Fernradwege überhaupt, familienfreundlich und touristisch voll erschlossen. Kombination von Teilstrecken bzw. Rückfahrt mit dem Schiff möglich.

Regental-Radweg: Regensburg – Bayerisch Eisenstein, 171 km
Hauptroute quer durch den Bayerwald mit langen Flachetappen und gelegentlichen leichteren Anstiegen, zu 85 % familiengeeignet (Ausnahme: Viechtach – Regen).

Falkenstein-Radweg: Regensburg – Falkenstein, 45 km
Auf der Bahntrasse des Falkensteiner Bockerls, d. h. sanfter Anstieg bzw. (ab Hetzenbach) 18,5 km lange Gefällstrecke (► Tipp S. 171).

Chambtal-Radweg: Cham – Furth – Eschlkam – Grenze CZ, 37 km
Gemütliche, auch für Kinder geeignete Tour durch die weite, idyllische Cham-Further Senke, meist auf asphaltierten Wegen. Teil des Fernradwegs Regensburg – Prag (ca. 280 km).

Radweg Grünes Dach: Schönthal – Cham – Bad Kötzting – Lam – Brennessattel am Großen Arber – Bayerisch Eisenstein, 90 km
Bis Lohberg angenehme, leichte Tour durch idyllische Landschaft mit kaum merklichen Steigungen, dann auf ca. 5 km heftige Bergstrecke mit Anstiegen von 16 – 19 % und 5 km ebenso steiles Gefälle hinunter nach Bayerisch Eisenstein – für entsprechend Trainierte ein »herausragendes« Erlebnis. Teilstrecken identisch mit dem Schwarzach-Regen-Radweg bzw. dem Radweg Lamer Winkel – Arber.

Donau-Regen-Radweg: Bogen – Konzell – Miltach, 38 km
Auf der Trasse des 1985 stillgelegten Bayerwaldbockerls fährt man mit geringen Steigungen (max. 3 %) von der Donau ins Regental. Sehr schöne Tour auch für wenig Trainierte.

Nationalpark-Radweg: Ferdinandsthal (nahe Bayerisch Eisenstein) – Ludwigsthal – Spiegelau – Finsterau – Strážny – Stožek – Haidmühle, 108 km. Bis auf einige sanftere Abschnitte anspruchsvolle MTB-Route mit vielen Anstiegen und Abfahrten (häufig um 12 %, max. 22 %) und 1400 m (Ost-West) bzw. 1600 m (West-Ost) Anstieg, 65 % nicht befestigte Wege. Ein echtes Abenteuer abseits der Zivilisation, das gute Vorbereitung, Training und entsprechende Ausrüstung verlangt.

Donau-Ilz-Radweg: Niederalteich – Eging – Fürstenstein – Tittling – Fürsteneck, 50 km. Auf einer alten Bahntrasse erlebt man, bei geringen Steigungen, das ganze Panorama des Vorwalds mit Sonnenwald und Dreiburgenland. Anschluss: Adalbert-Stifter-Radweg.

Adalbert-Stifter-Radweg: Fürsteneck – Röhrnbach – Waldkirchen – Haidmühle, 48 km. Teils eher gemütliche, teils schweißtreibende

← *Mountainbiker im Nationalpark Bayerischer Wald*

INFORMATIONEN SPORT & FUN

FLUGSPORT

► **Luftsportverband Bayern**
Prinzregentenstr. 120
81677 München
Tel. (0 89) 45 50 32-0

► **Deutscher Hängegleiterverband**
Postfach 88, 83701 Gmund
Tel. (0 80 22) 96 75-0
www.dhv.de

► **Rundflüge**
Arnbruck:
Luftsportverein Zellertal
Tel. (0 99 45) 5 04, www.ednb.de
Deggendorf:
Flugplatz, Tel. (09 91) 270 5502
www.flugplatz-deggendorf.de
Grafenau:
Flugsportverein, Tel. (0 85 54) 17 07, 0179 791 16 30, www.ednf.de
Sonnen:
Aero-Club, Tel. (0 85 86) 24 94
Straubing:
Flugplatz, Tel. 0151 12 74 89 72,
www.fliegerclub-straubing.com
Vilshofen:
Luftsportverein Vilshofen
Tel. (0 85 41) 84 76

GOLF

► **Bayerischer Golfverband**
Georg-Brauchle-Ring 93
80991 München
Tel. (0 89) 15 70 22 31
www.bayerischer-golfverband.de
www.ostbayern-tourismus.de/aktiv/golfen

KANU / KAJAK

► **Donau**
Deggendorf:
N. Bieber / G. Kestel
Tel. (09 91) 34 34 05
Mühlham:
Mühlhamer Keller
Tel. (0 99 32) 16 92

Die meist recht ursprünglichen Flussläufe im Bayerischen Wald bieten schöne Angelplätze.

Osterhofen-Arbing: F. Hartl
Tel. (0 99 32) 95 94 07
Vilshofen: H. Frait
Tel. (0 85 41) 91 81 77
Windorf: EC Windorf
Tel. (0 85 41) 85 24

► **Regen und andere Flüsse**
Regen: Helmut Hölzl
Tel. (0 99 21) 88 20 81
www.kanutouren-regen.de
Viechtach: Bit & Fun
Tel. (0 99 42) 90 44 60
www.kanuverleih-online.de

KLETTERN

► **Internetadressen**
www.kleimbing.de
www.ostbayern-climb.de

RADFAHREN

► **Bayernnetz für Radler**
www.bayerninfo.de

► **ADFC Bayern**
Landwehrstr. 16
80336 München
Tel. (0 89) 55 35 75
www.adfc-bayern.de

► **Weitere Internetadressen**
www.bayernbike.de
www.waidlerwiki.de
www.achim-bartoschek.de

REITEN

► **Bayerischer Reit- und Fahrverband e. V.**
Landshamer Str. 11
81929 München
Tel. (0 89) 92 69 67-250
www.brfv.de
www.ross-und-reiter-urlaub.de

WINTERSPORT

http://waldwinter.de
www.langlaufen-bayrischer-wald.de

Tour in wunderbarer Hügellandschaft (Nordrichtung 1060 m, Südrichtung 600 m Anstieg). Zwischen Haidmühle und Waldkirchen (26 km) fährt man auf einer nicht asphaltierten alten Bahntrasse.
Donau-Wald-Radweg: Obernzell – Jandelsbrunn – Haidmühle, 65 km
Sehr abwechslungsreiche, nicht anspruchslose Route (Nordrichtung 1300 m, Südrichtung 800 m Anstieg) zwischen der Donau und den Bayerwaldhöhen. Flache Abschnitte auf einstigen Bahntrassen (v. a. Haidmühle – Jandelsbrunn, 18 km), sonst verlangt permanentes Auf und Ab gute Kondition. Landschaftlich sehr schöne Tour.

Reiten

Gelegenheit zum Reiten gibt es an vielen Orten, für Reitferien wie für gelegentliche Ausritte, mit dem eigenen oder einem gemieteten Pferd. Über die Angebote, auch für Kinder, informieren der Tourismusverband Ostbayern (Prospekte »Ross und Reiter in Niederbayern«, »Ross und Reiter in der Oberpfalz«) und der Bayerische Reit- und Fahrverband.

Rundflüge

Von Arnbruck, Deggendorf-Steinkirchen, Grafenau-Elsenthal, Sonnen-Oberneureuth, Straubing-Wallmühle und Vilshofen aus kann man sich den Bayerwald aus der Vogelperspektive ansehen (► S. 122).

Wandern

►S. 128

Auf Skitour am Großen Arber

Wintersport Der höchste und bekannteste Skiberg im meist noch schneereichen Bayerwald ist der Große Arber mit insgesamt 15 km **Abfahrtspisten** und modernen Bergbahnen und Liften. Im Unteren Bayerischen Wald ist das Skizentrum Mitterdorf (Mitterfirmiansreut) am Almberg gut ausgestattet. Weitere, meist leichte bis mittelschwere Pisten mit Liften sind in den Bereichen Eck-Riedelstein, St. Englmar / Pröller / Predigtstuhl / Hirschenstein, Brotjacklriegel / Sonnenwald, Hausstein / Rusel / Geißkopf, Gibacht / Hoher Bogen sowie zwischen Rachel, Lusen und Dreisessel zu finden. Für **Langläufer** ist der Bayerische Wald ein großes, vorzügliches Revier. Alle die bisher genannten Skigebiete verfügen auch über Loipen; darüber hinaus zählt man im Vorderen und Hinteren Wald rund weitere 20 Langlaufgebiete, insgesamt werden über 2000 km gespurt. Die Highlights sind etwa die besonders schneesicheren Zentren Bodenmais-Bretterschachten und Lohberg-Scheiben (Lamer Winkel), die Randbereiche des Nationalparks Bayerischer Wald, die 150 km lange Bayerwald-Loipe zwischen Arber und Dreisessel (mit Gepäcktransport und Quartier, Info beim Tourismusverband Ostbayern) sowie Rusel-Bischofsmais und Mauth-Finsterau mit Flutlicht- und Skaterloipen. Für **Snowboarder** gibt's am Geißkopf sowie in Arrach, Mitterfirmiansreut und Waldkirchen Funparks, in St. Englmar kann man snowkiten (mit Schule, www.kite-bar.de). **Rodelbahnen** gibt es in großer Zahl, die meisten sind allerdings kurz und zahm, eher ein Spaß für Kinder. Einige Schmankerl: von Schareben nach Unterried (3,5 km), Geißkopf (2 km, Sesselbahn), Lusen (ca. 2,5 km, vom Lusenschutzhaus auf dem Winterweg zum Lusenparkplatz). Auf zugefrorenen Seen und Teichen frönt man dem **Eisstockschießen**.

Verkehr

Straßenverkehr

Parken

In gut besuchten Urlaubsorten und den größeren Städten kann der Parkraum knapp werden; auch wenn es teurer wird, sind dann Parkhäuser zu empfehlen.

Nationalpark

Im Bereich des Nationalparks Bayerischer Wald sind die Stichstraßen zu den Wanderparkplätzen im Sommer tagsüber für den Individualverkehr gesperrt (im Winter bei Schneelage immer), den Transport von und zu den kostenlosen P+R-Parkplätzen übernehmen die Igel- und anderen Busse. Außerhalb der gekennzeichneten Parkplätze gilt ein striktes Parkverbot.

Tschechien

Es gilt absolutes Alkoholverbot. Autos müssen immer mit Abblendlicht fahren, für jedes Kfz ist ein Set Ersatz-Glühbirnen Vorschrift. Benutzer von Autobahnen und vierspurigen Schnellstraßen müssen eine gültige Autobahn-Vignette an der Frontscheibe haben. Die Vignette ist u. a. an Grenzübergängen, an Tankstellen und beim ADAC erhältlich.

Bahn- und Busverkehr

Regentalbahn

Die Bahnlinien im Bayerischen Wald – Waldbahn und Oberpfalzbahn – betreibt die (wie der ALEX) zum britischen Arriva-Konzern gehörende Regentalbahn. Die **Waldbahn** befährt die überaus malerischen Strecken Plattling – Zwiesel – Bayerisch Eisenstein (– Špičák), Zwiesel – Bodenmais und Zwiesel – Grafenau. Die **Oberpfalzbahn** bedient, u. a. mit dem »Regio-Shuttle«, im Stunden- oder Zwei-Stunden-Takt die Strecken Schwandorf – Cham – Furth i. W. (– Prag), Cham – Waldmünchen und Cham – Kötzting – Lam.

Busse

Der Großteil des ÖPNV im Bayerischen Wald wird von den Bussen der Regionalbus Ostbayern GmbH (RBO) und einiger privater Unternehmen abgewickelt, deren Linien Namen wie »Igel-Bus«, »Rachel-Bus«, »Lusen-Bus«, »Finsterau-Bus« und »Falkenstein-Bus« tragen. Sie bedienen nicht nur die Orte, sondern auch die Wanderparkplätze und Besucherzentren im Nationalpark. Info über Betreiber, Strecken, Fahrpläne etc. unter www.bayerwald-ticket.com.

Tarife

Preiswert benützt man die Bahn mit dem Schönes-Wochenende-Ticket, dem Bayern-Ticket (► S. 93) und dem **Bayerwald-Ticket**. Letzteres ist die »Universal-Fahrkarte« im engeren Bayerischen Wald, die für alle öffentlichen Verkehrsmittel gilt; Bahnen und Busse können auf einem 1100 Kilometer großen Netz am Geltungstag beliebig oft genutzt und kombiniert werden (Mo. – Fr. ab 8.00 Uhr, Sa., So., Fei.

ganztägig). Die Bahnstrecke Plattling – Deggendorf – Gotteszell ist jedoch nur im doppelt so teuren Bayerwald-Ticket Plus enthalten. **Fahrräder** werden im Bayerischen Wald nur auf den Strecken Neubäu – Furth i. W., Cham – Waldmünchen und Cham – Lam gratis befördert (aktuelle Info unter www.bahn.de). Wer sich nur im engeren **Nationalparkgebiet** bewegt, benützt dafür den günstigeren Igelbus.

Neben- und Museumsbahnen

Gotteszell – Viechtach

Auf der 24,9 km langen, im Jahr 1890 eröffneten und 1991 stillgelegten Strecke von Gotteszell nach Viechtach fährt die **»Wanderbahn im Regental«** durch das wildromantische Tal des Schwarzen Regens (www.wanderbahn.de). Vereinsmitglieder führen den Betrieb ehrenamtlich mit der Esslinger Garnitur aus Triebwagen VT 07 (Bj. 1951) und Steuerwagen VS 28 (Bj. 1956) durch. Betriebstage sind die Sonntage von Ende Juni bis Mitte Okt., dazu einige Wochenenden in Mai und Dezember. Fahrräder und Kanus werden gratis befördert, allerdings ist der Platz begrenzt; Anmeldung am Abend vor der Fahrt ist anzuraten (Tel. 0170 242 50 13). Für eine volle Wiedereröffnung der Strecke und die Integration in die Waldbahn wird gegenwärtig kräftig geworben.

Ausflug in die Eisenbahngeschichte im Localbahnmuseum Bayerisch Eisenstein

INFORMATIONEN VERKEHR

BAYERWALD-TICKET

Tel. (0 99 21) 90 55 04
www.bayerwald-ticket.com

BAHNEN

► **Deutsche Bahn Regio**
Tel. 09 41 / 5 00 65 22
www.bahn.de/regio-ostbayern
►S. 92

► **Regentalbahn**
Waldbahn · Oberpfalzbahn
Bahnhofsplatz 1, 94234 Viechtach
Tel. 01801 23 12 32
www.laenderbahn.com

► **Wanderbahn im Regental e. V.**
Postfach 1329, 82181 Gröbenzell
Tel. 0170 24 25 013 (17–20 Uhr)
www.wanderbahn.de

BUSSE

► **Regionalbus Ostbayern (RBO)**
Von-Donle-Str. 7
93055 Regensburg
Tel. (09 41) 60 00-0
Regen: Tel. (0 99 21) 59 68
www.rbo.de

► **Regensburger Verkehrsverbund (RVV)**
Hemauerstr. 1
93047 Regensburg
Tel. (09 41) 6 01-28 88
www.rvv.de

SCHIFFE

► **Regensburger Personenschiffahrt Klinger**
Werftstraße 6
93059 Regensburg
Tel. (09 41) 5 21 04
www.schifffahrtklinger.de

► **Personenschiffahrt im Donautal**
Postfach 1641
93305 Kelheim
Tel. (0 94 41) 58 58
www.schiffahrt-kelheim.de

► **Donauschiffahrt Wurm + Köck**
Höllgasse 26
94032 Passau
Tel. (08 51) 8 51 92 92 92
www.donauschiffahrt.de

Ilztalbahn

Auf der 1982 stillgelegten, 49,6 km langen Bahnlinie von Passau über Waldkirchen nach Freyung soll der Betrieb wieder aufgenommen werden. Nachdem das bayerische Wirtschaftsministerium Anfang 2009 die Genehmigung erteilt hat, müssen die Anlagen – darunter 32 Brücken und drei Tunnels – erst einmal überholt werden.

Passau – Hauzenberg

Auch die 1904 eröffnete und 1970 stillgelegte Strecke Passau – Erlau – Hauzenberg (»Hauzenberger Bockerl«) soll reaktiviert werden.

Bayerisch Eisenstein

Der Bayerische Localbahn-Verein, der auch das Localbahnmuseum in Bayerisch Eisenstein betreut, führt mehrmals im Jahr Dampfsonderfahrten durch. Info: Bayerischer Localbahnverein, Postfach 1311, 83682 Tegernsee, Tel. (0 89) 4 48 12 88, www.localbahnverein.de.

Passauer Eisenbahnfreunde Die Passauer Eisenbahnfreunde e. V. führen Sonderfahrten durch, z. B. Donautouren mit Dampfschiff und Dampfzug, Triebwagenfahrten im Böhmerwald oder von Passau über Bayerisch Eisenstein nach Pilsen. Info: Passauer Eisenbahnfreunde e. V., Haitzinger Str. 12, 94032 Passau, Tel. 0172 891 08 84, www.passauer-eisenbahn.de.

Schiffsverkehr

Ein Schiffsausflug auf der Donau gehört zu einem Besuch Niederbayerns und des Bayerischen Walds einfach dazu. In **Regensburg** hat die Regensburger Personenschifffahrt Klinger Stadtrundfahrten und vielerlei Ausflüge, etwa zur Walhalla, nach Straubing oder Kelheim, im Programm. Zwischen **Kelheim** und dem Kloster Weltenburg (Donaudurchbruch) fahren von Mitte März bis Anfang Nov. Schiffe der Unternehmen Stadler, Schweiger und Steibl (»Personenschiffahrt im Donautal«). Die Donauschiffahrt Wurm + Köck in **Passau** bedient die Strecke zwischen Deggendorf, Vilshofen und Passau (ca. 25. April – 12. Okt., tägl. außer Fr.), bietet aber auch Fahrten nach Linz und Wien, Stadtrundfahrten in Passau, Abendfahrten mit Musik und Tanz, Büffett-, Ausflugs- und viele andere Sonderfahrten an.

Wandern

Nur wenige andere Feriengebiete sind als Wanderrevier so beliebt wie der Bayerische Wald. Entsprechend groß und vielfältig ist das Angebot, von hübschen Spaziergängen und leichten Tageswanderungen in der Umgebung der Orte bis zu den Fernwanderwegen, die längs und quer durch den Wald führen (s. u.). Eine schier unendliche Fülle von Tourenvorschlägen und -beschreibungen halten die lokalen und regionalen Tourismusbüros bereit.

Landkarten zum Wandern und Radfahren Die genaueste Basis bilden die Topographischen Karten des Bayerischen Landesvermessungsamts im Maßstab 1 : 50 000, vor allem die »Umgebungskarten« (Reihe UK) mit touristischen Informationen (Wander- und Radwege, UTM-Gitter, Naturdenkmäler, Schlösser, Burgruinen, Golfplätze etc.). Für Bergwanderungen sind die detaillierten Karten im Maßstab 1 : 25 000 (Reihe TK 25 N/W) wertvoll. Ein großes Programm von guten Karten führt der Kompass-Verlag Innsbruck (www.kompass.at). Der Fritsch-Verlag in Hof deckt das Gebiet dieses Reiseführers mit Wanderkarten in den Maßstäben 1 : 35 000 und 1 : 50 000 sowie mit Rad-Wanderkarten 1 : 50 000 ab.

Wanderführer Im Buchhandel sind Wanderführer diverser Verlage zu bekommen (v. a. DuMont aktiv, Kompass und andere). Einige gute Führer sind vergriffen, lassen sich aber über das Zentrale Verzeichnis Antiquarischer Bücher (ZVAB) bequem suchen und erwerben (www.zvab.

Ein beliebter, zünftiger Stützpunkt am Rachel ist das Waldschmidthaus von 1912.

com). Es ist übrigens sinnvoll, verschiedene Führer zu Rat zu ziehen, da sie sich in Auswahl und Anlage der Touren selten überschneiden. Einen guten Überblick über das Wanderland Bayerischer Wald geben der Prospekt »Wandern« des Tourismusverbands Ostbayern und die Website www.wandern-im-bayerischen-wald.de; weitere Informationen ►S. 130.

Ohne Gepäck wandern

Die Tourismusbüros entlang einiger Fernwanderwege, etwa von Waldkirchen und Röhrnbach an den Goldenen Steigen, bieten »Wanderpakete« mit Unterkunft und Gepäcktransport an. Information beim Tourismusverband Ostbayern.

Fernwanderwege

Baierweg: Straubing / Mariaposching – Furth i. W., 155 km
In 7 Tagen von der Donauebene über St. Englmar durch den Naturpark Bayerischer Wald.
Böhmweg: Deggendorf – Bayerisch Eisenstein, 54 km
In 4 Tagen von der Donauebene in den Nationalpark.

INFORMATIONEN WANDERN

- **Bayerischer Wald-Verein**
  Angerstraße 39, 94227 Zwiesel
  Tel. (0 99 22) 92 65
  www.bayerischer-wald-verein.de

- **Internetadressen**
  www.wandern-im-bayerischen-wald.de
  www.naturpark-bayer-wald.de
  www.bayerwald-ticket.com/wandern
  www.wandern-passau.de
  www.wanderkompass.de
  www.wanderbares-bayern.de
  www.fernwege.de
  www.netzwerk-weitwandern.de

Gunthersteig: Niederalteich – Dobrá Voda (CZ), 88 km
In 4 Tagen von der Donauebene durch den Lallinger Winkel und über Rinchnach und Zwiesel durch den Nationalpark.

Goldene Steige: Unter diesem Namen sind Routen vereint, die bis auf den ersten von Passau ausgehen (von West nach Ost):
Gulden Strass: (Passau –) Fürsteneck – Waldhäuser, gesamt 58 km
Bergreichensteiner Weg: Passau – Röhrnbach – Finsterau, 58 km
Winterberger Weg: Passau – Röhrnbach – Vimperk (CZ), 81 km
Prachatitzer Weg: Passau – Waldkirchen – Prachatitz (CZ), 86 km

Pandurensteig: Waldmünchen – Passau, 173 km
In 8 Tagen zwischen Vorwald und Grenzkamm durch den ganzen Bayerwald, eine der schönsten Wanderrouten Deutschlands. Schließt den Pfahlwanderweg und den Ilztalwanderweg ein.

Gläserner Steig: Arrach – Grafenau, 96 km
In 6 Tagen vom Lamer Winkel parallel zum Grenzkamm durch die »Glaslandschaft« des Bayerischen Walds, hier reihen sich Glashütten und die berühmten Glasorte.

Goldsteig (Kammroute, E 6): Rötz – Passau, 249 km
Der »Königsweg« durch den Bayerwald, in 13 Tagen durch einsame Wälder und über alle Gipfel des Grenzkamms.

Goldsteig (Südroute, E 8): Regensburg – Passau – Oberkappel, 217 km
In 9 Tagen über die aussichtsreichen Höhen des Vorwalds, eine an unterschiedlichen romantischen Landschaften und kulturellen Höhepunkten reiche Route.

Via Nova: Der »Europäische Pilgerweg« führt vom Kloster Metten nach St. Wolfgang im Salzkammergut, in Bayern berührt er Niederalteich, Künzing, Vilshofen, Aldersbach, Ortenburg, Bad Griesbach, Rotthalmünster, Bad Füssing und Ering (www.pilgerweg-vianova.de).

Ausrüstung Auch bei leichten Bergwanderungen, wie sie für den Bayerischen Wald typisch sind, gilt für die Ausrüstung ein Mindeststandard. Die unverzichtbare Basis sind Bergstiefel mit steifer Profilsohle; mit gut passenden Stiefeln geht man auch auf asphaltierten Straßen bequem, sehr leichte, weiche Schuhe hingegen sind in rauem Gelände eine

Bayerischer Wald Wanderwege

Tortur, von der Gefahr übler Zerrungen ganz zu schweigen. Als Schutz vor Wind, Kälte, Sonne und Regen sind Pullover, Anorak, Mütze und Umhang notwendig. Auch der Sonnenschutz ist wichtig: Hut oder Mütze, Sonnencreme, hochwertige Sonnenbrille mit geschliffenen Gläsern, evtl. leichte Handschuhe. Mindestens 1 l Wasser und etwas Proviant gehören in den Rucksack, dazu Karte, Erste-Hilfe-Apotheke und Handy.

Bayerischer Wald-Verein

Der 1883 gegründete Bayerische Wald-Verein mit 22 000 Mitgliedern widmet sich ebenso der Pflege von Kultur und Heimat wie dem Naturschutz, der Landschaftspflege und der Unterhaltung der Wanderwege im Bayerischen Wald. In seinem Besitz bzw. dem seiner Sektionen sind Landshuter Haus, Arberschutzhaus, Falkensteinschutzhaus, Berggasthof Dreisessel, Lusenschutzhaus, Osserschutzhaus, Kronberghütte und Berghütte Schareben. Sie bieten Mitgliedern und Nichtmitgliedern Verpflegung und Unterkunft, Informationen über Wetter und Wegbeschaffenheit sowie Hilfe in Notfällen.

Touren

VON DEN HERRLICHEN STÄDTEN UND BAROCKKIRCHEN AN DER DONAU HINAUF IN LUFTIGE BERGESHÖHEN: VORSCHLÄGE FÜR GENUSSREICHE TOUREN IM BAYERISCHEN WALD

km
6
Radweg
7
Radweg
6
Radweg
Hochschachten 21,1 km
Albrechtschachten 3,4 km
7
Radweg
Rachel 9 3/4 Std.
Albrechtschachten 1 Std.
AMS
Scheuereck 2 1/2 Std.
Falkenstein 1 Std.

TOUREN IM ÜBERBLICK

Lernen Sie die »Perlen« des Bayerischen Walds und seines Vorlands kennen. An unseren drei Routen reihen sich schöne Landstriche, sehenswerte Städte und Dörfer, prachtvolle Kirchen und malerische Burgen. Nehmen Sie sich unterwegs auch Zeit für erlebnis- und aussichtsreiche Wanderungen.

TOUR 1 **Kunst und alte Städte entlang der Donau**
Zwischen Regensburg und Passau, den herrlichen alten Städten an dem geschichtsträchtigen Verkehrsweg, drängen sich atemberaubende kunsthistorische Höhepunkte. ► **Seite 135**

TOUR 2 **Durch den Hinteren Bayerischen Wald**
Im Mittelpunkt dieser Reise steht der Nationalpark Bayerischer Wald, der mit aussichtsreichen Gipfeln und wilder Natur erwandert werden will. Davor und danach vereint die Route einige der attraktivsten Punkte im westlichen und östlichen Vorwald. ► **Seite 139**

TOUR 3 **Kreuz und quer durch den Mittleren Vorwald**
Pilgramsberg und Gallner, Viechtach und Regen, Rinchnach mit seiner schönen Barockkirche und der Lallinger Winkel stehen auf dem Programm – eine überaus abwechslungsreiche Schleife zwischen der Donau und dem Grenzkamm. ► **Seite 142**

Im Bayerischen Wald unterwegs

Das Auto mal stehen lassen!

In unseren Zeiten ist man mit Auto, Motorrad oder Campingmobil unterwegs, das ist am bequemsten und flexibelsten, sowohl für einen »nomadischen« Urlaub wie für Ausflüge von einem festen Standort aus. Dies gilt auch für den Bayerischen Wald, wo die Entfernungen und das Verkehrsaufkommen abseits der Hauptverbindungen relativ gering sind. Trotzdem hier der Appell, wenn immer möglich den Bus zu benützen (das Bahnnetz ist nur mehr in Resten vorhanden, allerdings sind die Strecken im Wald besonders malerisch, sodass man auch einmal eine Fahrt mit dem Zug, evtl. mit der »Wanderbahn«, einplanen kann). Im Bereich des Nationalparks gelten ohnehin sehr weit gehende Verkehrsbeschränkungen, dafür wurde ein dichtes Netz von Wanderbussen (»Igelbus, Falkensteinbus«) geschaffen. Die im Folgenden beschriebenen Routenvorschläge sind auch für Radtouren gut geeignet, wobei man gegebenenfalls auf radelfreundliche Varianten und Nebenwege ausweicht.

Tour 1 Kunst und alte Städte entlang der Donau

Länge: ca. 295 km **Dauer:** 7 – 10 Tage

Entlang der Donau reihen sich wunderbare Werke barocker Sakralarchitektur und erlebenswerte Städte, mit Regensburg und Passau als den großartigen Endpunkten. Einige Abstecher machen mit der abwechslungsreichen Landschaft des Vorwalds bekannt.

Regensburg und Umgebung ca. 70 km

Die Reise beginnt, je nachdem aus welcher Richtung man kommt, mit dem Kloster Weltenburg oder – wie hier – in ❶ ** **Regensburg**, der alten Freien Reichsstadt an der Donau, die mit ihrem italienischen Flair begeistert. Zwei Tage sind das Minimum, um ihre großen Bauwerke, vom Dom über das Alte Rathaus bis zur Alten Kapelle, kennenzulernen und die vielfältige Kulturszene zu erleben. Einen weiteren Tag sollte man für den Ausflug nach Kelheim und Weltenburg reservieren, wenn möglich per Schiff (und Fahrrad). Im 28 km entfernten ❷ **Kelheim** steigt man hinauf zur ** **Befreiungshalle**, dem Rundtempel, der an den Sieg über Napoleon erinnert; im alten Städtchen belohnt man sich mit einer Schneider-Weißen für die Mühe. Dann geht es weiter (am besten mit dem Schiff, zurück zu Fuß oder mit dem Rad) durch den Donaudurchbruch zum ❸ ** **Kloster Weltenburg**, unter den wunderbaren Werken der Brüder Asam eines der berühmtesten. Und im Biergarten des Klosters probiert man dann das Weltenburger Bier.

Von Regensburg nach Straubing ca. 50 km

Nun verlässt man Regensburg nach Osten. Bei Donaustauf thront über der Donau ein griechischer Tempel, die »Ruhmeshalle für verdiente Teutsche«, die ❹ ✶✶ **Walhalla**; der Ausblick von hier ist herrlich. Begleitet vom steil ansteigenden Hang des Vorwalds – an dem früher Reben standen – erreicht man das Weindorf **Bach** im kleinsten Anbaugebiet Deutschlands. Fährt man direkt nach Straubing weiter, kann man in Wiesent den Nepal-Tempel und in Wörth Burg und Schloss besuchen. Wer einen Umweg (gesamt 45 km) durch den Vorwald machen möchte, biegt vor Wiesent ab nach **Frauenzell** (schöne Klosterkirche aus dem Rokoko); nachdem man den Blick von der romantischen ✶ **Burg Falkenstein** genossen hat, fährt man über Wiesenfelden, Kirchroth und Sossau (sehenswerte Wallfahrtskirche) nach ❺ ✶✶ **Straubing**, der »Gäuboden-Metropole«. Außer einem Bummel über den Stadtplatz stehen hier vor allem das Gäubodenmuseum, St. Jakob, die Ursulinenkirche sowie die romanische Basilika St. Peter mit dem wunderbaren Friedhof auf dem Programm.

Von Straubing nach Deggendorf ca. 65 km

Die nächste Etappe vereint einige der bekanntesten Punkte Niederbayerns. Von Straubing geht es zunächst zur ehemaligen Klosterkirche in ✶ **Oberaltaich**, die ganz ausgemalt ist, bevor man den nahen ❻ ✶✶ **Bogenberg** erklimmt, ein bedeutendes Wallfahrtsziel mit fantastischer Aussicht. 8 km Kilometer nordöstlich liegt auf der Höhe das Klosterdorf ❼ ✶ **Windberg**, dessen Kirche einer der seltenen

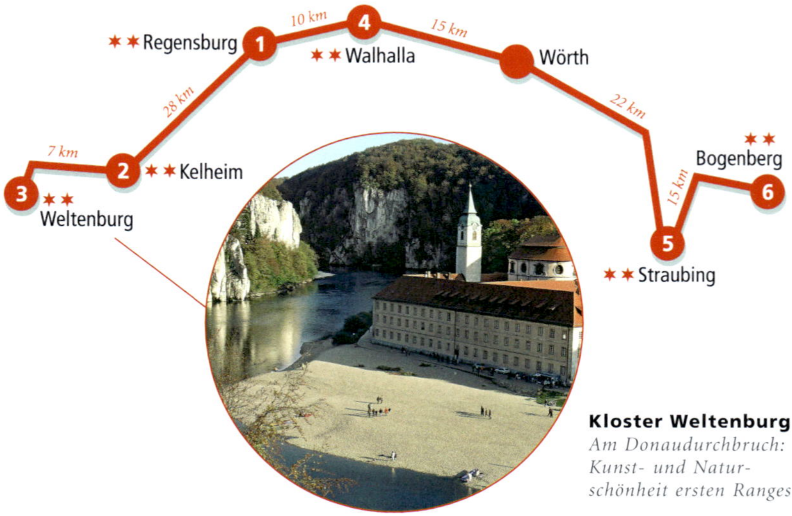

Kloster Weltenburg
Am Donaudurchbruch: Kunst- und Naturschönheit ersten Ranges

romanischen Bauten in Bayern ist. Wer Zeit und Lust für einen Ausflug in den Vorwald hat, dem sei der Weg (16 km) über Mitterfels und Rattiszell zum 709 m hohen ✶ **Gallner** empfohlen (► Tour 3). Sonst fährt man südöstlich nach Mariaposching an der Donau, die man mit der Autofähre überquert; westlich von Stephansposching, in **Loh**, überrascht eine kleine Kirche mit großartiger Rokoko-Ausstattung. Bevor man das 15 km entfernte ❽ **Deggendorf** erreicht, fährt man kurz links hinauf zum Natternberg mit seiner Burgruine. In der typischen niederbayerischen Stadt mit langgestrecktem Hauptplatz ist besonders die »Gnad« besuchenswert, die gotische Heilig-Grab-Kirche; auch ein Gang auf den Geiersberg lohnt sich.

Von Degggendorf nach Vilshofen ca. 60 km

Von Deggendorf aus besucht man das nahe ❾ ✶✶ **Kloster Metten**, wo man in einer Führung den berühmten Bibliothekssaal besucht. 4 km nördlich ist das prachtvolle neogotische **Schloss Egg** einen Abstecher wert.
Als Ausflug in den Vorwald bietet sich eine 60 km lange Schleife an: Von Deggendorf auf der B 11 nach **Gotteszell** mit der gotischen Basilika St. Anna, von Ruhmannsfelden östlich ausholend nach **Bischofsmais**; hier lohnen Ausflüge zur Wallfahrtsstätte St. Hermann und auf

Altenmarkt
Ein Engel von Egid Qurin Asam

Loh
Ein Schatzkästchen des bayerischen Rokokos

Burg Falkenstein, das Wahrzeichen des westlichen Vorwalds

den 1097 m hohen Geißkopf. Zurück nach Deggendorf geht es über die 856 m hohe **Rusel**, eine eindrucksvolle Berg-Wald-Landschaft. Von Deggendorf fährt man entlang der Donau zum ⑩ ✶✶ **Kloster Niederalteich**, dessen gotische Kirche von Johann Michael Fischer prachtvoll barockisiert wurde. Man überwindet den Fluss per Fähre oder weiter flussabwärts in Winzer. Nach einem Abstecher zur Auenlandschaft an der Isarmündung (und zur Schlosswirtschaft Moos) erlebt man in ⑪ ✶✶ **Altenmarkt** bei Osterhofen einer der großartigsten sakralen Barockbauten dieser Reise, erbaut von J. M. Fischer und dekoriert von den Brüdern Asam. Über Künzing am Ostrand des Gäubodens – hier entführt das Museum Quintana in römische Zeiten – erreicht man das hübsche Städtchen ⑫ **Vilshofen** an der Donau, das aufgrund seiner Lage auf der Landzunge zwischen Vils und Donau als »kleine Ausgabe« von Passau gilt.

Von Vilshofen nach Passau ca. 50 km

Die letzte Etappe der Donaufahrt ist noch einmal eine Parforcetour in Sachen (hauptsächlich barocke) Sakralarchitektur. 11 km südwestlich von Vilshofen eröffnet sie die von den Brüdern Asam gestaltete Klosterkirche ⑬ ✶✶ **Aldersbach** mit einem Paukenschlag. 12 km südwestlich geht es weiter mit ⑭ ✶ **Sammarei**, einem vielbesuchten Wallfahrtsort mit höchst ungewöhnlicher Kirche. In anderer Weise aus dem Rahmen fällt das 5 km entfernte ⑮ **Ortenburg**, das bis 1805 eine protestantische Grafschaft war; entsprechend nüchtern ist seine spätgotische Pfarrkirche von 1518. Nach dem Besuch des Renaissanceschlosses gondelt man gemütlich durch Obstgärten zum 9 km entfernten ⑯ ✶✶ **Fürstenzell**; dessen Klosterkirche als eine der schönsten Arbeiten Johann Michael Fischers gilt; die Klosterbibliothek mit berühmten Skulpturen von J. Deutschmann ist gegenwärtig nicht zugänglich. Wer möchte, kann Neuburg am Inn mit seiner imposanten Burg »mitnehmen«, sonst steuert man das 13 km entfernte ⑰ ✶✶ **Passau** an, berühmt als das »bayerische Venedig«. Dort sollte man mindestens den machtvollen Dom – die größte Barockkirche nördlich der Alpen –, das Dreiflüsseeck, die Veste Oberhaus und das Scharfrichterhaus besuchen.

Tour 2 Durch den Hinteren Bayerischen Wald

Länge: ca. 310 km **Dauer:** 7 – 10 Tage

Der Nationalpark Bayerischer Wald ist das »Herz« der Region, hier sind ihre höchsten Gipfel und ursprünglichsten Wälder zu finden, an seinem Rand liegen die traditionsreichsten Glasmacherorte. Aber auch das »Rahmenprogramm« – die Anfahrt von Regensburg und die Fortsetzung nach Passau – ist landschaftlich und kulturell ebenso vielfältig wie interessant.

Von Regensburg nach Cham ca. 80 km

Von ❶ ✶✶ **Regensburg** fährt man wie in Tour 1 zur ❷ ✶✶ **Walhalla** und dann nordöstlich zur ❸ ✶ **Burg Falkenstein**, dem Wahrzeichen des westlichen Vorwalds. Nächstes Ziel ist das ehemalige Zisterzienserkloster in ❹ ✶✶ **Walderbach**, dessen Kirche aus dem 12. Jh. – für Bayern selten – fast original erhalten ist. Kunstfreunde besuchen auch noch das nahe barocke Kloster Reichenbach, Naturfreunde unternehmen im von steilen Hängen eingefassten Tal des Regens einen Gang, etwa im Naturschutzgebiet zwischen Kirchenrohrbach und Zenzing. In Roding ist mit der ✶ **Josefikapelle** eines der ältesten sakralen Bauwerke der Region erhalten. Auf der B 85 geht es in Richtung Cham, nach 7 km biegt man aber zur **Burg Thierlstein** ab, die auf dem **Pfahl** steht, der Quarzrippe, die sich durch den ganzen Vorwald zieht. In den Rundgang durch das atmosphärereiche Städtchen ❺ **Cham** sollte man auch das Museum S.P.U.R. einbeziehen; in seinem Vorort **Chammünster**, der um das Jahr 748 gegründeten »Urpfarrei« des Oberen Bayerischen Walds, ist die romanisch-gotisch-barocke Kirche einen Blick wert.

Von Cham nach Bayerisch Eisenstein ca. 70 km

Zunächst geht es auf der B 85 am Regen entlang nach Miltach (mit Schloss), im Sommer ist der nahe **Blaibacher See** ein beliebtes Naturbad. Nun hinauf auf die Höhe zur Wallfahrtskirche Weißenregen mit ihrer schönen, originellen Schiffskanzel, bevor man ❻ **Bad Kötzting** erreicht. Die historische Besonderheit des modernen Kurorts ist die Kirchenburg, die bis ins 11. Jh, zurückgeht; der alljährliche Pfingstritt zieht viele Gäste an. Das weite ✶ **Zellertal**, das sich von Kötzting südöstlich bis über Arnbruck hinaus hinzieht, ist für einen Fahrradausflug wie geschaffen; der Kaitersberg im Norden bietet herrliche Wander- und MTB-Wege. ❼ ✶ **Bodenmais**, der meistbesuchte Ferienort der Bayerischen Walds, ist Ausgangspunkt für Touren (bzw. eine Fahrt) auf den ✶✶ **Arber** und zu den Arberseen; eine Führung durch das Bergwerk im Silberberg sorgt für einen Hauch Abenteuer. Über den 1043 m hohen Brennessattel erreicht man an der Grenze zu Tschechien ❽ **Bayerisch Eisenstein** mit seinem riesigen Bahnhof und dem sehenswerten Eisenbahnmuseum.

Regensburg
Der Verkündigungsengel aus dem Dom ist ein Wahrzeichen der Stadt.

Von Bayerisch Eisenstein nach Freyung ca. 90 km

Diese Etappe führt um den ★★ **Nationalpark Bayerischer Wald** herum. Hier gibt es so viele Möglichkeiten für kurze und lange Wanderungen, für Besichtigungen, Werksbesuche und Einkäufe, dass man etliche Tage damit verbringen kann. Ein Minimalprogramm für 2 – 3 Tage: der Besuch eines Nationalpark-Infozentrums; die Besteigung von Großem Falkenstein, Großem Rachel oder Lusen; eine Wanderung auf einem Urwaldsteig, etwa im Höllbachgspreng am Großen Falkenstein, im Gebiet Mittelsteighütte bei Zwieslerwaldhaus oder dem Seelensteig am Rachel; Besuch einer Glasfabrik (mit Einkauf) und einer handwerklichen Glasbläserei in ❾ ★ **Zwiesel**, ★ **Frauenau** oder Spiegelau; unter den interessanten Museen, z. B. Waldgeschichtliches Museum in Riedlhütte und Bauernmöbelmuseum in ❿ **Grafenau**, ragen das Glasmuseum in Frauenau und das Bauernhausmuseum in Finsterau heraus. Ziele für Kunstfreunde sind v. a. die Herz-Jesu-Kirche in Ludwigsthal, die Nikolauskirche in Zwiesel und die Kirche Mariä Himmelfahrt in Frauenau. Vom ⓫ ★★ **Freilichtmuseum Finsterau** am nördlichsten Punkt der Route fährt man nach ⓬ **Freyung** im Passauer Abteiland, der höchstgelegenen Stadt des Bayerischen Walds; sehenswert sind hier v. a. das Schloss mit dem Museum für Jagd und Fischerei und der Galerie Wolfstein sowie das Schramlhaus.

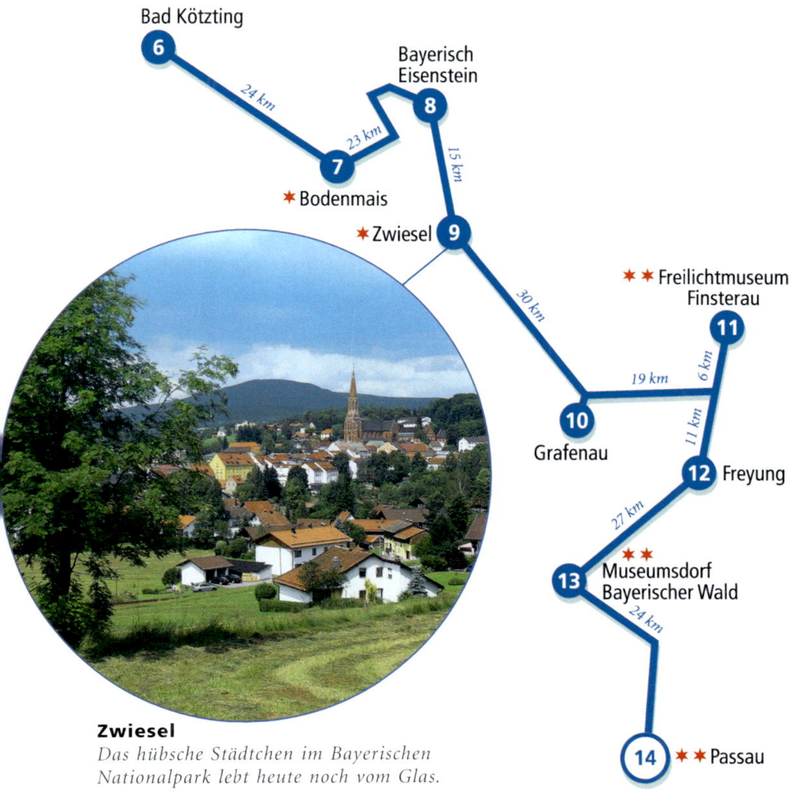

Zwiesel
Das hübsche Städtchen im Bayerischen Nationalpark lebt heute noch vom Glas.

Von Freyung nach Passau ca. 70 km

Bevor man die letzte Etappe antritt, sollte man eine großartige Natursehenswürdigkeit besuchen, die ✶✶ **Buchberger Leite**, eine bis 100 m tiefe Schlucht westlich von Freyung. Über **Ringelai** – wer möchte, kann im nahen Freizeitpark Gabreta keltische Lebensart kennenlernen – und **Perlesreut**, der »Tabakstadt« des Walds, steuert man ⓭ **Tittling** im ✶✶ **Dreiburgenland** an. Einen halben Tag sollte man mindestens für das ✶✶ **Museumsdorf Bayerischer Wald** reservieren, einen idyllischen Platz, in dem man dem einst harten Leben im Wald nachspüren kann. In der Nähe liegen die »drei Burgen« Saldenburg, Englburg und Fürstenstein, die auch Ziele schöner Wanderwege sind. Wer das malerische **Ilztal** kennenlernen möchte, bekommt in der Burg Fürsteneck 11 km östlich von Tittling genaue Informationen. Über Kalteneck fährt man dann zur B 12 und auf dieser nach Süden; kurz bevor man ⓮ ✶✶ **Passau** erreicht, macht man noch einen Abstecher westlich zu den Ilzschleifen bei Hals.

Tour 3 Kreuz und quer durch den Mittleren Vorwald

Länge: ca. 185 km **Dauer:** 3 – 5 Tage

Auch bei dieser Tour spielt die Landschaft die Hauptrolle: die sanfte, kleinteilig-abwechslungsreiche Szenerie des hügeligen Vorwalds mit Wäldern und Wiesen, schönen Flussläufen und dem einzigartigen Pfahl. Hübsche Städtchen und Dörfer, Burgen und Kirchen setzen reizvolle Akzente.

Von Straubing nach St. Englmar ca. 70 km

Ausgangspunkt dieser Tour ist ❶ ✶✶ **Straubing**, und wie in Tour 1 geht es von hier über ✶ **Oberaltaich** und den ✶✶ **Bogenberg** hinauf nach ❷ ✶ **Windberg** mit schön restaurierter romanischer Kirche. Über Hunderdorf und **Mitterfels**, mit einer Burgruine auf schmalem Grat gelegen, steuert man den ❸ ✶ **Pilgramsberg** an, ein Wallfahrtsziel mit prächtiger Aussicht. Auch die östlich benachbarten Orte Stallwang und Herrnfehlburg und der ✶ **Gallner** lohnen einen Halt bzw. die Besteigung. Von hier führen kurvige Sträßchen über Haibach und Elisabethzell nach ❹ **St. Englmar**, dem reizvoll zwischen Pröller und Predigtstuhl gelegenen Tourismuszentrum des Vorwalds mit guter Hotellerie und großem Angebot fürs Outdoorvergnügen.

Von St. Englmar nach Hengersberg ca. 105 km

Erste Station auf dieser Etappe ist das Städtchen ❺ **Viechtach**. Hier kann man in die »Katakomben« unter der Stadt abtauchen, kennenlernen, was man alles aus Fischhaut macht, und sich im Rathaus über den **Pfahl** informieren, bevor man ihn sich vor der Stadt selbst ansieht. Auch der nächste Programmpunkt ist einer Naturschönheit gewidmet, dem **Schwarzen Regen**, der sich südöstlich von Viechtach durch schmale, tief eingeschnittene Waldtäler schlängelt. Diverse schöne Wanderwege sind hier eingerichtet, wobei man nördlich des Flusses die Burg Altnussberg oder südlich von ihm die Burg Neunussberg einbeziehen kann (an Sommer-Sonntagen wäre auch eine Fahrt mit der »Wanderbahn« angezeigt). Über Ruhmannsfelden – für Kunstfreunde lohnt sich der kleine Abstecher nach **Gotteszell** – erreicht man das nette Städtchen ❻ **Regen**. Außer einem Spaziergang am Fluss sollte man hier den Besuch des Niederbayerischen Landwirtschaftsmuseums einplanen. Die andere Sehenswürdigkeit ist wieder einmal der **Pfahl** außerhalb der Stadt, auf dem die ✶✶ **Burg Weißenstein** steht; nach dem Besuch des Museums kann man sich im Burggasthof stärken. Einen Steinwurf weiter süd-

Wanderschuhe nicht vergessen!

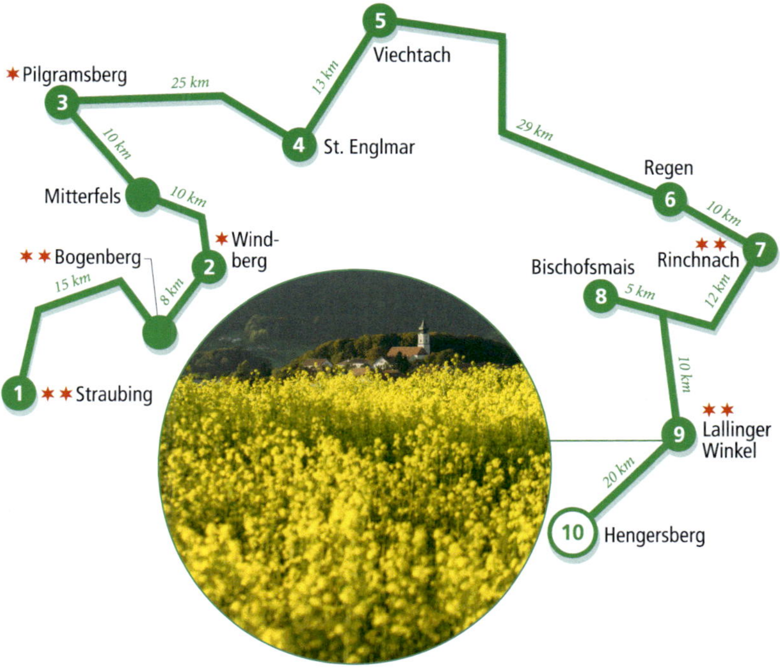

Lallinger Winkel
Die Landschaft östlich von Deggendorf wird auch Obstgarten des Bayerischen Walds genannt.

östlich erwartet in ❼ ✶✶ **Rinchnach** die bedeutendste Barockkirche des Bayerischen Walds, erbaut von Johann Michael Fischer und von mehreren Künstlern kongenial ausgestaltet. Über das nicht unpassend benannte Kirchberg im Wald richtet man seine Schritte nach Westen, nach ❽ **Bischofsmais**. Hier locken schöne Wanderwege in luftige Höhen um den Geißkopf; nicht versäumen sollte man den kleinen Spaziergang von Bischofsmais hinaus nach St. Hermann. Schluss- und ein weiterer Höhepunkt dieser Tour ist der ❾ ✶✶ **Lallinger Winkel**, eine idyllische Obstbaugegend; in einigen Dörfern stehen noch alte Bauernhäuser, und vom Brotjacklriegel, dem Zentrum des schönen Wandergebiets Sonnenwald, hat man einen weiten Ausblick. Bei ❿ **Hengersberg** erreicht man wieder die Donauebene.

Reiseziele von A bis Z

ZWISCHEN REGENSBURG UND PASSAU, ZWISCHEN DER DONAU UND DEN UNENDLICHEN »WOGEN« DES WALDGEBIRGES GIBT ES VIEL ZU ERLEBEN UND ZU ENTDECKEN.

Bad Kötzting

G 2/3

Oberer Bayerischer Wald
Höhe: 396 m ü. d. M.
Einwohner: 7400

Bad Kötzting, im Nordwesten des Bayerischen Walds nahe dem Zusammenfluss von Weißem und Schwarzem Regen gelegen, ist der jüngste Kneippkurort Bayerns. Hier dreht sich alles um Gesundheit und Kultur, sein Glück kann man in der Spielbank versuchen.

Sehenswertes in Bad Kötzting und Umgebung

Bad Kötzting

Bad Kötzting wurde Ende des 11. Jh.s vom Kloster Rott am Inn gegründet und schon Mitte des 13. Jh.s mit Marktrechten ausgestattet. Sehenswert in der hübschen historischen Altstadt ist die **Kirchenburg** über dem Ufer des Regens, die aus dem einstigen Schloss der Chostinger, der Pfarrkirche Mariä Himmelfahrt, der Kapelle St. Anna und einem Friedhof mit Wehrmauer besteht. Die ursprünglich romanische Pfarrkirche wurde im 18. Jh. barock umgestaltet und besitzt einen beachtenswerten Hochaltar (1786). Die Kapelle St. Anna wurde Ende des 17. Jh.s erbaut, ihr Taufstein um 1200 aus Granit gemeißelt, im Hochaltar (1664) eine Anna Selbdritt von 1526.

! *Baedeker* TIPP

Einkehr beim Lindner

Ein Kötzting-Besuch wäre nicht vollständig ohne einen Abstecher zu dem schönen alten Gutshof mit Mühle am Schwarzen Regen. Von den ursprünglich sechs Brauereien der Stadt existiert nur noch die Brauerei Lindner, deren berühmte Produkte – von Export und Dunkel bis zum grandiosen Weihnachtsbock – man in der heimeligen Gaststube und im schönen Biergarten zu gutem bodenständigem Essen genießen kann. Weißenregener Str. 4, Tel. (0 99 41) 14 29, So. geschlossen.

✶ Pfingstritt ►

Berühmt ist der **Kötztinger Pfingstritt**: Einem Gelübde von 1412 folgend reiten am Vormittag des Pfingstmontags Kötztinger Männer durch das Zellertal (► S. 159) zur Nikolauskirche im 7 km südöstlich gelegenen Steinbühl. Über die Geschichte des Ritts informiert das Pfingstrittmuseum in der Kirchenburg.

Über 70 Sorten von Schnapsspezialitäten kann man in der Brennerei Drexler probieren und kaufen, man kann auch bei der Herstellung zusehen (Pfingstreiterstr. 44, Mo.–Fr. 9.00–18.00, Sa. bis 13.00, Mai–Dez. Sa. bis 16.00 Uhr, www.baerwurzquelle.de).

✶ **Wallfahrtskirche Weißenregen**

Südlich über der Stadt thront über dem Zusammenfluss von Schwarzem und Weißem Regen die 1765 geweihte, überreich im Rokokostil ausgestattete Wallfahrtskirche Weißenregen. Das Gnadenbild auf dem Hochaltar (1755) stammt aus dem 14. Jahrhundert. Ihr wunderbares Glanzstück ist die **Schiffskanzel** (Johann Paul Hager, 1758); zwei Apostel holen mit einem dritten Jünger ein mit »unsterblichen Seelen« gut gefülltes Netz an Bord.

← *Regensburg aus der Luft*

In der Wallfahrtskirche in Weißenregen sollte man sich besonders die Kanzel ansehen.

Die 1000-jährige **Wolframslinde** am Fuß des 743 m hohen Haidsteins in Ried (ca. 4 km nordwestlich von Kötzting) soll die älteste Linde Deutschlands sein. Sie erinnert an den Minnesänger Wolfram von Eschenbach, der im 12. Jh. Gast auf der nahen Burg Haidstein war und dort Teile seines »Parzivals« geschrieben haben. soll. Für den lohnenden Aufstieg auf dem Baierweg zum Haidstein braucht man von Ried 45 Min. (ca. 150 Höhenmeter).

Haidstein

Südöstlich von Kötzting ragt auf einer Höhe bei Wettzell eine 20 m große »Satellitenschüssel« empor. Tatsächlich handelt es sich um ein Radioteleskop für die Erdvermessung (Geodäsie), mit dessen Betrieb rund 30 Wissenschaftler und Techniker beschäftigt sind.

Radioteleskop Wettzell

Kötztinger Land

Mit den westlichen Nachbarorten Blaibach, Miltach und Zandt wirbt Bad Kötzting als »Kötztinger Land« um Gäste. Neben ihrer schönen Lage bieten sie gut ausgebaute Netze von Wander- und Radwegen.
Der **Blaibacher See** – der aufgestaute Schwarze Regen – mit Bootsverleih, Freibad und Gasthaus ist Einstieg für Bootswanderungen.
Hauptsehenswürdigkeit des in einer Regenschleife gelegenen **Miltach** (2300 Einw.) ist das Schloss aus dem 17. Jh. (geöffnet April – Okt. Di. – Do., So. 13.00 – 17.00, sonst So. sowie 10. Jan. – Febr. geschl.; www.schloss-miltach.de) mit liebevoll restaurierten Räumen, einer Töpferei, einem Laden und dem Schlosskeller. Ab und zu gibt's hier guten Jazz und Klassik zu hören. Nachbildungen von weltberühmten Museumsobjekten, aber auch Volkskunst und Schmuck gibt es 5 km südlich von Miltach im »Welt-Kunstmuseum« im **Schloss Altrandsberg** zu sehen, einer Vierflügelanlage aus dem 16./17. Jh. (geöffnet Mai – Okt. So. 14.00 – 17.00 Uhr, Tel. 0 99 44 / 34 15 12).

BAD KÖTZTING ERLEBEN

AUSKUNFT

Kurverwaltung
Herrenstr. 10, 93444 Bad Kötzting
Tel. (0 99 41) 60 21 50
www.bad-koetzting.de

Lamer Winkel
Tourist-Info Lam
Marktplatz 1, 93462 Lam
Tel. (0 99 43) 777
www.lam.de

Tourist-Information Lohberg
Rathausweg 1a, 93470 Lohberg
Tel. (0 99 43) 94 13 13
www.lohberg.de

Tourist-Information Arrach
Lamer Str. 78, 93474 Arrach
Tel. (0 99 43) 10 35, www.arrach.de

GUT ZU WISSEN

Bad Kötzting ist ganz auf Gesundheit eingestellt, u. a. mit der ersten deutschen Klinik für Traditionelle Chinesische Medizin, ambulanten Kneippkurbetrieben und einem großen Angebot für Fitness- und Wellness-Anhänger. Die AQACUR-Badewelt (www.aqacur.de) bietet Bade- und Wellnessspaß, dazu diverse Therapien. In der Spielbank, der ersten in der Oberpfalz, kann man sein Glück bei Roulette, Poker oder Black Jack erproben (www.spielbanken-bayern.de).

VERANSTALTUNGEN

Pfingsten: Kötztinger Pfingstritt mit großem Kultur- und Festprogramm: Pferdemarkt am Sa. und Fackelzug am So.abend; Pferdeprozession nach Steinbühl am Pfingstmontag; anschließend einwöchiges Volksfest. Ende Juli/Anf. Aug. Waldfestspiele: Klassiker des Theaters im heimischen Dialekt (www.waldfestspiele.de).

ÜBERNACHTEN / ESSEN

► Luxus

Best Western Sonnenhof
Himmelreich 13, 93462 Lam
Tel. (0 99 43) 3 70
www.sonnenhof.bestwestern.de
Relaxen, tagen und golfen mit Blick über den Lamer Winkel bis zum Großen Arber. Das oberhalb von Lam gelegene Hotel mit mehreren Restaurants bietet viele Sport- und Freizeitmöglichkeiten.

► Komfortabel

Amberger Hof
Torstraße 2, 93444 Bad Kötzting
Tel. (0 99 41) 9 50-0
www.amberger-hof.de
Modern ausgestattetes, seit mehreren Generationen in Familienbesitz befindliches Hotel mit Restaurant.

Bayerwaldhof
Liebenstein 25
93444 Bad Kötzting-Liebenstein
Tel. (0 99 41) 94 79 50
www.bayerwaldhof.de
Großes familienfreundliches Hotel 6 km außerhalb, Wellness und Pferdesport werden großgeschrieben. Im Restaurant wird klassisch international gekocht.

Burghotel Am Hohen Bogen
Kühberg 31
93453 Neukirchen b. Hl. Blut
Tel. (018 05) 60 06 96
www.donna-hotels.de
Komfortable, geschmackvolle Zimmer, breites Sport- und Wellnessangebot. Mehrere Restaurants.

Grün Wies
Sommerauerstr. 10, 93470 Lohberg
Tel. (0 99 43) 12 08
www.landhotel-gruenwies.de

Familiengeführtes Hotel im alpenländischen Stil mitten in der Natur, mit Restaurant, Hallenbad und Wellnessangeboten.

► Günstig

Zur Post
Herrenstr. 10, 93444 Bad Kötzting
Tel. (0 99 41) 66 28
www.bad-koetzting.de/Hotel-Post
Bayerische Gemütlichkeit und feine Küche gibt es in der alten, nobelschlichten Gaststube.

Kirchenwirt
Marktplatz 14, 93462 Lam
Tel. (0 99 43) 13 45
www.gasthof-kirchenwirt.de
Alteingesessener Gasthof im Ortszentrum. Auf der Speisekarte stehen bayerische Schmankerln.

Schlossberg-Hotel
Am Kellerberg 91, 93499 Zandt
Tel. (0999 44) 30 79 70
www.hotel-schlossberg.info
Hotel und Feriendorf mit Restaurant und vielen Sport- und Freizeitangeboten, u. a. Hallenbad, Squashcourt, Massage und Kosmetik.

Berghotel Mooshütte
Mooshütte 3, 93470 Lohberg
Tel. (0 99 43) 90 50 30
www.www.berghotel-mooshuette.de
Komfortables Haus in 950 m Höhe nahe dem Kleinen Arbersee (Zufahrt über Brennes), entstanden aus einem alten Hüttengut in herrlicher Alleinlage mit Blick auf den Osser. Auf den Tisch kommen vor allem Produkte aus dem eigenen Bauernhof mit seinem Kräutergarten.

Tipps für Wanderfreunde

Auf den Spuren der Glasmacher führt der **Gläserne Steig** 96 km durch den schönsten Teil des Bayerischen Walds. Er verbindet den Lamer Winkel mit dem Bayrisch Eisensteiner Hochtal und führt dann durch den Naturpark rund um den Zwieseler Winkel in den Nationalpark, Endpunkt ist Grafenau.
Der **Künische Grenzweg** beginnt in Lam und führt zur Wallfahrtskirche Maria Hilf mit ihren sehenswerten Fenstern. Weiter geht's über Sattel und Osserwiese, vorbei am Kleinen Osser und an der Künischen Grenzkapelle hinauf zum Gipfel des Großen Ossers. Die Grenze überschreitet man beim Schutzhaus. Auf tschechischer Seite steigt man ab nach Hamry. In Böhmen wären der Schwarze See und der Teufelssee lohnende Abstecher. Rückfahrt mit dem Wanderbus. Weitere Informationen ►S. 130.

Grafenwiesen

Von 1878 bis zur endgültigen Einstellung 1985 war die Herstellung von Zündhölzern – zuletzt der bekannten »Welthölzer« – im Tal des Weißen Regens bedeutsam. Das Zündholzmuseum in Grafenwiesen (4 km nordöstlich von Kötzting) präsentiert die regional und grenzüberschreitend bedeutende Geschichte dieses Gewerbes (Schönbuchener Str. 31, geöffnet Ostern – Okt. Mi., Do., So. 14.00 – 16.00 Uhr, www.deutsches-zuendholzmuseum.de; Tourismusbüro Grafenwiesen, Tel. 0 99 41 / 94 03 17, www.grafenwiesen.de).

Zellertal

►S. 159

Lamer Winkel

Die Tallandschaft des Weißen Regens nordöstlich von Bad Kötzting zwischen Grafenwiesen und Lohberg, umgeben von Kaitersberg (1034 m), Riedelstein (1132 m), Großem Arber (1456 m) und Osser (1293 m), hat sich als Sommer- und Winterferienregion den Namen »Lamer Winkel« gegeben. Ihre Hauptorte sind Lam (2900 Einw.), Lohberg (2100 Einw.) und Arrach (2700 Einw.).

Lam Der Luftkurort Lam (18 km östlich von Bad Kötzting) geht auf eine Gründung des Klosters Rott am Inn zurück. Eine erste Wanderglashütte in Engelshütt um 1300 markiert den Beginn der Glasindustrie; 1463 begann der Bergbau, der mit Unterbrechung bis zur Schließung der letzten Zeche 1962 andauerte. Das Silber- und Flussspatbergwerk **Fürstenzeche** ist heute Besucherbergwerk (Führung: Mo. – So. 12.00, 13.00, 14.00, 15.00 und 16.00 Uhr) sowie Heil- und Therapiestollen (www.fuerstenzeche.de). Badespaß im Hallen- und Freibad bietet das Osserbad, Klettermöglichkeiten unter Anleitung erfahrener Trainer der **Hochseilpark** im Lamer Ortsteil Himmelreich (Anmeldung Tel. 0 99 41 / 7 70 10 52, www.die-erlebnis-akademie.de).

Blick auf Lam mit dem Großen Osser im Hintergrund

Im **Märchen- und Gespensterschloss** in Lambach, ursprünglich eine 1905 für einen Glashüttenbesitzer erbaute Jugendstilvilla, sind Szenen aus Märchen von Andersen, Grimm und Hauff nachgestellt, manchmal gibt's Märchenstunden (geöffnet April – Okt. tägl. 10.00 bis 17.00 Uhr; sonst teils geschl., Info Tel. 0 99 43 / 35 41, 0 94 91 / 23 17, www.maerchenschloss-lambach.de).

◄ Lambach

Handwerks- und Mineralienmuseum, Kunsthandwerk, Schnapsbrennerei und Wirtshaus: Der **Drexler-Hof** vereint alles unter mehreren Dächern (Lamer Str. 94, tägl. 9.00 – 18.00, Brennerei Sa. bis 13.00 Uhr; www.drexlers-baerwurz.de). Sport, Spiel und Spaß für die ganze Familie bietet der **Seepark**: einen Badesee mit Insel und Piratenflößen, Glasperlenbecken für Kleinkinder, Abenteuerspielplatz etc.

Arrach

Die heimische Flora und Fauna lernt man im **Bayerwald-Tierpark** im benachbarten Lohberg kennen. In einer ca. 15 Fußballplätze großen natürlichen Waldlandschaft leben über 400 Tiere, die es noch im Bayerischen Wald gibt oder einst hier beheimatet waren, wie Wolf, Luchs, Wisent und Elch. Kleine Besucher sind begeistert vom Streichelzoo, den Aquarien und dem Fischotterteich (Schwarzenbacher Str. 4, geöffnet tägl. 9.00 – 17.00 Uhr, www.bayerwald-tierpark.de).
In den Sommermonaten verkehrt die »Kleine Arberseebahn« (einer dieser unvermeidlichen Touristenzüge) zwischen Tierpark und dem 6 km entfernten **Kleinen Arbersee** (► Bodenmais; Informationen: Reisebüro Wenzl, Tel. 0 99 24 / 70 15, www. kleine-arberseebahn.de). Für die Besteigung des **Großen Arbers** auf dem Weg Lo 3 (über den Kleinen Arbersee) braucht man inkl. Rückweg ca. 6 Std.
Das **Schwarzauer Haus**, ein sehenswertes typisches Waldlerhaus von 1827, beherbergt eine Sammlung historischer Gläser und die Kunstgalerie Bayerischer Wald (Weideweg 5, Mi. – So. 11.00 – 17.00 Uhr). Glasliebhaber besuchen die **Glashütte Alte Kirche**, Hüttenmeister ist der Glasbildhauer Theodor Sellner (Brennesstr. 1, geöffnet Mo. – Fr. 10.00 – 17.00, Sa. bis 16.00 Uhr, www.glashuette-alte-kirche.de, Tel. 0 99 43 / 90 28 30).

Lohberg

? WUSSTEN SIE SCHON ...?

- Der Wisent, der europäische Bison, ist Europas schwerstes und größtes Landsäugetier. Ein ausgewachsener Bulle wiegt bis zu einer Tonne und erreicht bei 2,5 – 3,5 m Länge ein Stockmaß von 1,85 m. Er kann 25 Jahre alt werden. Erwachsene Tiere fressen am Tag bis zu 30 kg Grünzeug. Die Bezeichnung »Wisent« stammt aus dem germanischen, »Bison« aus dem griechisch-römischen Sprachbereich.

Zwischen dem Tal des Weißen Regens und dem Zellertal (► S. 159) zieht sich der Kaitersberg von Kötzting bis zum Arber. Eine Wanderung auf dem **Kammweg**, einem Teilstück des Europäischen Fernwanderwegs E 6, zählt zu den schönsten im Bayerischen Wald, die Ausblicke sind großartig. Teilweise sind felsige, ausgesetzte Steige zu

★★ **Kaitersberg**

absolvieren, feste Schuhe und Trittsicherheit sind erforderlich. Den anspruchsvollen Abschnitt zwischen Mühlriegel und Heugstatt kann man auf einem bequemeren Forstweg über Schareben umgehen. Für die Gesamtüberschreitung (ca. 25 km) sollte man sich 2 Tage Zeit nehmen, Übernachtung im Berggasthof Eck, Tel. 0 99 45 / 13 51); viele Zufahrten ermöglichen individuelle Tagestouren. Weitere Stützpunkte: Kötztinger Hütte (Tel. 0 99 46 / 2 90), Berggasthof Schareben (Tel. 0 99 45 / 10 37) und am Ziel das Arberschutzhaus (►S. 157).

✶✶ Osser

Der Osser mit seinem Doppelgipfel – Großer Osser 1293 m, Kleiner Osser 1266 m – gehört zum Künischen Gebirge, dessen Name an die künischen, d. h. königlichen Freibauern erinnert, die das Gebiet im 14. Jh. (manche behaupten, seit dem 11. Jh.) urbar machten. Der Glimmerschiefer am Osser gehört zu den »100 schönsten Geotopen Bayerns«: Anders als die anderen Berge im Bayerischen Wald ist das Osser-Massiv nicht aus Granit oder Gneis, sondern aus Glimmerschiefer aufgebaut. Er entstand aus tonigen Ablagerungen, die während der variszischen Gebirgsbildung in 10 – 15 km Tiefe unter hohe Temperaturen und Drücke gesetzt wurden. Von Lam aus erklimmt man den Osser auf dem **Künischen Grenzweg** in ca. 3.30 Std. (in der Gipfelregion anspruchsvoll, feste Schuhe und Trittsicherheit nötig); Rückweg über die Wallfahrtskirche Maria Hilf (1.30 – 2 Std.) oder nach Lohberg (2.30 Std.). Für die Rundtour von Oberlohberg über Großen Osser, Silbersbach und Eggersberg braucht man ca. 3.30 Std. Der Gipfel des Großen Ossers eröffnet einen wunderbaren Blick über den Lamer Winkel und nach Böhmen hinein; ein schöner Platz zum Rasten und Übernachten ist das **Osserschutzhaus** (Tel. 0 99 43 / 13 51, www.waldverein-lam.de), durch dessen Garten die deutsch-tschechische Grenze verläuft. Am Vormittag des 1. Aug.-Sonntags pilgern viele hier herauf, um die **Osserkirchweih** zu feiern.

✶ Bodenmais

J 3

Mittlerer Bayerischer Wald
Höhe: 700 m ü. d. M.
Einwohner: 3400

Bodenmais, zwischen Großem Arber und Silberberg in einem klimatisch begünstigten Talkessel gelegen, ist der bekannteste und der bedeutendste Ferien- und Wintersportort – die »Perle« – des Bayerischen Walds.

Vom Bergbaudorf zum Kurort

Der um das Jahr 1300 als »Pabenmaiz« erstmals erwähnte Ort wurde mit der Förderung von Silber, Schwefel und Magnetkies im Silberberg bedeutend (1962 eingestellt), die ersten Glashütten siedelten sich im 15. Jh. an. Da der Ort abseits der großen Verkehrsverbindungen für andere Industrien nicht interessant war, hat man früh den Fremdenverkehr als Erwerbsmöglichkeit erkannt. »Startschuss« war die Gründung des Bayerischen Waldvereins 1883 in Bodenmais; er sollte den bis dahin wenig besuchten Wald als Wander- und Urlaubsgebiet erschließen, Wanderwege anlegen und Schutzhäuser errichten. Im Dritten Reich propagierte die Organisation »Kraft durch Freude« den »Ostmark«-Tourismus; von 1933 bis 1938 stieg die Zahl der Übernachtungen von 4200 auf 38 000. 1945 wurde Bodenmais Luftkurort, und bald war es wieder das meistbesuchte Urlaubsziel des Bayerischen Walds (seit 1992 Heilklimatischer Kurort). Familien und Aktivurlauber ebenso wie Wellness-Fans finden hier alles, was sie für einen »runden« Urlaub brauchen. Im Winter locken gemütliche bis anspruchsvolle Pisten, Loipen und Rodelhänge am Silberberg, am Großen Arber und auf dem Bretterschachten, im Sommer Wanderwege und Mountainbike-Strecken aller Anforderungen. Überdurchschnittlich zahlreich sind die Hotels gehobenen Zuschnitts.

? WUSSTEN SIE SCHON ...?

- Im Frühjahr 2008 machte die Bodenmaiser Bürgermeisterwahl Schlagzeilen. Die Bürger wählten sich einen 23-jährigen Politikstudenten, der zudem ein »Sozi«, evangelisch und schwul ist. Er übernahm eine schwere Hypothek, aufgrund der Misswirtschaft seines Vorgängers war der Ort eine der höchstverschuldeten Gemeinden Bayerns. Mit dem Mut zu einem unkonventionellen Kandidaten fährt Bodenmais gut; nicht nur geht die Sanierung der Gemeindefinanzen voran, das große Medienecho ist auch dem Fremdenverkehrsort zuträglich. Die neueste Idee: Die vielen Stammgäste sollen als »Förderer und Freunde von Bodenmais« gewonnen werden, kenntlich an einer für 5 Euro zu erwerbenden Plakette.

Sehenswertes in Bodenmais

Die Kirche **Mariä Himmelfahrt** (1805, Anbau 1956) am Marktplatz steht »verkehrt herum«: Ihr Altar steht im Westen und blickt somit nach Osten – zum »Brotgeber«, dem Silberberg. Unter der Ausstattung sticht der Hochaltar (um 1720) heraus, der aus dem säkularisierten Kloster Oberalteich stammt. Die »Schwarze Madonna« in seinem Zentrum, eine Kopie des Gnadenbilds von Loreto (Italien), kam 1705 nach Bodenmais; ihre Übertragung wird heute noch am St.-Benno-Tag (16. Juni) gefeiert. Im sog. **Alten Rathaus** von 1795 (mit verschindeltem Blockbau-Obergeschoss, wenige Schritte westlich in der Bergknappenstraße) finden Ausstellungen, Konzerte, Lesungen, Tanzabende u. a. statt. Für gute Kuchen und Torten ist das Café Winklstüberl bekannt (Arberseestr. 25).

Silberberg

Den zweigeteilten Gipfel der **Bischofshaube**, wie der 955 m hohe Hausberg von Bodenmais auch heißt, erreicht man zu Fuß auf einem beliebten Rundweg (Nr. 1, gesamt ca. 2.30 Std) oder mit der Sesselbahn. Vom Gipfelkreuz blickt man über Bodenmais und Zellertal sowie zum Großen Arber, dem höchsten Berg des Walds (1456 m). Eine Attraktion ist auch die 600 m lange **Sommerrodelbahn**, mit der es von der Zwischenstation der Bergbahn zu Tal geht.

BODENMAIS ERLEBEN

AUSKUNFT

Bodenmais Tourismus
Bahnhofstraße 56, 94249 Bodenmais
Tel. (0 99 24) 7 78-135
www.bodenmais.de

Tourismusbüros im Zellertal
Gemeindezentrum 1, 93471 Arnbruck
Tel. (0 99 45) 94 10 16
www.arnbruck.de

Zellertalstr. 12, 94256 Drachselsried
Tel. (0 99 45) 90 50 33
www.drachselsried.de

GUT ZU WISSEN

Kuren
Die Bodenmaiser Stollentherapie mit praktisch staubfreier, 5 °C kalter Luft wird zur Behandlung von Atemwegserkrankungen wie chronischer Bronchitis und Asthma eingesetzt. Auskunft im Tourismusbüro und bei der Silberberg-Klinik, Rechensöldenweg 8 – 10, 94249 Bodenmais, Tel. (0 99 24) 77 10. Darüber hinaus gibt es viele öffentliche Wellness- und Gesundheitseinrichtungen.

Arberbergbahn
Betriebszeiten Sommer 9.00 – 16.30, Winter 8.30 – 16.00 Uhr
Tel. (0 99 25) 94 14-0, www.arber.de
Notruf (0 99 25) 1 92 22

Einkaufen in Bodenmais
Arzberg: Bahnhofstr. 72
Tel. (0 99 24) 90 24 37
Mo. – Fr. 10.00 – 18.00, Sa. bis 16.00, Mai – Okt. auch So. 10.00 – 15.00 Uhr.
Rosenthal: Kötztinger Str. 36
Tel. (0 99 24) 90 50 56
www.rosenthal-studio-haus.de
Joska Erlebniswelt: Am Moosbach 1
Mo. – Fr. 9.15 – 18.00, Sa. bis 17.00 Uhr, www.joska.com (auch Villeroy & Boch hat hier einen Laden).
Joachim von Zülow: Dreifaltigkeitsplatz 11
Mo. – Fr. 9.00 – 18.00, Sa. bis 15.00, Mai – Okt. auch So. 10.00 bis 16.00 Uhr, Tel. 0 99 24 / 3 93, www.herrgottschnitzer.de.
Der »Herrgottschnitzer von Bodenmais« bietet außer seinen Holzkreationen auch Kurse in Schnitzen, Fassmalerei und Vergolden an.
Gstöttner (älteste Schnitzerei am Ort): Bergknappenstr. 9, Tel. (0 99 24) 2 76.

Einkaufen im Zellertal
Arnbruck: Im Glasdorf Weinfurtner gibt es Werkstätten, Ausstellungen, die Galerie »Kunst & Form«, eine Schenke und einen Spielplatz. Angeboten werden eigene Produkte, Sammlerstücke wie Meißner Porzellan und Hummelfiguren sowie Glas von Partnermarken (Zellerstr. 13, Mo. – Fr. 9.00 – 18.00, Sa. bis 14.00, Mai – 14. Okt. auch So. 10.00 – 16.00 Uhr; Tel. 0 99 45 / 94 110, www.weinfurtner.de).

Drachselsried: Im Glasstudio Andreas Fuchs werden Glastiere modelliert (Zellertalstr. 8, Mo. – Fr. 10.00 – 17.00, Mi., Sa. bis 12.00 Uhr, Tel. 0 99 45 / 90 28 87). Die Glasgalerie Herrmann zeigt einen Querschnitt vom Beginn der Studioglasbewegung bis heute (Poschingerstr. 12, 9.00 – 12.00 Uhr, Tel. 099 45 / 3 95, www.glasgalerie-herrmann.de). Die Drachselsrieder Ledermoden führen Trachten und Lederkleidung (Pontwiese 2, Mo. – Fr. 9.00 – 18.00, Sa. bis 13.00 Uhr, Tel. 0 99 45 / 5 78, www.drachselsrieder-ledermoden.de).

VERANSTALTUNGEN

16. Juni: St.-Benno-Prozession in Bodenmais. Vorletzter Aug.-So.:

Arberkirchweih. Ende Aug.: Kirwa in Drachselsried, eines der größten altbayerischen Kirchweihfeste (4 Tage). Juli – Sept.: Bauerntheater in Arnbruck.

ESSEN

► Erschwinglich

Zum Kimbacher
Hadergasse 1, 94249 Bodenmais
Tel. (0 99 24) 7 70 01 40
www.zumkimbacher.de
Trotz der Dekoration als »Erlebnisrestaurant« speist man hier gut (bayerisch und österreichisch, dazu Flammenkuchen) bei herzlichem Service. Hin und wieder Musikuntermalung am Flügel. Im Zentrum, geöffnet Mo. – Sa. ab 18 Uhr.

ÜBERNACHTEN / ESSEN

► Luxus

Neue Post
Kötztinger Str. 25, 94249 Bodenmais
Tel. (0 99 24) 9 58-0
www.hotel-neue-post.de
Hier hat man es schick und modern ländlich, selbstverständlich mit allen neuzeitlichen Wellness-Annehmlichkeiten. Das Restaurant zählt zu den besten in Bodenmais (beachten: Schließung bald nach 20 Uhr).

► Komfortabel / Luxus

Mooshof
Mooshof 7, 94249 Bodenmais
Tel. (0 99 24) 77 50
www.hotel-mooshof.de
Gediegenes, komfortables Haus am Ortsrand mit bestens ausgestattetem Wellnessbereich, Caféterrasse und Biergarten. Nur mit reichhaltiger »Verwöhnpension« zu buchen.

Riederin
Riederin 1, 94249 Bodenmais
Tel. (0 99 24) 77 60
www.riederin.de
Exklusives Haus mit Panorama-Erlebnis-Bade-Landschaft, Liegewiese und anderen Annehmlichkeiten. Kulinarische Verlockungen in unter-

Die Rieslochfälle, ein schönes Ausflugsziel

schiedlichen Restaurants. Nur mit Quasi-Vollpension zu buchen.

Hofbräuhaus
Marktplatz 5, 94249 Bodenmais
Tel. (0 99 24) 77 70
www.hotel-hofbraeuhaus.de
Gemütliches, etwas überdekoriertes Hotel in der Ortsmitte. Das Restaurant serviert Bayerisches, Internationales und Vollwertkost. Großes Wellness- und Beauty-Angebot, mit Frei-/Hallenbad etc.

► Komfortabel
Hammerhof
Kothinghammer 1, 94249 Bodenmais
Tel. (0 99 24) 95 70
www.hammerhof.de
Freundliches Haus am Rand von Bodenmais mit großzügigen Zimmern/Appartements, schöner Wellness-Anlage und breitem Sportangebot.

► Günstig
Gutsgasthof Frath
Frath 5, 94256 Drachselsried
Tel. (0 99 45) 387, www.frath.de
Abgelegenes Refugium südlich von Drachselsried, ohne Tourismus-Chichi. Ordentliche Zimmer und Ferienwohnungen (auch mit Frühstück oder Halbpension). In der gemütlichen Gaststube genießt man gute bayerische Küche mit Produkten aus eigener biologischer Landwirtschaft.

ÜBERNACHTEN

► Günstig / Komfortabel / Luxus
Sporthotel Brennes
Brennes 1, 94252 Bayerisch Eisenstein
Tel. (0 99 25) 2 56
www.sporthotel-brennes.de
Traditionsreiches Berghotel in 1040 m Höhe am Fuß des Großen Arbers (Arberbergstraße, Gabelung Lohberg/ Bayerisch Eisenstein). Auch kleine und größere Suiten für 3 – 6 Personen. Große Preisunterschiede, je nach Saison und Komfort.

► Günstig
Am Silberberg
Am Sonnenhang 1, 94249 Bodenmais
Tel. (0 99 24) 76 03, Fax 90 58 03
www.am-silberberg.de
Einmal etwas anderes: Stilvoll moderne, sehr freundliche, nach ökologischen Prinzipien eingerichtete Ferienwohnungen für 2 – 6 Personen.

Ferienhof Danzer
Baumgarten 1, 93471 Arnbruck
Tel./ Fax (0 99 45) 647
www.danzerhof.de
Bauernhof mit gemütlichen Ferienwohnungen und Zimmern.

Ferienhof Gröller
Kapellenweg 13, 94256 Drachselsried
Tel. (0 99 45) 94 09-0, Fax 94 09-90
www.ferienhof-groeller.de
Liebevoll eingerichtete Ferienwohnungen, auf Wunsch mit Frühstück.

★ **Besucherbergwerk**

Hauptsehenswürdigkeit in Bodenmais ist das Historische Bergwerk am Silberberg mit Schenke, Wirtshaus und Biergarten (geöffnet Ende März – Juni, Sept., Okt. 10.00 – 16.00, Juli, Aug. bis 16.45 Uhr; www.silberberg-online.de). Eingang bei der Mittelstation der Bergbahn, zu Fuß vom Tal aus in ca. 20 Min. zu erreichen. Bei den Führungen geht es 600 m durch den Barbarastollen bis zum »Großen Barbaraverhau«. Man erlebt Maschinen und Förderschächte in Funktion und lernt die Arbeitsbedingungen der Bergleute kennen. Im Silberberg mit 20 km langen Stollen verzeichnet man über 60 Mineralien. In der Grube »Des Allmächtigen Gottes Gabe« suchte man nach Gold und Silber – mit Erfolg, wie der Name Silberberg zeigt. Als die Edelmetallvorkommen zur Neige gingen, wurde ab 1542 Vitriol abgebaut, das zum Färben von Stoffen verwendet wurde. Seine größte Blütezeit erlebte der Silberberg 1870–1914 durch die Gewinnung von Potée; das Polierrot (Eisenoxidrot), ein Nebenprodukt des Vitriolabbaus, wurde zum Schleifen von Gläsern und Polieren von Spiegeln gebraucht und in die ganze Welt exportiert. In einem Seitenstollen werden Atemwegserkrankungen behandelt (► S. 154).

Sehenswertes in der Umgebung von Bodenmais

* **Rieslochfälle**

Ein beliebtes und schönes Ausflugsziel sind die Ries- oder Risslochfälle ca. 4 km nördlich von Bodenmais. Vom Wanderparkplatz Riesloch folgt man dem Riesbach 2,5 km weit durch urtümlichen Bergwald zu den Kaskaden, die insgesamt 55 m tief zu Tal rauschen.

** **Großer Arber**

Der 1456 m hohe Große Arber wird gern als »König des Bayerischen Walds« bezeichnet. Der Berg und die Wälder bis hinunter nach Bayerisch Eisenstein sind, wie die Bergbahnen, im Besitz des Fürstenhauses Hohenzollern. Der Gipfel wird nicht von einem Kreuz, sondern von zwei Radarkuppeln gekrönt; bei guter Sicht reicht der Blick bis zu den bayerischen und österreichischen Alpen. Am bequemsten erreicht man den Gipfel mit der Gondelbahn an der Nordflanke (von der Bergstation noch 10 Min./76 Höhenmeter); zu Fuß geht man von Bodenmais vorbei an den Rieslochfällen (Anstieg 750 m, 3–3.30 Std.) oder vom Großen Arbersee aus (Anstieg 650 m, 2.30–3 Std). Im Winter sind mehrere Skilifte in Betrieb, Snowboarder können sich im Fun- und Railpark an den Thurnhofstuben austoben.

> **? WUSSTEN SIE SCHON ...?**
>
> - Das Skigebiet Großer Arber erfüllt selbst höchste Ansprüche: Seit 2004 werden hier Ski-Weltcuprennen veranstaltet.

Das **Arberschutzhaus** in 1380 m Höhe am Nordhang des Gipfels bei der Bergstation wird vom Bayerischer-Wald-Verein betrieben (Übernachtungsmöglichkeiten, April und Nov. geschl.; Tel. 0 99 25 / 94140, www.arber.de, www.arberschutzhaus.de). Unterhalb der Bergstation lädt der Gasthof »Eisensteiner Hüttn« ein (mit Standesamt!).
Am vorletzten Sonntag im August findet zu Ehren des hl. Bartholomäus die **Arberkirchweih** statt, das älteste Bergfest im Bayerischen Wald. Die Gläubigen pilgern zu Fuß auf den Berg oder lassen sich in der Gondel fahren. Nach der Bergmesse wird auf dem und um den Gipfel mit Musik, Gesang und Tanz gefeiert (►Abb. nächste Seite).

* **Kleiner Arber**

Der Kleine Arber, nur 70 m niedriger als sein »großer Bruder«, ist nicht mit einer Bergbahn erschlossen und daher viel ruhiger. Von Bodenmais führt ein 8,5 km langer Weg in 2.45 Std., vorbei an den

Die Arberkirchweih, älteste Bergfeier des Bayerischen Waldes und ein buntes Fest mit Musik, Gesang und Tanz, zieht viele Einheimische und Gäste an.

Rieslochfällen und der Chamer Hütte, auf den 1384 m hohen Gipfel. Von dort in 2 Std. hinunter zum Kleinen Arbersee und zum Sporthotel Brennes (►S. 156).

★ **Arberseen**

Dunkel und geheimnisvoll liegen am Fuß des Großen Arbers die Arberseen, ein Überbleibsel aus der letzten Eiszeit. Den **Großen Arbersee** erreicht man auf der Straße nach Bayerisch Eisenstein; man kann ein Tretboot mieten und im Arberseehaus, einem beliebten Bikertreff, oder seiner Veranda die Brotzeit schmecken lassen. Der **Kleine Arbersee**, Ursprung des Weißen Regens, erhielt sein heutiges Aussehen, als er ab 1885 für die Holztrift aufgestaut wurde. Durch den steigenden Wasserstand lösten sich Uferfilze vom Untergrund. Diese bildeten drei »schwimmende Inseln« aus bis zum 3 m dickem Wurzelwerk, die mit dem Wind über den See trieben; heute sind sie ortsfest. Die über 100 m über den See ansteigenden Felswände sind noch recht ursprüngliche Relikte der Vergletscherung. Auch botanisch ist der See interessant, an seinem Ufer blühen Blauer Eisenhut und Geflecktes Knabenkraut (Naturschutzgebiet). Vom Sporthotel Brennes braucht man 45 Min. bis zum See; in 2.30 Std. steigt man von dort über den Kleinen Arber zum Großen Arber auf.

Böbrach

Im 5 km südwestlich von Bodenmais gelegenen Böbrach erfährt man in der »Gläsernen Destille« der Brennerei Penninger alles über die Herstellung geistvoller Spezialitäten (Eck 1, Mo. – Fr. 10.00 – 17.00,

Sa., So. bis 13.00 Uhr, Tel. 0 99 23 / 80 20 33, wwww.penninger.de). Im gemütlichen **Brauereigasthof Eck** daneben kann man schön nächtigen und gut einkehren (www.brauerei-eck.de). Ein Kreuzweg führt von der Pfarrkirche in ca. 45 Min. zur **Wolfgangskapelle** hinauf (schöne Aussicht) – der Sage nach hat sich Bischof Wolfgang von Regensburg auf seiner Flucht ins Salzkammergut hier versteckt – und weiter zum Wolfgangriegel (876 m).

★ Zellertal

Drachselsried und Arnbruck

Eines der schönsten Täler des Bayerwalds ist das Zellertal mit den Ferienorten **Drachselsried** (2200 Einw.) und **Arnbruck** (2050 Einw.). Zwischen Bodenmais im Südosten und Bad Kötzting im Nordwesten bildet es eine breite Mulde, die im Norden von der eindrucksvollen Bergkette Kaitersberg – Arber (►S. 151) gesäumt wird. Im Sommer erschließen schöne Wander-, Rad- und Reitwege den Landstrich, im Winter Loipen, Skihänge, Rodelbahnen und gebahnte Wege. Die **Kunst des Glasmachen**s spielt in dem bereits vor über 1000 Jahren besiedelten Tal bis heute eine bedeutende Rolle; Europas bedeutendste Glaskunstgalerie, die Galerie Herrmann, ist in Drachselsried beheimatet. Man kann bei der Glasbearbeitung zuschauen und aus einer fast unerschöpflichen Vielfalt von Dingen aus Glas auswählen.

Häufiger als sonst im Bayerischen Wald stößt man im Zellertal auf alte Bauernhäuser, auf **Totenbretter** (►Baedeker Special S. 160) und andere Zeugnisse bäuerlicher Frömmigkeit. Der »Kirchen- und Kapellenwanderweg Zellertal« verbindet einfache kleine und größere Gotteshäuser aus dem 17. – 20. Jahrhundert. In **Steinbühl** (5 km nordwestlich von Arnbruck) ist die Kirche St. Nikolaus das Ziel des Kötztinger Pfingstritts (►S. 146), an dem über 900 Reiter teilnehmen. Sie geht ins 13. Jh. zurück; aus dem 14. Jh. soll die alte, ganz mit Hufeisen beschlagene Kirchentür stammen (jetzt innen).

Seit 1981 spielt in **Arnbruck** im Sommer das Bauerntheater. Zur 800-Jahr-Feier des Orts im Jahr 2009 entstand das Stück »Das gläserne Brot«. Am 15. August (Mariä Himmelfahrt) findet auf dem Mühlriegel, dem 1080 m hohen Arnbrucker Hausberg, eine Bergmesse statt. Flugsportfreunde besuchen den Landeplatz (www.ednb.de).

Drachselsried wurde vom Kloster Oberaltaich gegründet und war zuletzt im Besitz der adligen Familie Poschinger, die schon im 12. Jh. bezeugt ist und später die »Glasbarone« des Bayerischen Walds stellte; in ihrem Schlossgut ist seit 1865 die Schlossbrauerei ansässig, nebenan braut die Brauerei Falter.

◄ Zellertaler Skulpturen-Radwanderweg

Bad Kötzting und Bodenmais verbindet ein über 30 km langer Radwanderweg im Zellertal, den riesige Skulpturen von Holzbildhauern aus aller Welt säumen. Den Hang des **Kaitersbergs** (►S. 151) durchziehen viele Waldwege und Forststräßchen, ein ausgezeichnetes Revier für MTB-Fans; von Arnbruck (530 m) kann man eine 25 km lange, anspruchsvolle Rundtour mit den Stationen Berggasthof Schareben (1015 m), Tausender Weg und Blachendorf absolvieren.

Totenbretter bei Arnbruck

»ÜBERS BRETTL GRUTSCHT«

Ein uralter, früher im süddeutschen Raum, im Salzburgischen, in Nord- und Südtirol, in Böhmen und in der Schweiz verbreiteter, heute teils immer noch geübter Brauch ist das Aufstellen von sogenannten Totenbrettern.

Sie erinnern an die »Marterln«, die Kruzifixe und Bildsäulen aus Stein, Holz oder Eisen, die in Bayern, Österreich und Südtirol weit verbreitet sind: aufgestellt am Feld-, Wald- oder Straßenrand zur Andacht oder wo ein Mensch zu Tode kam. Allerdings haben die Totenbretter einen anderen Ursprung. Als es auf den Friedhöfen noch keine Leichenhäuser gab und im holzreichen, aber armen Waldland Särge zur Bestattung kaum üblich waren, wurde der Verstorbene in der Sterbestube zu Hause drei Tage lang **auf einem Brett aufgebahrt**, an dem Angehörige und Nachbarn die Totenwache hielten. In manchen Gegenden kam es im Winter sogar vor, dass der Verstorbene auf dem Totenbrett gefroren zu Hause auf dem Dachboden aufbewahrt werden musste, bis der Schnee geschmolzen bzw. der Friedhofsboden nicht mehr gefroren war. Dann wurde der Leichnam mitsamt dem Brett zu Grabe getragen, oder man ließ ihn bei der Beisetzung vom Brett ins Grab rutschen. Daher stammt wohl auch der Spruch »Der is übers Brettl grutscht« – »der hat das Zeitliche gesegnet«.

Wenn dem Toten das Brett nicht mit ins Grab gegeben wurde, stellte man es anstatt oder zusätzlich zum Grabstein am Friedhof oder nahe dem eigenen Haus auf. Andere nagelten es an eine Stadlwand, an einen Baum am Kirchsteig, legten es auf eine sumpfige Wiese oder über einen Wassergraben. Wer das Brett betrat, war verpflichtet, für den Verstorbenen ein Vaterunser zu beten.

Die einen versuchten, die Totenbretter zu konservieren, andere verwendeten Weichholz (Fichte oder Tanne), damit die Bretter schnell verrotten. Denn nach einem alten Glauben im Wald soll die Seele eines Verstorbenen erst aus dem Fegefeuer erlöst werden und zum Himmel auffahren, wenn sein Totenbrett zerfallen ist.

Etwa ab Anfang des 19. Jh.s wurden die Bretter **beschriftet oder bemalt**. Zunächst nur mit den Anfangsbuchstaben des Namens und dem Todesjahr, später kamen Mitteilungen über Stand, Wohnort und Lebensalter, Angaben über die Todesumstände sowie fromme oder sinnige Sprüche und Verse hinzu. Etwa derart: »Hob oiwei gmirkt / wia is mein Hoamat schö. / Kimmt da Tod daher / und i muaß geh!« Viele Bretter bekamen sogar ein kleines Schutzdach. Das älteste erhaltene Totenbrett stammt aus der Oberpfalz und befindet sich im Bayerischen Nationalmuseum in München. Seine Inschrift lautet: »Anno 1797, den 17. Dezember – morgens um 3 Uhr ist Gott selig verschieden die tugendsame Theresia Eibelin, geweste Bairin allhier seynes alters im 62. Jahr Gott gebe ihr die ewige Ruhe. Vaterunser«. Einfachere Inschriften lauten etwa so: »Zum Andenken an den ehrengeachteten Herrn Johann Pfeiffer, Ausnahmsbauer in Heugrub«.

Alte Geschichten

Das Leben im Wald war hart, und wenn man sagt, dass der Tod Bestandteil des Lebens war, dann ist das kein esoterischer Spruch. Unzählbar sind denn auch die **Sagen und schaurigen Erzählungen**, die sich um das Fortleben der Toten ranken, um die richtige Art, wie man ihrer gedenken muss. Denn dass sie noch in der Welt seien, das stand fest, man kann ihnen Gutes tun und man kann ihnen Leid zufügen. »Die Seelen Verstorbener dürfen … zu bestimmten Zeiten zur Erde zurückkehren, um durch die fromme Tat gläubiger Menschen Erlösung zu finden. Sie begleiten den nächtlichen Wanderer oft lange und gehen als ein Licht vor ihm her, dann aber verschwinden sie hinter einem Kreuz oder Totenbrett. Wer auf die eingeschnitzten Kreuzeszeichen eines Totenbretts tritt, der tritt auf das Herz der armen Seele.« Dementsprechend waren auch beim Leichengang einige Dinge zu beachten. Während der Kirchgänger den normalen Kirchensteig benützte, wurde der Tote auf einem eigenen Weg zum Friedhof gebracht. 1595 war in einer Ehhaft, einer Art lokalem Gesetzbuch, festgehalten, dass »vier Personen die Bahr« zu tragen hätten. Unterwegs machte man Rast in einer Kapelle mit schmaler Tür, so dass keine bösen Geister mit herein konnten. Und manchmal nahm der Leichenzug einen anderen Weg als üblich, um sie zu täuschen.

Die Daten auf den im Bayerischen Wald zu sehenden Totenbrettern zeigen, dass der Brauch bis heute gepflegt wird. Allerdings dienen die Bretter, die nach 1950 aufgestellt wurden, nur dem Andenken an die teuren Verblichenen, da die Verstorbenen in der Leichenhalle aufgebahrt werden. Anders ist auch, dass – in Zeiten des Fremdenverkehrs – die Bretter gehegt und sorgsam erhalten werden. Und so ist nur zu hoffen, dass nichts dran ist an dem Glauben, dass die Auffahrt der Seele in den Himmel etwas mit dem Verwitterungszustand des Totenbretts zu tun hat.

Cham

F 2

Oberer Bayerischer Wald
Höhe: 370 m ü. d. M.
Einwohner: 17 200

Das geschäftige Städtchen Cham liegt in der Oberpfalz in einer Schleife des Regens, etwa 60 km nordöstlich von Regensburg und 20 km westlich von der tschechischen Grenze.

»Stadt am Regenbogen«

Die Wurzeln der Kreisstadt – Verwaltungs- und Wirtschaftszentrum der Region – reichen ins 10. Jh. zurück, als auf dem Galgenberg eine Burg zur Sicherung des Wegs nach Böhmen errichtet wurde. Um das Jahr 748 gründeten Benediktinermönche aus dem Regensburger Kloster St. Emmeram im Stadtteil Chammünster eine Cella (klösterliche Niederlassung), die als »Urpfarrei« zum Ausgangspunkt der Besiedlung des Oberen Bayerischen Walds bzw. des mittleren Böhmerwaldes wurde. Cham, 976 erstmals erwähnt, lag an der seit den Zeiten der Völkerwanderung wichtigen Handels- und Heerstraße, die durch die **Cham-Further Senke** nach Böhmen führte. Deshalb gilt es auch als »Tor zum Bayerischen Wald und zum Böhmerwald«.
Der Ortsname »Cham« (von keltisch »kambos«, »Kurve«) und der Beiname »Stadt am Regenbogen« spielen auf den Fluss Chamb an, der beim Ortsteil Altenstadt in den Regen mündet.
Kriege – so der Durchzug der Panduren unter Freiherr von der Trenck 1742 – und Stadtbrände, zuletzt 1873 und 1877, sind verantwortlich dafür, dass nicht viele historische Bauten der alten Handelsstadt erhalten sind. Durch die Heimatvertriebenen aus Schlesien und dem Sudetenland wuchs die Bevölkerung nach dem Zweiten Weltkrieg von 5860 auf über 10 000. Galt Cham in den 1950er-Jahren mit der höchsten Arbeitslosenzahl als »Armenhaus Bayerns«, ist es heute ein bedeutender Wirtschaftsstandort mit ca. 4 % Arbeitslosen.
Dass die heimelige Altstadt so überaus ruhig, manchmal fast wie ausgestorben wirkt, liegt daran, dass der größte Teil des Wirtschaftslebens in die südliche Vorstadt Janahof abgewandert ist (von der Stadtmitte aus mit City-Bus 1 zu erreichen). Dort versammelten sich in den letzten 10, 15 Jahren Einkaufszentren, Möbelhäuser, Handwerk und Gewerbe etc., Diskotheken, Cafés und Restaurants kamen hinzu. Da die Altstadt auszubluten droht, wurde eine Arbeitsgemeinschaft »innenstadt cham erleben« gegründet.

? WUSSTEN SIE SCHON ...?

- In Cham ist die Goldsteig Käsereien Bayerwald GmbH ansässig, die mit ihren Molkereien in Cham, Plattling und Tittling jährlich über 600 Mio. Liter Milch von ca. 4800 Bauern im Bayerischen Wald und im angrenzenden Tschechien verarbeitet. Neben den üblichen Sorten von Hart-, Schnitt- und Weichkäse ist Mozzarella das Hauptprodukt. 2009 gründete sie zusammen mit der Allgäuerland-Käserei Wangen eine Gesellschaft, die zu den Top Ten der Branche in Deutschland zählt.

CHAM ERLEBEN

AUSKUNFT

Tourist-Information
Propsteistr. 46, 93413 Cham
Tel. (0 99 71) 80 34 93
www.cham.de
www.chamer-freizeitland.de

GUT ZU WISSEN

Bootswanderung
Cham liegt an dem 107 km langen Bootswanderweg auf dem Regen zwischen Blaibacher See (in der Nähe von ►Bad Kötzting) und der Mündung des Regens in die Donau in Regensburg. Fünf Tage sollte man sich für die Tour Zeit nehmen. Zurück kommt man bequem mit dem Zug. Infos gibt es bei der Tourist-Information Cham.

Chamtal-Radweg
Der auch für Familien mit Kindern geeignete Radweg (37 km einfache Strecke) folgt dem Fluss Chamb von Cham über Furth im Wald bis an die Grenze bei Neuaign.

VERANSTALTUNGEN

Anf. Mai – Mitte Aug: Musiksommer, d. h. an Samstagen ab 10.30 gibt's auf dem Marktplatz Volksmusik. Ende Mai: Frühlingsfest. Ende Juni – Ende Juli: »Sommer am Regenbogen« mit diversen kulturellen Veranstaltungen. Ende Juli: Chamer Volksfest. Ca. 20. Juni – 25. Juli: Falkensteiner Burghofspiele mit Stücken aus dem klassischen Repertoire (►S. 171). Um den 20. Sept.: ChamlandSchau (Verbrauchermesse).

ESSEN

► Erschwinglich

① Bräu-Pfandl
Lucknerstr. 11, Cham
Tel. (0 99 71) 2 07 87
www.braeupfandl.de
In den gemütlichen Gaststuben kann man zwischen feiner Regionalküche und Gerichten aus aller Welt wählen. So./Mo. geschlossen.

Am Ödenturm
Am Ödenturm 11, Chammünster
Tel. (0 99 71) 8 92 70
www.oedenturm.de
Am Fuß des Lambergs, zu Fuß 10 Minuten vom Marienmünster, genießt man heimische Wild- und Fischgerichte sowie saisonale Spezialitäten der Region. Mit Zimmern.

► Preiswert

② Rhaner-Bräustüberl
Ludwigstr. 5, Cham
Tel. (0 99 71) 70 09
In dem Jugendstil-Kleinod von 1904 wird das Bier der über 725 Jahre alten, in Schönthal-Rhan ansässigen Brauerei ausgeschenkt. Zu essen gibt's gute bayerische Kost.

③ C 1
Obere Regenstr. 2, Cham
Tel. (0 99 71) 76 68 40
Beliebte Café-Bar am Rand der Altstadt, mit Terrasse.

ÜBERNACHTEN / ESSEN

► Komfortabel

① Randsberger Hof
Randsbergerhofstr. 15 – 19, Cham
Tel. (0 99 71) 8 57 70
www.randsbergerhof.de
Modernes Hotel mit Restaurant und großem Sport-Wellness-Angebot, u. a. Squash, Kegelbahnen, Sauna, Fahrradverleih.

Sattelbogener Hof
Im Wiesental 2
93455 Traitsching-Sattelbogen

Tel. (0 99 74) 377
www.sattelbogenerhof.de
Moderner Komfort in gemütlicher Atmosphäre. Mit Restaurants. Es gibt Ziegen, Hasen und Ponys und ein Freibad in der Nähe.

► **Günstig / Komfortabel**

Reiterhof Runding
In den Sallerwiesen 1, 93486 Runding
Tel. (0 99 71) 99 90
www.familienhotel-reiterhof.de
Modernes Appartementhotel mit Reithalle und Reitschule. Mit Restaurant, Kinderbetreuung, Fahrradverleih etc. ist es nicht nur für Pferdefreunde interessant.

Zum Bäckerwirt
Chamer Str. 5, 93466 Chamerau
Tel. (0 99 44) 7 63
www.gasthof-baeckerwirt.de
Familiäres, sympathisches Hotel unmittelbar am Regen. Im Restaurant (eigene Metzgerei) und im schönen Biergarten gibt es bodenständige bayerische Kost zu angenehmsten Preisen.

Hotel am See
Seestr. 1 – 3, 93426 Roding-Neubäu
Tel. (0 94 69) 341 und 455
www.hotel-schiessl.de
Modernes Haus direkt am See, auch Ferienwohnungen. Im Restaurant werden u. a. Wild und Oberpfälzer Schmankerl serviert.

Hotel Rückerl
Am Prälatengarten 2–4
93194 Walderbach
Tel. (0 94 64) 95 00
www.hotel-rueckerl.de
Im ehemaligen Konvent des Klosters. Sehr hübsche Zimmer unterschiedlichen Komforts, teils mit schönem Blick ins Regental (Mitglied des ADFC »Bett und Bike«). Nette Wirtschaft.

Sehenswertes in Cham

Marktplatz

Stadtmittelpunkt ist der Marktplatz mit dem **Rathaus** (14. Jh., im 15. Jh. mit Stufengiebel und Eckerker versehen). Der Pranger an der rechten Rathausecke erinnert an die hier vollzogenen »Schandstrafen«. Nebenan die Pfarrkirche **St. Jakob**, die bis auf Mauerreste im Turm (13. Jh.) und den gotischen Chor (1394 – 1411) aus dem 18./ 19. Jh. stammt; Stuck, Fresken und den fein geschnitzten Tabernakel schuf um 1750 der Prüfeninger Johann Otto Gebhard. Der moderne Brunnen (J. M. Neustifter, 1995) erinnert an den aus Cham gebürtigen Nikolaus Graf von Luckner (► Berühmte Persönlichkeiten, S. 85). Wer nicht aufpasst, wird von Luckner, der als Wasserspeier gestaltet ist, nassgespritzt. Neben ihm entdeckt man eigentlich böse Sagengestalten aus dem Bayerischen Wald: die Waldhexe und den Bilmesschneider, die jedoch mit Symbolen des Wohlstands und des

! *Baedeker* TIPP

Marseillaise in Cham

Täglich um 12.05 Uhr lässt das Glockenspiel im Rathausturm die Marseillaise ertönen. Sie erinnert an den in Cham geborenen Nikolaus Graf von Luckner, dem die heutige französische Nationalhymne gewidmet war. Um 17.55 Uhr erklingt die Bayernhymne.

Cham Orientierung

Essen
① Bräu-Pfandl ② Rhaner-Bräustüberl ③ C 1

Übernachten
① Randsberger Hof

Friedens geschmückt sind. Im ehemaligen **Gasthaus zur Krone** (heute Bekleidungshaus) stieg 1615 der pfälzische Kurfürst Friedrich V. – der »Winterkönig«, der später im Dreißigjährigen Krieg die Protestantische Union anführte – auf dem Weg nach Prag ab.

Biertor

Das gedrungene **Biertor** war eines der vier Tore der Stadtbefestigung (14. Jh.). Ursprünglich hieß es Burgtor, da nebenan die Burg stand, die im 17. Jh. zur Brauerei wurde (bis ins frühe 20. Jh. wurde hier Weißbier gebraut).

Museum S.P.U.R.

Das ehemalige Armenhaus am anderen Ufer, einer der ältesten Profanbauten Chams, ist Sitz des Museums S.P.U.R. Der Name bezieht sich auf eine Münchner Künstlergruppe, die von 1957 bis 1965 bestand; gezeigt werden Malerei und Skulpturen (geöffnet Mi., Sa., So. 14.00 – 17.00 Uhr). Vor dem Gebäude führte bis zu ihrem Abriss 1991 die **Florian-Geyer-Brücke** über einen Nebenarm des Regens. Sie war die Kulisse in dem immer noch sehr sehenswerten Antikriegsfilm »Die Brücke« von Bernhard Wicki (1959).

Weitere Sehenswürdigkeiten

Flussaufwärts hat man einen schönen Blick auf die Chamer Altstadt. Der über die Dächer ragende **Straubinger Turm**, ein Wehrturm aus Bruchsteinmauern, geht ins 13. Jh. zurück und gehörte zum inneren Teil der Stadtmauer. Am Ende der Straubinger Straße erinnert eine Tafel an Graf Nikolaus von Luckner (1722 – 1794; ► Berühmte Persönlichkeiten), dessen Geburtshaus hier stand. Das **Cordonhaus** aus dem 16. Jh. diente im 18. Jh. in den Revolutionskriegen als Soldatenunterkunft (von franz. »cordon«, »Kette von Militärposten«). Heute beherbergt es die Cham-Info und die Städtische Galerie, die moderne Kunst präsentiert. Im **Museum der Büchsenmacher** erfährt man vieles über die Geschichte der Feuerwaffen und ihre Herstellung. Seit 1640 fertigt die Familie Kuchenreuter, eine der berühmtesten Büchsenmacherdynastien Europas, Waffen von höchster Qualität (Fuhrmannstr. 9, Besuch nach Anmeldung Tel. 0 99 71 / 15 06). Bis ins 19. Jh. war Cham der größte bayerische Holzstapelplatz und Ausgang der Flößerei auf dem Regen. Nach 1935 wurde der Floßhafen zu-

Kleinstadtcharme: Chamer Marktplatz mit Maibaum, St. Jakob und Rathaus

geschüttet (heute Großparkplatz). Hinter dem Parkdeck lädt das beheizte **Freizeitbad** mit Wellen- und Planschbecken, Sprungturm etc. ein. Jenseits der Bahngleise steht auf der Anhöhe die Redemptoristen-Klosterkirche **Maria Hilf**, ein dreischiffiger Backsteinbau der Neoromanik (1900 – 1908). Fresken von Max Schmalz im Stil der Nazarener, d. h. nach dem Vorbild der italienischen Malerei des 15./16. Jh.s, schmücken die Wände.

Umgebung von Cham

✶ **Burg Thierlstein**

Ca. 6 km südwestlich von Cham tritt der **Pfahl** (► S. 18) ans Tageslicht. Ihn bekrönt eine kleine, schon um 1125 erwähnte Ministerialenburg (Privatbesitz). Von hier folgt der Pandurensteig dem Pfahl in südöstlicher Richtung über ca. 45 km bis zur Burg Weißenstein bei Regen (► S. 257); in charakteristischen Eichen-Kiefern-Wäldern ragt die weiße Quarzfelsrippe hoch auf. Die Regentalaue zwischen Cham und Pösing ist Lebensraum für viele bedrohte Tiere und Pflanzen, insbesondere von Vögeln; der **Große Rötelseeweiher** (Naturschutzgebiet) wurde im 16. Jh. von den Thierlsteiner Herren angelegt.

✶ **Chammünster**

Benediktiner aus dem Regensburger Kloster St. Emmeram gründeten schon um die Mitte des 8. Jh.s die »Urpfarrei« des Oberen Bayeri-

Ein prächtiger Baldachinaltar ist der Blickfang in der Klosterkirche Chammünster.

schen Walds (3 km südöstlich der Stadt). Die Klosterkirche, heute Pfarrkirche **Mariä Himmelfahrt**, vereint Teile des Chors und den Nordturm aus der 2. Hälfte des 13. Jh.s mit dem dreischiffigen Langhaus aus der 2. Hälfte des 15. Jh.s; der südliche Chorturm musste 1874 – 1877 neu gebaut werden. Ältestes Ausstattungsstück ist ein halbkugeliger Taufstein unter der Empore (um 1200), seine Reliefs zeigen Christus und die zwölf Apostel. Ein Taufstein im südlichen Seitenschiff datiert von 1300, die Kanzel aus dem 15. Jh. und der üppige Hochaltar von 1760/70. Die Friedhofskapelle St. Anna (um 1400) hat als Untergeschoss einen romanischen Karner (Beinhaus) mit aufgeschichteten Knochen und etwa 5000 Schädeln aus dem Mittelalter. Da die Toten nicht übereinander bestattet werden durften, wurden die Gebeine aus dem Grab genommen und im Karner aufbewahrt. Von hier geht man in ca. 1.15 Std. auf den 601 m hohen, aussichtsreichen Lamberg (Wallfahrtskirche St. Walpurga, Wildgehege), zurück geht es über den Ödenturm (Gaststätte).

Lamberg ►

Chamer Freizeitland

Das Chamer Freizeitland, ein Zusammenschluss mehrerer Gemeinden, wirbt mit einer gut ausgebauten Infrastruktur für einen Rad-, Wander- oder Familienurlaub (Auskunft ► S. 163). Vom 630 m hohen Rossberg südlich von **Chamerau** (2700 Einw.) hat man einen herrlichen Ausblick ins Regen- und Zellertal sowie in den Böhmerwald. Spaß für die ganze Familie bietet die Wehranlage mit Wasserrad, Bootsgasse, Park und Abenteuerspielplatz. **Runding** (2400 Einw., 8 km östlich von Cham) besaß noch bis ins 19. Jh. die mächtigste Burg des Bayerischen Walds, dann wurde sie »erfolgreich« als Steinbruch zweckentfremdet. Der Blaubergsee 1,5 km nordwestlich ist ein beliebtes Ausflugsziel (Info: www.runding.de). In **Schorndorf** (2600 Einw., 10 km südwestlich) lädt im Juli das Laientheater zum »Theater auf der Burg Neuhaus« ein (www.gemeinde-schorndorf.de).

Churpfalzpark ►

Der Churpfalzpark bei Loifling (6 km südlich von Cham) bietet Freizeitspaß für die ganze Familie mit über 70 Attraktionen, u. a. Autoscooter, Riesenrad, Karussell, Spiegellabyrinth, Fontänen, Gärten und Dahlienschau (geöffnet April – Mitte Okt. tägl. 9.00 – 18.00 Uhr, www.churpfalzpark.de; Hunde nicht zugelassen).

Roding

Roding am Regen (11 000 Einw., 16 km westlich von Cham) geht auf einen Königshof zurück, der im Jahr 844 in einer Urkunde Ludwigs des Deutschen erwähnt wurde. Die Regenbrücke mündet auf den hübschen Marktplatz. Ältestes Bauwerk ist die romanische Josefikapelle, ein zweigeschossiger Rundbau (8./9. Jh.) mit Fresken aus dem 13./14. Jh. Sie gehört zur Pfarrkirche St. Pankratius (mit barockem Turm). Ein sehenswerter **Totentanz** (Mitte 17. Jh.) schmückt die benachbarte Annakapelle: Dem Tod folgt hier im Reigen die ganze Ständegesellschaft.

★ Josefikapelle ►

Urlaubsland am Regen

Roding wirbt mit den Orten Neubäu, Pösing, Reichenbach, Stamsried, Walderbach und Zell als »Urlaubsland am Regen« mit seiner

Natur, mit Rad- und Wanderwegen, Bootswandern, Wintersport etc. (Tourismusbüro: Schulstr. 15, 93426 Roding, Tel. 0 94 61 / 94 18-15, www.roding.de, www.urlaubsland-am-regen.de).

◄ Stamsried

Östlich von Stamsried (10 km nördlich von Roding) bietet die hochgelegene Ruine der Kürnburg (Mitte 14. Jh.) von ihrem Turm einen weiten Blick ins Regental. Um die Ruine verläuft ein Walderlebnispfad, der die heimische Flora und Fauna erläutert. Badespaß verspricht das Naturbad im Park des Stamsrieder Schlosses von 1710 (Info: Tourismusbüro Stamsried, Schlossstr. 10, Tel. 0 94 66 / 94 01 21, www.stamsried.de). Der Neubäuer Weiher 10 km nordwestlich von Roding ist mit Bootsverleih und Wanderwegen ein beliebtes Ausflugsziel. 4 km nördlich von ihm liegt Fronau; wo eine Dorfschule in einem 200 Jahre alten, typischen Walderhaus als **Schulmuseum** zugänglich ist (Kirchplatz, geöffnet April – Okt. So, Fei. 14.00 – 17.00 Uhr, Tel. 0 94 65/344 oder 0 99 71/782 18).

◄ Neubäu

★

◄ Am und auf dem Regen

Das Durchbruchstal des Regens zwischen Roding und Walderbach ist landschaftlich besonders schön. Es ist Teil des **Kanuwanderwegs** vom Blaibacher See nach Regensburg (► S. 163). Westlich von Roding steht über dem rechten Ufer die **Wallfahrtskirche Heilbrünnl** mit hübschem Zwiebelturm (1732). Im Rokoko-Kirchenraum fließt das heilkräftige Quellwasser in ein Marmorbecken. Weiter flussabwärts erhebt sich über dem gegenüberliegenden Ufer die **Burg Regenpeilstein** (13./14./16. Jh.); die Burg war wohl eine Station für Pilger auf dem Weg nach Santiago de Compostela, die barocke Schlosskapelle (18. Jh.) zeigt den Pilgerheiligen Jakobus.

★★ **Walderbach**

Das Zisterzienserkloster Walderbach, 11 km westlich von Roding am Regen gelegen, bestand mit Unterbrechungen von 1143 bis 1803. Die dreiflügelige barocke Klosteranlage entstand Ende des 17. bis Mitte des 18. Jh.s. Obwohl damals auch die Klosterkirche aus dem 12. Jh. umgestaltet wurde (neuer Chor, Altäre, mächtiger Turm mit Zwiebelhaube), bietet sie innen das in Bayern überaus seltene Bild einer strengen **romanischen Hallenkirche**. Das Rundbogenportal in der Turmvorhalle stammt noch aus der Erbauungszeit (1170); auch die seltene Malerei, die im Langhaus die Gewölbegurte und -rippen überzieht, ist romanischen Ursprungs, sie wurde erst 1888 wieder freigelegt. Der bunte Rokokostuck im Chor datiert von 1730/1735. Die Klostergebäude beherbergen das Hotel Rückerl (► S. 164) und das **Museum des Landkreises Cham**, das sich der Orts- und der Klostergeschichte widmet (geöffnet April – Okt. Mi., Sa., So. 14.00 bis 17.00 Uhr); der Festsaal des Klosters bildet den schönen Rahmen für Konzerte. Im **Klostergarten** – heute Kreislehrgarten – wachsen

? WUSSTEN SIE SCHON …?

- Die gemalten Flecht- und Netzbänder in der Klosterkirche Walderbach sollten Unheil abwehren. Diesen Zweck hatte auch der verzerrt dargestellte Hase unter dem Dachreiter, die einzige figurale Malerei. Das Tier wurde häufig an Dachfirsten und Glocken als Symbol eines Blitzes abgebildet – um einen solchen abzuwehren.

Bis ins 12. Jh. reicht die Geschichte des Klosters Walderbach am Regen zurück.

nach historischem Vorbild Obstbäume, Gemüse und Heil- und Würzkräuter. Info unter www.kreismuseum-walderbach.de.

★ Kloster Reichenbach

Etwa 3 km westlich thront auf einer Anhöhe am Fluss das 1118 gegründete und 1803 säkularisierte Benediktinerkloster Reichenbach; seit 1891 beherbergt die Anlage eine Pflegeanstalt für Behinderte. Die zweitürmige **Kirche Mariä Himmelfahrt** ist ein kunstgeschichtlicher Höhepunkt am Regen: Die dreischiffige romanische Basilika wurde 1742 barockisiert, die Farben- und Formenpracht innen steht in lebhaftem Kontrast zum strengen Äußeren. Die Fresken fertigte der Regensburger Andreas Gebhardt (um 1745); kurios ist im mittleren Deckengemälde ein plastisch herausgearbeitetes Pferdebein sowie ein Hund mit Kulleraugen. Von Gebhardt stammt auch das Gemälde »Mariä Himmelfahrt« im prachtvollen Hauptaltar, der dem Asam-Altar in Osterhofen ähnelt. Die als Grablege dienende nordöstliche Kapelle enthält das Hochgrab des Stifters Diepold II., eine Rotmarmorplatte für Herzog Otto I. von Mosbach und das Grabmal für dessen Sohn Johann von Mosbach – eine drastische Memento-mori-Darstellung als halbverwester Leichnam (► S. 64). An den Portalen sind zwei bronzene Löwenkopf-Türklopfer (um 1250) zu sehen.

★ Burg Falkenstein

Das **Wahrzeichen des westlichen Vorwalds**, die romantische Burg Falkenstein, thront 20 km südwestlich von Cham über dem Luftkurort Markt Falkenstein (628 m, 3300 Einw.) auf einem 60 m hohen Granitfelsen (► Abb. S. 6). Sie wurde 1074 erstmals erwähnt und kam 1332 an die Wittelsbacher, 1829 an die Thurn und Taxis, die sie der Gemeinde schenkten. Umgeben ist sie von einem außerordentlich schönen Natur- und Felsenpark mit einigen Überraschungen; so wächst hier das seltene Leuchtmoos. Steige zu Felsformationen oder sportliche Herausforderungen wie die fast senkrechte Himmelsleiter machen den ca. 2 km langen Weg hinauf zum Erlebnis. Zunächst erreicht man das Forsthaus im äußeren Hof, ursprünglich der Zehentstadel, der 1780 zum Herrensitz umgebaut wurde. Im malerischen Innenhof mit den Resten eines zweigeschossigen Arkadengangs (1619) finden zwischen Ende Juni und Ende Juli die **Burghofspiele** statt (www.burghofspiele-falkenstein.eu). Der zinnenbewehrte Bergfried – von oben hat man einen wunderbaren Ausblick – stammt wie die Hauptmauer der gesamten Anlage vermutlich aus dem 11. Jh.; an den Bergfried schließt nördlich der Wehrbau mit dem Chorhaupt der Schlosskapelle (17. Jh.) an. Das interessante **Museum Jagd und Wild** stellt die diversen Aspekte des Waidwerks dar (geöffnet Mi., Sa., So. 13.00 – 17.00, Okt. – Mai. So. 13.00 – 16.00 Uhr). Die Burggaststätte ist zur Zeit geschlossen (Tel. 0 94 62 / 91 11 29). Auskunft: Tourist-Information, Marktplatz 1, 93167 Falkenstein, Tel. (0 94 62) 94 22 20, www.markt-falkenstein.de.

! *Baedeker* TIPP

Auf den Spuren des Falkensteiner Bockerls

Ca. 45 km lang ist die ausgeschilderte Radroute von Falkenstein nach Regensburg. Sie verläuft auf der Trasse des »Bockerls« – das 1913 in Betrieb ging und 1984/85 stillgelegt wurde (www.falkensteiner-bockerl.de) – abseits der Straße, durch Wälder und Wiesen und (in dieser Richtung) hauptsächlich bergab. Unterwegs gibt es Wetterschutzpavillons, Picknickeinrichtungen und viele Einkehrmöglichkeiten. Von Karsamstag bis 3. Okt. fährt zwischen Regensburg und Falkenstein der Fahrradbus des Regensburger Verkehrsverbunds (siehe S. 124). Und im Winter ist die Strecke bei ausreichend Schnee für Langläufer ideal.

Deggendorf

H 4/5

Donau und Gäuboden
Höhe: 305 m ü. d. M.
Einwohner: 31 500

Das geschäftige Städtchen an der Donau mit einer Hochschule und einem Freihafen nennt sich zu Recht »Tor zum Bayerischen Wald«. Vor seiner Haustür lädt eine der schönsten Landschaften zum Wandern, Radfahren, Skifahren und Langlaufen ein.

Deggendorf gestern und heute

Die 1002 erstmals erwähnte Siedlung an einem Donauübergang – ein verkehrstechnisch wichtiger Platz zwischen dem Isartal und Böhmen – wurde von Herzog Otto II. um das Jahr 1250 neu angelegt, mit ungewöhnlichem ovalem Grundriss und typisch wittelsbachischem Achsenkreuz. 1316 erhielt sie das Stadtrecht. Im Mittelalter hatte Deggendorf eine bedeutende **jüdische Gemeinde**, die im Jahr 1337, nach einer angeblichen Hostienschändung, einem Pogrom zum Opfer fiel. In der Folge entstand die einträgliche Wallfahrt zur

? WUSSTEN SIE SCHON …?

- Die an der Südfassade des Rathauses an Ketten hängenden Steinkugeln, die »Deggendorfer Knödel«, sind »Schandkugeln«, die »lasterhaften« Frauen an die Füße oder um den Hals gehängt wurden. Der Knödelbrunnen in der Altstadt erinnert dagegen an die Belagerung Deggendorfs 1266 durch Ottokar von Böhmen. Eine Frau soll damals einen Eindringling mit einem gezielten Knödelwurf abgewehrt haben, wonach Ottokar resigniert abgezogen sein soll.

»Heiligen Gnad« (mit ihr sollte der Hostienfrevel gesühnt werden, nicht etwa das Pogrom); Hunderttausende kamen hierher, um die wundertätigen Hostien zu verehren. Erst als 1991 die Geschichte von der Hostienschändung als haltlos nachgewiesen worden war, wurde die Wallfahrt vom Regensburger Bischof verboten. Auch nach dem Zweiten Weltkrieg hatte Deggendorf eine jüdische Geschichte; in der Alten Kaserne lebten bis 1949 Juden, die die KZs in Theresienstadt und anderwo überlebt hatten. Der Bau der Rusel-Straße in Richtung Regen 1815 – 1817 und einer eisernen Donaubrücke um 1860 verbesserte die Infrastruktur der Stadt beträchtlich, ebenso die Eisenbahnbrücke über die Donau und die Waldbahn nach Zwiesel, die beide 1877 in Betrieb genommen wurden. Die 1994 gegründete technisch-betriebswirtschaftliche **Hochschule** (mit einem Campus in antik-griechischem Stil) hat heute 3500 Studierende.

Sehenswertes in Deggendorf

Oberer Stadtplatz, Luitpoldplatz

Mittelpunkt der Altstadt ist ein 400 m langer Platz, auf dem wochentags Markt gehalten wird. Gesäumt wird er von stattlichen Bürgerhäusern mit Läden, Cafés und Restaurants, die aus dem 19./20. Jh. datieren; aufgrund häufiger Brände ist von alter Bausubstanz wenig übrig. Das 1535 erbaute **Alte Rathaus** mit hohem Stufengiebel und Sonnenuhr sowie der (frei stehende) repräsentative **Stadtturm** teilen den Platz in Oberen Stadtplatz und Luitpoldplatz. Das als Wachtturm um 1380 erbaute, 54 m hohe Wahrzeichen der Stadt kann bei einer Stadtführung erklommen werden, die Mühe der 165 Stufen wird durch einen schönen Ausblick belohnt. Besichtigt wird dabei auch die Türmerwohnung, die noch bis 1923 »belegt« war.

Heilig-Grab-Kirche

Im Süden schiebt sich die Heilig-Grab-Kirche (auch St. Peter und Paul) in den Luitpoldplatz vor. Ihr Turm, einer der schönsten Barocktürme Süddeutschlands, wurde 1727 – 1728 von Johann Michael Fischer nach Plänen seines Schwagers J. B. Gunezrainer erbaut. Die Kirche, eine der wenigen gotischen Basiliken Altbayerns, entstand bis 1360, angeblich an der Stelle der 1337 niedergebrannten Synagoge; sie war Ziel der als »Gnad« bezeichneten Wallfahrt, weshalb auch die Kirche noch so genannt wird.

Kultur mal vier

Wenige Schritte östlich des Luitpoldplatzes sind gleich vier Kultureinrichtungen zu finden. Das in einer Knabenschule aus dem Jahr

DEGGENDORF ERLEBEN

AUSKUNFT

Touristinformation
Oberer Stadtplatz, 94469 Deggendorf
Tel. (09 91) 29 60-535
www.deggendorf.de

Tourismusbüro Lallinger Winkel
Hauptstr. 17, 94551 Lalling
Tel. (0 99 04) 3 74
www.lalling.de
www.lallingerwinkel.de
www.hunding.de

EINKAUFEN

Mo.–Sa.vormittag Markt auf dem Luitpoldplatz, Sa.vormittag Bauernmarkt auf dem Oberen Stadtplatz.

GUT ZU WISSEN

Schiffsfahrten auf der Donau ►S. 127. Erlebnisbad Elypso (Sandnerhofweg 4–6, am Natternberg), Golfplatz an der Rusel, Mitfluggelegenheit auf dem Flugplatz Steinkirchen (►S. 122). Wintersportmöglichkeiten auf der Rusel.

VERANSTALTUNGEN

Deggendorf: Ende April / Anf. Mai Frühlingsfest. Um den 20. Juni »Sommer-Traum-Party« an der Donau. Ende Juli / Anf. Aug. Volksfest. Dez. Christkindlmarkt.
Lallinger Winkel: Letzter April- oder 1. Mai-So. Apfelblütenfest im Apfelhof in Lalling. Letztes Mai- oder 1. Juni-Wochenende Mostfest und Töpfermarkt in Lalling, mit Krönung der einzigen Mostkönigin Deutschlands. Ende Aug. Goldgräberfest in Hunding.

ESSEN

► Erschwinglich

① ***La Padella***
Rosengasse 7, Deggendorf
Tel. (09 91) 55 41
www.la-padella.de
Gourmetküche aus der Region, aber auch aus der Schweiz, Spanien und anderen Ländern. Behagliche Atmosphäre. Mo. geschlossen.

② ***Grauer Hase***
Untere Vorstadt 12, Deggendorf
Tel. (09 91) 3 71 27-0
www.grauer-hase.net
Stattliches Haus von 1795, liebevoll gestaltet und geführt, mit schönem Wirtsgarten. Gutbürgerliche Küche.

► Preiswert

③ ***Zum Weißbräu***
Bräugasse 8, Deggendorf
Tel. (09 91) 67 84
www.weissbraeu-deggendorf.de
Uriges Wirtshaus in einer Seitenstraße des Luitpoldplatzes mit getäfelten Stuben, großen Holztischen und Biergarten; schlichte, deftige Gerichte. So. geschlossen.

④ ***Ruderhaus***
Edlmairstr. 14, Deggendorf
Tel. (09 91) 77 08
www.ruderhaus-deggendorf.de
Ein sehr beliebter, volkstümlicher Platz an der Donaupromenade mit Biergarten und Terrasse. Karte zwischen »einfach+ gut« und »etwas gehobener«, auch gute Weinauswahl.

Niederalteich · Klosterhof
Mauritiushof 2
94557 Niederalteich
Tel. (0 99 01) 20 82 81
www.klosterhof-niederaltaich.de
In den Gewölben der Klosterschenke und im schattigen Biergarten gibt es einfache bayerische Kost. Mai–Sept. tägl. geöffnet, sonst So.abend und Mo. geschlossen.

Deggendorf Orientierung

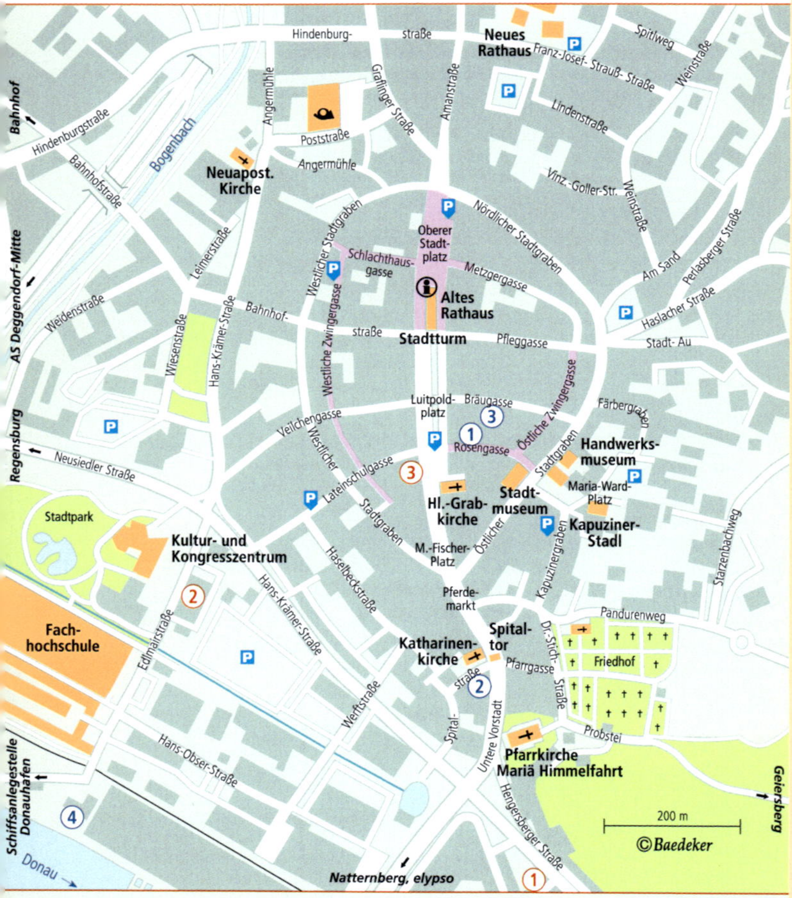

Essen
① La Padella
② Grauer Hase
③ Zum Weißbräu
④ Ruderhaus

Übernachten
① Donauhof
② NH Parkhotel
③ Gasthof Höttl

ÜBERNACHTEN / ESSEN

► Komfortabel

① ***Donauhof***
Hafenstr. 1, Tel. (09 91) 38 99-0
www.hotel-donauhof.de
Etwas überdekoriertes antik-italienisches Ambiente mit viel Farbe, großzügige Zimmer. Mit Restaurant.

② ***NH Parkhotel***
Edlmairstr. 4
94469 Deggendorf
Tel. (09 91) 344 60
www.nh-hotels.com
Modernes, komfortabel ausgestattetes Haus gegenüber dem Kongresszentrum, schöne Restaurantterrasse.

Reblinger Hof
Rebling 3, 94505 Bernried
Tel. (0 99 05) 555 und 82 81
www.reblingerhof.de
Schön gelegenes Vier-Sterne-Hotel im Landhausstil mit herrlichem Ausblick, auch von der Terrasse sowie aus der Kamin- und Schmiedestube (tägl. geöffnet). Das etwas plüschige Gourmetrestaurant Schwingshackl empfängt Mi. – So. 18.00 – 22.00 und So. 12.00 – 14.00 Uhr Gäste. Der Südtiroler Erich Schwingshackl hat bei Witzigmann und Winkler gearbeitet.

Schloss Egg
94505 Bernried, Tel. (0 99 05) 2 89
www.schloss-egg.de
►S. 178

Thula
Ranzingerberg 91, 94551 Lalling
Tel. (09 99 04) 3 23
www.thula-landhotel.de
Gemütliches Hotel in Panoramalage mit Restaurant und Wellnessangebot.

► Günstig
③ ***Gasthof Höttl***
Luitpoldplatz 22, Deggendorf
Tel. (09 91) 58 81, www.hoettl.de
Modern ausgestatteter Hotel-Gasthof im Zentrum. Mit Restaurant.

Gasthof zum Kloster Metten
Neuhausener Straße 2, 94526 Metten
Tel. (09 91) 99 12-101
www.klosterschaenke-online.de
Würdiges Haus von 1904, helle Zimmer mit viel Holz. Gemütliche, angenehm schlichte Gaststube, kein Ruhetag. Mit Biergarten.

Landgasthof Bayerwald
Dorfstr. 1, 94551 Rohrstetten
Tel. (0 99 04) 8 30 70
www.landgasthof-bayerwald.de
Ruhig gelegenes Haus mit Sonnenterrasse, Halb- oder Vollpension.

Gasthof zum Sonnenwald
Sonnenwaldstraße 3, 94572 Schöfweg
Tel. 0 99 08 / 2 75
www.zum-sonnenwald.de
Mit Biergarten & Ferienwohnungen.

Gasthof Kammbräu
Bräugasse 1, 94579 Zenting
Tel. 0 99 07 / 8 92 20
www.kamm-braeu.de
Gediegenes, sehr angenehmes Haus, schöne Gaststube und gute Küche.

1900 untergebrachte **Stadtmuseum** informiert v. a. über das Pogrom von 1337 und die Hostienwallfahrt sowie über die Geschichte der Donaufischerei und -schifffahrt; sehenswert auch die Sell'sche Apotheke mit ihrer Einrichtung von 1832. Im **Handwerksmuseum** werden alte Berufe vorgestellt (beide Museen sind geöffnet Di.– Sa. 10.00 – 16.00, So. bis 17.00 Uhr). Darüber hinaus sind hier die Stadtbibliothek sowie der **Kapuzinerstadl** zu finden, der Rest eines Klosters aus dem 17. Jh., in dem ein abwechslungsreiches Kulturprogramm geboten wird (www.kulturviertel-deggendorf.de).

Weitere Sehenswürdigkeiten

Vom Luitpoldplatz geht es über den Pferdemarkt Richtung Donau in die Untere Vorstadt. Westlich neben dem Spitalbogen steht das Katharinenspital. Die zugehörige **Katharinenkirche** schmückten heimische Künstler im 15. Jh. mit Malerei und Stuck; das Deckengemälde

! Baedeker TIPP

Scharfe Sachen

Hervorragendes Werkzeug für Schreiner, Schnitzer, Köche u. a. ist die Spezialität der Fa. Dick in Metten. Vor allem die berühmten Hocho-Messer aus Japan lassen Kochfans schwach werden. Fachbücher und allerlei handwerkliche Kurse runden das Angebot ab. Donaustr. 51, geöffnet Mo. – Fr. 8.00 – 18.00 Uhr, www.dick-gmbh.de.

ist ein Hauptwerk des in Niederaltaich tätigen Franz Anton Rauscher (1763). Hinter dem Spitalbogen sind es wenige Meter linker Hand zur **Oswaldkapelle** (um 1420), heute Kriegergedächtnisstätte; ihre Fresken aus der Erbauungszeit wurden erst 1892 entdeckt. Neben Szenen aus dem Leben des hl. Oswald ist die Darstellung eines Engelsorchesters mit allen bekannten Musikinstrumenten des Mittelalters zu beachten. Über den Friedhof ist es nicht weit zur **Pfarrkirche Mariä Himmelfahrt**, einer dreischiffigen Basilika (Mitte 17. Jh.) mit einem herrlichen Baldachin-Hochaltar, den Matthias Seybold 1749 für den Eichstätter Dom schuf; im Chor ist, in Speckstein gehauen, Deggendorfs älteste Stadtansicht zu sehen.

Geiersberg

Nicht weit von hier beginnt ein Kreuzweg mit fünf (von einst sieben) Stationen, 1697 von Caspar Aman gestiftet, der der oberste Verwalter am Kaiserhof zu Wien war. Er führt hinauf zur **Wallfahrtskirche** Zur schmerzhaften Muttergottes von 1486. Kultur- und medizinhistorisch interessant sind die vielen Votivtafeln, die älteste von 1483.

Brennerei zum Bären

Alles über den **Bärwurz**, diese charakteristische Spirituose des Bayerischen Walds, erfährt man etwas außerhalb von Deggendorf in der ältesten Bärwurz-Destillerie der Welt (Marienthal 3, geöffnet April bis Dez. Mo. – Fr. 9.00 – 12.00, 13.30 – 18.00, Sa. bis 13.00 Uhr, sonst ab 10.00 / bis 17.00 Uhr; Tel. 09 91 / 2 20 44, www.eckert-baerwurz.de).

Natternberg

Jenseits der Donau ragt der schon in der Steinzeit besiedelte Natternberg 65 m hoch über Gäuboden und Donauebene. Er ist ein Rest der Gebirgsfußfläche des Bayerischen Walds, ein »Zeugenberg«, der der Erosion durch die pleistozäne Donau widerstanden hat. Eine langgestreckte Ruine erinnert an die Burg der Grafen von Bogen aus dem 12. Jh.; sie kam 1333 an die Wittelsbacher-Herzöge und wurde Sitz eines Pfleggerichts. Gartenfreunde können hier in alten Rosensorten schwelgen, die hier reich blühen.

Umgebung von Deggendorf

★★ Kloster Metten

Das freundliche Dorf Metten (4400 Einw.) 5 km nordwestlich von Deggendorf geht auf ein um das Jahr 766 gegründetes Benediktinerkloster zurück, das – mit Unterbrechung durch die Säkularisation von 1803 bis 1830 – bis heute besteht. Wie das Kloster Niederaltaich (s. u.) war es Ausgangsort für die Urbarmachung und Kolonisation des Bayerischen Walds, im 14./15. Jh. hatte die Buchkunst hier eine

Blütezeit. Heute unterhält das Kloster ein Gymnasium und Internat. Die Klosterkirche St. Michael wurde um 1712 – 1729 tiefgreifend umgestaltet; am Chor sind außen noch die gotischen Strebepfeiler erhalten. Beachtenswert sind unter der Ausstattung das Hochaltarbild von Cosmas Damian Asam (1715; »Der Erzengel Michael stürzt die abgefallenen Engel«), die Seitenfiguren am Hochaltar von dem Straubinger Franz Mozart (1714) sowie die Figuren an den Seitenaltären und die Kanzel von Franz Josef Holzinger (1725). C. D. Asam malte auch das Deckenfresko im Altarraum. Die Klostergebäude nördlich der Kirche datieren aus dem frühen 17. Jh. Die Höhepunkte der Besichtigung (Führungen Di. – So. 10.00 und 15.00 Uhr) sind der Festsaal und vor allem die Bibliothek im Ostflügel (1722 – 1726), ein Kleinod barocker Gestaltungskunst, mit wuchtigen, höchst expressiven Atlanten, die das Gewölbe zu tragen scheinen (F. J. Holzinger) und prachtvollen Bücherschränken. Die Deckenfresken des Sterzingers Innozenz Waräthi verweisen auf die Bibliothek als einen Tempel der Weisheit. Der Prälatengarten ist nach dem Vorbild spätbarocker Lustgärten angelegt (April – Mitte Nov. tägl. 9.00 – 20.00, im Sommer bis 21.30 Uhr). Im Festsaal und in der Kirche finden hin und wieder Konzerte statt. Info: Tel. (09 91) 91 08-0, www.kloster-metten.de. Zum Kloster gehört das Sommerschlösschen Himmelberg (2 km westlich), erbaut 1757; besonders schön ist der Deckenstuck des Festsaals von Johann Baptist Modler. In Metten – von hier stammt übrigens der legendäre FC-Bayern-München-Torhüter **Sepp Maier** – beginnt der europäische Pilgerweg Via Nova (►S. 130).

◄ Klosterkirche

◄ Bibliothek

◄ Schloss Himmelberg

Gelehrsamkeit in einem Rausch von Farben und Formen: Bibliothek im Kloster Metten

Schloss Egg Schloss Egg, 4 km nördlich von Metten im Wald gelegen, geht auf eine Burg der Herren von Egg aus dem 13./14. Jh. zurück. Josef Ludwig Graf von Armansperg – bayerischer Minister, Regent für den jungen König Otto I. von Griechenland und 1835 – 1837 griechischer Staatskanzler – ließ sie um 1840 nach modischem Geschmack neogotisch umbauen. Alle dekorativen Details wie Fallgitter, Ringmauer, Wehrtürme, Erker, Spitzbogenfenster, Brunnen etc. stammen also aus dem 19. Jh.; original ist u. a. der gewaltige, 45 m hohe Hungerturm. 2003 diente das Schloss als Kulisse für den Film »Bibi Blocksberg«. Es ist in Privatbesitz, das Wirtschaftsgebäude wurde zum gediegenen kleinen Hotel mit Biergarten und nobel-bodenständigem Restaurant. Schlossbesichtigung April, Okt. So./Fei. 10.00 – 16.00, Mai, Sept. tägl. 10.00 – 16.00, Juni – Aug. tägl. 10.00 – 17.00 Uhr.

Gotteszell Gotteszell (ca. 14 km nördlich von Deggendorf) geht auf das 1285 gegründete Priorat »Cella Dei« des Klosters Aldersbach zurück. Davon zeugt die stattliche frühgotische Basilika St. Anna, die die Zisterzienser im 14. Jh. bauten (nach dem Brand 1629 im 18. Jh. barockisiert). Das Fresko in der Hauptapsis (»Mariä Himmelfahrt«, um 1729) wird **Cosmas Damian Asam** zugeschrieben. Auf dem Rokoko-Tabernakel das Gnadenbild, eine Maria mit Kind im Strahlenkranz (um 1430), im 17. Jh. durch eine hl. Anna ergänzt. Die Jann-Orgel von 1999 mit französisch-symphonischer Disposition ist in Konzerten internationaler Künstler zu hören. Im ehemaligen Konvent ist heute das Kaufhaus Dostler ansässig. Gemütlich einkehren und preiswert nächtigen kann man u. a. im Gasthof Klosterkeller (Tel. 0 99 29 / 35 55).

! *Baedeker* TIPP

Musik auf dem Wild-Berghof

Noch jung, aber ein großer Erfolg ist das Kulturwald-Festival, das in der ersten Sept.-Hälfte rund um den Wild-Berghof in Bernried-Buchet stattfindet. Auf dem Hof, in Gotteszell, Windberg und Metten und an anderen schönen Plätzen wird ein interessantes Musikprogramm geboten, von Klaviersonaten bis zum Händel-Oratorium, vom Tango bis zur Volksmusik. Im Wild-Berghof kann man auch gut essen und nächtigen. Im Laden werden Produkte von Bauern und Handwerkern angeboten, wie Käse, Hirschsalami, Keramik und Trachten. Tel. (0 99 05) 2 48, www.wildberghof-buchet.de, www.kulturwald.de.

Rusel Von Deggendorf steigt die Straße nach Regen, eine kurvenreiche, schöne Bergstrecke, in nordöstlicher Richtung zur Rusel an (5 km, Passhöhe 856 m). Mit einem 18-Loch-Golfplatz, schönen Wanderwegen, Skihängen und Loipen ist sie rund um das Jahr ein beliebtes Ausflugsziel. Der »GEHsundheitsweg«, ein 2,5 km langer Rundweg, führt von dort in 15 Min. über den Königstein zum Gessingerstein (874 m), einem Felsvorsprung, von dem man manchmal bis zu den Alpen sehen kann.

Gut Aiderbichl In Eichberg 8 km östlich von Deggendorf hat das österreichische Gut Aiderbichl einen gleichnamigen Ableger. Über 120 Tiere, Pferde, Esel

Die Sakristei des Klosters Niederalteich mit ihren wunderschönen Schränken von 1727

und Rinder, Katzen, Hunde etc. werden hier betreut. Geöffnet tägl. 9.00 – 18.00 Uhr, Tel. (09 91) 90 32 98, www.gut-aiderbichl.com.

★★ Niederalteich

Die Benediktinerabtei in Niederalteich (1900 Einw.), 10 km südöstlich von Deggendorf am Nordufer der Donau gelegen, gehört zu den »Urklöstern« Bayerns. Sie wurde 731 oder 741 von dem Agilolfinger-Herzog Odilo zur Kolonisation des Bayerischen Waldes gegründet und mit Mönchen von der Insel Reichenau besiedelt, die Spezialisten in der Urbarmachung von Sumpfland waren (das Kloster liegt im feuchten Flusstal im Bereich der Isarmündung). Als um 1040 etwa 40 km donauaufwärts das Kloster Altaich gegründet wurde, unterschied man fortan zwischen Ober- und Niederaltaich. Ab 997 war hier der hochangesehene Abt Godehard (Gotthard) tätig, der später Bischof von Hildesheim war und 1131 heiliggesprochen wurde. Im 18. Jh. war Niederaltaich das **reichste Kloster in Bayern**; damals wurde es

? WUSSTEN SIE SCHON ...?

- Niederalteich oder Niederaltaich? Beides ist richtig, je nachdem: Niederalteich mit ei bezeichnet den Ort, Niederaltaich mit ai das Kloster. Der Name »Altaich« hat übrigens nichts mit Eichen zu tun, wie der bayerische Geschichtsschreiber Aventinus im 16. Jh. wissen wollte; er kommt von »Alt-Aha«, d. h. Altwasser.

weitgehend erneuert. Die meisten Bauten, die neben dem Konvent ein Gymnasium, ein Tagungs- und Gästehaus, ein Ökumenisches Institut und eine Schenke beherbergen, stammen aus dieser Zeit. Die **Klosterkirche St. Mauritius** geht, wie gut erkennbar, auf eine gotische Hallenkirche zurück (erbaut 1260–1326), eine der größten im Donauraum. 1718–1722 wurde sie barock umgestaltet, den Chor erstellte der junge Johann Michael Fischer 1724–1726 neu. Die dichte Folge der Pfeiler und Arkaden verleiht dem Mittelschiff einen mächtigen Tiefenzug hin zum 19 m hohen Hochaltar. Die Deckengemälde schuf Wolfgang Andreas Heindl aus Wels 1719–1726. Interessantes Detail in den Seitenschiffen: Die ovalen Gewölbe sind durchbrochen, damit Licht einfallen kann; außerdem hat Heindl die Ausmalung der Emporenkuppeln auf den »Durchblick« von unten abgestellt. Die kunstvoll ausgestattete Sakristei (bei Führungen zugänglich) gehört zu den schönsten in Bayern. Seit 1979 gibt es in Niederalteich auch einen Ursulinen-Konvent. Beide Klöster gewähren Einblick in das Ordensleben; bei den Benediktinern gibt es für Männer das **»Kloster auf Zeit«**, die Ursulinen laden zu **»Tagen im Kloster«** ein (Benediktinerabtei, Mauritiushof 1, Tel. 0 99 01 / 208-0, www.abtei-niederaltaich.de; Ursulinenkloster, St. Ursula-Weg 5, Tel. 099 01 / 71 16, www.ursulinen-niederalteich.de).

Gerhard-Neumann-Museum ► Ein ganz anderes Thema: In Niederalteich zeigt dieses Museum – benannt nach Gerhard Neumann (geb. 1917 in Frankfurt/Oder, † 1997 in den USA), der bei General Electric wesentlichen Anteil an der Weiterentwicklung des Strahltriebwerks hatte – u. a. vier Starfighter und eine MIG 21. Führungen Mo.–Sa. nach Vereinbarung (www.f-104.de, josef.voggenreiter@f-104.de).

Donaufähre ► Mit der Fähre »Altaha« können Fußgänger und Radfahrer (v. a. die auf dem Donauradweg) über die Donau setzen (Mitte April–Ende der Sommerferien Do.–So. 10.00–18.00 Uhr; nächster Flussübergang bei Winzer 8 km flussabwärts). Natur- und Vogelschutzgebiete auf beiden Seiten des Flusses laden zur Entspannung ein.

✶ Isarmündung

Im Mündungsbereich der Isar entstand eine einzigartige Auenlandschaft mit Altwässern, Sumpfwiesen und Röhrichten, die zu den **artenreichsten Feuchtgebieten Bayerns** zählt. Am besten lernt man sie auf einer reizvollen Radtour kennen, die von Thundorf (jenseits von Niederalteich) nach Moos, dann über Maxmühle und Isarmünd zurück nach Thundorf führt (ca. 15 km). In Maxmühle ist das Infohaus Isarmündung zu finden, das mit Informationen aller Art versorgt (Tel. 0 99 38 / 91 91 35, www.infohaus-isarmuendung.de), in **Moos** die bekannte Brauerei Arcobräu; die Grafen Arco-Zinneberg, ansässig im Schloss Moos (mit prachtvoller Lindenallee), züchten auch Araberpferde. In der wunderbaren alten **Schlosswirtschaft** bzw. ihrem Biergarten sollte man unbedingt einkehren (Mo. geschl.).

Hengersberg

Spätestens seitdem der »niederbayerische Türke« Django Asül beim Politiker-Derblecken 2007 auf dem Münchner Nockherberg die Fastenpredigt hielt, ist Hengersberg – sein Geburtsort – über die Grenzen Bayerns hinaus bekannt. Das Städtchen (7000 Einw.), 8 km südlich von Deggendorf links der Donau zwischen zwei markanten Hügeln gelegen, ist das Tor zum Lallinger Winkel (s. u.). Keimzelle des einstigen wirtschaftlichen und verkehrstechnischen Vorpostens des Klosters Niederaltaich war eine Burg auf dem Frauenberg, den heute die Kirche Mariä Himmelfahrt krönt. Auf dem Rohrberg thront die Pfarrkirche St. Michael (um 1590); sie beherbergt eine der **bedeutendsten Skulpturen des bayerischen Spätbarocks**, eine Kreuzigung von Anfang des 18. Jh.s, die wie der Hochaltar (um 1740) aus der profanierten Kelheimer Franziskanerkirche stammt. Hübsch ist der von stattlichen Bürgerhäusern gesäumte Marktplatz (Nr. 8 1795).

★ Lallinger Winkel I / K 4 / 5

Toskana des Bayerischen Walds

Der Lallinger Winkel ist eine ausgesprochen schöne Landschaft östlich von Deggendorf und genießt ein besonders mildes, ausgeglichenes Klima. Auf drei Seiten wird er von bis zu 1016 m hohen, bewaldeten Bergrücken geschützt, nach Süden, zur Donauebene hin, ist er offen. Streuobstwiesen – daher der Beiname »Obstgarten des Bayerischen Walds« – und hübsche Dörfer wie Lalling, Datting, Ranzing, Gerholling und Hunding (zusammen knapp 6000 Einw.), die auf die Kolonialisierungtätigkeit des Kloster Niederaltaich (►S. 179) zurückgehen, prägen das Bild. Nach der Schneeschmelze blühen auf der »Schneeglöckerlwiese« bei Lalling Zehntausende von Frühlingsknotenblumen (Märzenbecher, also keine Schneeglöckchen), Ende April, Anfang Mai bezaubern blühende Obstbäume, und im Herbst erglüht der Landstrich in warmen Farben.

Lalling

Aus dem Jahr 1766 datiert der Zehentstadel des Klosters Niederaltaich in Lalling, der heute für Veranstaltungen genützt wird; an der Nordseite ist das Wappen des Klosters zu sehen. In der barocken Pfarrkirche St. Stephan (Mitte 18. Jh.) wird eine gotische »Türkenmadonna« (14. Jh.) aufbewahrt, so benannt, weil sie auf einem halbmondförmigen Türkenkopf steht. Die Töpferei von Lutz Pflugk macht fantasievolle Gartenkeramik, Geschirr sowie Kachelöfen (Pfarrweg 2, Tel. 0 99 04 / 13 53, www.pflugk-keramik.de).

Der **Feng-Shui-Park** an der Straße nach Euschertsfurth vereint westliches Wissen und fernöstliche Lehre; in dem See kann man baden (Mitte März – Okt.; Führungen Tel. 0 99 04 / 3 74). Das Wirtshaus zur Linde im nahen Euschertsfurth wurde schon im Jahr 1242 erwähnt, der heutige Bau entstand

! *Baedeker* TIPP

Alte Apfelsorten

Die Streuobstwiesen im Lallinger Winkel liefern herrliches Obst, vor allem Birnen und Äpfel mit so schönen Namen wie Fromms Goldrenette, Dülmener Herbstrosenapfel, Rheinischer Bohnapfel und Sommermaschanzker. Bei vielen Bauern kann man ungespritztes, am Baum gereiftes Obst erstehen.

Blühende Rapsfelder im Lallinger Winkel

kurz nach 1808 (nur Do.–So. geöffnet). Gegenüber steht eine ältesten und mächtigsten Linden Deutschlands, sie ragt ca. 30 m hoch auf und ist 600 bis 800 Jahre alt.

Weiteres im Lallinger Winkel

Jahrhundertealte Bayerwaldhäuser aus Holz sind in **Datting** und **Gerholling** nordwestlich oberhalb von Lalling erhalten (wenn auch nicht ohne neuzeitliche Zutaten); Datting steht sogar ganz unter Denkmalschutz. Über 100 Automobile und Motorräder, dazu über 2500 Modellautos sind im **Fahrzeugmuseum Streicher** in Stritzling zu bewundern (Besuch ab 6 Personen, Anmeldung unter Tel. 0 99 04 / 8 30 10, www.fahrzeugmuseum-streicher.de). In Hunding wurde jahrhundertelang Gold gesucht; beim Goldgräberfest im August verwandelt sich der Ort in ein Westerncamp. Vom **Guntherstein** hat man eine herrliche Aussicht über den Lallinger Winkel: Von Panholling geht man auf dem Weg Nr. 7 hinauf zum Gunthersteig (Fernwanderweg von Niederalteich nach Dobrá Voda), dort links bis zu einem Rastplatz und dann rechts zum Guntherstein.

? WUSSTEN SIE SCHON …?

- Den berühmten Pichelsteiner – eigentlich Büchelstoana – erfand 1847 die Grattersdorfer Wirtin Auguste Winkler, um Wanderer auf dem Büchelstein zu verköstigen. In einem Kochbuch von 1877 lautet, leicht gestrafft, das Rezept so: »Man muss behutsam alle Zutaten herrichten wie Erdäpfel und gelbe Rüben, Petersilbuschen, Zwiebeln und scharfe Gewürz, Fleisch vom Kalb, Schwein und Ochs. In einem Thiegel gibt die Köchin frischen Rindernierentalg, thut je eine Lag Kartoffeln geviertei lt, Fleisch, Grünzeug, Pfeffer und Salz, bis der Hafen voll ist. Obenauf Kartoffelschnitz, Rindertalg zerschlichen, eine Schale Brühe. Lasst es zwo Stund ganz langsam dünsten, deckt es aber gut zu, dass der Dampf und der Saft, der guthe, nicht auskann.«

Grattersdorf

Grattersdorf (1400 Einw.) ist u. a. bei Drachenfliegern beliebt, die auf dem 827 m hohen **Büchelstein** starten. Der südlichste Gipfel des Sonnenwalds (s. u.) bietet eine beeindruckende Aussicht über die Donauebene und schöne Spazierwege, so durch den **Skulpturengarten Sonnenwald** in Hatzenberg mit Exponaten deutscher und internationaler Künstler (www.skulpturengarten-sonnenwald.de).

Sonnenwald

Sonnenwald (www.region-sonnenwald.de) heißt die von Wander- und MTB-Wegen durchzogene, buckelige, waldreiche Gegend östlich des Lallinger Winkels mit fünf Gemeinden – Grattersdorf, Schöllnach, Zenting, Schöfweg, Innernzell – rund um ihre höchste Erhebung, den 1016 hohen **Brotjacklriegel**. Der seltsame Name rührt von »Broada Jagariegl« her, auf Hochdeutsch »Breiter Jägerriegel«. Oben stehen ein 27 m hoher Aussichtsturm und ein 121 m hoher Sendeturm des Bayerischen Rundfunks; Ersterer besitzt ein bewirtschaftetes Turmstüberl (geöffnet April – Okt. tägl. 10.00 – 18.30 Uhr, sonst an bestimmten Wochenenden 12.00 – 17.00 Uhr), von dem man im Norden die Berge des Bayerischen Walds und im Süden die Donauebene und mit Glück die Alpen sehen kann. Im Winter laden Pisten, Loipen, Schlitten- und Wanderwege zu sportlicher Betätigung. In Daxstein gibt es ein Heimatmuseum, in Ranfels eine Burganlage zu sehen. Eine sehr reizvolle **Wandertour**, die das Erlebnis von Büchelstein und Brotjacklriegel verbindet, dauert ca. 4 Std.: Von Langfurth südwestlich auf dem E 8 nach Oberaign und zum Büchelstein, dann über den Ort Büchelstein, Kerschbaum (Gasthof) und Liebmannsberg nach Ölberg; von dort über den Brotjacklriegel zurück nach Langfurth.

Furth im Wald

G/H 2

Oberer Bayerischer Wald **Einwohner:** 9300
Höhe: 407 m ü. d. M.

Ganz im Norden – auf der Grenze zwischen dem Bayerischen Wald und dem Oberpfälzer Wald sowie zwischen Bayern und Böhmen – liegt im Tal des Chamb das Städtchen Furth im Wald, das ganz im Zeichen des Drachen steht.

Furth gestern und heute

Seit je bestimmte und bestimmt die Grenzlage die Geschicke des Orts. Um 1330 wurden Dörfer – darunter das 1086 dokumentierte »Vurte« – an der wichtigen Straße, die in der Cham-Further Senke nach Böhmen führt, vom niederbayerischen Herzog Heinrich IV. zur Stadt umgewandelt und als Grenzfeste eingerichtet. In den Hussitenkriegen 1426 wurde auch Furth in Mitleidenschaft gezogen (was den Hintergrund für den »Drachenstich« bildet); im Jahr 1470 wurden die Grenzhauptmannschaft und die »Grenzfahne« eingerichtet, die älteste Landwehrorganisation Bayerns. Bei einem Großbrand 1863 wurde die östliche Hälfte der Stadt mit dem alten Stadtturm zerstört, trotzdem präsentiert sich das Städtchen freundlich und angenehm. Auf halbem Weg zwischen München und Prag liegend, nimmt Furth nach der Grenzöffnung 1989 wieder seine Brückenfunktion wahr.

✶✶ Drachenstich

Jeden Sommer besiegen die Further das Böse in Form eines Drachen (►S. 104) und begeistern damit Gäste aus nah und fern. Der »Drachenstich« auf dem Stadtplatz ist nicht nur eines der größten Spektakel im Bayerischen Wald, sondern mit 500-jähriger Tradition auch das älteste Volksschauspiel Deutschlands. Dazu gehören ein historischer Umzug mit über 250 Pferden und 1400 Mitwirkenden, Bierzelt mit Vergnügungspark und historischer Markt, ein Kinderfest mit einem »Kinderdrachenstich«, mittelalterliche Musik, Fischerstechen und Schwertkampf- und Bogenturnier (www.drachenstich.de). Der Hauptdarsteller, ein 9 t schweres, 19 m langes und 4,5 m breites wie hohes Ungetüm, wird elektronisch-hydraulisch gesteuert und ist außerhalb der Schauspiele im Drachenmuseum »zu Hause«.

Sehenswertes in Furth im Wald

Altstadt

Häuser aus dem 19./20. Jahrhundert bestimmen das Bild der hübschen Altstadt um Schloss- und Stadtplatz, die nach dem großen Brand von 1863 rekonstruiert wurde. Wahrzeichen sind der 45 m hohe Turm der ursprünglich barocken Pfarrkirche Mariä Himmelfahrt (1727; Unterkirche mit eindrucksvollem »Kreuzaltärl«, 1590) und der 37 m hohe neogotische Stadtturm von 1866. Man kann ihn besteigen, von oben hat man einen schönen Blick über Furth und das Chambtal. In der Kreuzkirche (1668) am Friedhof eine farbig gefasste Kreuzigungsgruppe aus Granit von etwa 1370. Am Amtsgericht am Stadtplatz lässt ein Glockenspiel, gestiftet von der Gemeinde Horšovský Týn (Bischofteinitz) jenseits der Grenze, u. a. das Lied »Tief drin im Böhmerwald« erklingen – mit dem Refrain: »Es war im Böhmerwald, wo meine Wiege stand, im schönen grünen Böhmerwald« –, für die 1945 vertriebenen Böhmerwäldler so etwas wie die Nationalhymne.

! *Baedeker* TIPP

Der Flederwisch

Hinter diesem Namen verbirgt sich ein ungewöhnliches Familien-Abenteuer-Einkaufs-Zentum. Man bestaunt hier die größte Dampfmaschine Bayerns, Kinder können in der Erlebniswerkstatt Papier schöpfen, Eisen schmieden und andere alte Technik erleben; im Drachenladen gibt's Souvenirs rund um Drachen und Drachenstich, im Handwerkerwerkstadl Glas-, Holz- und Schmiedekunst, Geschenke und Souvenirs. Erlebnis-Welt Flederwisch, Furth i. W., Am Lagerplatz 5, Tel. 0 99 73 / 12 29, www.flederwisch.de.

Landestormuseum

Im Stadtturm und im angrenzenden einstigen Spital präsentiert das Landestormuseum Sammlungen zur Vor- und Frühgeschichte, zur Geschichte der Grenzstadt Furth, zur Kulturgeschichte des Glases so-

FURTH IM WALD ERLEBEN

AUSKUNFT

Tourist-Information
Schlossplatz 1, 93437 Furth i. W.
Tel. (0 99 73) 5 09 80
www.furth.de
www.furth-hohenbogenwinkel.de

GUT ZU WISSEN

Der »Choden-Express« zwischen Furth und der böhmischen Partnerstadt Domažlice (Taus) verkehrt Mai – Okt. am Di. (www.chodenexpress.eu). Ein schöner 18-Loch-Golfplatz umgibt die romantischen Schlösser des Guts Voithenberg (Tel. 0 99 73 / 20 89, www.gc-furth.de).

VERANSTALTUNGEN

Ostermontag: Further Leonhardiritt (Reiterprozession mit 200-jähriger Tradition). 8. Mai: Wallfahrt der Choden aus Tschechien nach Neukirchen b. Hl. Blut. Further Kultursommer mit breitem Musik- und Theaterprogramm. Anfang Juli: Mundartfestival in Waldmünchen. 2. – 3. Wochenende im Aug.: Further Drachenstich. Juli/Aug.: Trenck-Festspiele in Waldmünchen; Freilichttheater auf der Schwarzenburg bei Rötz. 2. Sept.-So.: Pferdewallfahrt von Waldmünchen nach Ast.

ÜBERNACHTEN / ESSEN

► Komfortabel

Bayerischer Hof
Torweiherweg 5, 93449 Waldmünchen
Tel. (0 99 72) 95 00 01
www.sonnenhotels.de
Schön gelegenes Hotel mit breitem Freizeitangebot, u. a. Badelandschaft, Kneippbecken und Tennisplätze.

Burghotel am Hohen Bogen
Kühberg 31
93453 Neukirchen b. Hl. Blut
Tel. (0 18 05) 60 06 96
www.donna-hotels.com
Hotelanlage im Burgstil mit großer Bade- und Wellnesslandschaft. Aus der Küche kommen Oberpfälzer und internationale Spezialitäten.

Parkhotel Böhmerwald
Siegmund-Adam-Str. 54
93458 Eschlkam-Warzenried
Tel. (0 99 47) 20 00
www.hotel-boehmerwald.de
Gepflegtes Drei-Sterne-Hotel. Das Restaurant serviert deftige Brotzeiten und Fisch- und Wildspezialitäten.

► Günstig / Komfortabel

Brunner Hof
Kirchgasse 13
93473 Arnschwang
Tel. (0 99 77) 257
www.brunner-hotel.de
Traditionsreiches Landhotel mit gemütlichen Zimmern, schönem Garten und Wellnessangebot. Im Restaurant (eigene Metzgerei) mit Biergarten kommen bayerische Schmankerl auf den Tisch.

► Günstig

Mühlberger
Lorenz-Zierl-Str. 8, 93437 Furth i. W.
Tel. (0 99 73) 1032
www.hotel-muehlberger.de
Schlichtes Gasthaus-Café am Rand der Altstadt, seit 1894 in Familienbesitz. Rustikalstil der 1970er-Jahre. Mit einfachen Zimmern.

Gasthof Zur Post
Stadtplatz 12, 93437 Furth i. W.
Tel. (0 99 73) 50 05 98
Mitten in der Stadt gelegenes familiäres Haus. Auf der Speisekarte stehen vor allem bayerische und böhmische Schmankerl.

Hotel am Steinbruchsee
Steinbruchweg 9
93437 Furth-Sengenbühl
Tel. (0 99 73) 609
www.steinbruchsee.de
In dem schön gelegenen Waldgasthof (Zimmer, Ferienwohnungen) kann man Natur erleben: mit Wildgehege, Waldmuseum und Aquarium.

Haus Regenbogen
Tanneneckstr. 14
93453 Neukirchen b. Hl. Blut-Mais
Tel. (0 99 47) 12 87
www.hotel-regenbogen.de
Persönliche Atmosphäre, gemütliche Zimmer, großer Garten zum Relaxen. Das Restaurant ist mit Keramik aus der eigenen Töpferwerkstatt geziert.

wie Beispiele ausgewählter Industrie- und Handwerksbetriebe an der Glasstraße. Das **Kindermuseum »Glas, Licht, Spiel«** begeistert mit vielen Exponaten zum Anfassen und Mitmachen, u. a. mit einem begehbaren Kaleidoskop. Auch **Deutschlands erstes Drachenmuseum** ist hier untergebracht. Kinder erfahren hier, ob es wirklich Drachen gibt und wovon sie sich ernähren, Erwachsene lernen vieles über die Bedeutung des Drachen in Mythologie, Heldensagen und Heiligenlegenden, daüber hinaus über die ins 15. Jh. zurückreichende Geschichte des Drachenstichs. Auch Münzen, Medaillen, Amulette, kunsthandwerkliche Arbeiten etc. mit Drachendarstellungen sind zu sehen. Die Hauptattraktion ist natürlich der Festspieldrache in seiner Höhle. Geöffnet Palmsonntag – Okt. Di. – So. 10.15 – 16.45, sonst Di., Do. 14.15 – 17.00, Sa., So. 11.00 – 13.00 Uhr.

✶ Felsenkeller Unter der Stadt erstreckt sich ein kilometerlanges Labyrinth von Gängen, die seit dem späten Mittelalter in den Gneis geschlagen wurden und als Versteck oder (in ruhigen Zeiten) als Bier- oder Weinkeller dienten (Besichtigung: Kramerstraße nahe Stadtplatz, Mai bis 2. Nov. tägl. 13.00 – 16.00 Uhr; Führungen Mo. 14.00, Mi., Fr. 11.00, So. 11.00/14.00 Uhr, Tel. 0 99 73 / 12 29, www.flederwisch.de).

Zen-Garten Der von japanischen Gartenbauspezialisten angelegte Garten in den Chamb-Auen lädt zu Meditation und Entspannung ein (Führungen Mai – Okt. Di. 14.00 Uhr). Im Restaurant Seerose (Mo. geschl.) kann man eine Kaffee- oder Teepause einlegen.

Wildgarten »Außergewöhnliche Einblicke in die heimische Unterwasser-, Pflanzen- und Tierwelt« verspricht der Further Wildgarten mit Unterwasser-Beobachtungsstation (Nähe Freibad und Campingplatz, Daberger Str., Tel. 099 73/29 33, www.wild-garten.de; ganzjährig geöffnet, Führungen: Mai – Okt. Di., Do., So. 14.00 Uhr).

Drachensee Der seit 2008 aufgestaute Drachensee östlich von Furth schützt nicht nur vor Hochwasser. Im westlichen Teil gibt es Spazierwege und Liegewiesen; eine naturbelassene Zone und Aussichtspunkte laden im östlichen Teil zu Tierbeobachtungen ein.

Der Stadtplatz von Furth mit dem Amtsgericht und seinem Glockenspiel

Urlaubsland Furth im Wald · Hohenbogen-Winkel

Eschlkam

Zu dieser Urlaubsregion gehören außer Furth die Orte Arnschwang, Neukirchen beim Hl. Blut und Eschlkam. Das malerisch-reizvoll gelegene Eschlkam (6 km östlich von Furth, 3500 Einw.) ist das älteste bekannte Dorf im Grenzwald zwischen Bayern und Böhmen und Geburtsort von **Maximilian Schmidt**, genannt »Waldschmidt« (1832 bis 1919, ► Berühmte Persönlichkeiten). An den Schriftsteller erinnert eine Ausstellung im Gasthaus zur Post (Waldschmidtplatz 2, geöffnet So. 14.00 – 17.00 Uhr, www.markt-eschlkam.de).

Neukirchen beim Hl. Blut

Der Wallfahrtsort Neukirchen (300 Einw.) 12 km südöstlich von Furth am Fuß des Hohen Bogens verdankt seine Bekanntheit einer Legende: Als ein Hussit hier im Jahr 1450 eine Marienstatue aus Holz mit dem Schwert spaltete, floss Blut aus ihr. Die Wallfahrtskirche Mariä Geburt (17. Jh.) beherbergt in einem kostbaren Altar, einer **Augsburger Goldschmiedearbeit von 1752**, das Gnadenbild mit dem gespaltenen Haupt. Interessanterweise trennt dieser Altar den Wallfahrts- vom Klosterteil der Kirche. Im einstigen Pflegschloss erzählt das **Wallfahrtsmuseum** die Geschichte der Wallfahrt; zu sehen sind außerdem schöne Hinterglasmalereien der »Neukirchener Schule« (Marktplatz 10, Di. – Fr. 9.00 – 12.00, 13.00 – 17.00, Sa., So. 10.00 bis 12.00, 13.00 – 16.00 Uhr). Waldlerhäuser findet man noch in Schicherhof, Unterkaltenhof und Rittsteig.

EINSAMKEIT IM BÖHMERWALD

Früher hieß das ganze Gebirge zwischen Bayern, Tschechien und Österreich »Böhmerwald«, heute trägt nur der in Tschechien liegende Ostteil diesen Namen. Die Tschechen nennen ihn »Šumava«, zu Deutsch »die Rauschende«. Ob damit das Rauschen der Bäche oder das Rauschen der Wälder gemeint ist – erkunden Sie es selbst einmal bei einem Besuch.

Es ist eine einsame, unwirtliche Gegend, auch wenn sie uns heute lieblich vorkommen mag: Dichte Wälder, steile Hänge und tiefe Moore – hier »Filze« genannt – machten das Vorankommen schwierig; der schlechte, steinige Boden und ein raues Klima mit schneereichen Wintern und Nachtfrösten selbst im August verhinderten eine ertragreiche Landwirtschaft. Interessant wurde das Gelände wegen seines Holzreichtums, später auch wegen der **Bodenschätze**: Quarz als Grundstoff für die Glasmacher, ein wenig Eisenerz im Gebiet um Železna Ruda (Markt Eisenstein), sogar Gold bei Kášperske Hory (Bergreichenstein). Man lebte wie in allen Grenzregionen vom Schmuggel und von den Durchziehenden – quer durch den Böhmerwald verliefen die **Goldenen Steige**, die Passau und die Donau mit dem Böhmischen Becken verbanden. Auf mehreren Trassen trugen die Saumtiere Salz von Bayern nach Böhmen und kehrten mit Glas und anderen wertvollen Dingen wieder zurück. Einer Stadt wie Prachatice (Prachatitz) sieht man noch heute den Reichtum an, den solche Handelstätigkeit brachte.

Auch heute sind es »Durchziehende«, die Geld in das Gebiet bringen: Der Tourismus ist die Haupteinnahmequelle. Und doch ist der Böhmerwald nicht überlaufen. Auf Wanderungen, Radtouren oder Skifahrten trifft man oft stundenlang kaum einen Menschen an. Wenn man so will, ist diese »Waldeinsamkeit« (so der Titel eines Buchs des Böhmerwald-Schriftstellers Karl Klostermann) ein Erbe des Sozialismus: Durch den Eisernen Vorhang lag der Böhmerwald für die jüngeren Generationen im Westen außerhalb des touristischen Interesses, und erst allmählich wird es »normal«, nach Tschechien in den Urlaub zu fahren. Die Vertreibung der Deutschen nach dem Zweiten Weltkrieg und das Grenzregime haben die Region entvölkert, ganze Ortschaften wie Prášily (Stubenberg) wurden aufgegeben; im Gebiet des Nationalparks Šumava leben heute gerade 2000 Menschen. Doch der Planungs- und

Die Wanderwege im Šumava-Nationalpark sind bestens ausgeschildert.

Machbarkeitswahn der Sozialisten hat heute nicht mehr denkbare Bauten hinterlassen wie den Moldau-Stausee, 1957 bei dem Dorf Lipno angelegt, oder die meist plumpen, aber prachtvoll gelegenen Hotelklötze wie das Hotel Horizont in Špičák (Spitzberg), das in gut 1100 m Höhe isoliert mitten im Wald steht, mit spektakulärem Blick auf den Großen Arber.

Für den Tourismus wird viel getan: Es gibt ein dichtes Netz **gut markierter Wanderwege**, die vom Klub Tschechischer Touristen (KČT) unterhalten werden. Jeder Wegweiser trägt ein Schild mit dem Namen des Standorts und der Höhe über NN, die Ziele sind mit Kilometerangaben versehen. Weitere Schilder verweisen auf Langlaufloipen. In den letzten Jahren werden auch immer mehr Fahrradstrecken ausgewiesen, interessant sowohl für Mountainbiker als auch für Tourenradler. Für wenig Geld gibt es gutes Kartenmaterial, in dem die Wege und ihre Markierungen eingetragen sind.

Eisenbahn zum Einhorn

Die Gegend um **Železna Ruda** (Markt Eisenstein) ist eines der touristischen Zentren des Böhmerwalds mit zahllosen Wanderwegen, mehreren Ski-Abfahrten und rund 100 km präparierten Langlaufloipen. Der Ort selbst hat außer einer Holzkirche mit sternförmigem Grundriss und gewaltiger Zwiebelkuppel sowie dem Glas- und Böhmerwaldmuseum nicht viel zu bieten. Eine Besonderheit ist der Grenzbahnhof, 1877 aufgrund eines Vertrags zwischen dem Königreich Bayern und dem Kaisertum Österreich symmetrisch auf der Staatsgrenze erbaut. Der deutsche Teil ist Endstation der Waldbahn von Deggendorf / Plattling, auf tschechischer Seite fahren die Züge durch den 1,7 km langen Spitzbergtunnel (längster Bahntunnel Böhmens) ins Vorland des Böhmerwalds und nach Plzeň (Pilsen). Der Abschnitt bis Klatovy (Klattau) dürfte eine der **wildromantischsten Eisenbahnstrecken in Mitteleuropa** sein. Besonders schön ist der Panoramablick aus einem der altertümlichen Schienenbusse.

Klatovy ist ein lohnendes Ausflugsziel. Hinter dem Ring mit den unvermeidlichen Plattenbauten verbirgt sich eine typisch böhmische Stadt auf schachbrettartigem Grundriss mit großem, arkadengesäumtem Marktplatz. Hier finden sich auch die wichtigsten historischen Gebäude: die Jesuiten-

Der Lipno-See, eine der großen Freizeitattraktionen Südböhmens

kirche mit den »Mumien«, der Weiße und der Schwarze Turm und die Apotheke »Zum weißen Einhorn«, die ihrer barocken Einrichtung wegen unter UNESCO-Schutz steht. Vom Špičácké sedlo (Spitzbergsattel) bei Železna Ruda gelangt man auf fast ebenem, geteertem Weg zum Černé jezero (Schwarzer See) unter einer gut 300 hohen Seewand. Auf der Karte fast unmittelbar daneben liegt der Čertovo jezero (Teufelssee). Beachten Sie aber die Höhenlinien auf der Karte: Die beiden größten Gletscherseen im Böhmerwald liegen zwar beide auf gut 1000 m Höhe, sind aber durch die kontinentale Hauptwasserscheide voneinander getrennt.

Das Vorland

Reizvolle Ausflugsziele gibt es im östlichen Vorland des Böhmerwalds. Das Städtchen **Kašperské Hory** (Bergreichenstein) wurde durch Goldwäscher und Goldbergbau wohlhabend, die Stadtrechte datieren aus dem 14. Jahrhundert. Größte Sehenswürdigkeit ist die nahegelegene Burgruine Kašperk (Karlsburg). Goldfunde waren auch die Grundlage für die Gründung von **Sušice** (Schüttenhofen) an der Otava etwa 15 km weiter nördlich. Besonders erwähnenswert sind das Rathaus mit Renaissanceportal, ein Haus mit Sgraffito-Schmuck und das Böhmerwaldmuseum mit seiner einzigartigen Zündholzabteilung: In Sušice wurden nämlich ab 1839 Streichhölzer hergestellt. In den verschiedenen Fabriken – seit 1903 unter dem Namen Solo vereint – waren zeitweise 2000 Personen beschäftigt. Die Streichholzfabrikation überstand alle Wirrnisse der Zeit, vom schwedischen Zündholzmonopol bis zum Sozialismus. Erst Ende 2008 wurde die Produktion in Sušice eingestellt; heute ist Solo nur noch ein internationales Handelsunternehmen. An der Straße 169 etwas weiter nördlich findet man die beeindruckende Ruine der **Burg Rabi**, einer der größten Burganlagen Böhmens. Der Kern der Anlage entstand um 1300.

Filze und Augen

Die Gegend um **Prášily** (Stubenbach) war zu sozialistischen Zeiten militärisches Sperrgebiet, der Ort war aufgegeben und wird erst seit der Wende wieder besiedelt. Von hier wandert man z. B. zum Jezero Laka (Lackasee) mit seinen »schwimmenden Inseln«. Poetisch heißen dieser und andere Gletscherseen die »Augen« des Walds. Weitere lohnende Ziele sind der Prášilské jezero (Stubenbacher See) und der Poledník (Mittagsberg), wo ein Militärbau in einen Aussichtsturm umgewidmet wurde.

Touristischer Mittelpunkt des zentralen Böhmerwalds ist das Örtchen

Modrava (Mader). Hier entsteht durch den Zusammenfluss zweier Bäche die Vydra (Widra), deren Lauf durch ein wildromantisches Tal zu den schönsten Partien gehört. Ganz in der Nähe beginnt auch der um 1800 gebaute Vchynicko-Tetovský kanál (Chinitz-Tettauer Kanal), ein von der Vydra gespeister Schwemmkanal für die Holztrift. Und um Modrava gibt es ausgedehnte Moore, auch Filze genannt, die wegen ihrer einzigartigen Tier- und Pflanzenwelt unter Naturschutz stehen und nur auf besonderen Wegen zugänglich sind. Die Filze mit ihrer teilweise 6 m dicken Torfschicht sind wichtige Wasserspeicher mit regulierender Wirkung.

Die Moldau und ihr See

Der böhmische Fluss schlechthin ist die **Vltava (Moldau)**, die aus Teplá und Studená Vltava (Warme und Kalte Moldau) entsteht; als Moldauquelle gilt die Quelle der Warmen Moldau bei Kvilda (Außergefild). Nach kurzem Lauf wird die Moldau zum 44 km langen und bis 16 km breiten **Vodní Nádr Lipno (Lipno-See)** gestaut. Er ist die touristische Attraktion Südböhmens; man kann Wassersport treiben, angeln und baden, und es verkehren zwei Ausflugsschiffe. Das Felsenmeer südlich davon gibt der Landschaft ein ganz eigenes Gepräge. Höchster Gipfel ist der **Plechý (Plöckenstein)** im Dreiländereck Deutschland-Österreich-Tschechien. Von hier führt ein kurzer Weg zum Adalbert-Stifter-Denkmal über der 200 m hohen Karwand des Plešné jezero (Plöckensteiner See), wo man eine fantastische Aussicht hat. Im Norden kann man Horní Planá (Oberplan) erahnen, Stifters Geburtsort. In der Nähe des Plöckensteins beginnt der ab 1789 erbaute Schwarzenberger Schwemmkanal, der dem Transport von Holz zur Donau diente. Mit 44 km Länge (davon 400 m im Tunnel) ist der Kanal eine großartige frühe Ingenieurleistung.

Nördlich des Lipno-Stausees findet man mit **Český Krumlov (Krumau)** eine wahre Perle. Die fast italienisch anmutende Altstadt auf einer halbinselartigen, von der Moldau umflossenen Landzunge steht als Weltkulturerbe unter dem Schutz der UNESCO. Überragt wird die Stadt mit ihren gotischen und Renaissance-Bauten von einer prächtigen Burg- und Schlossanlage.

Hoher Bogen Ganzjährig zieht das **Sport- und Freizeitzentrum** am Hohen Bogen Gäste an. An dem 7 km langen, bis zu 1079 m hohen Bergzug gibt es Wanderwege, Sesselbahn, Lifte und Skipisten (auch mit Flutlicht), eine Sommerrodelbahn, Skate- und Inline-Bahnen sowie die »Atomic-Ski-Jump«-Schanze, an der jeder, der mindestens 14 Jahre alt ist, seilgesichert 150 m weit skispringen kann (www.hohenbogen.de). Auf dem 1079 m hohen **Schwarzriegel** steht eine Antennenanlage, einst ein Horchposten am Eisernen Vorhang; ein Unternehmer aus Neukirchen am Hl. Blut will sie als Touristenattraktion einrichten, mit Museum, Jugendherberge und Café im 80 m hohen Hauptturm.

Waldmünchen Am Oberlauf der Schwarzach liegt 16 km nordwestlich von Furth der Grenz- und Luftkurort Waldmünchen (7100 Einw.). Einen schönen Blick auf Stadt und Umgebung hat man vom **Kirch- bzw. Stadtturm** (Mitte 16. Jh.; zugänglich Do. 14.00 – 16.00 Uhr); zu sehen sind außerdem die Türmerstube und die Turmuhrwerke von 1600 und 1920. Im Sommer erinnern die »Trenckfestspiele« mit Reitern und Kanonendonner, mit Liebe und Leidenschaft an die Geschehnisse 1742, als im Österreichischen Erbfolgekrieg der Pandurenoberst

Trenckfestspiele ►

Wallfahrtskirche Mariä Geburt in Neukirchen zum Hl. Blut

Franz von der Trenck mit seinen berüchtigten Reiterhorden vor der Stadt stand. Sie blieb verschont, weil die Stadtherren zusammenlegten und sie freikauften. Das alles wird im Grenzland- und Trenckmuseum dargestellt (Schlosshof 4, geöffnet März – Okt. Di., Sa., So. 14.00 – 17.00 Uhr).
Nördlich des Orts lädt der aufgestaute **Perlsee** zum Baden (dort gibt es auch einen Hochseilpark), Wasserspaß hat man außerdem im modernen Erlebnis- und Gesundheitsbad Aquafit. Anfang Juli findet das Mundartfestival statt, am 2. Sept.-So. die Pferdewallfahrt nach Ast. In Waldmünchen beginnt der 173 km lange, nach Passau führende »Pandurensteig« (► S. 130). Info: Tourismusbüro, Marktplatz 16, Tel. 0 99 72 / 3 07 25, www.waldmuenchen.de, www.waldmuenchner-urlaubsland.de, www.trenckfestspiele.de.

! *Baedeker* TIPP

Natur am und im Chamb

In der denkmalgeschützten, idyllisch am Chamb gelegenen Alten Mühle von Nößwartling (südlich von Arnschwang) vermittelt das »LBV-Zentrum für Mensch und Natur« in eindrucksvoller Weise die Verbindung von Kultur und Natur, etwa mit einem »Eisvogelsteig« im Fluss, mit einem 12 km langen Lehrpfad und vielen interessanten Veranstaltungen, insbesondere auch für Kinder. Tel. (0 99 77) 82 27, www.lbvcham.de.

Waldmünchner Urlaubsland

Zum Waldmünchner Urlaubsland gehören (neben Waldmünchen) die Orte Rötz, Tiefenbach, Treffelstein, Schönthal und Gleißenberg (Info: Tourismusbüro Waldmünchen).

◄ Rötz

Das **Oberpfälzer Handwerksmuseum** in Rötz-Hillstett nahe dem Eixendorfer See (15 km westlich von Waldmünchen) stellt verschiedene, teils untergegangene Handwerksberufe vor, wie Wagner, Spengler, Eisendreher, Kammacher und Seiler (geöffnet April – Okt. Di. bis So. 14.00 – 17.00 Uhr, mit Museumsschenke).
Die malerische Ruine der **Schwarzenburg** auf dem 706 m hohen Schwarzwihrberg nordwestlich von Rötz ist im Juli und August Schauplatz des Freilichtspiels »Der Guttensteiner«. Der berüchtigte Raubritter Heinrich von Guttenstein lebte hier Anfang des 16. Jh.s vom Lösegeld entführter Kaufleute aus Nürnberg und Regensburg. Info: Tourismusbüro Rötz, Böhmerstr. 18, Tel. 0 99 76 / 90 20 73, www.roetz.de, www.schwarzenburg-festspiele.de.

◄ Tiefenbach

Im Ludwig-Gebhard-Museum in Tiefenbach (14 km nordwestlich von Waldmünchen) sind v. a. Radierungen, Linolschnitte und Skulpturen des 1933 hier geborenen Künstlers zu sehen (Hauptstr. 23, zugänglich nach Vereinbarung, Info: Gemeinde Tiefenbach, Hauptstr. 33, Tel. 0 96 73 / 9 22 10, www.tiefenbach-opf.de). 1907 wurde eine Klöppelschule gegründet (heute Rathaus), um Frauen und Mädchen einen Nebenerwerb zu verschaffen; bald machten sich Spitzen aus Tiefenbach, Schönsee und Stadlern einen Namen. Daran erinnert ein kleines Museum mit Entwürfen und Produkten von Ende des 19. Jh.s bis in die Gegenwart, darunter von namhaften Textildesignern (Hauptstr. 33, geöffnet 8.00 – 12.00, 13.00 – 17.00 Uhr, Fr. nur vormittags; April – Okt. am 1. So. im Monat 13.00 – 16.00 Uhr).

** Nationalpark Bayerischer Wald

K–M 3–5

Mittlerer Bayerischer Wald **Höhe:** 600 – 1453 m ü. d. M.

Dunkle Waldwildnis, Bergkuppen, Bäche, Hochmoore, Felstürme, seltene Pflanzen und Tiere: Der Nationalpark Bayerischer Wald um die Berge Großer Falkenstein, Großer Rachel und Lusen ist ein Naturparadies. Erschlossen wird es von einem gut ausgebauten Wander-, Radwege- und Loipennetz für alle Ansprüche.

Vom Urwald zum Wirtschaftswald und zurück

Erst zu Beginn des 19. Jh.s begann die systematische Erschließung und Nutzung des »Hinteren Walds«, wie die höchste und abgelegenste Region des Bayerischen Walds genannt wird. Der Nationalpark ist der älteste in Deutschland: 1969 wurde die Region zwischen Rachel und Lusen zum Nationalpark Bayerischer Wald erklärt, 1970 feierlich eröffnet und 1997 auf knapp 243 km² erweitert. Er grenzt an Tschechien und reicht im Norden bis Bayerisch Eisenstein, im Südwesten bis Spiegelau und im Osten bis Finsterau. Seine höchsten Gipfel sind Großer Falkenstein (1315 m), Großer Rachel (1453 m) und Lusen (1373 m). In den feuchten, nachtkalten Tälern und in den rauen Gipfelbereichen über 1150 m Höhe bestimmen Fichten das Land-

Ursprüngliche Flusslandschaft im Nationalpark

schaftsbild; Mischwälder mit Tannen, Buchen und Bergahornen prägen in den Höhen zwischen 700 und 1150 m den Wald. 1991 erklärten die Nachbarn jenseits der Grenze von Böhmisch Eisenstein (Želesná Ruda) bis Glöckelberg (Zvonková) am Lipno-Stausee das Landschaftsschutzgebiet zum 690 km² großen Nationalpark Šumava. Mit annähernd 1000 km² bilden die Nationalparks das größte Waldschutzgebiet Mitteleuropas und werden als **Grünes Dach Europas** bezeichnet. Näheres ►Baedeker Specials S. 188, 202.

? WUSSTEN SIE SCHON ...?

- Mit etwa 6000 km² Fläche bilden der Bayerische und der benachbarte Böhmerwald in Tschechien das größte zusammenhängende Waldgebiet Mitteleuropas. Die beiden Nationalparks machen etwa ein Sechstel dieser Fläche aus.

Besucherzentren des Nationalparks

Über das Ökosystem Wald und den Naturschutz im Nationalpark informieren Ausstellungen im **Hans-Eisenmann-Haus** bei Neuschönau und im **Haus zur Wildnis** bei Ludwigsthal (►S. 196, 205, 217). Beide Zentren besitzen große **Freigelände** mit Tieren, die heute im Nationalpark leben oder hier einst vertreten waren, darunter Luchs, Wolf, Elch, Reh, Wildkatze, Braunbär, Wisent, Wildpferde, Uhu und Habichtskauz. Im Nationalpark brüten 80 Vogelarten, von denen ein Viertel auf der Roten List« der bedrohten Tierarten steht. Wie die Menschen im 18. und 19. Jh. am Rand der Waldwildnis lebten, erfährt man im **Freilichtmuseum Finsterau** (►S. 219).

Wandern im Nationalpark

Rund 300 km markierte Wanderwege, darunter auch kurze bis mittellange Themenwanderwege, erschließen das Nationalparkgelände. Fernwanderwege durchqueren das Gebiet der Länge nach: der Europäische Fernwanderweg E 6, der Gläserne Steig zwischen dem Lamer Winkel und Grafenau sowie die Kammvariante des Goldsteigs zwischen Bayerisch Eisenstein und Mauth (►S. 130). Eindrückliche Gipfelerlebnisse vermittelt die Besteigung von Großem Falkenstein (1315 m), Großem Rachel (1453 m) und Lusen (1373 m). Es gibt vier zum Teil ganzjährig bewirtschaftete Berghütten. Sehr informativ ist die Broschüre »Bayerischer Wald – Wandern«, die an allen Informationsstellen erhältlich ist. Sieben Wege führen zum Teil ganzjährig ins benachbarte Tschechien (Ausweispapiere nicht vergessen!).

Bayerisch Eisenstein K 3

Grenzstadt mit Bahnhof

Bayerisch Eisenstein (1100 Einw.) liegt am Fuß des Großen Arbers an der tschechischen Grenze. Zuerst gab es das heute tschechische Eisenstein (Železná Ruda), das 1809 österreichisch wurde, woraufhin westlich der Grenze »Bayerisch Häusl« entstand. Im 16. Jh. wurde hier kurze Zeit Erz abgebaut, 1691 siedelte sich eine Glashütte an. Für die 1877 eröffnete Bahnlinie Plattling – Pilsen wurde bis 1878 der überaus **großzügige Bahnhof** mit dem Charme der k. k. Monarchie gebaut, und zwar auf der Grenze zwischen Bayern und Österreich.

NATIONALPARK ERLEBEN

AUSKUNFT NATIONALPARK

Nationalparkverwaltung Bayerischer Wald
Freyunger Str. 2, 94481 Grafenau
Tel. (0 85 52) 96 00-0
www.nationalpark-bayerischer-wald.de

Besucherzentren
Idealer Einstieg für den Besuch des Nationalparks mit Ausstellungen, Infomaterial, Wanderkarten etc. sowie einem Tierfreigelände.

Hans-Eisenmann-Haus
Böhmstr. 35, 94556 Neuschönau
Tel. (0 85 58) 96 15-0
Tägl. 9.00 – 17.00 (2. Nov.-Wochenende bis 25.12. geschl.).
Mit Bibliothek und Laden.

Haus zur Wildnis
Ludwigsthal, 94227 Lindberg
Tel. (0 99 22) 50 02-0
26.12. – 31.3. tägl. 9.30 – 17.00, ab 1.4. bis 18.00 Uhr (2. Nov.-Wochenende bis 25.12. geschl.).
Mit Laden und Restaurant.

Informationshäuser
Frauenau, im Glasmuseum
Ausstellung »Schachten und Filze«
Tel. (0 99 26) 94 00 35
Mo. – Fr. 9.00 – 17.00,
Sa., So., Fei. 10.00 – 16.00 Uhr

Spiegelau, Ausstellung »Spiegelauer Waldbahn«
Tel. (0 85 53) 96 00 17
Mo. – Do. 8.00 – 17.00,
Fr. bis 15.30 Uhr

Mauth, Ausstellung »Holztrift«
Tel. (0 85 57) 97 38 38
Mo. – Fr. 9.00 – 12.00, 12.30 – 17.00 Uhr, So., Fei. nur vormittags

St. Oswald
Waldgeschichtliches Museum
Nationalpark-Info
Tel. (0 85 52) 97 48 89-0
Mo. – Do. 9.00 – 17.00,
Fr. 9.00 – 12.00 Uhr
Das Museum ist voraussichtlich bis Sept. 2010 geschlossen.

Weitere Infostellen im Naturpark-Haus in Zwiesel und im Grenzbahnhof in Bayerisch Eisenstein.

TOURISMUSBÜROS

Nationalparkgemeinden
Kaiserstraße 13
94556 Neuschönau
Tel. (0 85 58) 9 10 21
www.nationalparkregion.de

Schulbergstr. 1
94252 Bayerisch Eisenstein
Tel. (0 99 25) 93 03 16
www.bayerisch-eisenstein.de

Am Museumspark 1
94258 Frauenau
Tel. (0 99 26) 94 100
www.frauenau.de

Rathausgasse 1, 94481 Grafenau
Tel. (0 85 52) 96 23 43
www.grafenau.de

Schulplatz 2, 94566 Riedlhütte
Tel. (0 85 53) 60 83
www.sankt-oswald-riedlhuette.com

Konrad-Wilsdorf-Str. 1
94518 Spiegelau
Tel. (0 85 53) 96 00 18
www.spiegelau.de

Stadtplatz 27, 94227 Zwiesel
Tel. (0 99 22) 84 05 23
www.zwiesel.de

GUT ZU WISSEN

Im Nationalpark unterwegs

Im Nationalpark gelten besondere Verhaltensregeln, die unbedingt zu beachten sind! Informationen geben die Besucherzentren.
Zwischen 15. Mai und 31. Okt. verkehren zwischen den wichtigsten Besuchereinrichtungen im Rachel- und Lusengebiet die erdgasbetriebenen Igelbusse.
Vom Bahnhof Zwiesel aus bedienen die Falkensteinbusse den nördlichen Teil des Nationalparks und den Großen Falkenstein.
Die Waldbahn (mit Anschluss nach Deggendorf) verkehrt entlang dem Nationalpark zwischen Bayerisch Eisenstein, Zwiesel und Grafenau. In Zwiesel hat man Anschluss zum Falkensteinbus. Die Waldbahn hält am Haus zur Wildnis in Ludwigsthal.
Das Hans-Eisenmann-Haus und das Bergdorf Waldhäuser erreicht man von Grafenau mit der RBO-Linie 6119. Zum Haus zur Wildnis in Ludwigsthal fahren Busse bis zur Haltestelle an der B 11.
Fahrpläne und Ausflugstipps gibt es bei den Tourismusbüros, den Nationalpark-Infostellen und unter www.bayerwald-ticket.com.

Nationalpark aktiv

Natur- und Sportfreunde erwarten über 320 km Wanderwege, auch im Winter (als gespurte Wege, als Loipen oder Schneeschuhwege), und 200 km Radwege für alle Ansprüche und Schwierigkeitsgrade. Landkarten, Tourenvorschläge und Angebote für geführte Halbtags- oder Tagestouren gibt es bei den Tourismusbüros, den Nationalpark-Infostellen und unter www.bayernbike.de/touren/bayerischer_wald/nationalpark.shtml.
18-Loch-Golfplätze gibt es in Lindberg (Tel. 0 99 22 / 23 67, www.golf-park-oberzwieselau.de) und St. Oswald (Haslach 3, Tel. 0 85 58 / 97 49 80, www.gcanp.de). Erlebnisbäder und Wellness-Einrichtungen bieten viele Orte.

VERANSTALTUNGEN

Faschingssamstag: Rauhnacht mit Maskenball in Frauenau, das größte Maskenfest im Bayerischen Wald.
Ende Juni: Glasstraßenfest in Frauenau. 3. Juli-Wochenende: Pandurenfest in Spiegelau. Juli: Grenzlandfest in Zwiesel (Volksfest). Mitte Juli: NaturVision (Festival für Naturfotografie und -film) im Hans-Eisenmann-Haus in Neuschönau (Info: Tel. 0 85 58 / 9 10 21, www.natur-vision.de).
1. Aug.-Sa.: Säumerfest in Grafenau.
2. Aug.-Hälfte: Zwieseler Glasnächte.
Ende Aug.: Auerer Kirwa (Kirchweihfest) in Frauenau. Letztes Aug.-Wochenende: Rockfestival in Lichteneck bei Grafenau. Mitte Sept. Leonhardiritt in Grafenau. Bergmessen am 3. Sept.-So. auf dem Lusen und am 3. Okt. auf dem Rachel. Anfang Nov.: Zwieseler Fink (Volksmusikwettbewerb) in Zwiesel.

GLAS: EINKAUF UND BESICHTIGUNG

Frauenau

Valentin Eisch: Verkauf Mo. – Fr. 9.00 – 18.00, Sa. bis 16.00, Mai – Okt. auch So. 10.00 – 16.00 Uhr. Führungen Mo. – Do. 9.15 –11.30, 13.00 bis 14.30, Fr., Sa. 9.15 – 11.30 Uhr.
Am Steg 7, Tel. 0 99 26/1 8 9-0, www.eisch.de
Poschinger: Verkauf Juni – Okt. Mo. – Fr. 10.30 – 16.00, Sa. bis 14.30 Uhr, Nov. – Mai Mo. – Fr. 10.30 – Sa. bis 14.30 Uhr (wegen wechselnder Zeiten vorher anrufen), Führungen stündlich.
Moosauhütte 14, Tel. 0 99 26 / 94 01-0, www.poschinger.de

Ein Graveur bei der Arbeit an einem Bierseidel

Spiegelau
Glaszentrum (Marken: Spiegelau, Nachtmann und Riedel): Mo. – Fr. 10.00 – 18.00, Sa. bis 14.00 Uhr. Hauptstr. 2 – 4, Tel. 0 85 53 / 24-191, -192, www.spiegelau.com
Auch Porzellan von Seltmann Weiden ist vertreten: Mo. – Fr. 9.30 – 18.00, Sa. bis 16.00 Uhr, Juli – Sept. auch So.; www.seltmann.com

St. Oswald-Riedlhütte
Nachtmann: Verkauf Mo. – Fr. 10.00 – 18.00, Sa. 9.00 – 12.00 Uhr; Führungen nach Anmeldung möglich. Riedlhütte, Glashüttenstr. 1, Tel. 0 85 53 / 25 24 30, www.nachtmann.de
Glasscherben Köck: Verkauf Mo. – Fr. 9.00 – 18.00, Sa. bis 12.00 Uhr; Riedlhütte, Forsthausstr. 2
www.glasscherben-koeck.de

Zwiesel
Kristallglas Zwiesel: Verkauf Mo. – Fr. 9.30 – 18.00, Sa. bis 16.00 Uhr, So. z. T. geöffnet, Führungen Mo. – Fr. 11.00 Uhr. Tel. 0 99 22 / 98-249, www.zwieselkristallglas-werksverkauf.com.
Theresienthal: Verkauf Mo. – Do. 10.00 – 17.00, Fr., Sa. bis 16.00 Uhr; Führungen Mo. – Do. 10.00 – 14.30, Fr., Sa. bis 13.00 Uhr. Glaspark Theresienthal 25, Tel. 0 99 22 / 5 00 93-0, www.theresienthal.de

ÜBERNACHTEN / ESSEN

► Komfortabel

Pausnhof
94568 St. Oswald
Tel. (0 85 52) 40 88 60
www.pausnhof.de
Schön und anspruchsvoll ausgestattetes Biohotel. Den Speiseplan be-

stimmen die Jahreszeiten und die eigene Landwirtschaft, das Fleisch stammt aus eigener Zucht.

Tannenhof
Auf der List 27, 94518 Spiegelau
Tel. (0 85 53) 97 30
www.landhotel-tannenhof.de
Das Landhotel verbindet bayerische Gemütlichkeit mit stilvollem Ambiente. Mit Panoramarestaurant und Wellnessbereich.

Glas Hotel
Hochstr. 45, 94227 Zwiesel
Tel. (0 99 22) 85 40
www.glashotel.de
Familiengeführtes Hotel mit Wellnessangeboten. Am Herd des Restaurants steht der Chef.

Zur Waldbahn
Bahnhofsplatz 2, 94227 Zwiesel
Tel. (0 99 22) 85 70, Fax 85 72 22
www.zurwaldbahn.de
Traditionsreicher Hotelgasthof beim Bahnhof. Mit schöner Gartenterrasse. Das Restaurant gilt als eines der besten im Bayerischen Wald.

► Günstig / Komfortabel

Sporthotel Brennes
►S. 156

St. Florian
Althüttenstraße 22
94258 Frauenau
Tel. (0 99 26) 95 20
www.st-florian.de
Angenehmes familiengeführtes Hotel mit guter Küche, Hallenbad und Wellnessangeboten.

Zwieseler Waldhaus
Zwieslerwaldhaus 28/30
94227 Lindberg
Tel. (0 99 25) 90 20 20
www.zwieselerwaldhaus.de
Das älteste Wirtshaus (1778) im Bayerischen Wald hat außer gefälligen Zimmern und Appartements einen Biergarten und einen kleinen Wellnessbereich. Sehr guter Standort für Wanderungen rund um den Großen Falkenstein.

Schreinerhof
Schreinerhof 1
94513 Schönberg
Tel. (0 85 54) 94 29 40
www.schreinerhof.de
Bio-Bauernhof südwestlich von Grafenau mit Familienhotel und Appartements. Für Familien mit Kindern besonders geeignet. Mit Biergarten und Wirtsstube sowie Wellnessangeboten.

► Günstig

Grenzwald-Fischerwirt
Hohenzollernstr. 2
94252 Bayerisch Eisenstein
Tel. (0 99 25) 4 82
www.hotel-grenzwald.de
Idealer Ausgangspunkt für Touren, auch für Motorradfahrer (Zimmer und Ferienwohnungen). Bayerische und internationale Küche, Fischspezialitäten.

Zum Kellermann
Stadtplatz 8, 94481 Grafenau
Tel. (0 85 52) 9 67 10
www.hotel-zum-kellermann.de
Familiengeführtes Hotel-Gasthaus mitten in der Stadt.

Euler
Kaiserstr. 10, 94556 Neuschönau
Tel. (0 85 58) 10 07
www.landgasthof-euler.de
Familiengeführter Landgasthof, ideal für Ausflüge in den Nationalpark. Im Restaurant gibt es Spezialitäten des Bayerischen Walds mit Erzeugnissen aus der Region.

Hubertushof
Hauptstr. 1, 94518 Spiegelau
Tel. (0 85 53) 97 37 70
www.hubertushof-spiegelau.de
Zwei Häuser, dieselben Preise: Familiengeführtes, radlerfreundliches Hotel und gegenüber der Landgasthof Genosko (mit Metzgerei), in dem auch die Hotelgäste speisen.

Berggasthof Lusen
Lusenstraße 17, 94556 Waldhäuser
Tel. (0 85 53) 26 65
www.berggasthof-lusen.de
Gutbürgerlicher Gasthof mit nett eingerichteten Zimmern und Ferienwohnungen. Das beliebte Restaurant versorgt mit bayerischen Schmankerln, böhmischen Mehlspeisen und herzhaften Brotzeiten.

Feriendomicil Leithenwald
Bärnzell 28, 94227 Zwiesel
Tel. (0 99 22) 12 01
www.pension-leithenwald.de
Landgasthof und Pension im Ortsteil Bärnzell mit Ferienwohnungen und -häusern.

Chrysantihof
Ahornweg 2 – 4, 94227 Zwiesel
Tel. (0 99 22) 68 81
www.chrysantihof-zwiesel.de
Großes Appartementhotel am Waldesrand mit fünf Häusern, mit Hotelservice, Hallenbad und Sauna.

Eiserner Vorhang und Kalter Krieg sorgten für das Ende des Eisenbahnverkehrs. Heute fahren hier vom 30. Mai bis zum 31. Oktober die Züge des Böhmerwaldcouriers zwischen Straubing und Klatovy/Klattau (www.boehmerwaldcourier.de), 2008 wurde die Renovierung des Bahnhofs beschlossen. Im Restaurant gibt es böhmische Schmankerln (Tel. 0 99 22 / 3 30; kein Ruhetag). Die **Bahnhofshalle** beherbergt eine Informationsstelle des Nationalparks mit sehenswerter Ausstellung über die Partner-Nationalparks Šumava und Bayerischer Wald (geöffnet Di. – So. 9.30 – 16.30 Uhr). Im Lokschuppen zeigt das sehr sehenswerte **Localbahnmuseum** über 20 alte Dampf- und Dieselloks und Triebwagen (geöffnet Di. – So. 10.30 – 16.00 Uhr, in den Oster-, Pfingst-, Sommer- und Weihnachtsferien täglich, Febr./März nur bis 15.00 Uhr; www.localbahnverein.de).

✶ Zwiesel K 3

Glasmetropole

Im Jahr 1421 wurde hier die erste Glashütte eröffnet, und noch heute lebt Zwiesel vom Glas. Das hübsche Städtchen liegt 14 km südlich von Bayerisch Eisenstein am »Zusammenfluss« (das bedeutet der Name Zwiesel) von Großem und Kleinem Regen. Mit den Ortsteilen Bärnzell, Rabenstein, Griesbach, Zwieselberg, Klautzenbach, Lichtenthal und Theresienthal zählt es 10 500 Einwohner. Der 1254 als Besitz des Klosters Rinchnach erwähnte Ort war Station auf dem Gunthersteig vom Kloster Niederaltaich ins tschechische Gutwasser (Dobrá Voda). Neben der **Zwiesel Kristallglas AG**, zu der die Marken Schott Zwiesel und Jenaer gehören, sind hier die 1452 erstmals erwähnte **Glashütte Theresienthal** und rund 15 kleine Werkstätten und Studios ansässig. Ihr Spektrum reicht von traditionell gestalteten bis zu avantgardistischen Stücken. Über Fabrikbesichtigungen informiert die Broschüre »Glasstadt Zwiesel«. In geraden Jahren finden im Herbst die Zwieseler Glastage statt. Meisterwerke aus der königlich privilegierten Glasmanufaktur Theresienthal, darunter Goldrubingläser für das bayerische Königshaus, zeigt das **Glasmuseum Theresienthal** im gleichnamigen Ortsteil (Mo. – Fr. 10.00 – 14.00 Uhr).

? WUSSTEN SIE SCHON ...?

- Das Wahrzeichen der Zwiesel Kristallglas AG, eine 8 m hohe Pyramide, besteht aus über 93 000 Kristall-Weingläsern!

Sehens- und Erlebenswertes in Zwiesel

Unter Zwiesels Innenstadt verläuft ein einst über 3 km langes **System von Höhlen und Gängen**. Über Jahrhunderte diente es als Rückzugsort, Fluchtburg und Versteck der Einwohner. Ein Teil ist zugänglich und kann mit einem Führer erkundet werden (Anm. Tel. 0 99 22 / 25 50, www.unterirdisches-zwiesel.eu). Die Hauptachse des Orts bildet der zur Kirche ansteigende Stadtplatz. Das Waldmuseum hinter dem klassizistischen Rathaus informiert über den Naturraum Bayerischer Wald, die Geschichte der Glasmacherkunst und das bäuerliche Leben (Stadtplatz 29, geöffnet Mo. – Fr. 9.00 – 17.00, Sa., So. 10.00 – 12.00, 14.00 – 16.00, 16.10. – 14.5. 10.00 – 12.00, 14.00 – 17.00 Uhr, Sa., So. nur vormittags; www.waldmuseum-zwiesel.de). Die neogotische Stadtpfarrkirche **St. Nikolaus**, mit ihrem 86 m hohen spitzen Turm auch »Dom des Bayerischen Walds« genannt (wie der in Waldkirchen), wurde 1898 geweiht (Architekt: J. B. Schott). Ihre farbenprächtigen Fenster schufen bis 1913 die Vereinigten Zwieseler und Pirnaer Farbenglaswerke. Wenige Schritte nordöstlich die kleine barocke »Bergkirche« (Mariä Namen, 1762) mit Fresken des Niederaltaicher Meisters Franz Anton Rauscher.

★ ◄ Waldmuseum

Alles über Bär- und Blutwurz, aus denen Schnaps und Kräuterlikör gebrannt werden, erfährt man in der **Bärwurzerei Hieke** (Frauenauerstr. 80, Tel. 0 99 22 / 54 63, www.baerwurzerei.de). Die **Brauerei Pfeffer** südwestlich des Zentrums lädt zu Führungen mit Brotzeit und Bierproben ein. Hier werden nach alter Tradition Dampfbier und andere süffige Biersorten gebraut (Regener Str. 9, Tel. 0 99 22 / 84 66 15; Mo. – Fr. außer Mi. 13.00 – 16.00 Uhr). Das Zwieseler Erlebnisbad bietet Jung und Alt Badespaß.

Lindberg

In Lindberg 3 km nordöstlich von Zwiesel ist ein mindestens 500 Jahre altes, in Blockbauweise errichtetes Bayerwaldhaus als **Bauernhausmuseum** zugänglich (Kramerstr. 4; geöffnet Ostersonntag – Okt. Di. – So. 10.00 – 17.00 Uhr). Hier ist auch eine der letzten Holzkapellen des Bayerischen Walds erhalten. Der **Holzzugschlittenverein** im Deffernik-Tal hält den ausgestorbenen Beruf der Holzzugschlittenfahrer in Erinnerung; sein Vorsitzender Hermann Ganserer stellt in Oberlindbergmühle Holzzugschlitten vor (Hermann Ganserer, Oberlindbergmühle 33, 94227 Lindberg, Tel. 0 99 22 / 80 23 36).

Nachdem er in den 1990er-Jahren von Osten her zuwanderte, ist der Luchs im Bayerischen Wald wieder heimisch.

»NATUR NATUR SEIN LASSEN«

Die Nationalparks in aller Welt wollen charakteristische, möglichst naturnahe Landschaften erhalten und die ungestörte Dynamik der Lebensgemeinschaften gewährleisten. Seit 1970 wird im Nationalpark Bayerischer Wald der Natur die Chance zu eigener Entwicklung gegeben.

Im Jahr 1970 eröffnete der bayerische Landwirtschaftsminister Hans Eisenmann den Nationalpark Bayerischer Wald als **ersten deutschen Nationalpark**, dessen Leitspruch »Natur Natur sein lassen« ist. Heute ist das Gebiet um die Berge Falkenstein, Rachel und Lusen mit dem angrenzenden Nationalpark Šumava in Tschechien über 930 km² groß und das größte Waldschutzgebiet Mitteleuropas.

Wirtschafts- oder Naturwald

99 % der Wälder werden vom Menschen genutzt: Gesunde Bäume werden im besten Alter gefällt, abgeholzte Flächen werden neu bepflanzt, meist mit ein und derselben Baumart und im einheitlichen Abstand. Im Lauf der Jahre wird der Jungwald zum Hochwald, bis zur neuen Ernte.
Echten Urwald gibt es in Deutschland nicht mehr. Auch nicht im Nationalpark, wo die Holznutzung und Waldpflege nach und nach reduziert und nach 20 Jahren eingestellt, Bäche und Wege renaturiert und Waldarbeiter zu Rangern wurden. Heute entwickeln sich in dem Gebiet auf 75 % der Fläche die einstigen Wirtschaftswälder frei, ohne dass der Mensch lenkend, pflegend oder nutzend eingreift. Nur bei Bedarf wird in einem mindestens 500 m breiten Randbereich zum Schutz der angrenzenden Wälder mit »Waldmanagement«-Maßnahmen eingegriffen.
Im Nationalpark dominieren die Gesteine Granit und Gneis. Große Höhenunterschiede zwischen 600 und 1453 m sind für die Entstehung der **drei Waldtypen** verantwortlich: In den feuchten, nachtkalten Tälern und in den rauen, schneereichen Gipfellagen in über 1200 m Höhe bestimmen Aufichten- bzw. Bergfichtenwälder das Landschaftsbild, in den wärmeren Hangbereichen zwischen 750 und 1200 m wachsen Mischwälder aus Fichte, Tanne, Buche und Bergahorn.

Borkenkäfer – Totengräber oder Geburtshelfer?

Die über 300 km gut markierten Wanderwege und 200 km Radwege führen den Besuchern aber nicht nur ursprüngliche Wälder vor Augen. So ist v. a. in den Hochlagen um Rachel

Das typische Fraßbild des Borkenkäfers

und Lusen schon aus großer Entfernung der Walderneuerungsprozess unübersehbar. Hier hat die Nationalparkidee, nicht in die natürlichen Abläufe einzugreifen, besonders deutlich erkennbare Auswirkungen: Auf großen Flächen stehen wild gezackte Baumstümpfe, liegen Baumleichen kreuz und quer. Die durch Stürme wie Kyrill (Januar 2007) und Emma (März 2008) umgeworfenen oder durch Klimaerwärmung und Schadstoffe in der Luft geschwächten Fichten bieten ideale Bedingungen für einen 5 mm großen Winzling, den **Ips typographus**, wie der Borkenkäfer oder Buchdrucker auf Lateinisch heißt. Der Käfer bohrt Gänge unter die Rinde, um Brutnester anzulegen. Damit wird der Nährstoffkreislauf unterbrochen, die Nadeln trocknen ein und fallen ab. Der Baum stirbt. Erstmals wurden 1994 befallene Fichten sichtbar. 1995 war der Befall schon deutlicher; Ende 1996 waren nach offiziellen Angaben bereits 600 ha, Ende 2003 rund 4000 ha und 2008 schließlich 5000 ha Fichtenwald vom Borkenkäfer abgetötet. Dies beunruhigte nicht nur Einheimische, sondern auch Urlauber. Dabei tötet der Borkenkäfer im Naturwald vornehmlich alte und kranke Fichten und trägt damit zur Waldverjüngung bei. Bei Massenvermehrung greift er allerdings auch gesunde Bäume an. Daher wird er auch im Nationalpark in einem Randstreifen zum Schutz der angrenzenden Wälder bekämpft.

Kräfte der Natur

Wer jedoch genau hinschaut, erkennt, dass bereits kürzeste Zeit nach einem Sturmschaden und Käferbefall überall zartes Grün die Baumleichen überwuchert. Allmählich wächst an geeigneten Standorten ein neuer, meist stabilerer **Naturwald** nach: Der Wald regeneriert sich selbst. Die umgestürzten und vermodernden Stämme sind Nahrung für Pilze und Insekten. Sonnenlicht, das nun in Lichtungen den Waldboden erreicht, weckt Blütenpflanzen und Brombeeren, die im Schatten der Bäume keine Chancen hatten. Wo einst Fichten dominierten, wächst wieder Laubgehölz heran, und das erstaunlich schnell. Diese jungen Ur- oder Naturwälder bieten seltenen und bedrohten Tierarten wie Auerhuhn und Luchs Lebensraum.

Waldwirtschaft und Tourismus

Die Folgen der Borkenkäfervermehrung und der Stürme zwischen 1995 und Ende der 2000er-Jahre fachten immer wieder den Streit zwischen Gegnern und Befürwortern des Nationalparks an. Heute, nach fast 40 Jahren, hat sich die Situation grundlegend gewandelt. Die Zustimmung der Bewohner der Landkreise Regen

Vom Borkenkäfer befallene, vom Sturm geknickte Baumleichen am Lusen: Und von unten wächst der neue Ur- oder Naturwald.

und Freyung- Grafenau liegt zwischen 62 und 88 %. Das ist sicher der erkennbaren Regeneration des Waldes und dem **demografischen Wandel** zuzuschreiben – der älteren Generation gilt ein natürlicher Wald eher als »Saustall«, der jüngeren ist das neue Bild des Walds schon selbstverständlich. Zum anderen spielen auch wirtschaftliche Gründe eine Rolle. In dem Maß, in dem die Nutzung des Holzes ihre Bedeutung als (einzige) Einnahmequelle verliert, können **ökologische Gesichtspunkte** leichter akzeptiert werden, besonders da sie erheblich zur touristischen **Aufwertung der Region** beitragen. Mit ca. 800 000 Besuchern pro Jahr stellt der Nationalpark die wichtigste Attraktion der Region dar; für beinahe jeden zweiten Besucher spielt er eine große bis sehr große Rolle bei der Entscheidung für die Wahl des Reiseziels. Allein in den Nationalparkgemeinden sorgt der Park für ein Vollzeitarbeitsplatz-Potential für knapp 1000 Personen.

Auf Erlebniswegen unterwegs

Die unbeeinflusste Entwicklung der natürlichen Waldarten, die einzigartigen Hochmoore und Schachten sowie die Urwaldrelikte mit alten, riesigen Fichten, Tannen und Buchen sind auf mehreren Wanderpfaden zu erleben. So kann man u. a. auf dem **Seelensteig** am Fuß des Rachels »die Kraft der Wildnis mit allen Sinnen erfahren«. In rund 25 Jahren »zauberte« die Natur hier einen Märchenwald. In der Bergfichtenregion am **Hochwaldsteig am Lusen** zeigt die Natur ihre unglaubliche Kraft: Zwischen alten Baumstümpfen, auf moderndem Holz wächst eine neue Waldgeneration heran. Der **Urwald-Erlebnisweg Watzlik-Hain** bei Zwieslerwaldhaus führt zu bis 2 m dicken, 500 Jahre alten und über 50 m hohen Baumriesen.

Besucherinformationen

Informationen bieten die Infostellen in Mauth und im Grenzbahnhof Bayerisch Eisenstein sowie die zwei Besucherzentren »Hans-Eisenmann-Haus« bei Neuschönau und »Haus zur Wildnis« bei Ludwigsthal. Tier-Freigelände ermöglichen teils hautnahen Kontakt zu den heimischen Säugetier- und Vogelarten des Bergwalds.

Das Bauernhausmuseum in Lindberg

Fällenrechen

Zwischen Theresienthal und Ludwigsthal wurde 1857/58 am Großen Regen der Fällenrechen erbaut, eine Sperre, mit der die Holztrift reguliert wurde. Das Bauwerk steht unter Denkmalschutz und wurde 2008 vom Nationalpark Bayerischer Wald restauriert.

Ludwigsthal

★★

◄ Herz-Jesu-Kirche Abb. S. 68

Im Jahr 1826 wurde hier, 5 km nördlich von Zwiesel, eine Glashütte gebaut, 1827 benannte man den Ort nach König Ludwig I. Kunstfreunde finden in Ludwigsthal ein außergewöhnliches Juwel, die Herz-Jesu-Kirche, 1893/1894 im romanisch-byzantinischen Stil errichtet. Architekt war wie bei St. Nikolaus in Zwiesel der Münchner Johann Baptist Schott (► S. 68). Einzigartig in Deutschland ist die vollständige Ausmalung – Grundthema ist das Herz-Jesu-Motiv – des (dunklen) Raums durch Franz Xaver Hofstötter aus München, der sieben Jahre daran arbeitete; er gestaltete auch die Glasfenster, Altar, Kanzel und Taufstein. Die Wände hinter dem Altar sind wie in byzantinischen Kirchen mit Glasmosaiken ausgekleidet.
Über das Ökosystem Wald und den Naturschutz informiert das **Haus zur Wildnis** (►S. 196) nördlich außerhalb von Ludwigsthal. Das auch für seine Architektur interessante Gebäude (Architekten: Löhle, Neubauer) mit ausladenden, begrünten Dächern birgt ein 3D-Kino, Ausstellungsräume, einen Erlebnisraum zum Tasten und Riechen, Cafeteria und Laden. Im Freigelände leben Auerochsen, Wisente und Wildpferde, die während der Eiszeiten hier heimisch waren. Sie können auf einem 2,5 km langen Rundweg und von einem Aussichtsturm aus beobachtet werden. Schön ist auch der Blick auf die schier endlose Waldlandschaft zwischen Arber und Großem Falkenstein. In einer **Steinzeithöhle** ist eine Kopie der Höhlenmalereien der Grotte Chauvet (Südfrankreich) zu sehen.

Ein Braunbär im Nationalpark, allerdings nicht in freier Wildbahn

Hirschgehege Scheuereck

Von Ludwigsthal führt eine der wenigen Straßen in den Nationalpark hinein. Sie endet am neuen Hirschgehege Scheuereck (mit Gasthof, s. u.), wo man mit etwas Glück die Tiere aus nächster Nähe beobachten kann.

★ Großer Falkenstein

Vom Gipfelplateau des 1315 m hohen Großen Falkensteins reicht der Blick nach Westen und Südwesten zum Großen Arber und zu den Bergen des Vorwalds, zu Füßen liegt der Talkessel des Zwieseler Winkels. Das Schutzhaus am Falkenstein ist im Sommer täglich und im Winter an den Wochenenden geöffnet (Übernachtungsmöglichkeit, Tel. 0 99 25 / 90 33 66). Ein Ausgangspunkt für einen Aufstieg (ca. 2.30 Std.) ist der **Gasthof Scheuereck** (Parkplatz, Bushaltestelle; Tel. 0 99 22 / 20 71, www.waldgasthaus-scheuereck.de, Di. geschl.). Von hier geht es am Höllbach entlang zur Höllbachschwelle, einem kleinen Stausee für die ehemalige Holztrift, und bergauf in das **Höllbachgspreng** (ein »Gspreng« ist eine Wildnis aus Felsen und Bäumen). Der Aufstieg ist recht anspruchsvoll und setzt Trittsicherheit voraus. Den Abstieg (ca. 2 Std.) wählt man über den Kleinen Falkenstein (1190 m) zu den Steinbachfällen und durch den Urwald Mittelsteighütte (► unten) nach **Zwieslerwaldhaus** (Parkplatz, Bushaltestelle).

Urwald-Erlebnisweg

Am Großen Falkenstein gibt es seit über 200 Jahren Schutzgebiete, sie gehören heute zu den ältesten Urwäldern in Mitteleuropa. Man erreicht sie von Zwieslerwaldhaus: nördlich zum **Gebiet Mittelsteighütte**, westlich durch den Watzlik-Hain zum Gasthaus Schwellhäusl (Trifterklause, geöffnet tägl. 10.00 – 18.30 Uhr, 5. Nov. – Mitte Dez. nur So.; Tel. 0 99 25 / 4 60, www.schwellhaeusl.de).

★ **Ruckowitzschachten**

Eine der schönsten ehemaligen Hochweiden im Bayerischen Wald und die größte dazu ist der 1115 – 1175 m hoch gelegene Ruckowitzschachten nordöstlich von Zwieslerwaldhaus. Dank intensiver Pflege bietet er noch ein recht authentisches Bild (Foto S. 24). Man kann die Tour über den Großen Falkenstein (s. o.) so anlegen, dass man den Ruckowitzschachten »mitnimmt«. Der seltsame Name verdankt sich dem Versuch ortsfremder Geografen, die Bezeichnung »Ruckawies« (»Wiese auf Bergrücken«) schriftlich wiederzugeben.

Rabenstein

In diesem Dorf (300 Einw.) am 974 m hohen Hennenkobel, 3 km nordwestlich von Zwiesel, soll eine der sagenhaften Figuren, die in den Mythos vom »Waldpropheten« Mühlhiasl eingingen, als Viehhirt gelebt haben (►Baedeker Special S. 298). Um sie ist das Theaterstück »Der Stormberger« gestrickt, das im Juni auf dem Dorfplatz aufgeführt wird (www.stormberger.de). Die alte Schmiede am Dorfplatz ist heute ein Café (mit angeschlossener Pension; Tel. 0 99 22 / 18 96, www.cafe-am-dorfplatz.de).

★ Frauenau K 4

»Gläsernes Herz« der Bayerwalds

In Frauenau im Tal der Flanitz wurde schon 1420 die erste Glashütte gegründet, und auch heute prägt Glas die Wirtschaft des kleinen Ferienorts (2800 Einw.). Unverzichtbar ist der Besuch des hervorragenden Glasmuseums (Am Museumspark 1, geöffnet Mo. – Fr. 9.00 bis 17.00 Uhr, Sa./So. 10.00 – 16.00 Uhr, Mitte Nov. – 20. Dez. geschl.; www.glasmuseum-frauenau.de) mit mehreren Abteilungen. In der ersten unternimmt man eine Reise durch die Kulturgeschichte des Glases vom pharaonischen Ägypten über Antike und Mittelalter bis in die Neuzeit; eine andere gibt Einblick in das Leben und Arbeiten der Glasleute im Wald sowie in die Sozialgeschichte der Glashüttendörfer; auf zwei Stockwerken sind in einer der bedeutendsten Sammlungen moderner Glaskunst Werke der Internationalen Studioglasbewegung zu sehen, und auch »Nebenprodukte«, die Schnupftabakgläser und die Hinterglasmalerei, sind mit ausgezeichneten großen Sammlungen vertreten.

★★ ◄ Glasmuseum ⌚

Im Ort sind bekannte Glasfabriken ansässig: Poschinger und Eisch. Die ersten **Poschinger** sind bereits um das Jahr 1140 (!) für das benachbarte Oberfrauenau dokumentiert. In ihrer Glasfabrik – der ältesten der Welt, die bis heute existiert – wird seit 1568 Glas verarbeitet; zu ihr gehört neben Wohn- und Fertigungsgebäuden auch ein Herrenhaus. Die Glasfabrik **Valentin Eisch** ist u. a. für die von ihr erfundenen »atmenden Weingläser« bekannt, ihr Mitbegründer Erwin Eisch (*1927) einer der profiliertesten Glaskünstler überhaupt (►Berühmte Persönlichkeiten, S. 84).

★ ◄ Mariä Himmelfahrt

Die Geschichte von Frauenau begann damit, dass der Einsiedler Hermann von Bischofsmais (►S. 260) hierher kam und eine Zelle baute († 1326). Seit dem 14. Jh. gab es auch schon eine Wallfahrt »Zu Unser Frauen Aue«. Die 1756–1759 erbaute Kirche Mariä Himmelfahrt,

◄ weiter auf S. 212

FEIN GLAS, GUT HOLZ ...

... ist Zwiesels Stolz – in Granit gemeißelt steht dieser Spruch auf einem Denkmal in Zwiesel. Zum Wald und damit zum Holz haben die Menschen im Bayerischen Wald seit je ein besonderes Verhältnis, und nicht ohne Stolz sagen viele auf die Frage, woher sie denn kämen: »Aus'm Woid«.

Wer sich vorstellen will, wie der Wald vor gut 1000 Jahren ausgesehen hat, sollte ins Urwaldgebiet Mittelsteighütte oder in den Hans-Watzlik-Hain bei Zwieslerwaldhaus kommen, in die Seewand beim Großen Arbersee oder das Höllbachgspreng unterhalb des Falkensteins. Wenn die Motorsäge dort keinen Wanderweg freigeschnitten hätte, gäbe es kein Durchkommen. Jahrhundertealte Fichten und Tannen, Bergahorne und Buchen dürfen wachsen, bis sie ihr Lebensende erreicht haben oder von Sturm und Blitz gefällt werden. Dicke, überwucherte Stämme liegen kreuz und quer, das modernde Holz scheint tot – aber es ist voll von neuem Leben.

Vom Nordwald zum Harvester

Es sind nur noch wenige Quadratkilometer, auf denen der Rest-Urwald überleben konnte, auf denen der Bayerische Wald heute noch so aussieht wie bis zum 9. Jahrhundert. Damals war der fast undurchdringliche **Nordwald** die natürliche Grenze zwischen der Donauebene und dem Böhmischen Becken, beide schon besiedelt und kultiviert. Menschenleer war der Wald trotzdem nicht: Auf Pfaden und Steigen transportierten Händler ihr Gut durch die Wildnis. Auch wenn im Vorwald nahe der Donau Siedlungen aus dem ersten Jahrtausend nachgewiesen sind, gilt der **hl. Gunther** als Rodungspionier des Bayerischen Walds. Von dem um 1011 gegründeten Kloster Rinchnach aus trieb Gunther die Rodung und die Gründung von Siedlungen voran. Die zwei Reuthauen im Wappen der Gemeinde Rinchnach erinnern noch an den Heiligen. Und viele Ortsnamen mit Endung auf -reut, -reuth, -ried oder -mais gehen auf die Zeit der Rodungen zurück. Ein »maiz« ist im Mittelhochdeutschen ein Holzschlag, »ried« und »reut/reuth« meint eine Rodung.

Heute braucht ein Holz-Vollernter, ein sog. **Harvester**, für eine Fichte mit 50 cm Stammdurchmesser nur ein paar Minuten; dann ist der Baum gefällt, entastet, entrindet und in 5-m-Stücke geschnitten. Ein Mann erledigt diese Arbeit per Joystick. In der Zeit Gunthers rangen die Menschen dem

Holzflößer auf dem Regen (um 1935)

Wald in härtester Arbeit Quadratmeter für Quadratmeter Land ab, um es bestellen zu können. Holz war zwar auch Brenn- und Baumaterial; aber es war Konkurrent um das Land, und Holz war billig: »Noch zu Ende des 17. Jahrhunderts hatte das Holz in den innern Gegenden des bayrischen Waldes gar keinen Werth«, schreibt Bernhard Grueber 1846 in seinem Werk »Der bayrische Wald«. Ein Passauer Hofkammerakt aus dieser Zeit verzeichnet aus dem 20 000 ha großen Wolfsteiner Forst einen jährlichen Ertrag von 16 – 17 Gulden – ein Gulden hatte die Kaufkraft von etwa 40 Euro.

Glashütten und Schachten

Dass das Holz allmählich an Wert gewann, hängt mit dem anderen Stoff zusammen, der auf dem erwähnten Denkmal in Zwiesel genannt wird, dem **Glas**. In Rabenstein bei Zwiesel (1421) und in Althütte bei Frauenau (1420) errichteten Glasmacher aus dem Böhmischen die ersten Hütten im inneren Wald. Die Hütten brauchten Holz. Holz heizte die Glasöfen, aus Holz wurde die Pottasche als Flussmittel für die Glasschmelze gebrannt. Die Poschinger-Hütte in Frauenau, die älteste noch bestehende im Bayerischen Wald, verfeuerte 1761 rund 5700 Festmeter. Zunächst waren die Glashütten Wanderhütten: War der Holzvorrat um die Hütte aufgebraucht, zog sie weiter. Ortsnamen erzählen heute noch davon: Althütte – Neuhütte, Oberhütte – Unterhütte.

Die schönste Form der Rodung haben die Holzhauer in den Hochlagen hinterlassen. Für das Jungvieh wurden Waldweiden angelegt, die sogenannten **Schachten**. Bis zu 30 Hektar groß waren die Weideflächen, auf denen bis heute die alten Unterstandsbäume stehen, meist Bergahorne. Weil die Beweidung fast aller Schachten in den 1950er-Jahren eingestellt wurde, müssen sie vor dem Wald geschützt werden – innerhalb weniger Jahre erobert er die Schachten zurück, wenn sie nicht genützt oder gepflegt werden. Ursprünglich wollte die Staatsforstverwaltung die Schachten aufforsten. Nach Protesten der Bevölkerung und vor allem des Bayerischen Wald-Vereins wurde das Vorhaben 1964 gestoppt. Und in der Nationalparkverordnung ist festgeschrieben, dass die Schachten als »Zeugnisse kulturhistorischer Entwicklung der Region« zu erhalten sind.

Von der Trift zur Bahn

Mangels Transportmöglichkeit konnte das Holz nur an Ort und Stelle genutzt werden. Im 19. Jh. jedoch wurde die **Holztrift** immer bedeutender. In den Wäldern wurden Schwellweiher und Kanäle gebaut, der Regen und seine Zuflüsse wurden ab 1849

triftbar gemacht, bei Zwiesel entstand 1857/58 der Fällenrechen, eine Sperre, mit der die Holztrift reguliert werden konnte. 1874 passierten 300 000 Stämme den Fällenrechen, eine Menge, die später nie wieder erreicht wurde. Bis in die 1950er-Jahre war er im Einsatz, erst dann hatten Lastkraftwagen und Eisenbahn die Wasserstraße als Transportmittel ganz verdrängt.
Für die Glashütten wurde die Trift zum Problem. Denn das einst so billige Holz wurde zur begehrten Ware. Brenn- und Bauholz aus dem Wald befeuerten die Industrialisierung im 18. Jh., bis nach Wien und Holland wurde es geflößt. Erst die Erschließung des Bayerischen Walds durch die **Eisenbahn** ab 1877 brachte Erleichterung für die Glashütten, die Abhängigkeit vom örtlichen Rohstoff und Energieträger war Vergangenheit. Statt mit Holz wurde nun mit Kohle geheizt, heute lassen Strom oder Gas das Glasgemenge schmelzen.

Wirtschaftsgut Holz heute

Es ist schon einige Jahrzehnte her, dass die »Holzweiber« noch mit ihren Leiterwageln in den Wald zogen, um Kleinholz aufzusammeln. Holzschuhmacher, Holzdrahthobler oder Löffelschnitzer finden sich höchstens noch auf einem historischen Handwerkermarkt. Bis weit ins 20. Jh. verdienten sich Tausende Bayerwäldler in Heimarbeit mit Holz ein Zubrot, fertigten Schaufeln, Teller, Schüsseln, Rechen, Pinsel, Schachteln, Holzschuhe, Jalousielamellen, Ski und Schlitten. Bei aller Rodung und Nutzung in den vergangenen Jahrhunderten: Der Bayerische Wald darf noch immer »der Woid« genannt werden. In den Landkreisen Regen und Freyung-Grafenau, den waldreichsten Deutschlands, sind rund 110 000 Hektar mit Wald bestanden; im Landkreis Regen beträgt der Waldanteil 66 %, im Landkreis Freyung-Grafenau 59 %. Und der Wald wächst weiter, dank der Klimaerwärmung und dem Stickstoffeintrag über die Luft kräftiger denn je. Und so predigt die Staatsforstverwaltung den Privatwaldbesitzern, den Zuwachs besser zu nutzen. »Jede Stunde wachsen im Landkreis Regen 25 bis 29 Festmeter Holz nach. Das ist so viel, wie man für einen großen Dachstuhl braucht«, sagt Forstdirektor C. Graf. In den Privatwäldern im Bayerischen Wald werden aktuell nur 50 – 60 % des Zuwachses genutzt. Aber Holz erlebt mittlerweile eine Renaissance. Ölheizungen werden von Hackschnitzel- oder Pellets-Heizungen verdrängt, es gibt größere holzbefeuerte Heizkraftwerke; das Sägewerk Schiller in Regen, mit rund 250 Mitarbeitern eines der größten im Wald, presst aus den Holzabfällen Pellets, der Neubau

Der Reichtum des Bayerischen Walds

der Deggendorfer Fachhochschulfiliale in Teisnach bekam ein Obergeschoss in Holzbauweise. Rund 3,1 Mio. Festmeter Holz werden im Regierungsbezirk Niederbayern jährlich geschlagen, der überwiegende Teil davon im Bayerischen Wald. Rund 14 000 Menschen in Niederbayern finden Arbeit im Bereich Forst und Holz: mehr als in der Metallindustrie und genauso viele wie im Maschinenbau. Und gäbe es das BMW-Werk in Dingolfing mit über 20 000 Beschäftigten und derselben Zahl bei den Zulieferern nicht, wäre die Forstwirtschaft die mitarbeiterstärkste Branche im Regierungsbezirk. Auch die Papierindustrie nützt den Holzreichtum des Bayerischen Walds, etwa die Papierfabrik in Plattling. Unternehmen der finnischen Myllykoski-Gruppe haben dort seit 1982 kontinuierlich die Produktionskapazität erweitert, mittlerweile können in Plattling jährlich rund 800 000 Tonnen Papier aus Bayerwald-Holz produziert werden.

Nutzwald vs. Naturwald

Deutlich spürbar ist nach der bayerischen Forstreform 2004, dass die staatlichen Forstbetriebe intensiver wirtschaften. Sie sollen Geld für den Staatshaushalt verdienen. Und weil Handarbeit teuer ist, werden auch in den ungünstigen Lagen im Bayerischen Wald immer mehr Vollernter eingesetzt. Dazu müssen Rückegassen geschlagen und Forststraßen für den Abtransport des Holzes gebaut werden. Diese Form der Bewirtschaftung verändert den »Woid«. Aber auch die Stürme der beiden letzten Jahrzehnte haben große Wunden hinterlassen, vor allem an der Westflanke zwischen Arber und Kaitersberg. Fast vergessen ist mittlerweile das Wort **»Waldsterben«**, das Anfang der 1980er-Jahre im Bayerischen Wald »erfunden« wurde. Damals litten vor allem die Tannen unter den Schadstoffen, starben ab. Sie haben sich mittlerweile erholt. Dass der Wald ein empfindliches Ökosystem ist, ist im **Nationalpark Bayerischer Wald** (► Baedeker Special S. 202) hervorragend zu beobachten. Der Fichtenwald in den Hochlagen zwischen Rachel und Lusen brach nach einer Massenvermehrung des Borkenkäfers in den 1990er-Jahren großflächig zusammen. Und dass viele Waidler den Anblick der silbergrauen Baumleichen kaum ertragen können und auch nicht glauben wollen, dass ein neuer Wald entsteht, ist vielleicht auch ein Beleg dafür, wie eng die Beziehung zwischen »Woid« und »Waidlern« ist. Aber das gegenwärtige Verhältnis zwischen den Waidlern und dem wilden Wald im Nationalpark, das ist noch eine ganz andere Geschichte.

! **Baedeker TIPP**

Bayerwälder Angusrind

Im Gutshof Oberfrauenau gibt's einen gemütlichen Gasthof, in dem man Wild aus eigener Jagd und Angusrind aus eigener Zucht genießen kann (außerhalb der Saison Mo. geschl., Tel. 0 99 26 / 14 94). Fleisch und Wurst von dem schottischen Vieh werden Mi. und Do. 9.00 – 15.00, Fr. 9.00 – 17.00 Uhr verkauft.

eine der **schönsten Rokokokirchen im Bayerischen Wald**, bildet den würdigen Rahmen für das Gnadenbild, eine gotische Pietà (um 1480, im Hochaltar). Den Stuck schuf Melchior Modler aus Kößlarn, die Deckengemälde Franz Anton Rauscher aus Niederalteich, Schüler von Egid Quirin Asam. Ein unvergessliches Erlebnis für Kinder und Erwachsene sind die Flugvorführungen der Greifvögel – die man auch berühren darf – im **Jagdfalkenhof** im Schloss Oberfrauenau (Mai – 2. Okt.-So. Di. – Fr. und So. ab 15.00, Flugvorführung 15.30 Uhr, Hunde nicht zugelassen; Tel. 0 99 22 / 56 78, www.falknerei-lindl.de).

✶ **Filze und Schachten**

Im Gipfelbereich des Hohen Böhmerwalds, der häufig Hochplateaus ausbildet, liegen große Moorlandschaften, sog. **Filze**. Auf bayerischer Seite gibt es in den Kammlagen nur wenige kleine Vermoorungen. Rodungswiesen mitten im Bergwald, die **Schachten**, erinnern daran, dass Bauern noch bis in die 1950er-Jahre ihr Jungvieh zwischen Juni und September ins Waldgebirge trieben. Diese charakteristischen, sehr melancholisch wirkenden Landschaftsformen sind auch nordöstlich von Frauenau schön ausgebildet. Von Frauenau führen diverse herrliche Wander- und Radwege durch das Gebiet (unterschiedliche Anforderungen, bis hin zur 25-km-Runde über Kohlschachten, Hochschachten und Verlorenen Schachten). Sie berühren auch **Buchenau**, dessen Poschinger-Schlösschen einige Zeit im Besitz der berühmten Kochbuchautorin Erna Horn war, und/oder die **Trinkwassertalsperre**, die im Tal des Kleinen Regens angelegt wurde (erbaut 1974 – 1984, 85 m hoher) Staudamm; sie versorgt die Einwohner des Bayerischen Walds mit (eben) Trinkwasser.

! **Baedeker TIPP**

Hirtenromantik

Wer einmal dem herben Viehhirtendasein nachspüren will, kann das auf dem Verlorenen Schachten tun, der seit Jahrhunderten im Besitz der Freiherren von Poschinger ist. Die simpelst ausgestattete, nicht mit dem Auto erreichbare Hirtenhütte kann bis zu 12 Personen aufnehmen (eigener Schlafsack nötig). Buchung über Hotel St. Florian, Frauenau, Tel. (0 99 26) 95 20, www.st-florian.de.

Rachel

Von Oberfrauenau ist auch der östlich gelegene Rachel (► S. 216) zu erklimmen; an dieser Route kann man gut sehen, wie eine neue Waldwildnis heranwächst. Eine Variante des E 6 (grüner Pfeil), die den Marienweg und den Rachelsteig benützt, führt in knapp 2.30

Das Chorfresko in der Frauenauer Kirche Mariä Himmelfahrt zeigt die Ankunft von Wallfahrern am Gnadenort →

Refugi um Peccato rum
Auxilium Christianorū
Salus Infirmo rum.
Conso latrix Afflicto rum

Std. zum Waldschmidthaus. Nach der Besteigung des Großen Rachels kann man direkt (0.45 Std.) oder über Rachelkapelle/Rachelsee (2 Std.) zum Gfäll absteigen (Parkplatz, Igelbus nach Spiegelau); eine weitere Möglichkeit ist der Abstieg auf dem Klingenbrunner Rachelsteig zum Bahnhof Klingenbrunn an der Waldbahn (2 Std.). Der Bahnhof gilt als **kältester Punkt des Bayerischen Walds**.

Straße zwischen Spiegelau und Frauenau

Die Glasstraße zwischen Frauenau und Spiegelau wurde völlig überdimensioniert ausgebaut, bestürzend in einer Zeit, die sich erhöhte Sensibilität für die Belange der Umwelt und die Erhaltung touristisch interessanter Landschaften – auf die der Bayerische Wald ganz besonders angewiesen ist – auf die Fahnen schreibt. Und sie ist nicht das einzige Beispiel für die fortschreitende Zerstörung der Waldlandschaft durch den Straßenbau; man sehe sich etwa die Straße Buchenau – Spiegelhütte oder die Ortsumgehungen allenthalben an. Nähere Info unter www.c-p-o.de/areal/areal1.htm.

Spiegelau L 4

Glasmacher- und Luftkurort

Spiegelau (1500 Einw.) liegt am Zusammenfluss von Schwarzach und Großer Ohe und wie die Nachbarorte Klingenbrunn (950 Einw.) und Oberkreuzberg (1200 Einw.) am Fuß des Großen Rachels (1453 m). Wander- und Radwege sowie Loipen erschließen die Natur- und Kulturlandschaft. Hier wird seit 1521 Glas hergestellt, und bis heute halten zahlreiche Glaskünstler und Glashütten die Tradition am Leben (Einkaufen ► S. 197). Wenige Minuten von der Glasfabrik entfernt informiert das **Schnapsmuseum Penninger** über die bayerwäldische Schnapskultur (Dr.-Geiger-Str., Mai – Okt. Mo. – Fr. 10.00 bis 17.00, Sa. bis 13.00, So., Fei. 13.00 – 16.00 Uhr). Das Pandurenfest am 3. Juliwochenende erinnert an die Übergabe des Orts an den Pandurenobristen Franz von der Trenck, der im Österreichischen Erbfolgekrieg 1742 durch den Bayerischen Wald zog.

Pandurenfest ►

Das **Naturbad** am südlichen Ortsrand lädt zu Badespaß ohne Chlor ein, das Wasser wird biologisch gereinigt. Wanderwege führen durch die **Steinklamm** weiter südlich; hier hat sich die Große Ohe eine bis zu 100 m tiefe Schlucht und metertiefe Strudellöcher gegraben. Einen 2 km langen Naturerlebnispfad und eine Waldwiese gibt es am **Waldspielgelände** unterhalb des Jägerriegels nördlich des Orts.

Oberkreuzberg

Einen Rundblick über Donautal und Böhmerwald sowie manchmal bis zum Dachstein genießt man vom 27 m hohen Aussichtsturm in Oberkreuzberg (3 km südwestlich von Spiegelau). Recht hübsch ist die Pfarrkirche St. Magdalena (15. Jh., im Barock umgestaltet). In der Umgebung liegen die alten Glashüttenstandorte Hirschschlag (bei Oberkreuzberg) und Ochsenkopf (bei Klingenbrunn).

St. Oswald-Riedlhütte

Der benachbarte Doppelort (3000 Einw.) entstand um eine heilkräftige Quelle, an deren Stelle eine Kapelle und 1396 das Kloster St. Oswald errichtet wurden, und die um 1500 gegründete **Riedlhütte**, eine der ersten Glashütten im Wald. Das Werk des renommierten Bleikristallwerks Nachtmann, das auf die Riedlhütte zurückging, wurde 2009 geschlossen – eine Katastrophe für die Region. Die heutige Wallfahrtskirche entstand 1880 bis 1882, nachdem 1876 große Teile des Klosters abgebrannt waren. Die Entstehung des Bayerischen Walds, die Siedlungs-, Gold-, Kloster- und Glasgeschichte sind die Themen des **Waldgeschichtlichen Museums** (Klosterallee 4; voraussichtlich bis August 2010 geschlossen). Werksverkauf und Besichtigung bieten Nachtmann und Glasscherben Köck (► S. 198), im »Hüttenzangl« von Köck kann man Glasmachern zusehen und außerdem zünftig Brotzeit machen (geöffnet Mo.– Fr. 10.00 – 16.00 Uhr).

! *Baedeker* TIPP

Grashöfle

Eine große Blumenwiese, ein Teich, alte Obstbäume und mitten drin das Grashöfle, ein liebevoll renoviertes altes Bauernhaus mit einem Doppelzimmer und fünf Ferienwohnungen für bis zu vier Personen. Totenmanner Weg 24, 94568 St. Oswald, Tel. (0 85 52) 692, www.grashoefle-ferien.de.

✶ **Seelensteig**

Wie sich jahrhundertelang genutzter Wald wieder zu Naturwald entwickelt, lässt sich am Seelensteig erleben. Der 1,3 km lange Holzbohlensteig am Hang des Rachels führt durch einen Wald, der seit über 50 Jahren nicht mehr bewirtschaftet wird. Sturmschäden 1983 und Borkenkäferbefall haben tiefgreifende Veränderungen verursacht.

Romantisch steht die Rachelkapelle hoch über dem Rachelsee.

Der Prozess der natürlichen Erneuerung ließ nicht nur einen märchenhaften Wald entstehen, sondern gibt auch Vertrauen in die Selbstheilungskräfte der Natur. Einstiegsstelle an der von Spiegelau ausgehenden Schwarzachstraße (15. Mai – Okt. für Pkw gesperrt; dann mit dem Igelbus vom P+R-Parkplatz in Spiegelau aus).

✶✶ Großer Rachel

Der 1453 m hohe Große Rachel ist der höchste Berg im Nationalpark und mit seinen Urwäldern und dem idyllischen See ein beliebtes Ausflugsziel, seine Ersteigung jedoch anstrengend. Der 17 m tiefe **Rachelsee** (1071 m) ist ein Relikt der letzten Eiszeit; aus Naturschutzgründen ist nur eine Uferseite zugänglich. Hoch über dem See steht die **Rachelkapelle** (1212 m), die in jedem Bayerwald-Bildband verewigt ist; die erste wurde 1885 errichtet, die jetzige im Jahr 2000 (mit Schnitzereien des Spiegelauers Johann Lentner). Von hier führen beschwerliche Steintreppen über 230 Höhenmeter zum Gipfel. Bei guter Sicht reicht dort der Blick nach Norden über Falkenstein und Osser bis zum Arber und nach Südwesten bis in die Donauebene. Einkehren und übernachten kann man im urigen, 1912 erbauten **Waldschmidthaus** unterhalb des Gipfels (Abb. S. 129; 1360 m, geöffnet Ende April/Anf. Mai – Anf. Nov., Bettenreservierung obligatorisch, Tel. 0172 78 50 362, www.waldschmidthaus.eu). Ausgangspunkt für die Besteigung des Großen Rachels ist, neben Frauenau, die Igelbus-Endstation Gfäll (Aufstieg ca. 2 Std.; Abstieg ►S. 214). Mit dem **Lusen** (►S. 217) ist der Rachel durch den »Horizontalsteig« verbunden; für die Tour vom Rachelsee zum Lusen und hinunter zum Lusenparkplatz braucht man gut 4 Stunden.

Grafenau L 4

Älteste Stadt im Bayerischen Wald

Grafenau (8800 Einw.) an der Kleinen Ohe – hier ist die **Nationalparkverwaltung** ansässig – erhielt 1376 die Stadtrechte und ist damit die älteste Stadt im Bayerischen Wald. Sie war eine wichtige Station an der »Goldenen Straße«, dem Salzhandelsweg nach Bergreichenstein (Kašperské Hory, Partnerstadt von Grafenau), den der Landgraf von Leuchtenberg in Konkurrenz zu den Passauer Goldenen Steigen einrichtete. Brände, Panduren und andere Katastrophen haben die meisten alten Häuser zerstört, weshalb sich der Ort etwas nüchtern präsentiert. Das Salzsäumerfest Anfang August erinnert an die mittelalterliche Bedeutung.

Im **Bauernmöbelmuseum**, untergebracht in einem alten Waldlerhaus, wird bäuerliche und bürgerliche Wohnkultur aus drei Jahrhunderten lebendig (im Kurpark/Westeingang; geöffnet Gründonnerstag bis 31. Okt., 25. Dez. – 28. Febr. Di. – So. 14.00 – 17.00 Uhr). Über die Stadtgeschichte und den Schmalzler (Schnupftabak), der bis 1974 in Grafenau produziert wurde, informiert das **Stadtmuseum** (gegenüber der Post, Öffnungszeiten wie Bauernmöbelmuseum). Unter anderem sind hier Kuriosa wie das größte Schnupftabakglas der Welt (32 kg) und Varianten aus aller Welt zu sehen. Die hochgelegene

Pfarrkirche Mariä Himmelfahrt geht noch in gotische Zeit zurück (Turm, Chor); aufgrund mehrfacher Zerstörung durch Brände wurde sie 1734 und 1907 neu gestaltet (Hochaltar um 1734; zu beachten eine Madonna, um 1480, und eine Kreuzigungsgruppe, um 1650). Hinter der Kirche sind noch Reste der Stadtbefestigung erhalten.

Neuschönau

Über das Ökosystem Wald und den Nationalpark informiert das Besucherzentrum Hans-Eisenmann-Haus (► S. 196) bei Neuschönau (8 km nordöstlich von Grafenau). Eine Bibliothek ergänzt das Angebot. Wölfen, Braunbären und Luchsen kann man auf dem 7 km langen Rundweg durch das große **Freigehege** begegnen. Im **Pflanzen- und Gesteinsfreigelände** präsentieren sich über 500 heimische Blütenpflanzen und die vielfältige Geologie des Bayerwalds. Selbst die Felsblöcke auf dem Lusen finden sich hier in Miniaturformat. Im Juli findet hier die **NaturVision** statt, ein international renommiertes Festival für Naturfotografie und -film (►S. 197).

Waldhäuser

Nördlich von Neuschönau blieb mit dem Dorf Waldhäuser – das höchstgelegene Dorf (923 – 1034 m) im Bayerischen Wald – ein Zeugnis des mittelalterlichen Salzhandels erhalten. Die heute noch kaum veränderte **Rodungsinsel** am Lusen war ab 1609 Station an der »gulden stras«; die sieben »Häuser im Walde« lagen am Hang zu Seiten des Wegs verstreut. Heute kann man hier in aller Abgeschiedenheit ruhige, dennoch aktive Ferien machen. Das Waldlerhaus gegenüber dem beeindruckenden Ameishof (Jugendherberge) entstand aus von Hand zugehauenen Balken und Brettern des »Oberen Waldhauses«. Waldhäuser ist als »Künstlerdorf« bekannt; hier lebten Reinhold Koeppel (1887 – 1950), der das Altarbild »Maria im Wald« in der Dorfkapelle malte, und Heinz Theuerjahr (1913 – 1991), der den Skulpturenpark im Ort schuf. Das Atelier des Malers und Grafikers Hajo Blach kann besucht werden (n. Vereinb. Tel. 0 85 53 / 15 19).

? WUSSTEN SIE SCHON ...?

- Für Einheimische steht jeder der mit Schwefelflechten überzogenen Granitbrocken auf dem Lusen für eine Ehe im Bayerwald – heraufgeschleppt von einem Ehemann, der seine Frau loswerden wollte. Andere sind überzeugt, dass der Teufel im Spiel war: Er wollte eine neue Kirche im Tal zerstören und sammelte große Steine in einem Sack, um den Bau zu bombardieren. Doch da läuteten die Glocken vom Kloster St. Oswald, und so ließ er heulend seine Fracht fallen. Aber das sind nur zwei von vielen Geschichten …

★★ Lusen

Der 1373 m hohe Lusen ist wohl der markanteste und eigenartigste Bayerwaldberg. Sein Gipfel, ein wüster Granit-Trümmerhaufen – einer der »100 schönsten Geotope Bayerns« –, entstand in Jahrtausenden, wobei Wasser und Eis, Kälte und Hitze das Gestein spalteten. Mit riesigen Kahlflächen, Folge des Borkenkäferbefalls ab Mitte der 1990er-Jahre, war der Lusen für die Nationalparkgegner das Schreckbild schlechthin. Heute wächst in dem Totholz eine üppige Pflanzenwelt und ein neuer wilder Wald. Der Wanderer erlebt die Geburt

eines Urwalds. Besonders gut sieht man das am Hochwaldsteig (s. u.). Der kürzeste Weg zum Lusen (ca. 2.30 Std. inkl. Abstieg) beginnt am Lusenparkplatz, wobei man eine Runde über den Sommerweg, den Gipfel und den Winterweg absolviert. Vor dem Gipfel ist die **Himmelsleiter** zu überwinden, eine Treppe aus ca. 500 Steinstufen. Am Sommerweg passiert man auch den Hochwaldsteig, einen kleinen Rundweg. Einkehren und übernachten kann man im **Lusenschutzhaus** unterhalb des Gipfels (geöffnet Ostern – Okt. und 23. Dez. – 11. Jan. tägl. 9.00 – 18.00, 12. Jan. bis Ostern Fr., Sa., So. 9.00 – 17.00 Uhr, Tel. 0 85 53 / 12 12, www.lusenschutzhaus.de).
Wo der Böhmweg vom Lusenparkplatz her auf den Sommerweg trifft, liegt die **»Arche«**, ein 5 m langes, von einer Hand aus Eichenholz gehaltenes Schiff aus 480 Glasscheiben: ein Symbol ebenso für die Natur und die Glastradition im Bayerischen Wald. Vom 15. Mai bis zum 4. Nov. ist die Lusenstraße 9.00 – 16.00 Uhr nur für den Igelbus befahrbar, sonst ist sie für Kraftfahrzeuge ganz gesperrt. Im Winter kann man den Lusen über den Winterweg erklimmen, Schneeschuhwanderer können auch die Sommerwege problemlos nützen. Am Lusenschutzhaus beginnt die lange **Schlittenfahrt** auf dem Winterweg – der Spaß entschädigt für die Mühen des Aufstiegs.

★ **»Felswandergebiet«**

Oberhalb von Schönbrunn am Lusen trifft man auf **eindrucksvolle Felsformationen** – darunter die Große und Kleine Kanzel, die beiden höchsten Punkte (1002 / 1010 m) –, und urtümlichen Wald. Der Rundweg »Haselhahn« führt vom Parkplatz beim Jugendwaldheim in ca. 2 Std. durch dieses Gebiet.

Sonnenuntergang am Gipfel des Lusen

Mauth

Die frühere Mautstation (2400 Einw.), 10 km nördlich von Freyung über 800 m hoch am Ostrand des Nationalparks gelegen, entstand erst gegen Ende des 17. Jh.s. Alle drei Jahre (wieder 2011) wird beim **Heimatfest** Anfang / Mitte Aug. das beschwerliche Leben vergangener Zeiten erneut lebendig.

** **Freilichtmuseum Finsterau**

Im Museumsdorf in Finsterau 4 km nördlich von Mauth wurden alte Bauernhöfe aus dem Bayerwald aufgebaut (geöffnet Mai – Sept. tägl. 9.00 – 18.00, sonst bis 16.00 Uhr; www.freilichtmuseum.de). Mit ihrer originalen Einrichtung vermitteln sie ein eindrückliches Bild davon, wie man im 18./19. Jh. am Rand der Waldwildnis lebte. In der Dorfwirtschaft »Ehrn« wird nach alten Rezepten gekocht, in einer Schmiede wird der Hammer geschwungen, im Kapplhof Brot gebacken. In Kräuter- und Blumengärten wachsen alte Kulturpflanzen. Auch Feste wie das Maibaumaufstellen, Sonnwendfeuer und Adventsmarkt finden statt, außerdem Volksmusikabende, Lesungen und anderes Interessante. Im Tanzerhof kann man (im eigenen Schlafsack) billig und urig nächtigen.

! *Baedeker* TIPP

Bayerwaldküche heute

So karg der tägliche Speisezettel früher war, so »gschmackig« und herzerwärmend kocht Wirt Thomas Kröber in der Tafernwirtschaft Ehrn im Freilichtmuseum Finsterau. In der niedrigen Gaststube kommen etwa Lammhaxl mit Rosmarinsauce oder Hirschkalbsbraten mit Reibeknödel und Blaukraut auf den Tisch, im Herbst Gänse und Enten. 9.00 –18.00 Uhr, Ruhetag Mo., im Winter auch Di., Tel. (0 85 57) 3 77.

Nationalpark Šumava

►Baedeker Special S. 188

** Passau

L 6

Donau und Gäuboden
Höhe: 290 m ü. d. M.
Einwohner: 50 800

Schon durch die einzigartige Lage am Zusammenfluss von Donau, Inn und Ilz ist die geschichtsträchtige Bischofsstadt Passau berühmt. Sie gilt als das »Venedig Bayerns«, ein nicht zu weit hergeholter Vergleich, auch wegen des prachtvollen barocken Stadtbilds, das von altem Wohlstand zeugt. Zudem besitzt Passau mit seiner Universität eine quirlige Atmosphäre und eine lebendige Kunst-und Kulturszene – ein idealer Standort für Ausflüge in den Unteren Bayerischen Wald sowie nach Böhmen und Österreich.

Stadtanlage

Wie ein schmaler Schiffsbug drängt sich die Altstadt auf einer keilförmigen Landzunge zwischen Donau und Inn. Malerische Treppengassen steigen steil zum höchsten Punkt hinauf, den der Dom St. Ste-

Dreiflüssestadt: Passau zwischen Inn (unten), Donau (oben links) und Ilz (rechts)

phan einnimmt. Mit flachen Dächern, die sich hinter gerade abschließenden Fassaden (»Vorschussmauern«) verbergen, zeigen viele Häuser die italienisch inspirierte Architektur der Inn-Salzach-Städte. Vier Brücken, darunter der Fünferlsteg für Fußgänger und Radler, verbinden das abends prachtvoll illuminierte »Schiff« mit dem »Festland«; wer ans rechte Inn- oder Donauufer will, muss über die Marienbrücke, die einzige Innbrücke nördlich von Schärding.

Passau gestern und heute

Seinen Namen hat Passau von dem Kastell **Castra Batava** (Batavis), das die Römer um 270 n. Chr. im Bereich der östlichen Altstadt anlegten. Schon die Kelten hatten die verkehrs- und verteidigungstechnisch hervorragende Lage genützt (oppidum Boiodurum); um 80 n. Chr. entstand dort die erste römische Befestigung und im 7. Jh. eine baierische Herzogspfalz. Für die spätere Geschichte Passaus entscheidend war die Einrichtung eines Bistums durch den hl. Bonifaz um das Jahr 739, das sich in den folgenden zwei Jahrhunderten donauabwärts bis nach Wien und Ungarn ausdehnte – bis 1783 das **größte Bistum des Heiligen Römischen Reichs**, der Stephansdom in Wien war dem Passauer Dom unterstellt. Die nächsten wichtigen Stationen waren der Übergang der Herrschaft über die Stadt an den Bischof (999/1161) und die Verleihung der Reichsfürstenwürde 1217. In diese Zeit – um 1200 – datiert auch die Entstehung des berühmten **Nibelungenlieds**, das mit gewisser Wahrscheinlichkeit im Umfeld des Passauer Bischofs verfasst wurde. Der Handel über die Flüsse Donau und Inn und mit Böhmen hatte auch ein selbstbewusstes

Bürgertum entstehen lassen, das sich nach Art der Reichsstädte selbst regieren wollte. Das beantworteten die Bischöfe mit dem Bau der Veste Oberhaus (ab 1219); ein erster Aufstand der Bürger 1298 wurde niedergeschlagen, der zweite (1387) brachte immerhin einige städtische Rechte. Seine Blütezeit hatte Passau im 15./16. Jh. als Handelszentrum, neben dem Salz waren Getreide, Wein, Keramik und Waffen (»Passauer Wolfsklingen«) die wichtigsten Güter. 1662 und 1680 wurde die Stadt von Großbränden heimgesucht. Zum Wiederaufbau holten die Fürstbischöfe italienische Baumeister, die der Stadt ihr **barockes Gepräge** gaben. Der Stern Passaus begann zu sinken, als der österreichische Kaiser Joseph II. um 1785 die österreichischen Teile des Bistums einzog, sechs Siebtel seines früheren Gebiets. 1803 kam die Dreiflüssestadt zum Kurfürstentum Baiern, und 1839 verlor sie die Rolle als Hauptstadt Niederbayerns an Landshut. Nach langen Jahren des Dahindümpelns als Provinzstadt, die sich einen besonders katholisch-konservativen Ruf erwarb (nicht zufällig verlegte F. J. Strauß seinen Politischen Aschermittwoch 1975 in die Nibelungenhalle), brachten die Gründung der Universität 1978 und – so etwas ist möglich – die rebellische Tätigkeit des Scharfrichterhauses frischen Wind. Tragende Säulen der Wirtschaft sind heute die Zahnradfabrik Friedrichshafen mit Werken in Passau und im nahen Thyrnau, die Textilfirma Eterna und die Passauer Neue Presse, der regionale Zeitungsverlag; und nachdem 2008 das Peschlbräu die Arbeit einstellte, gibt es noch vier Brauereien in der Stadt.

! *Baedeker* TIPP

Europäische Woche

Zwischen Mitte Juni und Ende Juli findet alljährlich Deutschlands vielfältigstes Festival statt. Kirchen, Klöster und Schlösser in Passau und Ostbayern, in Oberösterreich und Böhmen stellen den stimmungsvollen Rahmen für hochkarätige Kultur: Musik von Mittelalter bis zur Gegenwart, von der E-Musik bis zum Jazz, Theater, Ballett und Lesungen, ergänzt durch Ausstellungen, Vorträge, politische Diskussionen und anderes mehr. Info und Karten bei den Tourismusbüros der Region sowie unter Tel. (08 51) 75 20 20 und 5 16 89, www.ew-passau.de.

PASSAU ERLEBEN

AUSKUNFT

Passau Tourismus
Rathausplatz 3, 94032 Passau
Tel. (08 51) 9 55 98-0
www.passau.de, www.passau-live.de

Niederbayerisches Bäderdreieck
Tourismusbüros:
Rathausstraße 8, 94072 Bad Füssing
Tel. (0 85 31) 97 55 80
www.badfuessing.de

Neuer Marktplatz 1
84364 Bad Birnbach
Tel. (0 85 63) 96 30 40
www.badbirnbach.de

Stadtplatz 1, 94086 Bad Griesbach
Tel. (0 85 32) 7 92 40
www.badgriesbach.de
www.bayerisches-golf-und-thermenland.de

GUT ZU WISSEN

PassauCard

Mit der PassauCard erhält man in der Stadt und in weitem Umkreis bei über 150 Partnern (Verkehrsmittel, Museen, Bäder u. v. m.) Vergünstigungen bzw. freien Eintritt. Geltungsdauer 1–3 Tage bzw. 1–3 Wochen (ca. 15–60 €). Zu bekommen bei Passau Tourismus und vielen anderen Stellen. Info: Tel. (08 51) 39 76 00 und www.passaucard.de.

Schiffsfahrten

Von der Anlegestelle am Rathausplatz gehen die Stadtrundfahrten (Drei-Flüsse-Fahrten) aus, die Ausflugsschiffe der Fa. Wurm + Köck legen weiter westlich ab (Untere Donaulände). Weiteres ►S. 127/128.

Parken und Stadtbusse

In der Altstadt ist Parken kaum möglich. Parkplätze und -häuser sind v. a. zwischen Donau und Hauptbahnhof sowie am Nibelungenplatz zu finden. In der Altstadt zirkuliert der Citybus, vom ZOB fahren Busse u. a. zum Kohlbruck (Erlebnisbad, Dreiländerhalle), auf den Mariahilfberg und nach Hals. Bus zur Veste Oberhaus/Jugendherberge Mai–Okt. halbstündlich vom Rathausplatz.

Einkaufen

Di.- und Do.vormittag ist auf dem Domplatz Markt. In der Höllgasse kann man sich mit schönen Dingen versorgen, in der Confiserie Simon (Hauptgeschäft und Café: Am Rindermarkt 10) mit »Alt-Passauer Goldhauben« (Marillen- und Nusstrüffel) oder Starkbier-Schokolade.

VERANSTALTUNGEN

Politischer Aschermittwoch der CSU in der Dreiländerhalle (kostenlose Karten unter www.csu.de). Ende März/Anf. April: »Passauer Frühling« (Drei-Länder-Verbrauchermesse). Ende April/Anf. Mai: Maidult (Volksfest mit Trachtenfestzug, im Messepark). Fronleichnam: Prozession mit Trachten. Mitte Juni – Ende Juli: Europäische Wochen. Ende Juni: Durchzug der Panduren. Ende Juni/ Anf. Juli: Eulenspiegel-Zeltfestival am Dreiflüsseeck. Mitte Juli: Ilzer Haferlfest. Anf./Mitte Sept. Herbstdult (Volksfest, im Messepark). Okt.–Dez.: Kabaretttage mit Verleihung des »Scharfrichterbeils«. Dez.: Christkindlmarkt (mit Holzmarkt Anfang Dez.). Aktuelle Veranstaltungstermine sind im »InnSide« verzeichnet (www.innside-passau.de).

ESSEN

► Erschwinglich / Fein & teuer

① ***Zur blauen Donau***
Höllgasse 14, Passau
Tel. (08 51) 490 86 60
Im historischen Haus an der Donau pflegt Chefkoch Richard Kerscher eine verfeinerte Regionalküche (der Klassiker: gefülltes Zanderfilet im Reiberdatschi). Angenehmes, unprätentiöses Ambiente. So./Mo. geschlossen.

► Preiswert / Erschwinglich

② ***Zum grünen Baum***
Höllgasse 7, Passau
Tel. (08 51) 3 56 35
Beliebtes, stilvoll rustikales Lokal in historischem Haus an der Passauer Künstlermeile, mit handfester bayerischer Bio-Küche (zertifiziert). Kein Ruhetag. (Mit dem »Ableger« Zum Fliegerbauer, Stelzlhof 1.)

③ ***Donaustuben***
Bräugasse 23, Passau
Tel. (08 51) 33 70
Gutbürgerliches Restaurant im »Altstadt-Hotel«, bekannt für bodenständige Regionalküche.

④ ***Diwan***
Nibelungenplatz 1, Passau
Tel. (08 51) 4 90 32 80
Café-Lounge oben im Stadtturm: der schönste Ausblick auf die Altstadt bei Wiener Kaffeehauskultur und vorzüglichem Kuchen aus der Konditorei Greindl. Immer gut besucht!

► Preiswert

⑤ ***Heilig-Geist-Stiftschenke***
Heiliggeistgasse 4, Passau
Tel. (08 51) 26 07
Wunderbare Gaststube aus dem Jahr 1358 mit Gewölbe und Holztäfelung, hübsches »Weingarterl«. Zur heimischen Küche gibt's Wein aus der Wachau, u. a. von den stiftseigenen Rebbergen. Mi. geschlossen.

⑥ ***Peschlterrasse***
Roßtränke 4, Passau
Tel. (08 51) 24 89
Logenplatz über der Donau: In der ältesten Braustätte von Passau, von 1259 bis 2008 in Betrieb, gibt es zur guten bayerischen Küche eine große Bierauswahl. Mo. geschlossen.

ÜBERNACHTEN

► Komfortabel / Luxus

① ***Hotel König***
Untere Donaulände 1, Passau
Tel. (08 51) 38 50 00
www.hotel-koenig.de
Sehr stilvolles Hotel an der Donau mit schönem Ausblick, Schiffsanleger vor dem Haus. Kein Restaurant.

Schloss Neuburg
Am Burgberg 5, 94127 Neuburg/Inn
Tel. (0 85 07) 9 11 00-0
www.schlossneuburg.de
Fürstlich nächtigt und speist man in der elegant modernisierten Burg aus dem 11. Jh. 11 km südlich von Passau. Wellnessbereich ist selbstverständlich. Hoftaferne mit schönem Wirtsgarten.

► Komfortabel

② ***Residenz***
Fritz-Schäffer-Promenade, Passau
Tel. (08 51) 9 89 02-0
www.residenz-passau.de
Traditionsreiches, rezivoll gelegenes Hotel garni mit schlicht-modern gestalteten, komfortablen Zimmern.

► Günstig / Komfortabel

③ ***Wilder Mann***
Schrottgasse 2 – 4, Passau
Tel. (08 51) 3 59 71
www.wilder-mann.com
Neben dem Rathausturm steht das 1303 erwähnte Stadtrichterhaus, seit 1844 Hotel. Man kann in Zimmern nächtigen, die König Ludwig II. bzw. Kaiserin Elisabeth bewohnten.

► Günstig

④ ***Spitzberg***
Neuburger Straße 29, Passau
Tel. (08 51) 95 54 80
www.hotel-spitzberg.de
Freundliche Pension, gepflegte Zimmer mit etwas ältlicher Eichenholz-Einrichtung.

⑤ ***Rotel Inn***
Hauptbahnhof / Donauufer, Passau
Tel. (08 51) 9 51 60
www.rotel-inn.de
Eine neue Errungenschaft des Erfinders der Rotel Tours: Auffällig gestaltetes »Billig-Hotel« mit 4 m langen und 1,5 m breiten Zimmern (das Bett nimmt die ganze Breite ein). 200 m vom Bahnhof an der Donau gelegen.

⑥ ***Zur Triftsperre***
Triftsperrstr. 15, 94034 Passau-Hals
Tel. 08 51 / 5 11 62
www.zur-triftsperre.de
Beliebte Ausflugsgaststätte im Naturschutzgebiet Ilzschleife (►S. 231) mit komfortablen Zimmern.

Sehenswertes in Passau

✶✶ Dom

Der Dom St. Stephan bildet mit der Alten und der Neuen Residenz das **fürstbischöfliche Zentrum** der Stadt. Schon im 7. Jh. stand hier eine Kirche, und bis der heute zu sehende Dom entstand, gab es vier weitere Phasen (Bischofskirche der Agilolfinger, um 740; Romanik, um 985, Frühgotik, 1285 – 1313, Spätgotik, 1407 – 1560). Der Stadtbrand von 1662 ließ nur den spätgotischen Ostbau weitgehend intakt. Unter dem zuvor in Prag tätigen italienischen Baumeister Carlo Lurago entstand dann – durch einen weiteren Brand 1680 unterbrochen – 1668 – 1686 die **größte barocke Kirche nördlich der Alpen** (101,4 m lang, Langhaus 33,3 m breit, Vierungskuppel 48,2 m hoch) mit einer wuchtigen, von zwei mächtigen, 68 m hohen Türmen flankierten Hauptfassade. Wie die Front, so lässt auch der Innenraum deutlich italienisches Muster erkennen (vgl. Theatinerkirche in München). Der gewaltige Eindruck, den das Innere mit seiner kühlen Pracht macht, verdankt sich neben der klassizistischen Architektur dem ursprünglich farbig gefassten Stuck, den um 1678 Giovanni Bat-

Passau *Dom St. Stephan*

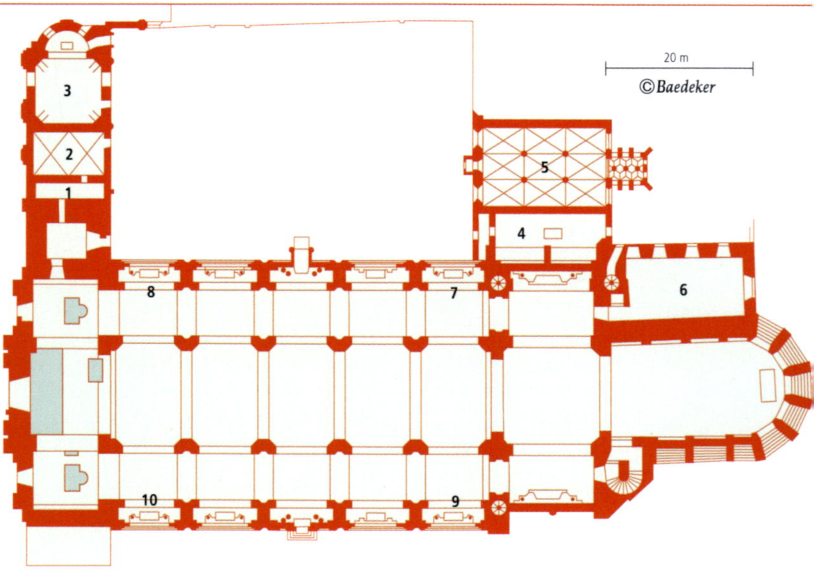

1 Werkzeugkammer
2 Trenbachkapelle
3 Lembergkapelle
4 Ortenburger Kapelle
5 Andreaskapelle
6 Sakristei

Seitenaltäre mit Gemälden von J. M. Rottmayr

7 Bekehrung des Saulus
8 Auffindung des hl. Sebastian
9 Enthauptung Johannes' des Täufers
10 Martyrium der hl. Agnes

tista Carlone fertigte. Die herrlichen, figurenreichen Deckenfresken schuf um 1680 **Carpoforo Tencalla**, der als Erneuerer der Freskomalerei nördlich der Alpen gilt. Wenn man in der Vierungskuppel ein wenig sucht, sieht man links und rechts neben einem Fenster zwei Beine plastisch aus dem Bild ragen – die Engel, denen sie gehören, sind gemalt. Tencalla hat im Passauer Dom mit solchen barocken Illusionen begonnen; Übergänge vom Bild ins Figürliche sind hier mehrfach zu sehen.

Dom St. Stephan: Blick in Vierung und Chor

Der Hauptaltar »Steinigung des hl. Stephanus« – mit Figuren aus Pappelholz, verkleidet mit versilbertem Kupferblech – ist ein Werk von Josef Henselmann (1947 – 1953). Besonders zu beachten sind die Langhaus-Seitenaltäre (G. B. Carlone), die mit hervorragenden Werken der deutschen Tafelmalerei des späten 17. Jh.s ausgestattet sind; vier von ihnen sind Meisterwerke des Salzburger Hofmalers **Johann Michael Rottmayr** (1654 – 1730), des »bayerischen Rubens«. Die herrliche Kanzel (1726) fertigte der Wiener Hoftischler J. G. Series.

★★ ◄ Orgel

Mit 17 794 Pfeifen und 233 Registern ist die Orgel des Doms (G. F. Steinmeyer/Oettingen, 1928, Eisenbarth/Passau, 1981) weltweit die größte in einer katholischen Kirche. Sie besteht aus fünf Werken – drei auf den Westemporen, eines im Altarraum und eines auf dem Dachboden –, die vom Hauptspieltisch aus gespielt werden. Zu hören ist ihr mächtiger Klang bei den Konzerten von Mai bis Oktober Mo. – Sa. um 12.00 Uhr sowie Do. um 19.30 Uhr.

Domplatz

Hier findet seit dem Mittelalter der Markt statt, seit dem 17./18. Jh. in repräsentativem barockem Ambiente; hier trifft man sich gern am **Regenprüfer**, wie Maximilian I. Joseph, der erste bayerische König, auf seinem Podest genannt wird (1824). Unter den einstigen Domherrenhöfen fällt das 1724 umgestaltete **Lamberg-Palais** auf (Nr. 6); 1552 wurde dort mit dem Passauer Vertrag der Protestantismus formell anerkannt. Südlich neben dem Dom steht die **Alte Residenz** (heute Landgericht); die prunkvollen Räume, in denen bis um 1750 die Fürstbischöfe residierten, werden als Sitzungssäle und Büros genützt. Weiter unten, an der Innbrücke, stößt das Stadttheater an, einst **Fürstbischöfliches Opernhaus** (1773), ein frühklassizistisches Schmuckstück.

Passau Orientierung

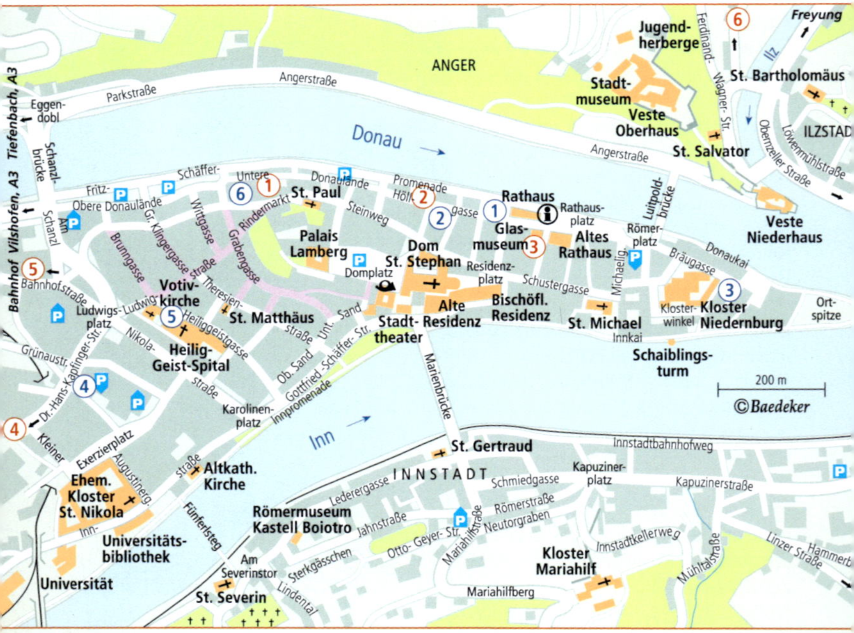

Essen

1. Zur blauen Donau
2. Zum grünen Baum
3. Donaustuben
4. Diwan
5. Heilig-Geist-Stiftschenke
6. Peschlterrasse

Übernachten

1. Hotel König
2. Residenz
3. Wilder Mann
4. Spitzberg
5. Rotel Inn
6. Zur Triftsperre

✶ **Residenzplatz**

Zurück zum Dom. Sein spätgotischer Chor in herrlichem Flamboyantstil (über dem Mittelfenster das Wappen des Fürstbischofs S. von Pötting, † 1689) dominiert den stimmungsvollen Residenzplatz mit alten Patrizierhäusern und der Neuen Bischöflichen Residenz, errichtet 1713–1730 von dem Italiener Domenico d'Angeli (umgestaltet um 1770). Sie beherbergt den **Domschatz und das Diözesanmuseum** (Zugang vom südlichen Seitenschiff des Doms, geöffnet Mai–Okt. Mo.–Sa. 10.00–16.00 Uhr) mit kostbarsten Exponaten. Nach dem Besuch des Museums bezaubert das wunderbare **Rokoko-Treppenhaus** mit Stuck von J. B. Modler und einem Deckenfresko »Die Götter des Olymps huldigen dem unvergänglichen Passau« von J. G. Unruhe (1768). Den »barocken« Wittelsbacher-Brunnen von 1903 zieren Putten als Allegorien der Flüsse Donau, Inn und Ilz. Schon 1384 wird die **Hofapotheke** Zum Schwarzen Adler erwähnt, sehr hübsch ihre Einrichtung aus dem 19. Jh. in den barocken Gewölben.

St. Michael

Einen großen Komplex am Inn bilden Kirche und Kollegium (heute Gymnasium) der Jesuiten, die nach dem Stadtbrand 1662 neu errichtet wurden. Schon 1677 war die Studienkirche St. Michael fertig, der zweite großartige Sakralbau der Stadt. Baumeister der schlichten Wandpfeileranlage waren die Oberitaliener Pietro Francesco Carlone und sein Sohn Carlo Antonio, der recht pompöse, farbig gefasste Stuck stammt vermutlich von G. B. Carlone. Den Hochaltar (1712) entwarf der Jesuit Christoph Tausch; die Engel schuf Diego Carlone, das Altarblatt Carlo Innocenzo Carlone (»Sturz der Engel«, 1714).

Kloster Niedernburg

Neben dem Bischof war das Kloster Niedernburg der zweite frühe Herrschaftsträger der Stadt. Vermutlich am Platz einer Herzogspfalz entstanden, ist es im 10. Jh. als königliches Kloster bezeugt. Im Jahr 1010 erhielt es von Kaiser Heinrich II. den Ilzgau und den »böhmischen Zoll«, den der Handel (v. a. mit Salz) über die Goldenen Steige einbrachte. Seine Schwester **Gisela, Königin von Ungarn**, wurde nach dem Tod ihres Gatten Stephan 1042 Äbtissin; 1161 kam das Kloster in den Besitz der Bischöfe, die damit das Hochstift Passau begründeten. Das Hochgrab der seligen Gisela (um 1420) ist seit Jahrhunderten Wallfahrtsziel, insbesondere von Ungarn; heute ruhen ihre Reliquien in einem gläsernen Schrein (2001). Beides ist in der **Heiligkreuzkirche** am Rand des großen, verschachtelten Klosterkomplexes zu finden. Nach einer verwickelten Geschichte zeigt sie sich im Wesentlichen als schlichte romanische Pfeilerbasilika (Weihe um 1040) mit gotischen (15. Jh.) und barocken Zutaten. Zu ihrer Ausstattung gehören einige Kunstwerke, u. a. eine Pietà (um 1430), eine Sitzfigur der sel. Gisela oder hl. Hedwig (um 1420) und ein großer Kruzifixus aus der Passauer Kriechbaum-Werkstatt (um 1508). Der ungewöhnliche spätromanische Ziboriumsaltar wurde rekonstruiert. Sollte die Kirche nicht zugänglich sein, kann man an der Klosterpforte nachfragen (Tel. 08 51 / 20 12).

! *Baedeker* TIPP

Bier oder Wein?

Passau ist ebenso eine Bier- wie eine Weinstadt. Nicht weniger als vier Brauereien gibt es noch im Stadtgebiet. Das Heilig-Geist-Spital besitzt Weinberge in der Wachau, seine Weine sind in der Stiftschenke zu verkosten. Als schöne Biertempel sind die Peschlterrasse (siehe S. 223) und das Bräustüberl Hacklberg mit Passaus größtem Biergarten (nördlich der Donau, Bräuhausplatz 7, kein Ruhetag) zu empfehlen.

✶ **Dreiflüsseeck**

An der hübschen Innpromenade wacht der trutzige **Schaiblingsturm** aus dem 13./14. Jh., der den Salzhafen schützte; das »Weiße Gold«, damals Grundlage für den Reichtum Passaus, kam auf Schiffen über Salzach und Inn hierher und wurde über die Goldenen Steige nach Böhmen transportiert. Nach einem Päuschen im Atelier-Café Ort 2 (Mo./Di. und im Winter geschl.) spaziert man weiter, vorbei am noblen Hotel Schloss Ort (www.schlosshotel-passau.de), zur **Ortspitze** – »ort« bedeutete im Mittelalter u. a. »Spitze«, »Ende« –, auch Dreiflüsseeck genannt. Hier strömen von Süden der hellgrau-grüne

Inn, von Westen die graubraune Donau und von Norden die moorbraune Ilz zusammen. Dass der Inn das Wasser der Donau so stark beiseitedrängt, ist seiner großen Wassermenge zuzuschreiben, aber auch der sehr unterschiedlichen Tiefe der Flüsse (Inn 1,9 m, Donau 6,8 m). Im Sommer findet hier das Eulenspiegel-Zeltfestival statt.

✶ **Museum Moderner Kunst**

Vom Dreiflüsseeck sind es, entlang der hier anlegenden Kreuzfahrtschiffe, wenige Schritte zum Museum Moderner Kunst, das in einem schönen, ausgezeichnet modernisierten Altstadthaus in Wechselausstellungen große Kunst des 20. Jh.s präsentiert (geöffnet Di. – So. 10.00 – 18.00 Uhr). Begründet wurde es von dem Architekten H. E. Wörlen mit Werken seines Vaters **Georg Philipp Wörlen** (1886 bis 1954), die sich zwischen Expressionismus, Kubismus und Neuer Sachlichkeit bewegen. Das Museumscafé hat nicht nur Tische draußen an der Donau stehen, es bietet auch ein super Jazzprogramm (Mo. geschl., www.cafe-museum.de).

Rathaus

Auf dem Rathausplatz, an der Donau, darf man sich besonders nach Venedig versetzt fühlen: Das Ensemble des Rathauses mit seinem 68 m hohen Turm hat etwas vom Markusplatz. Das Symbol des Widerstands der Bürgerschaft gegen die Macht der Fürstbischöfe entstand im 15. Jh. aus mehreren Patrizierhäusern; die Fassadenmalerei datiert von 1922, der ein wenig seltsam gestaltete Turm von 1891. Im repräsentativen **Rathaussaal** (mit Stuck von Giovanni Battista Carlone) sind Kolossalgemälde mit einer Szene aus dem Nibelungenlied und der Stadtgeschichte zu bestaunen (Ferdinand Wagner, um 1890; Ende März – Okt, Ende Nov. – Dreikönig tägl. 10.00 – 16.00 Uhr). Unten am Turm sind die Pegel der größten Hochwasser vermerkt, die die Stadt heimsuchten. Das Glockenspiel im Turm wird elektronisch gesteuert, je nach Jahreszeit erklingt eine von 88 Melodien.

✶ **Glasmuseum**

Gleich neben dem Rathausturm steht das Patrizierhaus »Wilder Mann«, in dem außer einem Hotel (► S. 223) das Glasmuseum untergebracht ist (geöffnet tägl. 13.00 – 17.00 Uhr). Das »schönste Glashaus der Welt« (so Friedrich Dürrenmatt) zeigt **Meisterwerke bayerischer, böhmischer und österreichischer Glaskunst** von 1780 bis 1935. Freunde des Kochlöffels schwelgen in der bedeutendsten **Kochbuchsammlung** im deutschsprachigen Raum. Sie geht auf die legendäre Kochbuchautorin Erna Horn zurück, die im Schloss Buchenau (► S. 212) von 1942 bis in die 1970er-Jahre eine Versuchsküche und einen Verlag unterhielt.

✶ **Scharfrichterhaus**

Eine weit über die Stadt hinaus berühmte Passauer Institution ist hinter dem Rathaus am Beginn der Milchgasse zu finden. Passenderweise das einstige Gerichtsgefängnis und spätere Haus des Henkers wurde ab 1977 zum **Zentrum der Gegenkultur** im schwarzen Passau. Hier taten Kabarettgrößen wie der heute eher weichgespülte Bruno Jonas und der immer ätzende, bittere Sigi Zimmerschied (►Berühmte Persönlichkeiten, S. 89) ihre ersten Schritte, hier wird bei den Passauer **Kabaretttagen** im Herbst an den Nachwuchs das Scharfrichterbeil vergeben. Neben einem Programmkino gibt's auch Lesungen und Jazzkonzerte und – nicht zuletzt – in wunderbar gemütlichem Ambiente, im Sommer im romantischen Arkadenhof, Gutes zu essen und zu trinken (ambitionierte, ehrliche Küche, Weine aus Österreich). Info unter Tel. (08 51) 3 59 00, www.scharfrichter-haus.de.

★ Höllgasse

Einst war diese Gasse parallel zur Donau wohl wirklich eine Hölle, düster und unheimlich. Die Restaurierung hat die dichtgedrängten Häuser im Inn-Salzach-Stil, meist aus dem Mittelalter stammend und nach den Stadtbränden im 17. Jh. umgestaltet, zu einem **Einkaufs- und Ausgehviertel** gemacht. Außer interessanten Baudetails wie Außentreppen und Durchlässe gibt es hier Ateliers, schicke Läden für Schmuck etc. und beliebte Adressen wie das Buchhandlung-Galerie-Café Unterhaus (mit Terrasse zur Donau), das »Schiffergasthaus« Zum Tiroler und das Bio-Wirtshaus Zum Grünen Baum.

St. Paul

Ist der Stephansdom die Mutterkirche des mächtigen Bistums, so gilt die Pfarrkirche St. Paul als **»Mutterkirche der Stadt«**. Am oberen Ende des Rindermarkts ragt der bis 1678 am Platz eines Vorgängers aus dem 11. Jh. errichtete Bau auf. Der Stuck im Inneren wurde erst 1909 angebracht, barock ist hingegen die würdig-ernste Ausstattung aus schwarzpoliertem Holz. Besonders zu beachten die Gemälde von F. W. Tamm im Hauptaltar (»Martyrium des hl. Paulus« und oben die »Maria Pötsch«) sowie unter der Westempore die »Beweinung Christi« von Johann Michael Rottmayr (um 1670; ►Dom).

»Neue Mitte«

Auf dem Kleinen Exerzierplatz, wo bis 2004 die Nibelungenhalle stand, und auf ehemaligem Bahngelände setzt sich **Passau »modern« in Szene**, mit Einkaufscenter, Parkhaus, Stadtgalerie, Zentralem Omnibusbahnhof (ZOB) und dem 38 m hohen Stadtturm. Die Gestaltung war höchst umstritten (»banale, bis zur Unerträglichkeit hässliche Klötze« nach dem Urteil von Walter Landshuter, dem Chef des Scharfrichterhauses), der Bau eines Kultur- und Konzerthauses wurde durch einen Bürgerentscheid verhindert. Vom Café Diwan im Stadtturm (►S. 223) hat man immerhin einen großartigen Ausblick.

Universität

Auch ein Spaziergang die Innpromenade aufwärts lohnt sich. Vor dem Innsteg lädt das gleichnamige Café-Bistro (Innstr. 14), »der« Studententreff, zur Pause, hinter dem Steg beginnt mit dem einstigen Kloster St. Nikola das **Universitätsviertel**. 1974 gegründet, genießt die Universität (heute 8500 Studenten) einen ausgezeichneten Ruf. Das um 1070 außerhalb der Stadtmauern gegründete **Nikolakloster** wird von Deutschordensschwestern (Fachakademie für Sozialpädagogik) und von Universitätsinstituten genützt. Die Augustinerchorherrenkirche der Gründungszeit wurde mehrmals umgebaut und um 1715 barock gestaltet; erhalten ist noch die Krypta (um 1075).

Passauer Burgen: Veste Oberhaus über der Veste Niederhaus

Innstadt Am Südufer des Inns dehnt sich die Innstadt aus. Dort erbauten die Römer um 280 n. Chr. das **Kastell Boiotro**, schon 100 Jahre später gaben sie es wieder auf. 1974 wurden die Fundamente freigelegt, ein Teil der Anlage wurde rekonstruiert, die Funde sind im Gruberhaus ausgestellt (geöffnet März – Mitte Nov. Di. – So. 10.00 – 16.00 Uhr). Der hl. Severin († 482) nützte, wie seine Vita berichtet, ein kleines Kloster, das auf dem Kastellgelände bestand (südwestlich am Innsteg), das **erste auf bayerischem Boden**. Dessen Reste sind in der gotischen Kirche St. Severin erhalten. Vom Kapuzinerplatz führt eine überdachte Gebetstreppe mit 321 Stufen – die Mühe sollte man auf sich nehmen – hinauf zum barocken **Kloster Mariahilf** (1630), das im 17. Jh. Wallfahrtsort große Bedeutung hatte. Das Gnadenbild war eine Kopie eines Madonnenbildes von Lucas Cranach d. Ä.; in der kleinen, einfachen Kirche sind (im Beichtgang) Trophäen aus der türkischen Belagerung Wiens 1683 zu sehen. Hier hat man den **schönsten Blick auf die »italienische« Seite** von Passau.

✶ Veste Oberhaus

Von der Altstadt bringt die hübsche Luitpoldbrücke über die Donau, und hier beginnt der Fußweg (Ludwigssteig) hinauf zur mächtigen Veste Oberhaus, die Burg der Fürstbischöfe. Im Jahr 1217 erhielt das Hochstift Passau die Reichsfürstenwürde, und zum Schutz vor äußeren und inneren Feinden – die Passauer Bürger lagen mit der geistlichen Obrigkeit im Dauerkonflikt – wurde 1219 der Bau der Zwingburg begonnen. Heute illustriert hier das **Oberhausmuseum** die interessante, wechselvolle Geschichte der Stadt (geöffnet 15. März bis 15. Nov. Mo. – Fr. 9.00 – 17.00, Sa., So. 10.00 – 18.00 Uhr). Eine eigene Abteilung stellt das Böhmerwaldmuseum dar, das sich mit dem tschechischen Teil des »Walds« beschäftigt. Von der Veste bietet sich ein großartiger Blick auf das Dreiflüsseeck und die **Veste Niederhaus** aus dem 13. und 15. Jh., die durch Vorwerke und Wehrgänge mit der Veste Oberhaus verbunden ist (Privatbesitz).

✶ Ilzschleifen

Nicht auslassen sollte man den kleinen Ausflug entlang der Ilz nach Norden zu den Ilzschleifen bei Hals. Jenseits der Straßentunnel bei der Veste Niederhaus klebt an der Felswand die ungewöhnliche spätgotische **Salvatorkirche**, die am Platz einer Synagoge errichtet wurde – nach einem angeblichen Hostienfrevel im Jahr 1477 und dem folgenden Judenpogrom (nur zu Ausstellungen und Konzerten zugänglich). Die **Ilzstadt** gegenüber war einst Umschlagplatz für das Salz, das über die Goldenen Steige nach Böhmen gebracht wurde. Ca. 2 km ilzaufwärts liegt **Hals**, auf dem schmalen »Hals« einer der beiden Schleifen, mit denen die Ilz hier einem Ableger des Pfahls ausweicht. Jahrhundertelang diente der Fluss der Holztrift, und weil die Schleifen sie stark behinderten, ließ König Ludwig I. in dieser bayerischen Exklave einen 115 m langen Tunnel für den Fluss bauen (begehbar). Aufgrund der großen Bedeutung als Lebensraum seltener Pflanzen und Tiere sind die Schleifen Naturschutzgebiet, das auf schönen Wanderwegen zu erleben ist. Die klassische **kleine Ilz-Tour** (10 km): Vom Ortszentrum in Hals zum Freibad und am östlichen Ilzufer nach Oberilzmühle, dann (auf wenig befahrener Straße) nördlich zur Staumauer; am Westufer der Ilz zurück zum Wirtshaus Triftsperre. Man überquert wieder die Ilz, geht durch den Triftstollen und am Ilzufer entlang zurück nach Hals. Im idyllisch am Wald gele-

! *Baedeker* TIPP

Idylle an der Ilz

Um 1900 war Hals, ein hübscher, von einer Burgruine überragter Markt, ein aufstrebender Kurort (mit der Wasserheilanstalt Bavaria-Bad), der Gäste wie Franz Léhar und Peter Rosegger sah. Das bräunliche Moorwasser der Ilz ist nicht nur sauber – die Flussperlmuschel ist noch nicht ausgestorben –, sondern auch wunderbar weich, eine Wohltat für Haut und Seele. Ein Freibad gibt's nahe dem Hofbauerngut, das Gästezimmer und Ferienwohnungen anbietet (Tel. 08 51 / 4 12 63, www.hofbauerngut.de).

genen Gasthof Zur Triftsperre kann man gut einkehren und übernachten (Mo. geschl., ► S. 223). Die Erweiterung der Runde von Oberilzmühle nach Fischhaus und zurück ist 15 km lang (4 Std.).

St. Korona Freunde der Sakralarchitektur sollten sich im nordwestlichen Ortsteil Patriching (Tittlinger Straße) die Kirche St. Korona ansehen, erbaut 1635 – 1641 in einer seltsamen Mischung aus Gotik und Renaissance; der Grundriss verbindet Oktogon mit griechischem Kreuz. Ebenso selten die Darstellung des Martyriums der hl. Korona im Hochaltar.

Niederbayerisches Bäderdreieck J / K 7 / 8

Kurorte Rund 30 km südwestlich von Passau liegt das »Niederbayerische« oder »Rottaler Bäderdreieck« mit **Bad Griesbach**, **Bad Birnbach** und **Bad Füssing**, eines der beliebtesten und modernsten Kurzentren Europas (Auskunft ►S. 221). Schon seit den 1930er-Jahren war die Heilkraft des 56 °C warmen Thermalwassers in Füssing am Inn bekannt, doch erst in den 1960ern entwickelte sich dort der Kurtourismus (1969 Titel »Bad«). 1973 kamen die Thermalwasservorkommen in Griesbach und Birnbach im Rottal dazu. Mit großen Badelandschaften, Kur- und Wellnessangeboten wirklich jeder Art, Golfplätzen für alle und Hotels aller Kategorien wird für jeden Geschmack und jeden

Neuzeitliche Wasserwelten im Bäderdreieck: Johannesbad in Bad Füssing

Geldbeutel etwas geboten. Birnbach hat sich noch am ehesten ein ländliches Erscheinungsbild bewahrt, Füssing hingegen zeigt, wie man's nicht machen darf. Zu den großen Attraktionen gehören die Europa-Therme und das Spielcasino in Bad Füssing sowie die Rottal Terme, der türkische Hamam und das Golfresort in Bad Griesbach. In **Karpfham** findet Ende Aug./Anf. Sept. das Karpfhamer Fest statt (mit Reitturnier und Rottal-Schau), das traditionsreichste Fest des Passauer Landes und drittgrößtes Volksfest in Bayern. Anfang Juli treffen sich im **Kirchham** beim Heimatfest die »Goldhauben« aus Bayern und Österreich.

Ziele für Kunstfreunde

Im Bereich des Bäderdreiecks liegen Asbach und Rotthalmünster, die über bedeutende Kirchen verfügen. Die schön über dem Rottal stehende Kirche **St. Matthäus in Asbach** gilt als letzte große Klosterkirche Niederbayerns: Baubeginn war 1771, die Weihe 1787, zwei Jahre vor der Französischen Revolution; Baumeister war F. Cuvilliés d. J., der Sohn des berühmten Münchner Architekten. Auch wenn noch dem Rokoko verpflichtet, zeigen sich in ihrer klassizistischen Klarheit und lichten Weite Vorstellungen der Aufklärung. Der Gewölbedekor ist gemalt; die Deckenfresken stammen von dem Tiroler Joseph Schröpf, die Schnitzfiguren von J. Deutschmann. Besonderes Augenmerk verdienen die mystischen Altargemälde von Martin Johann Schmidt (»Kremser Schmidt«). Im ehemaligen Konvent – mit Gaststätte und Biergarten – zeigt eine Filiale des Bayerischen Nationalmuseums u. a. wertvolle altbayerische Volkskunst (Mo. geschl.)
Die Kirche **Mariä Himmelfahrt in Rotthalmünster** entstand in der Spätgotik (bis 1481), die Ausstattung wie die Gestaltung des Turms sind barock. Von der alten Wehrkirche sind noch Reste der Umfassungsmauer und das Portalstöckl erhalten. Sehr reizvoll der Marktplatz im Inn-Salzach-Stil.

Passauer Abteiland

L – N 5/6

Unterer Bayerischer Wald

Höhe: ca. 290 m ü. d. M. (Donau) – 1332 m ü. d. M. (Dreisessel)

Der südöstlichste Teil des Bayerischen Walds – zwischen der Ilz und der österreichischen Grenze, zwischen Donau und Dreisessel – wurde im frühen Mittelalter vom Passauer Kloster Niedernburg aus erschlossen, und noch immer ist für den sanften, freundlichen Unteren Bayerischen Wald der Name »Passauer Abteiland« geläufig.

Ein wenig Geschichte

Zwar wurden bei Hauzenberg Relikte aus der Jungsteinzeit und in der Gegend von Ringelai solche aus spätkeltischer Zeit gefunden, doch dauerhaft wurde der »Nordwald« nördlich von Passau erst ab dem 10. Jh. besiedelt. Im Jahr 1010 schenkte König Heinrich II. dem

Obernzell, der hübsche Marktort an der Donau

Passauer Frauenkloster Niedernburg große Gebiete nördlich der Donau, dazu den »böhmischen Zoll«, den der Handel – insbesondere mit Salz – über die Goldenen Steige einbrachte. 1161 kam das Kloster und damit das Abteiland in den Besitz der Passauer Bischöfe, die so das mächtige Hochstift begründeten, das bis 1803 bestand. Der wichtigste Ort war Waldkirchen, wo die Säumerkarawanen nach ihrem Tagesmarsch von Passau her Station machten; 1285 erhielt der Ort mit dem Marktrecht vom Passauer Fürstbischof auch eine eigene Gerichtsbarkeit.

Ferien im Abteiland

Das touristische Kapital des Abteilands ist seine angenehm kleinteilige, wellige bis bergige Landschaft, die mit ihren Wäldern und Wasserläufen zum Wandern und Radfahren, zum Langlaufen und Snowboarden einlädt; alpin Skifahren kann man am besten in Mitterfirmiansreut, hervorragende Loipen gibt's z. B. am Haidel bei Grainet, im Oberfrauenwald bei Waldkirchen und zwischen Sonnen und Wegscheid. Golfplätze findet man bei Waldkirchen, Dorn, Poppenreuth und Raßbach. Die Zeugnisse der Geschichte sind zahlreich; insbesondere ist es die **»materielle Kultur«**, die v. a. im Granitzentrum Hauzenberg, im Graphitbergwerk Kropfmühl, im Heimatmuseum Freyung und im Bauernhausmuseum Finsterau (►S. 219) hervorragend präsentiert wird. Den Spuren der Geschichte folgt man auch auf den Wanderrouten des **Goldenen Steigs** (Prachatitzer Weg, Winterberger Steig, Bergreichensteiner Weg) von Passau nach Böhmen (►S. 130). Mit großartigen Aussichten wird die Besteigung von Haidel, Dreisessel und Friedrichsberg belohnt. Nicht zuletzt ist die abwechslungsreiche Kulturlandschaft ein Refugium für gefährdete Pflanzen und Tiere. Für familienfreundliche, preiswerte Unterkunft sorgen die vielen Bauernhöfe und Anbieter von Ferienwohnungen.

★ Die Donau unterhalb von Passau

Obernzell

Mit dem Schiff braucht man knapp 1 Std. nach Obernzell (19 km östlich von Passau). Der schön an der Donau gelegene Markt gehörte ab 1220 zum Hochstift Passau. Im 15. Jh. ließen die Bischöfe am Fluss ein mächtiges, schlichtes **Schloss** für den Pfleger errichten. Dort gibt das **Keramikmuseum** (geöffnet April – Dreikönig Di. – So. 10.00 – 17.00 Uhr) einen Einblick in die Geschichte der Keramik in Bayern, auch in Obernzell selbst, wo jahrhundertelang Graphitton zu europaweit begehrten Produkten verarbeitet wurde (daher der alte Ortsnamen Hafnerzell). Den Marktplatz – die Hauptstraße – säumen stattliche Bürgerhäuser; das prächtigste erstellte der reiche Schiffsherr Anton Lüftenegger 1808 als Gasthof, heute Hotel **Alte Schiffspost** mit herrlichem Wirtsgarten an der Donau (Hotel Tel. 0 85 91 / 10 30, Restaurant Tel. 25 60, Di. geschl.). Mit ihren zwei Türmen beherrscht die Rokoko-Kirche Mariä Himmelfahrt (um 1745) das Ortsbild. Vom **Jägersteig,** der nach Erlau führt (6,5 km), hat man schöne Ausblicke in das tief eingeschnittene Flusstal mit seinen bewaldeten Flanken. Mit einer Autofähre kann man über die Donau setzen.

> **! *Baedeker* TIPP**
>
> **Gasthaus Kornexl**
>
> Unterhalb der Schleuse von Jochenstein ist eines der letzten bodenständigen Fischlokale an der Donau zu finden, mit selbstgefangenem Fisch bzw. selbstgezüchteten Forellen. Geschmackvoll modern-rustikale Gaststube, Wirtsgarten mit schönem Blick auf die Donau. Radwanderer sind auch zum Nächtigen willkommen. Am Jochenstein 10, Tel. (0 85 91) 18 02.

Jochenstein

Unterhalb von Obernzell passiert die Donau die »Donauleiten«, steile Hänge, die wegen ihrer reichen, seltenen Flora und Fauna unter Naturschutz stehen. Die Donau fließt hier sehr gemächlich, aufgestaut durch das **Kraftwerk Jochenstein**, erbaut 1952 – 1956. Fußgänger und Radfahrer können hier den Fluss überqueren. Im **Haus am Strom** erfährt man viel über die Bedeutung des Wassers und der Donau (geöffnet 1. Mai – 20. Sept. tägl. 9.00 – 18.00, März, April, 21. Sept. – 7. Jan. Di. – So. 10.00 – 17.00 Uhr, 12. Jan. – Febr. Do.– So. 11.00 – 16.00 Uhr). Der malerische Fels in der Donau mit einem Bildstock und dem Schifferheiligen St. Johann Nepomuk ist der Jochenstein, ein Teil des Pfahls (►S. 18).

PASSAUER ABTEILAND ERLEBEN

TOURISMUSBÜROS

Marktplatz 42
94130 Obernzell
Tel. (0 85 91) 9 11 61 19
www.obernzell.de
www.donauperlen.de

Schulstraße 2–4
94051 Hauzenberg
Tel. (0 85 86) 300
www.hauzenberg.de

Ringmauerstr. 14
94065 Waldkirchen
Tel. (0 85 81) 1 94 33
www.waldkirchen.de
www.abteiland.de

Rathausplatz 2
94078 Freyung
Tel. (0 85 51) 5 88 15-0
www.freyung.de
www.freyung-grafenau.de

Schulstr. 39
94145 Haidmühle
Tel. (0 85 56) 1 94 33
www.haidmühle.de, www.drei laendereck-bayerischer-wald.de

Rathausplatz 3
94139 Breitenberg
Tel. (0 85 84) 9 61 80
www.breitenberg.de

VERANSTALTUNGEN

5. Jan.: Rauhnacht in Waldkirchen. Mitte Jan.: Internationales Hundeschlittenrennen in Haidmühle. Pfingsten: Passauer Openair in Hauzenberg (Popmusik). Ostermontag: Kirta (Kirchweih) in Röhrnbach. Mitte Juni – Mitte Juli: Kulturwochen Hauzenberg (Klassik, Literatur, Chanson, Kabarett). 3. Juli-Wochenende: Säumerfest in Grainet. Um den 25. Juli: Marktrichtertage in Waldkirchen. Anf. Aug.: Volksfest in Waldkirchen. 2. Sa. im Aug.: »Dreschersuppn« in Waldkirchen. 2. Okt.-So.: Leonhardiritt in Kellberg. 9. Nov.: Leonhardiritt Waldkirchen.

ESSEN

► Fein & teuer

Landgasthaus Schuster
Ort 19, 94078 Freyung
Tel. (0 85 51) 71 84
www.landgasthaus-schuster.de
Eines der edelsten Restaurants im Bayerischen Wald. Leopold Schuster hat sich für ideenreiche Küche aus regionalen Produkten einen Namen gemacht; in Kochkursen kann man es ihm nachtun. So.abend/Mo. geschl.

► Erschwinglich

Landgasthaus Emerenz
Dorfplatz 9
94065 Waldkirchen-Schiefweg
Tel. (0 85 81) 98 91 90
www.zur-emerenz.de
Ausgezeichnete Küche, bodenständig bayerisch oder international (►Tipp S. 241; Mo./Di.mittag geschl.).

► Preiswert

Gut Lichtenau
94051 Hauzenberg
Tel. (0 85 86) 12 13, 59 37
www.gut-lichtenau.de (►S. 239)
Ein stattlicher Gutshof mit über 500-jähriger Tradition, absolut ruhig am Wald gelegen. Mit gemütlichen Stuben und Biergarten, ein überaus beliebtes Ausflugsziel, nicht zuletzt dank der herrlichen Aussicht.

ÜBERNACHTEN / ESSEN

► Komfortabel

Golfhotel Anetseder
Raßbach 8, 94136 Thyrnau

Tel. (0 85 01) 9 13 13
www.hotel-anetseder.de
Ins Grüne gebettetes, unprätentiöses Haus mit 18- und 6-Loch-Golfplatz (Kurse, Leihequipment) und geradlinig-modern gestalteten Zimmern. Die Küche unter Leitung der Chefin verwöhnt mit bayerisch-böhmisch-österreichischen Schmankerln.

Gut Riedelsbach
94089 Neureichenau
Tel. (0 85 83) 9 60 40
www.gut-riedelsbach.de
Das Landhotel bietet gemütliche Zimmer mit viel Holz und eine große Wellnessoase. Seinen besonderen Ruf hat es für die Gasthausbrauerei des Biersommeliers Bernhard Sitter und die gute handfeste Küche; in Kursen kann man sein Bierwissen vervollkommnen, sehr beliebt ist das »Bierkulinarium«, ein 5-gängiges Menü mit ausgewählten Biersorten.

Naturhotel Gidibauer
Grub 7
94051 Hauzenberg
Tel. (0 85 86) 96 44-0
www.gidibauer.de
Ein schöner, jahrhundertealter Vierseithof, mit exzellentem Geschmack restauriert und modern-schlicht ausgestattet. Das Restaurant (Mo. Ruhetag) zählt der »Feinschmecker« zu den besten Landgasthäusern in Deutschland. Großes Freizeitangebot mit speziellen Pauschalen.

Landhotel Brodinger
Zuppinger Str. 3
94078 Freyung
Gediegenes Haus am Ortsrand, freundliche Zimmer im Landhausstil. Das Restaurant bietet bayerische Küche mit asiatischen und italienischen Ausflügen. Mit Hallenbad und Sauna.

Haus Auersperg
Auersbergreut 34, 94145 Haidmühle
Tel. (0 85 56) 9 60 06-0
Kleines angenehmes Gasthaus, ruhig am Waldrand gelegen. Seit vielen Jahren bekannt für liebenswürdigen Service, herzhaft-feine Dreiländerküche und einen gut sortierten Weinkeller. März/April sowie Nov. geschlossen.

► Günstig

Stemplinger Hansl
Am Rathaus 6, 94051 Hauzenberg
Tel. (0 85 86) 12 16
www.stemplinger-hansl.de
Familiengeführtes Haus zwischen Fußgängerzone und eigener Gartenanlage, schlichte, modern oder rustikal eingerichtete Zimmer. Frühstück mit frischen Semmeln und Brezen aus der eigenen Bäckerei. Gemütliches, gutes Restaurant.

Danibauer
Falkenbach 2, 94078 Freyung
Tel. (0 85 51) 42 83
www.danibauer.de
Jahrhundertealter Vierseithof, der mindestens seit Mitte des 17. Jh.s in Familienbesitz ist. In der gemütlichen Stube der Tafernwirtschaft, im eingewölbten Säumerkeller und im Wirtsgarten gibt's hervorragende bayerische Sachen. Einfache, ordentliche Zimmer.

Franzlbauer
Josef Glaser, Unterseilberg 6
94143 Grainet, Tel. (0 85 85) 2 70
www.franzlbauer.de
Ferien auf einem stattlichen Bauernhof von 1835, mit allem, was zu einem intakten Hof gehört. Viele Stammgäste und deren Kinder fühlen sich beim »Seppei« wohl. Es gibt auch Ferienwohnungen und ein Ferienhaus für 2 – 8 Personen.

Willkommen im Granitmuseum »Steinwelten« in Hauzenberg

Sehenswertes im Unteren Bayerischen Wald

Thyrnau Der kleine Ort (4200 Einw.) in Sichtweite von Passau (10 km nordöstlich) diente den Fürstbischöfen als Sommerfrische, weshalb sie sich 1714–1718 am Platz der Burg aus dem 13. Jh. ein Jagdschloss mit südländischem Touch errichten ließen (seit 1902 Zisterzienserinnenkloster). Im Ort steht die ungewöhnliche **Loretokapelle**, 1699 nach der Santa Casa im italienischen Loreto umgestaltet (der Turm kam erst 1894 hinzu). Außen zeigt sie Renaissance-Scheinarchitektur (z. T. rekonstruiert), innen ist, unter dem Sternhimmel im Tonnengewölbe, rissiges Mauerwerk nachgeahmt; auch die Schwarze Madonna ist eine Replik derjenigen von Loreto. Die Kirche St. Franz Xaver (1769) nebenan birgt die **»Thyrnauerin«**, eine fast lebensgroße, farbig gefasste Steinmadonna (um 1470); auffallend der überaus lebhafte Faltenwurf ihres Gewands. Pferdefreunde können ihrer Leidenschaft im **Gut Aichet** frönen, das sich über 500 Jahre in Familienbesitz befindet (Reitkurse, auch für Kinder; 3 km südlich nahe der Donau, www.gut-aichet.de).

Hauzenberg Hauzenberg (12 300 Einw.) 9 km nordöstlich von Thyrnau wurde durch den **Granit** bekannt. Im 19. Jh. entwickelte sich aus der alten Steinmetzzunft ein echter Industriezweig, das harte Gestein war einst für den Bau von Burgen und Kirchen ebenso wichtig wie für Bauernhäuser und die Pflasterung von Straßen und Plätzen. Was an Granit heute noch gebraucht wird, kommt billiger (!) aus China und Indien, selbst im nahen Passau wurde für die »Neue Mitte« erst nach heftigem Protest Hauzenberger Granit verwendet. Ein »starkes Stück« und ein Publikumsmagnet ist das Museum **»Steinwelten«**, das in einen aufgelassenen Steinbruch am Ortsrand Richtung Passau gebaut wurde (geöffnet April–Okt. täglich 10.00–18.00, Jan.–März 10.00 bis 16.00 Uhr, www.stein-welten.de); der kühne, wuchtige Bau des

★★ Granitmuseum ▶ 🕒

Architektenbüros Brückner & Brückner (Tirschenreuth) macht den nur scheinbar abweisenden Charakter des Materials schon optisch erfahrbar. Ein ruckelnder Aufzug befördert in die »Zeit des Steins«, wo die Welt der Mineralien zu erleben ist, dann geht es in die Ausstellung »Zeit des Menschen«, die die Geschichte des Bayerwald-Granits seit dem 10. Jh. nachzeichnet. Im Schausteinbruch mit alten Kränen, Rollwagengleisen und Steinhauerhütten wird der Weg des Granits bis zum fertigen Produkt nachvollziehbar. Das 1130 erstmals erwähnte Städtchen – anerkannter Luftkurort – ist das lebhafte Wirtschaftszentrum im südlichen Bayerischen Wald. Im 19. Jh. zerstörten mehrere Brände fast den ganzen Ort, weshalb er sich neuzeitlich präsentiert. In die gelungene moderne Pfarrkirche **St. Vitus** (1972) wurden der neogotische Turm (1851) und der spätgotische Chor (Ende 15. Jh.) der Vorgängerbauten einbezogen; in letzterem steht der wunderbare **Freudenseer Altar**, ein Flügelaltar aus der Werkstatt von Rueland Frühauf (um 1490). Den Marktplatz ziert ein prachtvoller barocker Brunnen (1667), der bis 1851 im Schloss von Neuburg am Inn stand. Nordöstlich unterhalb Hauzenberg lädt nahe dem einstigen Jagdschloss der Passauer Bischöfe (Privatbesitz) der schöne **Freudensee** zum Bade; empfehlenswert ist der 2-stündige Rundweg von hier über den **Staffelberg** (793 m, Aussichtsturm). Zur Erfrischung könnte man sich ein ebenso gutes wie gesundes Dinkelbier aus dem **Apostelbräu** genehmigen (Besichtigung mit Verkostung; Eben 11–13, Tel. 0 85 86 / 22 00, www.apostelbraeu.de).

? WUSSTEN SIE SCHON ...?

- Für den Bau der Befreiungshalle in Kelheim (S. 283) wurden 1845 in Hauzenberg 36 achtseite Granitmonolithen bestellt. Von ihnen fanden 18 den Weg dorthin, wurden aber dann nicht verwendet; die anderen blieben hier – keineswegs weil sie, wie häufig behauptet wird, mit 40 t pro Stück für den Transport zu schwer gewesen seien. Einer ist in Hauzenberg noch zu sehen, die »Säule des Königs« im Gelände des Granitmuseums.

Auf dem **Steinberg** (830 m) ca. 4 km nordwestlich, der höchsten Erhebung rund um Hauzenberg – bei den Einheimischen der »Lichtenauer« –, gibt's einen Aussichtsturm und eine Gaststätte (Rundwanderung von Hauzenberg, Weg Nr. 5, 13 km). Das Gut Lichtenau weiter westlich (►S. 236) besitzt einen schönen Biergarten mit prachtvoller Aussicht.

Kropfmühl

In Kropfmühl (5 km südöstlich von Hauzenberg) arbeitet das einzige **Graphitbergwerk** Westeuropas, dessen schwarzglänzendes Abbauprodukt, reiner Kohlenstoff, in Bleistiftminen und Batterien ebenso Verwendung findet wie in Brennstäben für Kernkraftwerke und feuerfesten Schmelziegeln. Für die interessante Führung durch den Untertagebau – bis zur 4. Sohle in 45 m Tiefe – sind feste Schuhe angezeigt, Helm und Kittel werden gestellt. Besuchszeiten: Juni bis Sept. Di. – Sa. 10.00 – 15.00 Uhr, So./Fei. 12.00 – 15.00, Mai, Okt. Do. – So. 13.00 – 15.00, März, April Sa., So./Fei. (in den Osterferien Di. – So.)

Die »grüne Hölle« der Saußbachklamm bei Freyung

13.00 – 15.00 Uhr; www.graphite.de). Auf der Fahrt von Hauzenberg hierher kommt man durch Jahrdorf, wo die Bärwurzbrennerei Penninger eines ihrer Schnapsmuseen unterhält (mit Laden, Industriestr. 18, Mo. – Fr. 9.00 – 17.00, Sa. 9.30 – 12.00 Uhr).

Jahrdorf ▸

Büchlberg In dem staatlich anerkannten Erholungsort (4200 Einw.) 10 km westlich von Hauzenberg gab es auf dem Bergholz einen **Steinbruch**, dessen begehrter Granit bis nach Berlin (Kaufhaus Wertheim) und Königsberg (Opernhaus) geliefert wurde. Nach seiner Stillegung hat ihn die Natur erobert, sein dunkler See, die zerklüfteten Felswände und die Abraumhalden bieten seltenen Tieren und Pflanzen Lebensraum – ein Kleinod für Naturliebhaber. Der Kulturfreund wirft einen Blick in die Kirche St. Ulrich mit spätgotischem Chor, einem Wallfahrtsbild von 1753 und anrührenden Votivtafeln unter der Empore.

Waldkirchen Der propere Luftkurort Waldkirchen (10 500 Einw.) war der **Hauptort des Passauer Abteilands**, als wichtigster Säumermarkt am Goldenen Steig ins böhmische Prachatitz und einziger Stapelplatz für Salz in der Region. Schon 1203 wird die »Kirche in Wald« erwähnt, 1285 werden Marktrecht und Gerichtsbarkeit bestätigt, 1460–1470 bekommt der Ort, wegen der Bedrohung durch Böhmen, eine Ringmauer mit Tor- und Wehrtürmen (teilweise erhalten). Mehrere Großbrände zerstörten alte Substanz, zuletzt nach dem Beschuss durch US-Truppen am 26. April 1945; die Erneuerung fiel leider recht nüchtern aus. Die »gute Stube« ist der langgestreckte Marktplatz (Markt ist am Do.vormittag); an seinem oberen Ende die stattliche neogotische Kirche St. Peter und Paul aus Granit (1861) mit dem 67 m hohen Turm, die neben St. Nikolaus in Zwiesel den Titel »Dom des Bayerwalds« trägt. Wenige Schritte südwestlich, in einem Wehrturm an der Ringmauerstraße, dokumentiert das **Museum Goldener Steig** anschaulich die Geschichte Waldkirchens und des Abteilands (geöffnet Mai–Okt., 25. Dez.–6. Jan., Palmsonntag–Weißer Sonntag Di.–So. 14.00–16.00 Uhr). Die Historie reaktivieren auch die **Marktrichtertage** im Juli: Der vom Passauer Fürstbischof eingesetzte Marktrichter hielt jedes Jahr die »Ehhaft« ab, eine Gerichts- und Ratssitzung (germanisch »eha« = »Gesetz«). Eine hübsche Besonderheit des Orts sind die »Hochzeiter« am Marktplatz, Radabweiser in Form bunter Granitfiguren, benannt nach dem ersten an der Ecke Jandelsbrunner Straße, der später gegenüber eine Braut bekam, die »Gretl«. Durch die wildromantische **Saußbachklamm** – unterwegs Rast an der Halleralm – geht man in ca. 1.15 Std. zum Kurpark Erlauzwieseler See mit einer Seebühne. Auf dem Karoliberg (wunderbares Panorama) ließ ein aus Mailand stammender Krämer eine Kapelle bauen (1665), die dem norditalienischen Heiligen Karl Borromäus geweiht ist. Badespaß bietet der nahe **Karoli-Badepark**, die größte Bäderanlage im Bayerwald.

Südöstlich von Waldkirchen liegt der bis 945 m ansteigende **Oberfrauenwald** (benannt nach dem Frauenkloster Niedernburg, dem einstigen Grundherrn); vom Aussichtsturm bietet er ein fantastisches Panorama; im Winter reicht der Blick bei gutem Wetter übers Nebelmeer bis zu den 150 km entfernten Alpen.

? WUSSTEN SIE SCHON ...?

- Die berühmtesten unter den alten Handelswegen, auf denen Säumer mit ihren Pferden Güter durchs Waldgebirge nach Böhmen brachten, waren die »Goldenen Steige«. Von Passau führten sie über Waldkirchen ins 70 km entfernte Prachatitz bzw. über Philippsreut nach Winterberg, ein Nebenweg führte von Röhrnbach über Freyung und Mauth nach Bergreichenstein. Hinüber wurde hauptsächlich Salz, auf dem Rückweg Getreide transportiert. Da die Passauer Fürstbischöfe das Salzmonopol besaßen, bauten die baierischen Herzöge ab dem 14. Jh. die konkurrierende »Gulden Stras» von Vilshofen über Saldenburg, Grafenau und St. Oswald nach Bergreichenstein aus.
Dass die Handelswege auch Kulturvermittler waren, belegen die sog. Akanthusaltäre in vielen Kirchen der südlichen Oberpfalz entlang der Goldenen Straße von Prag nach Nürnberg. Diese Altäre mit dem charakteristischen reichen Rankenwerk stammen aus Böhmen; ein schönes Exemplar ist in Otterskirchen bei Passau zu finden.

Tipp: Bei der Emerenz zu Hause

Aus Schiefweg bei Waldkirchen – einst ebenfalls ein Säumerort am Goldenen Steig mit schönen alten Höfen – stammte die Dichterin des Bayerischen Walds Emerenz Meier (►S. 86). Ihr über 300 Jahre altes Geburtshaus ist wunderbarerweise erhalten geblieben. Heute kann man in dem Schmuckstück ausgezeichnet essen (►S. 236); im Obergeschoss ist eine interessante Ausstellung zum Thema »Auswanderung nach Amerika« eingerichtet (www.emerenz-meier.de).

Röhrnbach In der Umgebung des Erholungsorts Röhrnbach (5 km westlich von Waldkirchen) – dem »Küblach« der TV-Serie »Forsthaus Falkenau« – zählt man viele alte Mühlen, von denen nur noch wenige in Betrieb sind. Ein zweiteiliger Wanderweg (11,5 bzw. 4,5 km, Ausgangspunkt ist die Post in Röhrnbach) führt durch die idyllische, wasserreiche Landschaft am Osterbach in der Nähe von Fürsteneck (►S. 251). Bei der Bruckmühle passiert man die **Steinerne Brücke** von 1592, die älteste Steinbogenbrücke des Unteren Bayerischen Walds, ein wichtiger Punkt am Goldenen Steig nach Bergreichenstein.

Freyung Das höchstgelegene Städtchen des Bayerwalds (658 m, bis 799 m) hat sich, auch durch die Nähe zum ►Nationalpark Bayerischer Wald, zu einem bedeutenden Ferienort mit entsprechend vielfältigem Angebot an Sport- und Freizeitmöglichkeiten entwickelt. Es entstand unterhalb der um 1200 auf dem Quarzriff des Pfahls erbauten **Burg Wolfstein** der Passauer Bischöfe. Sie gewährten den Siedlern in diesem abgelegenen Winkel Freiheit von Abgaben und Pflichten, wovon der Ortsname herrührt (noch heute wohnt man hier »in der Freyung«). Die Burg wurde 1590 zum Schloss, jetzt sind hier das Museum für Jagd und Fischerei im Bayerischen Wald und die Galerie Wolfstein untergebracht, die **zeitgenössische bildende Kunst aus Ostbayern** präsentiert, u. a. die Künstlergruppen »Donau-Wald« und »Eule« (beide geöffnet Di.–So. 10.00 – 17.00 Uhr, geschlossen vom Ende der Herbstferien bis 25. Dez. sowie vom Ende der Faschingsferien bis Gründonnerstag). Im **Schramlhaus**, einem typischen Vierseithof des Bayerwalds von Anfang des 18.Jh.s, taucht man in den bäuerlichen Alltag ein; das Heimatmuseum zeigt hier Bauernstuben, Gerät, Trachten und Volkskunst (Abteistr. 8, geöffnet 16. Juni – 15. Sept. Di.– Fr. 14.00 – 17.00, Sa. 10.00 – 12.00, 16. Sept. – 31. Okt. und 6. Dez. – 15. Juni Di., Do. 14.00 – 17.00, Sa. 10.00 – 12.00 Uhr). Mit ihrem 56 m hohen Turm beherrscht die Kirche **Mariä Himmelfahrt** das Stadtbild, erbaut 1877 nach dem Muster der sakralen Spätgotik Ostbayerns, nachdem ihr Vorgänger 1872 mit einem Großteil des Orts in Feuer untergegangen war. Den Hochaltar, ein Flügelaltar aus Eichenholz, schuf der Landshuter Michael Mayer (1877).

★★ Buchberger Leite Eines der »100 schönsten Geotope Bayerns« ist die Buchberger Leite, die wilde Klamm westlich von Freyung, die der Saußbach und nach seiner Vereinigung mit dem Reschbach die Wolfsteiner Ohe bis 100 m tief in den Gneis-Untergrund geschnitten haben. Sie folgt über etwa 2 km dem Pfahl, dessen Gesteine (hier nicht Quarz, sondern Pfahlschiefer) zutage treten. Vom Wanderparkplatz beim Freibad in Freyung folgt man dem Weg 3 am rechten Ufer des Saußbach, Infotafeln geben Aufschluss über Natur und Strecke; beim Carbidwerk wechselt man auf die Südseite der Wolfsteiner Ohe (Weg 3 a). Nach ca. 8 km und 2 Std. erreicht man Ringelai, Rückfahrt mit dem Bus. **Wiede's Carbidwerk**, 1903 gegründet, produziert heute kein Karbid mehr, sondern synthetische Edelsteine wie Korund, Zirkonia (ein

Leben wie die Kelten im Erlebnispark Gabreta bei Ringelai

Diamant-Ersatz), Spinell und Sternsaphir. Die »Bayerwald-Edelsteine« werden bis in die USA und nach Asien exportiert. Zur Produktion des Karbids war viel Energie nötig, die ein 5700 PS starkes, über ein ingeniöses ober- und unterirdisches Kanalnetz versorgtes Wasserkraftwerk bereitstellte.

Ringelai

Der Erholungsort (2100 Einw., 410 m) trägt traditionell den Beinamen »Schmalzdobl«, wegen seiner klimatisch begünstigten Lage im Kessel der Wolfsteiner Ohe inmitten von Obstbäumen. Die erste Attraktion von Ringelai ist die Bühne **»mund + art«** im Theaterstadl beim Hotel Gross. Hier gibt's keine Pseudofolklore, sondern ironische bis sarkastische Abrechnung mit dem ganz normalen Wahnsinn unserer Zeit. Spieltage meist Fr. – So., Karten unbedingt unter Tel. (0 85 83) 26 47 bestellen (www.mund-und-art.de). Die zweite ist der Erlebnispark Gabreta im 4 km entfernten Lichtenau: Eintauchen in **keltisches Leben** ist dort das Programm. Relikte der Keltenzeit, die in der Gegend gefunden wurden, führten zu der Idee; benannt ist er nach dem antiken griechischen Namen für den Bayerischen Wald, »gabreta hyle«. In nachgebauten Häusern können Erwachsene und Kinder praktisch erleben, wie man töpfert, Brot bäckt und webt; man kann sich in Ackerbau, Tierhaltung u. a. m. betätigen. Geöffnet Di. – So. 10.00 – 18.00 Uhr (letzter Einlass 17.00 Uhr), Juni – Mitte Sept. täglich. Info: Tel. (0 85 55) 40 73 10, www.gabreta.de.

◄ Erlebnispark Gabreta

Kreuzberg Die Besiedlung des Bayerischen Walds wird in Kreuzberg 3 km nördlich von Freyung heute noch augenfällig: Das 1354 gegründete Dorf (500 Einw.) liegt frei auf einer Kuppe, einst dehnten sich die Äcker von ihm in alle Richtungen aus (»Radialhufendorf«). Der Ortsname hat denn auch nichts mit »Kreuz« zu tun, er kommt von »Gereutsberg« (gerodeter Berg). Am Westhang der Kuppe ist noch die alte Fluraufteilung in langen Streifen, getrennt durch Klaubsteinwälle und Hecken, erhalten. Die spätgotische Kirche St. Anna im Zentrum des Dorfs war einst ein wichtiges Wallfahrtsziel (1429 erstmals erwähnt), die Ausstattung stammt aus Barock/Rokoko. Im Schiff eine geschnitzte Gruppe der Anna Selbdritt (um 1500).

✶ Unterseilberg Fährt man von Freyung auf der Glassstraße nach Grainet, passiert man nach 5 km das schöne Dorf Unterseilberg. Hier überrascht ein winziges, ganz verschindeltes Holzkircherl von 1766 mit einer Fülle an Malereien und Figuren, nach Dehio »ein beeindruckendes Zeugnis bäuerlicher Frömmigkeit in der kargen Kulturlandschaft des Waldgebietes«: in der Wölbung Szenen aus der Passion Christi und dem Marienleben, auf dem Altar ein gegeißelter Christus..

Grainet Grainet (2400 Einw.) ist ein hübsches Angerdorf mit der Kirche in der Mitte, am Graineter Buckel südwestlich des Orts ist noch die spätmittelalterliche Streifenflur erkennbar. Am 3. Juli-Wochenende wird mit dem **Bayerisch-Böhmischen Säumerfest** die historische Bedeutung des Orts am Goldenen Steig wiederbelebt (► S. 241). Einen Blick wert sind die spätgotisch-barocke Kirche St. Nikolaus und die Kirche der hl. Dreifaltigkeit (um 1750); wohl aus Geldmangel wurden Altäre an die Wände gemalt – der prachtvolle Hochaltar kam erst 1823 aus der profanierten Franziskanerkirche in Passau hierher.

✶✶ Haidel Der Haidel bietet mit 1167 m Höhe und 35 m hohem Aussichtsturm das **großartigste Panorama im Südlichen Bayerischen Wald**. Von Grainet empfiehlt sich folgende Rundwanderung (4–5 Std.): Zunächst auf dem Goldenen Steig nach Leopoldsreut. Hier zeugen die Kirche St. Nepomuk (die höchstgelegene im Bayerwald, 1108 m) und das Schulhaus von dem Dorf, das 1618 vom Passauer Fürstbischof Leopold, Erzherzog von Österreich, gegründet und wegen der harten Lebensbedingungen bis 1962 aufgegeben wurde (ein wenig südwestlich liegt die 1957 aufgegebene Wüstung Schwendreut). Nun zurück bis zum Parkplatz und (rote Markierung 5) hinauf auf den Gipfel mit 60 m hohem Sendeturm, dann jenseits hinunter nach Obergrainet – wo es, bei der Pater-Rupert-Mayer-Kapelle, nochmal eine großartige Aussicht gibt – und über Hobelsberg nach Grainet. Die Gegend ist Passauer Neurodungsgebiet, was die Ortsnamen auf »-reut« signalisieren: Fürstbischof Leopold gründete Leopoldsreut und Herzogsreut (um 1620), Kardinal Philipp Graf Lamberg Philippsreut (1699) und Bischofsreut (1705), Kardinal Graf von Firmian die Grenzdörfer Vorder-, Mitter- und Hinterfirmiansreut (1764).

Skizentrum Mitterfirmiansreut

Das Skigebiet um den Almberg (1139 m) ist in der Regel von Weihnachten bis Ende März schneesicher. Eine Doppelsesselbahn und mehrere Lifte erschließen gepflegte Pisten, dazu kommen 25 km gespurte Loipen und eine Rodelbahn (www.mitterdorf.info).

Haidmühle

Erst 1770 wurde in der kargen, melancholischen Moorlandschaft, in der die Kalte Moldau entspringt, der Grenzort Haidmühle gegründet, und als letzte Kolonisierungsmaßnahme 1831 Ludwigs- und Theresienreut, benannt nach dem damaligen bayerischen König und seiner Gemahlin. Als einer der ältesten Ferienorte des Bayerischen Walds verfügt Haidmühle (831 m, 1400 Einw.) über eine gute Infrastruktur mit vielen Sport- und Freizeitangeboten. Vom tschechischen **Nove Udoli** (1,7 km von Haidmühle) kann man mit dem Bummelzug entlang der Moldau durch den Böhmerwald fahren, u. a. nach Vimperk/Winterberg, Prachatitz und Prag (Fahrkarten werden in tschechischen Kronen bezahlt; Fahrplan im Tourismusbüro, im Internet unter www.deutschebahn.de und www.idos.cz). In Juli/August fahren Sa./So. Dampfzüge nach Cerná v Pošumaví am herrlichen Lipno-See.

Auf dem Dreisessel

✶✶ Dreisessel

Auf dem Dreisessel, so geht die Sage, sollen einst die Herrscher von Bayern, Böhmen und Österreich zusammengetroffen sein, um über die Grenzen ihrer Länder zu verhandeln. In der Tat ragen auf einem seiner Gipfel, dem Dreisesselfelsen (1312 m), Granitsäulen auf – von der Verwitterung zu »Wollsäcken« geformt –, die drei sitzartige Vertiefungen aufweisen (aber die sollen die Erbauer der ersten Hütte in den Fels geschlagen haben). Der ganze Bergzug bis zum Bayerischen Plöckenstein weist solche Granitformationen auf. Seit je berühmt ist die **grandiose Aussicht**, insbesondere vom Hochstein (1322 m), der eine

Viertelstunde vom Dreisesselfelsen entfernt ist: nach Böhmen hinein, im Süden über das glänzende Band der Donau bis zur gezackten Kette der bayerischen und Salzburger Alpen – im Winter über das Nebelmeer hinweg. Zu Zeiten des Eisernen Vorhangs war der Hochstein ein Wallfahrtsort der vertriebenen Böhmerwäldler, die hier einen Blick auf ihre Heimat warfen; vor allem am Jakobi-Tag (25. Juli) trafen sie sich auf dem Dreisessel zu großen Erinnerungsfesten. Der Berg ist – daher sehr frequentiert – mit einer Straße erschlossen, die von Frauenberg bis fast zum **Berggasthof Dreisessel** führt (tägl. geöffnet; Übernachtung mindestens 1 Woche vorher reservieren, Tel. 0 85 56 / 350; www.dreisessel.com); von dort sind es ca. 20 Min. zum Dreisesselfelsen. Wer den **Anstieg zu Fuß** bevorzugt, hat viele Möglichkeiten: u. a. von Haidmühle (E 6, über Kreuzbachklause / Rollmannsberg, ca. 2.30 Std.), von Frauenberg auf dem steilen Weg 10 (1.30 Std.), vom Rosenberger-Gut in Lackenhäuser (s. u.) auf dem Witiko-Steig (grüner Pfeil, ca. 2.30 Std.). Sehr lohnend ist die 1-stündige Wanderung vom Berggasthof südöstlich nahe dem Bergkamm (Adalbert-Stifter-Steig) übers Steinerne Meer zum **Dreiländereck** (1321 m). Weitere Info, auch für Radtouren, bei den Tourismusbüros und im Berggasthaus Dreisessel.

»Neue Welt« Die schöne, sanfte Landschaft zwischen Waldkirchen und der österreichischen Grenze mit dem Dreisesselmassiv im Hintergrund – zu der die Orte Neureichenau, Jandelsbrunn, Breitenberg und Sonnen gehören – wird Neue Welt genannt, weil sie erst ab 1698 gerodet und besiedelt wurde. In **Lackenhäuser**, genauer im Rosenberger-Gut, hielt sich der große Böhmerwalddichter Adalbert Stifter (► Berühmte Persönlichkeiten) zwischen 1855 und 1866 insgesamt sechs Mal auf, hier spielt seine Erzählung »Waldbrunnen«, hier entstanden große Teile seines historischen Romans »Witiko«. Der stattliche Gutshof, erbaut 1818 von dem reichen Kaufmann Matthias Rosenberger, wurde zu einer Keimzelle des Bayernwaldtourismus, als dessen Sohn ihn wohlhabenden Familien aus Passau, München, Budweis u. a. als Sommerfrische vermietete. Die schlicht eingerichteten Räume Adalbert Stifters im sog. Ladenstöckl des Rosenberger-Guts sind nach Anmeldung zugänglich (Tel. 0 85 84 / 98 97 24, www.neureichenau.de). Bierfreunde pilgern zum Gut Riedelsbach in **Neureichenau**, wo Bernhard Sitter wirkt, der erste Biersommelier Deutschlands (► S. 237). **Jandelsbrunn** (657 m, 3400 Einw.) ist Standort des bekannten Wohnwagenbauers Knaus Tabbert, die Privatbrauerei Lang braut im einstigen Pfleggerichtshof das Jandelsbrunner Bier. Den südwestlich von Jandelsbrunn aufragenden **Wollaberg** krönt die Wallfahrtskirche St. Ägidius (1845, Langhaus und Turm spätes 15. Jh.), von Mai bis Oktober am 13. des Monats Ziel einer »Stiegenwallfahrt«; das Gasthaus Lichtenauer dort war ein Jagdhaus der Passauer Fürstbischöfe.

Breitenberg Der Hauptort der Neuen Welt ist Breitenberg (697 m, 2300 Einw.), Ferienort und östlichste Gemeinde Bayerns. Sein Zentrum bildet unübersehbar die barocke Pfarrkirche (1727/1834), in der zu Ostern (ab Palmsonntag) ein **»Heilig Grab«** zu bewundern ist: eine prachtvolle Guckkastenbühne mit vielen hundert Lichtern, die bei der eindruckvollen Auferstehungsfeier eine große Rolle spielt. Seit frühester Zeit waren der Flachsanbau und die Leinenweberei der bedeutendste Broterwerb. Das hervorragende Webereimuseum (2 km westlich) bewahrt das wichtige Gewerbe vor dem Vergessenwerden. In drei eingerichteten Bauernhäusern wird an Webstühlen gearbeitet, auf dem Gelände werden Flachs und alte Getreidesorten angebaut, und Anfang Sept. feiert man das Drescherfest (geöffnet Juni – Sept. Di. – So., Mai, Okt. Mi./So. 14.00 – 16.30 Uhr). Und noch ein altes Handwerk ist hier zu erleben: In der **Hammerschmiede Blössl** treibt seit 1768 ein riesiges Wasserrad Hämmer an, die glühendes Eisen zu den verschiedensten Werkzeugen formen (Dreisesselstr. 59, Führungen, Anmeldung Tel. 0 85 84 / 9 10 19). Bei der Bachmühle stehen die **Skischanzen** des WSV Rastbüchl, auf denen winters und sommers trainiert wird; aus Breitenberg stammt der Weltmeister und Olympiasieger 2002 Michael Uhrmann.

★★ ◄ Webereimuseum

Wegscheid

Das schon im 11. Jh. gegründete und im 13. Jh. planmäßig ausgebaute Wegscheid (718 m, 5700 Einw.) lebte über Jahrhunderte von Handel und von der Weberei; mehrere Großbrände, so 1822 und 1866, ließen von alter Substanz wenig übrig, dennoch präsentiert es sich recht hübsch und angenehm. Sehenswert ist die Friedhofskapelle St. Anna, von dem Passauer Hofbaumeister Jakob Pawagner 1716 erbaut; im Hochaltar eine Kopie des Gnadenbilds von Mariahilf zu Passau. Das Zollmuseum erinnert an die Zeiten, da es in Europa jede Menge Grenzen gab und wie hier in Wegscheid das Schmugglerwesen blühte (Besuch nach Anmeldung im Rathaus, Tel. 0 85 92 / 8 88-0). Schöne Stoffe sowie Tisch- und Bettwäsche aus Leinen, von Hand oder mechanisch gewebt, sind in der Handweberei Moser zu erstehen (www.handweberei-moser.de, Säumerweg 2, Tel. 0 85 92 / 6 95; auch Besichtigung). 6 km nördlich von Wegscheid ragt wie ein Kegel der 930 m hohe Friedrichsberg auf, dessen Aussichtsturm ein fantastisches Panorama bietet, über Bayer-/Böhmerwald und Mühlviertel, im Süden zu den Alpen mit Dachstein und Watzmann.

★★ ◄ Friedrichsberg

? WUSSTEN SIE SCHON ...?

- Im Bayerischen Wald und besonders im Wegscheider Land nehmen die »Marterln«, die Kruzifixe am Wegesrand, eine besondere Form an, als »Waffen-Christi-Kreuze«. Die Darstellung der Marterwerkzeuge führt die Leiden Christi drastisch vor Augen.

Wildenranna

Eine Stippvisite wert ist das 5 km südwestlich von Wegscheid gelegene Wildenranna (900 Einw.), eines der schönsten Straßendörfer des Bayerwalds; der aufgestaute **Rannasee** südöstlich davon hat alles, was man von einem Badesee heute erwartet, vom Abenteuerspielplatz über die Riesenrutsche bis zum Tretbootverleih.

★★ Passauer Vorwald und Dreiburgenland

J–M 4–6

Unterer Bayerischer Wald **Höhe:** 290 – 700 m ü. d. M.

Von der Donau zwischen Vilshofen und Passau breitet sich nach Norden, bis vor Grafenau und Freyung, eine der besonders reizvollen Gegenden des Bayerischen Waldes aus, der »Passauer Vorwald« im Bereich der Flüsse Gaißa und Ilz. Zahlreiche Burgen erinnern an die rauen Zeiten der Erschließung des Walds im Mittelalter.

Das sanftbucklige Land ist ein Dorado für alle, die einen geruhsamen Urlaub in idyllischer Mittelgebirgslandschaft verbringen wollen. Es wird von den vielen kleineren Wasserläufen geprägt, die sich mit tiefen Schluchten in das harte Grundgestein eingeschnitten haben. Ihr größter, die **Ilz** (► Badeker Tipp S. 251), gilt als das **letzte große Wildwasser Ostbayerns**, und die meisten Bäche, aus denen sie sich speist, heißen »Ohe« (Große und Kleine Ohe, Wolfensteiner und Mitternacher Ohe), nach dem althochdeutschen Wort »aha« für »Fließgewässer«. Ein weiteres Charakteristikum mit großer Anziehungskraft sind die **Burgen und Schlösser**, die (teils als Ruinen) die Zeiten überdauert haben, insbesondere im »Dreiburgenland« mit Fürstenstein, Englburg und Saldenburg.

Im Passauer Vorwald

Otterskirchen

In **Otterskirchen** 14 km nordwestlich von Passau ist in der gotisch-barocken Kirche St. Michael – mit romanischem Turm aus dem 12. Jh. – ein ungewöhnlicher, prachtvoller böhmischer »Rankenaltar« von 1712 zu finden. Ohne eine gesonderte tragende Struktur umspielen wirbelnde Akanthusornamente zwei Nischen; in der unteren eine schöne Immaculata, die dem Passauer Joseph Ignaz Reiser zugeschrieben wird, in der oberen ein hl. Michael von dem ebenfalls aus Passau stammenden Joseph Hartmann.

Aicha vorm Wald

In Aicha (24 km nordwestlich von Passau) steht im sumpfigen Tal der Großen Ohe ein hübsches **Schlösschen** (Privatbesitz, Heimatmuseum) mit stimmungsvollem Arkadenhof und teilweise erhaltenem Wassergraben. Einen Blick wert ist auch die Pfarrkirche St. Petrus und Paulus, erbaut ab 1726 unter Verwendung mittelalterlicher Substanz und unter Beteiligung von Johann Michael Fischer, mit feinem Bandelwerkstuck, Gewölbefresken von dem Vilshofener Andreas Math und einer spätgotischen »Madonna mit Birne«. Jüngere Menschen strömen jedoch eher in das **Vulcano**, das sich als »eine der grössten und modernsten Hightech-Discotheken Bayerns« vorstellt – 4000 Gäste können sich mit 50 000 Watt beschallen lassen.

PASSAUER VORWALD ERLEBEN

AUSKUNFT

Tourist-Information Passauer Land
Domplatz 11, 94032 Passau
Tel. (08 51) 3 97-6 00
www.passauer-land.de

Tourismusgemeinschaft Dreiburgenland
Schulstr. 5, 94169 Thurmansbang
Tel. (0 85 04) 16 42
www.dreiburgenland.info

Verein Ilzer Land
Unterer Markt 3, 94157 Perlesreut
Tel. (0 85 55) 96 19-0, www.ilztal.de

VERANSTALTUNGEN

März / April: Kulturwochen in Salzweg. Juli: Barockspiele im Schloss Fürsteneck. 3. Juli-Wochenende: Schmalzlerfest in Perlesreut. Ende Juli: Blumenfest in Thurmansbang. 2. Aug.-Hälfte: Passionsspiele in Perlesreut (alle 2 – 3 Jahre). Nov.: Konzerte im Schloss Saldenburg. Anf. Dez.: Adventsmarkt auf Schloss Fürstenstein. Musik- und Kabarett-tage im Museumsdorf Bayerischer Wald (mehrere Termine im Jahr).

ESSEN

► Preiswert / Erschwinglich

Hafner-Wirtshaus
Marktplatz 17, 94157 Perlesreut
Tel. (08 55) 699. Hochklassige Küche aus frischen Produkten der Region. Stilvolles Ambiente, vom anderen Teil der Inhaberfamilie aus Bayerwaldholz geschreinert. Mi. geschl.

► Preiswert

Schlossgaststätte
Schlossweg 5, 94142 Fürsteneck
Tel. (0 85 05) 14 73
www.schloss-fuersteneck.de
►S. 252. Restaurant Di. geschl.

Schrottenbaummühle
94142 Fürsteneck, Tel. (0 85 04) 17 39
www.schrottenbaummuehle.de
Gute Küche und Unterkunft bietet die alte Mühle an der Ilz nordwestlich von Fürsteneck, ein beliebtes Ausflugsziel. Mit Campingplatz. Geöffnet Mitte März bis Allerheiligen tägl., im Winter nur Fr. – So.

Gutsbräu Straßkirchen
Scheibe 1, 94121 Salzweg-Straßkirchen, Tel. (0 85 05) 9 34 10
Seit 1558 wird hier Braunbier gebraut. Dieses und andere Spezialitäten genießt man in schönen Gewölben, mit Blick auf die Sudkessel, zu herzhaften Gerichten. Di. geschl.

ÜBERNACHTEN

► Günstig

Schloss Englburg
Englburg 49, 94104 Tittling
Tel. (0 85 04) 95 76 20
www.schloss-englburg.com
►S. 250. Es gibt Standard- sowie Komfortzimmer mit eigener Dusche. Vermittlung von Reitgelegenheiten.

Ferienhotel Dreiburgensee
94104 Tittling, Tel. (0 85 04) 20 92
www.hotel-dreiburgensee.de
Großer Komplex beim Museumsdorf am Badesee, sehr familienfreundlich und großes Angebot an Sport, Wellness und Kinderaktivitäten. Geöffnet Mai – Ende Sept.

Hotel zur Post
Marktplatz 19, 94513 Schönberg
Tel. (0 85 54) 9 61 60
Familiäres Haus am malerischen Hauptplatz mit besonderem Service für Motorradtourer. Spezialität des ansprechenden Restaurants ist Flammkuchen (an Di. und Mi.).

Eging am See Der **Eginger See**, einer der wenigen natürlichen Badeseen der Region, ist mit seinem echten Sandstrand eine Attraktion (6 km nördlich von Aicha). In der Sonnen-Therme mit Hallenbad und Wellnesseinrichtungen kann man sich nach neuzeitlichen Methoden Gutes tun. Große und kleine Freunde des Wilden Westens lassen sich die **Pullman City** in Ruberting nicht entgehen, in der man – vom Rodeo übers Goldgräberlager, einem Ritt im Westernsattel und einem Squaredance bis zum Steakgrillen – sich in die Zeiten des »Go west« versetzen lassen kann. Zum Nächtigen stehen außer dem Palace Hotel Blockhäuser und Tipis zur Verfügung (Info Tel. 0 85 44 / 97 49-0, Reservierung Unterkunft Tel. 97 49-50, www.pullmancity.de).

★ Fürstenstein Nur von außen zu bewundern ist das Schloss Fürstenstein, das 5 km westlich von Tittling auf 578 m hohem Felsrücken das Dreiburgenland überragt. Die Grenzfeste der Grafen von Hals (►S. 231) wurde 1332 zerstört, von den bayerischen Herzögen wieder aufgebaut und später mehrfach verändert: Erhöht liegt das mittelalterliche Oberschloss, das Unterschloss entstand ab 1474. Die benachbarte **Schlosskapelle** (heute Pfarrkirche Mariä Himmelfahrt) von 1629 wurde, wie leicht erkennbar, nach dem Vorbild der Gnadenkapelle in Altötting errichtet; sie enthält auch eine alte Nachbildung der Schwarzen Madonna von Altötting. Das bizarre Granitmassiv **Am Hohen Stein** (»Arche Noah«) nahe dem Schloss bietet eine herrliche Aussicht übers Donautal und das Dreiburgenland.

Englburg Zum Greifen nah steht nordöstlich die Englburg, die ebenfalls auf die Grafen von Hals zurückgeht – als Stützpunkt für die Erschlie-

Als Votivgaben prachtvoll verzierte Eier im Museumsdorf Bayerischer Wald

ßung des Bayerwalds im 13. Jh. – und auf eine wechselvolle Geschichte zurückblickt. Heute kann man hier angenehm nächtigen und es sich im Biergarten oder auf der Aussichtsterrasse gutgehen lassen (Mo. geschl., ►S. 249).

★★ Museumsdorf Bayerischer Wald
◄ Abb. S. 74/75

Nicht viele Zeugnisse bäuerlicher Architektur sind im Bayerischen Wald noch an Ort und Stelle erhalten. Umso größer das Verdienst des Reiseunternehmers Georg Höltl (berühmt durch seine »Rotel Tours«), der über **150 Gebäude aus der Zeit von 1580 bis 1850** vor dem Untergang bewahrte und zu einem atmosphärereichen Ensemble versammelte (3 km westlich von Tittling; geöffnet Anfang April bis Okt. tägl. 9.00 – 17.00 Uhr, sonst Zutritt für einen Spaziergang durchs Dorf möglich; Tel. 0 85 04 / 84 82, www.museumsdorf.com). Über 60 000 Gegenstände – die größte volkskundliche Sammlung des Bayerischen Walds – geben Einblick in das mühevolle Alltagsleben alter Zeiten. Mit einem vielfältigen Veranstaltungsprogramm, von Volksmusik über bayerisches Kabarett bis zu Handwerksvorführungen, ist immer etwas los; Kinder machen bei den vielen Tieren und in besonderen Kursen interessante Erfahrungen. Den schönen Platz zur preiswerten Einkehr stellt das **Gasthaus Mühlhiasl** (kein Ruhetag, Tel. 0 85 04 / 83 34). Der benachbarte **Dreiburgensee** ist ein beliebter Badeplatz (Bootsverleih). Von hier schöne Wanderung zur Saldenburg (ca. 2 Std.).

! *Baedeker* TIPP

Entlang der »Schwarze Perle«

Das Tal der windungsreichen Ilz verbindet den inneren Bayerischen Wald mit der Donau, sowohl ökologisch-biologisch als auch (in alten Zeiten) ökonomisch: als Verkehrsweg und zur Holztrift. Gleich mehrere Wanderrouten nehmen ihren Weg durch die malerische, unter Naturschutz stehende Landschaft, außer dem Ilztal-Wanderweg der Pandurensteig, der Goldsteig und die Goldenen Steige. Zwischen Ellersdorf und Passau verläuft der 33 km lange Ilztalweg, für den man sich zwei Tage gönnen sollte; übernachten kann man u. a. in der Schrottenbaummühle, in Fürsteneck und Kalteneck. Zwischen der Dießensteiner Mühle und der Ettlmühle führt auch ein 18 km langer Radweg durch das Tal.

Maria Bründl

Eine der hübschesten »Brunnenkapellen« des Walds steht ca. 1,5 km nordwestlich des Dreiburgensees. Die Kapelle soll 1482 geweiht worden sein, die Quelle, deren Wasser bei Augenleiden helfen soll, befindet sich in einem originellen zwiebelbeturmten Häuschen.

Rappenhof

Wer einmal sein Glück als Goldwäscher versuchen will, könnte in den Bächen und Sandgruben im Gebiet Rappenhof / Witzmannsberg zwischen Tittling und der Ilz fündig werden. Das Gold hat die frühere Ilz aus dem Rachelgebiet ausgewaschen und hierher verfrachtet. Der 12 km lange »Goldwanderweg« führt durch das Gebiet.

★ Burg Fürsteneck

Östlich der Ilz thront imposant über einer Schleife der Wolfsteiner Ohe die Burg Fürsteneck, errichtet um 1190 vom Passauer Bischof als Grenzfeste gegen das westlich anschließende Gebiet der baieri-

Harmonisch vereinen sich in St. Brigida in Preying Gotik und Barock.

schen Herzöge (bis zur Säkularisation 1803 bildete die Ilz die Grenze zwischen dem Fürstbistum Passau und dem Kurfürstentum Baiern). Über einen Halsgraben und durch den Torturm betritt man den Hof mit 25 m hohem Bergfried, im Juli der Rahmen für »Barockspiele« mit einem Theaterstück und Konzerten (www.barock-fuersteneck.de). In der Kirche finden ab und zu Konzerte statt. Im Haupthaus ist die stilvolle **Schloßgaststätte** untergebracht, in der man auch preiswert übernachten kann (► S. 249). Die **Ilz-Infostelle** des Naturparks Bayerischer Wald im Schloss gibt detaillierte Informationen über den Naturpark und die Ilz (geöffnet Mi. – Mo. und Fei. 9.30 – 16.30 Uhr).

★ **Preying**

Ein echtes Juwel für den Kunstfreund, besonders in dieser Gegend, ist die **Kirche St. Brigida** in Preying (5 km nördlich von Tittling) mit ihrer klaren, harmonischen spätgotischen Architektur und der qualitätvollen barocken Ausstattung. Die Prämonstratenser von Osterhofen erbauten die Kirche Ende des 15. Jh.s und widmeten sie einer irischen Heiligen († 523). Einige ausgezeichnete spätgotische Schnitzfiguren sind zu beachten: Kruzifixus im Chorbogen, Madonna mit Kind (um 1480, linker Seitenaltar), Hl. Brigida (um 1500, links neben Hauptaltar), Hl. Anna Selbdritt (um 1520, rechter Seitenaltar).

Saldenburg

Die »Dritte« im Dreiburgenland besteht nur mehr aus einem (dafür umso eindrucksvolleren) Wohnturm, der seit 1928 die **schönste Jugendherberge** des Bayernwalds beherbergt. Errichtet wurde die Burg ab 1368 für die Grafen von Hals zur Sicherung der Salzhandelsstraße (»Goldener Steig«) nach Böhmen. Sehenwert sind hier der prächtig stuckierte Rittersaal und die ebenfalls barockisierte Burgkapelle. Auf den Resten des Pfeilturms steht ein Aussichtsturm.

Wackelstein

Etwa 6 km nordwestlich von Saldenburg ist der Wackelstein zu bestaunen, ein Felsblock von 3 – 4 m Kantenlänge und 50 t Gewicht. Mehrere Menschen können mit vereinten Kräften den Felsen tatsächlich zum Schaukeln bringen.

Perlesreut

Im hübschen Marktort Perlesreut (3000 Einw.), 10 km nordöstlich von Tittling über der Wolfsteiner Ohe gelegen, stellte Anton Bogenstätter von 1893 bis 1917 »an Schmai« her, wie der Schmalzler (Schnupftabak) auf Waldlerisch heißt. Am 3. Wochenende im Juli feiert man ihn mit dem großen **Schmalzlerfest**, bei dem auch Gäste mit um die Wette schnupfen können.

Schönberg

Als »Meran des Bayerischen Walds« bezeichnet sich der Luftkurort Schönberg (563 m), nicht zu Unrecht, denn er liegt geschützt am Südosthang des Kadernbergs. Am hübschen Marktplatz die ursprünglich spätgotische Kirche St. Margaretha (nach Brand 1834 wieder aufgebaut). Im Rathaus sind Werke der Künstlergruppe »Bayerwaldkreis« ausgestellt (Mo. bis Do. 8.00 – 17.00, Fr. 8.00 bis 12.00 Uhr). Vom Reinsberger Kurpark südlich des Orts hat man einen schönen Ausblick, ebenso vom Aussichtsturm auf dem Kadernberg. Eine große Attraktion ist der **Hochseilpark** mit 77 Stationen, davon allein 12 »Flying Foxes« (»Seilbahnen«). In den alten Mauern der Burgruine Rammelsberg arbeitet die **Bärwurz-Brennerei »Schloss Ramelsberg«** (mit Verkauf).

! *Baedeker* TIPP

Virginias aus dem Bayerischen Wald

Schnupftabak wird in Perlesreut nicht mehr gemacht, wohl aber gibt es noch die 1909 gegründete Cigarrenfabrik Wolf & Ruhland, deren Produkte – darunter echte Virginias – aus Tabak bester Provenienzen mit der internationalen Konkurrenz mithalten können. Marktplatz 15, Tel. 0 85 55 / 94 10 86, www.wolf-und-ruhland.de, Besichtigung jederzeit.

Regen

J 4

Mittlerer Bayerischer Wald
Höhe: 536 m ü. d. M.
Einwohner: 12 000 (Stadt 7500)

Das Städtchen Regen, Verwaltungs- und Wirtschaftszentrum des Mittleren Bayerischen Walds und staatlich anerkannter Luftkurort, nennt sich »Perle am Fluss«, aufgrund seiner Lage am Schwarzen Regen in der Senke zwischen Vorderem und Innerem Wald.

REGEN ERLEBEN

AUSKUNFT

Kurverwaltung
Schulgasse 2, 94209 Regen
Tel. (0 99 21) 6 04 26
www.regen.de

Touristeninformation Rinchnach
Gehmannsberger Str. 12
94269 Rinchnach
Tel. (0 99 21) 58 78
www.rinchnach.de

GUT ZU WISSEN

Samstags ist Wochenmarkt auf dem Regener Stadtplatz.
Kajakverleih und -touren organisiert Helmut Hölzl, Tel. (0 99 21) 88 20 81, www.kanutouren-regen.de

VERANSTALTUNGEN

20. Jan.: Sebastianimarkt auf dem Falter-Festplatz. Ostermontag vormittags: Osterritt von der Tierzuchthalle über die Ludwigsbrücke zum Stadtplatz. Am Pfingstwochenende (Do. – Mo.) in geraden Jahren »Drumherum« (großes Volksmusikfest; ►Tipp S. 256). Um den 20. Juni: Insel- und Altstadtfest. Um den 12. Juni in geraden Jahren: Ritterspektakel in der Burg Weißenstein. Letztes Juni-Wochenende in Rinchnach: St.-Gunther-Fest (mit Fuhrleute-Gedächtnisfahrt am So.) und im Juli Gunther-Festspiele (historisches Freilichttheater, alle 3 – 4 Jahre, wieder 2011). Ende Juli wird in Regen 6 Tage

Der Stadtplatz, der Mittelpunkt von Regen

lang der Pichelsteiner gefeiert; zum Pichelsteinerfest wird auch ein spezielles Bier gebraut. 10. Aug. und 24. Aug.: St.-Hermann-Kirchweih bei Bischofsmais. Am Abend des 10. Nov. »Wolfauslassen« in Rinchnach. Am 2. Dez.-Wochenende Christkindlmarkt in Regen. In Rinchnach finden zum Jahresende Pferdeschlittenrennen und alle 3 – 4 Jahre (wieder 2011) ein großes Rauhnachttreffen statt; dazu kommen ganzjährig Konzerte in der Propsteikirche.

ESSEN

► Preiswert / Erschwinglich

Zur Post
Regenerstraße 2, 94264 Langdorf
Tel. (0 99 21) 88 28-0
www.langdorf-zurpost.de
Zum »Wellnesshotel« mit umfassendem Angebot mutierte der Gasthof 6 km nördlich von Regen, ein wenig zu sehr auf »bayerisch« gemacht. Überraschend feine, kreative Küche auf regionaler Basis.

► Preiswert

Brauereigasthof Falter
Am Sand 14
94209 Regen
Tel. (0 99 21) 9 60 33 77
www.brauereigasthof-regen.de
Eines der stattlichsten Häuser Regens ist dieser traditionsreiche, stilvoll-gemütliche Gasthof mit modernen Zimmern. Hier serviert man zum Bier des Hauses bayerische Schmankerln. Mo. geschlossen.

Am Rathaus
Stadtplatz 3
94209 Regen
Tel. (0 99 21) 22 20
Das schlichte Restaurant im Kolpinghaus bemüht sich um bürgerlich-gehobene internationale Küche.
Mit Terrasse. Mi. geschlossen.

ÜBERNACHTEN

► Günstig / Komfortabel

Landhotel Mühl
Köppelgasse 1
94209 Regen-Schweinhütt
Tel. (0 99 21) 95 60
www.singender-musikantenwirt.de
Wer neubayerische Gemütlichkeit und Volksmusikgaudi liebt, ist beim »Singenden Musikantenwirt« in Schweinhütt 5 km nordöstlich von Regen richtig.

► Günstig

Burggasthof
Weißenstein 32
94209 Regen-Weißenstein
Tel. (0 99 21) 22 59
www.burggasthof.de
Am Fuß der Burgruine gelegenes neueres Haus mit Ausblick auf die hübsche Landschaft der Umgebung, beliebt als Motorradfahrer-Stützpunkt. Sehr gemütliche Gaststube und ordentliche Küche.

Gasthof Klosterwirt
Hofmark 6, 94269 Rinchnach
Tel. (0 99 21) 21 43
www.klosterwirt-norikerhof.de
Traditionsgasthaus mit gemütlicher rustikaler Einrichtung und guter bayerischer Küche.

Waldferiendorf
94253 Bischofsmais-Dürrwies
Tel. (0 99 20) 3 35
www.duerrwies.de
Schon in den 1960er-Jahren wurden alte Bayerwaldhäuser zerlegt und an der Rusel, in 780 m Höhe, als Feriendomizile aufgebaut – ein Paradies für Familien, Naturfreunde und Ruhesuchende. 12 der heimeligen, gut ausgestatteten Schmuckstücke sind für 2 – 12 Personen zu mieten (ca. 30 – 140 € / Tag; ca, 6 km südöstlich von Bischofsmais).

Regen gestern und heute

Vermutlich in der ersten großen Rodungsperiode der Propstei Rinchnach (► S. 258) gegründet, wird Regen erstmals im Jahr 1148 erwähnt. Der Ortsnamen ist vom Namen des Flusses abgeleitet. Nach kurzer Zeit im Besitz der Grafen von Bogen ging der Platz nach deren Aussterben 1242 in den Besitz der Wittelsbacher-Herzöge über. Schlimme Auswirkungen hatten der Dreißigjährige Krieg und der Österreichische Erbfolgekrieg sowie Großbrände im Jahr 1867. 1877 wurde die Bahnlinie Deggendorf – Bayerisch Eisenstein eröffnet, was einen wirtschaftlichen Aufschwung nach sich zog; seit 1898 stellt Rodenstock, der größte Arbeitgeber der Stadt, hier Brillengläser her, und seit 1960 ist Regen auch Bundeswehr-Standort. In der Landwirtschaft spielt Regen mit seiner Tierzuchthalle eine Rolle, in der Rinder und Geflügel vermarktet werden.

Sehenswertes in Regen und Umgebung

Regen

Die freundliche Kreisstadt hat kaum Sehenswürdigkeiten zu bieten, hübsch ist jedoch die Lage am Schwarzen Regen: Zwischen seinen munter dahinplätschernden Armen wurde ein schöner Kurpark angelegt. Ein Spaziergang entlang der Wasserläufe gehört denn auch zum beliebtesten Zeitvertreib. Betritt man über die Ludwigsbrücke die Stadt, kommt man, sich leicht links haltend, zum Stadtplatz mit Rathaus und Tourismusbüro. Gleich nebenan (Schulgasse 2) das **Niederbayerische Landwirtschaftsmuseum**, das einen ausgezeichneten Einblick in die Agrar- und Sozialgeschichte des 18. bis 20. Jh.s vermittelt; Geräte, Maschinen, Interieurs und audiovisuelle Medien machen den tiefgreifenden Umbruch vom extensiven Landbau zur modernen Landwirtschaft nachvollziehbar (geöffnet tägl. 10.00 bis 17.00 Uhr). Wenige Schritte östlich der beherrschende Bau der katholischen Pfarrkirche **St. Michael** mit zwei Türmen: dem mächtigen Westturm, einst ein freistehender Wachtturm (14. Jh.), und dem Nordturm (13. Jh.), von dem nur das oberste Geschoss übers Kirchendach ragt. Der Kirche wurde in den 1960er-Jahren und um 2002 neu gestaltet, zu beachten sind der große Kruzifixus über dem Altar (um 1500) und eine Madonna von Ende des 14. Jh.s.

! *Baedeker* TIPP

Auf geht's beim »Drumherum«

Wer einmal erleben will, wieviel Spaß echte Volksmusik (in der Tradition verwurzelt, aber auf der Höhe der Zeit stehend) macht, muss in einem geraden Jahr zu Pfingsten nach Regen kommen. In der ganzen Stadt – auf dem Hauptplatz, im Kurpark am Fluss, in den Straßen und Hinterhöfen, in Wirtshäusern und Kirchen – wird Musik gemacht, getanzt und gefestet. Weit über 2000 (!) Musikanten fast jeden Alters, aus allen Teilen Bayerns und anderen Ländern machen mit (www.drumherum.com).

★★ Burg Weißenstein

Etwa 3 km südlich von Regen ragt eindrucksvoll der schmale Quarzrücken des Pfahls (► S. 18) auf, der hier seinen höchsten Punkt erreicht (773 m). In einer knappen Stunde kann man auf dem Wan-

Auf die Felsrippe des Pfahls gebaut: Burg Weißenstein

derweg 5 von Regen über die Schützenhöhe zur **Burgruine Weißenstein** gehen, die auf dem Pfahl thront – sein Bergfried eröffnet einen absolut fantastischen Rundblick. Die Burg der Grafen von Bogen ist schon für das 13. Jh. dokumentiert; aufgegeben wurde sie nach teilweisem Einsturz und Zerstörung durch die Panduren 1742. Den mächtigen Kornspeicher erwarb 1918 der baltendeutsche Schriftsteller Siegfried von Vegesack (1888 – 1974), und weil die Restaurierung so teuer und aufreibend war, nannte er ihn **»Fressendes Haus«**. Seine Dichterstube ist erhalten, außerdem werden im Turm eine riesige Sammlung von **Schmalzlerflaschen und Volkskunst** des Bayerischen Walds präsentiert (geöffnet Mitte Mai – Mitte Sept. tägl. 9.30 – 12.00, 13.00 – 16.30 Uhr, Mitte Sept. – Mitte Okt. nur Sa./So.). Nicht jedermanns Geschmack sind die bis 8 m hohen Bäume des »Gläsernen Walds«, mit denen der Künstler Rudi Schmid das Gelände möbliert hat; sie sollen symbolisch die Glasindustrie und den Quarz als ihren Grundstock repräsentieren. Alle zwei Jahre erfüllt Anfang Juni beim Ritterspektakel lärmendes Mittelalter die Burg. Nördlich der Burg die hübsche schindelgedeckte, um 1820 erbaute Dorfkapelle, die mit bemerkenswerten Totenbrettern geschmückt ist.

Schwarzer Regen

Der Schwarze Regen zwischen Zwiesel und Viechtach ist der wildeste aller Flüsse mit dem Namen Regen. Trotz der Staustufen für das Höllensteinkraftwerk und den Regener See haben große Strecken Wildwassercharakter. Unterhalb von Regen durchfließt der Schwarze Regen eine malerische Landschaft, die nicht zufällig als **»Bayerisch**

Kanada« bezeichnet wird. Von Zwiesel und Regen aus lassen sich herrliche Kajak- oder Kanutouren absolvieren. Die Wildwasserabschnitte Bärenloch und Altriegel sind jedoch nicht ungefährlich (verschärfte Befahrungsvorschriften). Kajaktouren und -verleih ►S. 254.

★★ Rinchnach

Das freundliche, idyllisch gelegene Feriendorf (3300 Einw.) 5 km östlich von Regen gilt als **älteste Kulturstätte des Mittleren Bayerischen Walds**. Vom Kloster Niederaltaich (► S. 179) zog der Mönch Gunther um 1011 als Einsiedler hierher in die menschenleere Wildnis, bald folgten weitere – Keimzelle für die Kolonisierung im Nordwald. 1029 schenkte Kaiser Konrad II. dem Priorat das Gebiet zwischen Arber und Lallinger Winkel; damals schon gab es (unter diesem Namen) den Gunthersteig von der Donau nach Böhmen. Der Niederaltaicher Abt Joscio Hamberger ließ das durch Naturkatastrophen und Krieg zerstörte Kloster neu errichten, und kein Geringerer als Johann Michael Fischer schuf dann 1727 – 1729 die **bedeutendste und schönste Barockkirche des Bayerischen Walds**. Dem Rechteck der gotischen Mauern fügte Fischer, u. a. mit schräggestellten Ecknischen, eine neue »Raumschale« ein, sodass sich das Bild eines überkuppelten Ovals ergibt. Für den feinen Régence-Bandelwerkstuck sorgte vermutlich Johann Baptist Modler, die Deckenfresken (u. a. mit Szenen aus dem Leben des Kirchenpatrons Johannes der Täufer und des hl. Gunther) sind ein Werk von Wolfgang Andreas Heindl aus Wels. Der prachtvolle Hochaltar wurde 1770 im Spätrokoko umgestaltet (Gemälde von Franz Anton Rauscher). Die Altarblätter in den mittleren Wandnischen werden Cosmas Damian Asam zugeschrieben. Unter der Orgelempore der älteste im Bayerischen Wald erhaltene Taufstein (aus Granit, romanisch). Schöne Landschaftseindrücke um Rinchnach vermitteln die Klosterwald- und die Panoramablickwanderung (Rundwege, 5 bzw. 12 km, vom Gasthof Rinchnacher Hof aus).

Bei der Wallfahrtskapelle Frauenbrünnl auf der Höhe östlich über Gehmannsberg, 1766 am Platz der Guntherklause erbaut, gibt es eine Aussichtsplattform.

> **!** *Baedeker* **TIPP**
>
> **Alles aus Schafwolle**
>
> Wolle und Felle vom Schaf vermarktet der Perlhof in Grub (an der B 85 Regen – Passau) in vielfältiger Form: Pullover und Bettdecken, Hausschuhe und Socken, Strickwolle u. a. m.; im Bauernladen gibt's heimische Spezialitäten. Grub 26, 94269 Rinchnach, Tel. (0 99 28) 2 24, geöffnet Mo.– Fr. 10.00 –18.00, Sa. bis 16.00 Uhr, www.schafhof-perl.de.

Kirchdorf im Wald

In Kirchdorf (6 km südöstlich von Rinchnach) steht eine sehenswerte Barockkirche, die sich einer beliebten Marienwallfahrt verdankt. Sie geht auf einen romanisch-gotischen Bau (1204 erwähnt) zurück, der 1708/1756 umgestaltet wurde. Im Hochaltar das Gnadenbild, eine prachtvolle **gotische Madonna** im Strahlenkranz (um 1480), im Chor eine bemerkenswerte Beweinung Christi (Relief, um 1510).

Das idyllisch gelegene Rinchnach, eine frühe Gründung des Klosters Niederalteich

Kirchberg im Wald

Auch die Kirche St. Gotthard im südwestlich benachbarten Kirchberg, am höchsten Punkt des Orts, ist einen Blick wert. Eindruck macht ihr wehrhaftes Äußeres, der massive Turm aus dem 10. Jh. diente zuerst der Verteidigung. Südwestlich von Kirchberg liegt das Naturschutzgebiet **Todtenau**, das größte Hochmoor im Vorderen Bayerischen Wald. Ein 8,5 km langer Rundwanderweg durchs Moor (nach Dösingerried, zurück über Dornhof) wird durch einen Lehrpfad ergänzt, der es als Lebensraum, als Schreckgespenst früherer Generationen und als Geschichtskalender vorstellt.

Fahrnbach

Die Dörfer um Regen sind bzw. waren häufig Angerdörfer, d. h. die Häuser sind auf den zentralen Anger mit einer kleinen Kirche ausgerichtet, eine für Rodungen des 11./12. Jh.s typische Siedlungsform. Einen der schönsten Anger hat Fahrnbach 9 km südwestlich von Regen; seine Kapelle mit ausladendem Dach besitzt mit ihrem Altar ein echtes Kleinod der Volkskunst.

Bischofsmais

Der anerkannte Erholungsort Bischofsmais ist Ausgangspunkt für ein schönes Wandergebiet, das sich vom Einödriegel (1121 m) über Geißkopf (1097 m), Breitenauer Riegel (1194 m) und Dreitannenriegel (1092 m) südlich bis zur Rusel erstreckt (► S. 178). Im Zentrum auf 1018 m Höhe das Berggasthaus **Landshuter Haus** (geöffnet tägl. 10 – 18 Uhr, geschl. im Nov. und im Frühjahr, Tel. 0 99 29 / 2 55, www.landshuterhaus. de). Es geht auf den Greilhof zurück, den letzten, 1956 verlassenen Bauernhof des Dorfs Oberbreitenau, das erst 1565 gegründet wurde – die höchstgelegene Siedlung im Vorderen Bayerischen Wald. Vom **Geißkopf**, zu dem von Unterbreitenau eine Seilbahn hinaufführt (www.geisskopf.de), hat man einen großartigen Rundblick (Aussichtsturm), manchmal bis zu den Alpen; in Sommer und Winter bietet er allerlei Möglichkeiten zu sportlicher Betätigung. Im BMW-Bikepark können sich MTBler austoben, bei der Mittelsta-

> **! Baedeker TIPP**
>
> **Lachs im Bayerischen Wald?**
>
> Nun, im Bayerwald leben wirklich keine Lachse, dafür ist in Birkenthal bei Bischofsmais der größte Lachsverarbeiter Deutschlands ansässig. Pro Jahr stellt die Firma Laschinger etwa 8500 t Räucherlachs, Gravad-Lachs und andere Spezialitäten her, für die Zuchtfische aus Schottland, Irland und Norwegen importiert werden. Verkauf Mi. – Fr. 10.00 – 18.00 Uhr, Birkenthal 8, 94253 Bischofsmais, www.laschinger.de.

tion der Bahn beginnt eine Sommerrodelbahn (außer in den Sommerferien Mo./Di. geschl.). Für Alpinskifahrer gibt's Lifte und Abfahrten aller Schwierigkeitsgrade, die 2 km lange Rodelbahn ist ein Spaß für Jung und Alt, Langläufer finden mit über 70 km Loipen ein großes Revier vor. Am 15. Aug. (Mariä Himmelfahrt) wird die **Geißkopfkirchweih** mit Bergmesse und Kräuterweihe gefeiert.

Von Bischofsmais aus führt ein 15-minütiger Spaziergang westlich zur hübsch im Hermannstal gelegenen

* St. Hermann ►

Wallfahrtsstätte St. Hermann, die älteste im Bayerischen Wald. Die **Wallfahrten zum »Hirmon«** an den Tagen der Wallfahrtspatrone, der hll. Laurentius (10. Aug.) und Bartholomäus (24. Aug.), sind noch heute große Termine im waldlerischen Jahreslauf; Marktstände mit Krimskrams, eine Festhalle mit Musik und die Brotzeit mit Pferdewurst und/oder Käse gehören dazu. Im Jahr 1322 baute der von Niederalteich kommende Benediktiner Hermann hier eine Klause und avancierte rasch zum Schutzherrn der Bauern. Die heutige, bayerwaldtypische und sehr ansprechende Anlage mit schindelgedeckten bzw. -verkleideten Bauten entstand im 17. Jh.: Kirche St. Hermann (1654/1751, Hochaltarbild von J. Rauscher, 1720), runde Brunnenkapelle (1611) und Einsiedelei-Kapelle (1690) mit einer gotischen Bischofsfigur, verehrt als Gnadenbild des sel. Hermann.

Lohnend ist von Bischofsmais auch der Gang (45 Min.) nordwestlich zum **Teufelstisch** (901 m), einer Säule aus Granit, um die sich viele Sagen ranken; schöner Blick auf die Stadt Regen.

** Regensburg

C 3

Donau und Gäuboden
Höhe: 333 m ü. d. M.
Einwohner: 132 500

Regensburg ist mehr als eine Reise wert: Die einzige erhaltene mittelalterliche Großstadt Deutschlands – seit 2006 UNESCO-Weltkulturerbe und daher Ziel von Touristen aus aller Welt – besitzt eine wunderbare, »italienische« Atmosphäre. In der Tat einzigartig ist die einstige Handelsmetropole mit der gotischen Kathedrale, Patrizierhäusern, einem Schloss, Stadtpalästen und Geschlechtertürmen. Und dank der Auto- und der IT-Industrie lebt man gut in der quirligen Universitätsstadt, die über ein reges Kulturleben verfügt.

Die »Schokoladenseite« der UNESCO-Welterbe-Stadt Regensburg mit der mittelalterlichen Steinernen Brücke und dem gotischen Dom St. Peter

Stadtbild

Die Altstadt, zum größten Teil Fußgängerzone, erstreckt sich von der Donau nach Süden bis zur Schlossanlage St. Emmeram. Schmale Gassen mit vielen kleinen, schicken Läden, altehrwürdige Kirchen, Kaufmannshäuser und Patrizierpaläste, Straßencafés und trendige Bistros – Regensburg besitzt neben Berlin die höchste Kneipendichte in Deutschland – bilden eine sehr einladende Kulisse.

Regensburg gestern und heute

Am nördlichsten Punkt der Donau, am Platz der schon für das 4. Jh. v. Chr. bezeugten Keltensiedlung Radasbona, ließ der römische Kaiser Marcus Aurelius 179 n. Chr. das Militärlager **Castra Regina** errichten. Ab dem 6. Jh. residierten hier die Herzöge der Agilolfinger, die Regensburg zur ersten Hauptstadt Bayerns machten; 739 wurde es Bischofssitz. 788 setzte Karl der Große die Agilolfinger ab und machte die Stadt neben Frankfurt zum wichtigsten Pfalzort des ostfränkischen Reichs. Als Umschlagplatz vor allem für Luxusgüter aus Venedig und Byzanz, Pelzen aus Russland und Wein aus Tirol entwickelte sich Regensburg im 12. und 13. Jh. zur reichsten Stadt Süddeutschlands, 1245 wurde sie Freie Reichsstadt und war damit nur dem Kaiser untertan. Dies schlug sich auch in der Bautätigkeit nieder. Reiche Kaufleute und stolze Patrizierfamilien bauten Stadtpaläs-

REGENSBURG ERLEBEN

AUSKUNFT

Regensburg Tourismus
Altes Rathaus
93047 Regensburg
Tel. (09 41) 5 07 44 10
www.regensburg.de

Auskunft über das große Programm an Stadtführungen im Internet unter www.kulttouren.de

GUT ZU WISSEN

Parken

Die Beschilderung für die Zugänge zur Altstadt und die Parkmöglichkeiten ist für Ortsunkundige sehr unklar. »Neulinge« steuern am besten das Parkhaus Dachauplatz oder die Parkplätze Donaumarkt, Unterer Wöhrd / Jakobigelände und in Stadtamhof (Dultplatz, Protzenweiher) an. Keine Parkzeitbeschränkung haben die Parkhäuser Dachauplatz, Arnulfsplatz und Bismarckplatz sowie die Großparkplätze Unterer Wöhrd / Jugendherberge und Stadtamhof (Dultplatz, Am Protzenweiher).

! Baedeker TIPP

Süßes Regensburg

Die Pralinenherstellung in Deutschland begann 1676 in Regensburg. Ein französischer Gesandter beim Immerwährenden Reichstag brachte die feinen Leckereien aus Schokolade mit. Einschlägige Adressen sind heute das 1686 als (angeblich) erstes Kaffeehaus Deutschlands eröffnete Café Prinzess (Rathausplatz 2), die hochgelobte Konditorei Opera (Drei-Mohren-Str. 3) und das Café Pernsteiner (Von-der-Tann-Str. 40). Letzteres stellt auch die Karmeliten-Trüffel her, mit Karmelitengeist, der im benachbarten Karmeliterkloster seit 1717 gemacht wird.

Schiffsfahrten

Von der Anlegestelle zwischen Steinerner und Eiserner Brücke fahren Schiffe zum Sightseeing (»über den Strudel«), donauabwärts zur Walhalla, nach Bach und Straubing oder aufwärts nach Kelheim (Personenschifffahrt Klinger, ►S. 127).
Für die Fahrt von Kelheim zum Kloster Weltenburg ►S. 128.

Einkaufen

Eine beliebte CD der Regensburger Domspatzen ist das »Konzert für Papst Benedikt XVI.« – Georg Ratzinger, der Bruder des Papstes, leitete lange als Domkapellmeister den Chor. Andreas Nuslan fertigt als Europas einziger Meister Damen- und Herrenhüte (gegenüber dem Dom, www.hutmacher.de). Wein aus dem Landkreis Regensburg, Deutschlands kleinstem Anbaugebiet, führt Rehorik (Am Brixener Hof 6, Gesandtenstraße 16). Naturhaarbürsten werden seit 1894 im Familienbetrieb Ernst gefertigt (Glockengasse 10). »Botschafter« Regensburgs sind die gleichnamigen würzigen Würste und der berühmte Händlmaier-Senf.

VERANSTALTUNGEN

Ab Ende April (14 Tage): Maidult. Pfingsten: Tage Alter Musik (www.tagealtermusik-regensburg.de), einer der wichtigsten Festivals seiner Art. Ende Juni: Altstadtfest. Anfang Juli: »Spectaculum« (Mittelaltermarkt) auf der Jahninsel. Um den 10. Juli: Bayerisches Jazzweekend. 2. Juli-Hälfte: Thurn-und-Taxis-Schlossfestspiele, das herausragende Openair-Ereignis in Regensburg. Ende Juli/Anf. Aug.: »Palazzo« (Musik unterschiedlichster Art) im Hof des Thon-Dittmer-Palais. Ab Ende Aug.

Die legendäre Historische Wurstküche

Herbstdult (14 Tage). Dez.: Christkindlmarkt, Weihnachtsmarkt im Schlosshof. Aktuelle Termine sind im »Kulturjournal«, in der »Stadtzeitung« und anderen kostenlosen Gazetten verzeichnet.

ESSEN

► Fein & teuer

① ***Rosenpalais***
Minoritenweg 20
Tel. (09 41) 599 75 79
www.rosenpalais.de
Barockes Ambiente in einem prachtvollen Stadtpalais. Klassische Gourmetküche genießt man auch auf der lauschigen Dachterrasse. Geöffnet Di. – Sa. ab 18.00 Uhr.

② ***David***
Watmarkt 5, Tel. (09 41) 56 18 58
www.hotel-bischofshof.de
Hochklassige Küche im Goliath-Haus. Von der Dachterrasse hat man einen herrlichen Blick auf den Dom. Geöffnet Di. – Sa. ab 18.00 Uhr.

► Erschwinglich

③ ***Leerer Beutel***
Bertoldstr. 9, Tel. (09 41) 5 89 97
www.leerer-beutel.de
Im alten Kornspeicher (►S. 280) genießt man internationale und regionale Küche in Slow-Food-Qualität.

► Preiswert

④ ***Alte Münz***
Fischmarkt 7, Tel. (09 41) 548 86
www.alte-muenz.de
Schmankerl nach neubayerischer Art gibt es in der rustikalen Wirtsstube am Nordrand der Altstadt.

⑤ ***Kneitinger***
Arnulfsplatz 3, Tel. (09 41) 5 24 55
www.kneitinger.de
Urig-zünftige Brauereigaststätte mit regionalen Spezialitäten wie Spanfer-

kel mit Knödel und herzhaften Brotzeiten. Kein Ruhetag. Auch der Kneitingerkeller (Galgenbergstraße 18, Tel. 7 66 80) ist mit seinem Biergarten zu empfehlen.

⑥ ***Spitalgarten***
St.-Katharinen-Platz 1
Tel. (09 41) 847 74
www.spitalgarten.de
Gutbürgerliche bayerische Küche, im Sommer unter alten Bäumen im Biergarten mit Blick auf die Altstadt. Kein Ruhetag. Mit einfachen Zimmern.

ÜBERNACHTEN

Die Hotels in der Innenstadt haben meist gehobene Preise. Aufgrund der Attraktivität als Weltkulturerbe kann es im Sommer schwierig werden, kurzfristig ein Zimmer zu finden. Preisgünstiger wohnt man in Privatzimmern (Verzeichnis bei Regensburg Tourismus) und im Umland.

► Luxus

① ***Sorat Insel-Hotel***
Müllerstraße 7, Tel. (09 41) 8 10 40
www.sorat-hotels.com
Die äußerlich wenig einladende ehemalige Manufaktur für Kunsthandwerk bietet elegante Zimmer mit allem Komfort und traumhaftem Blick auf Donau und Altstadt. Restaurant mit feiner Regionalküche und kleiner Terrasse.

② ***Bischofshof am Dom***
Krauterermarkt 3, Tel. (09 41) 5 84 60
www.hotel-bischofshof.de
Großes Traditionshaus beim Dom, großzügig-romantische Zimmer, eigene Tiefgarage. Veredelte bayerische Kost gibt's im nobel-gemütlichen Restaurant und im schönen, beliebten Wirtsgarten. Seit 1649 braut der Bischofshof sein eigenes Bier.

► Komfortabel / Luxus

③ ***Orphée***
Untere Bachgasse 8, Tel. (09 41) 5 96 02 0, www.hotel-orphee.de
Das Hotel mit zwei Häusern in der Altstadt gehört zu den besten Adressen: Großes Haus (Untere Bachgasse 8) mit barockem Stuck und Antiquitäten, Kleines Haus (Wahlenstr. 1) ebenfalls hübsch und romantisch. Sehr beliebt ist auch das Bistro im Großen Haus (Interieur von 1896).

④ ***Park-Hotel Maximilian***
Maximilianstr. 28, Tel. (09 41) 56 85-0
www.maximilian-hotel.de
Traditionsreiches Hotel in prachtvollem Neorokoko-Bau, teils sehr große Zimmer. Man frühstückt im grandiosen Saal oder auf der sonnigen Terasse. Zum Haus gehört das italienische Restaurant Locanda Botticelli.

⑤ ***Altstadthotel Arch***
Haidplatz 4, Tel. (09 41) 586 60
www.altstadthotel-arch.de
Herrliches, liebevoll restauriertes Patrizierhaus aus dem 12. Jh., besonders schön sind die Zimmer im Dachgeschoss.

► Günstig

⑥ ***Weidenhof***
Maximilianstraße 23, Tel. (09 41) 5 30 31, www.hotel-weidenhof.de
Seit über 100 Jahren gibt es das zentral gelegene Hotel mit einfachen, ordentlichen Zimmern.

Gasthaus zum Schwan
Fischergasse 30, 93309 Kelheim
Tel. (0 94 41) 2 92 98
www.gasthaus-zum-schwan.com
Der Tipp vor den Toren Regensburgs: Sehr schön und preiswert nächtigt man in mit alten Möbeln eingerichteten Zimmern, teils mit Blick auf die Donau. Kein Restaurant.

te, bis zu zwölf Stockwerke bzw. 50 m **hohe Wohntürme** – eine städtebauliche Besonderheit, die man sonst nur in Italien antrifft –, den Dom und das prächtige Rathaus. Im 14./15. Jh. verlor Regensburg seine Vorrangstellung an die aufblühenden Städte Augsburg und Nürnberg, die den Fernhandel allmählich übernahmen. Innerstädtische Auseinandersetzungen, die Vertreibung der Juden und der Dreißigjährige Krieg verstärkten den Niedergang. Erst der **Immerwährende Reichstag** lockte zwischen 1663 und 1806 wieder Fürsten, Adel und Gesandte in die alte Reichsstadt. 1810 kam Regensburg an Bayern und wurde Sitz des Regierungsbezirks Oberpfalz. Den Zweiten Weltkrieg überstand die Stadt fast unbeschadet, war dann aber durch den Eisernen Vorhang seiner Verbindungen nach Osten beraubt. Die Gründung einer Universität in den 1960er-Jahren, deren prominentester Professor der Theologe Joseph Ratzinger war (heute Papst Benedikt XVI.), und die Ansiedlung von Unternehmen Ende der 1990er-Jahre führten zu einem beeindruckenden Wiederaufstieg.

◄ Abb. S. 46/47

? WUSSTEN SIE SCHON ...?

- Regensburg und das Bier verbindet eine lange Geschichte. Ausgrabungen bezeugen, dass schon die Römer hier Bier brauten. Heute noch gehören Bischofshof, Kneitinger und Spitalbrauerei zu Stiftungen, d. h. mit ihrem Erlös werden gemeinnützige Zwecke finanziert. Bei Kneitinger ist sogar der Bierpreis in den Stiftungsstatuten festgelegt, allerdings soll die Brauerei als Aktiengesellschaft ausgegliedert werden.

Sehenswertes in Regensburg

★★ Steinerne Brücke

Den schönsten Blick auf die Stadtsilhouette hat man von der Steinernen Brücke, die seit 2008 Fußgängern und Radfahrern vorbehalten ist. Das fast 900 Jahre alte Meisterwerk mittelalterlicher Baukunst entstand zwischen 1135 und 1146. Ursprünglich auf 16, seit ihrer Verkürzung im 15. Jh. nur noch auf 15 mächtigen Pfeilern spannt sie sich, 336 m lang, 15 Meter über der Donau von der Altstadt über die Wöhrde (Inseln) zum heutigen Stadtteil Stadtamhof. Jahrehundertelang war sie – wirtschaftlich und politisch bedeutsam – die einzige Donaubrücke zwischen Ulm und Wien, und sie war Vorbild für andere große Steinbrücken des 12./13. Jh.s, etwa über die Elbe in Dresden, die Rhône in Avignon und die Moldau in Prag. Das »Bruckmandl« (Brückenmännchen) am Brückenscheitel symbolisierte einst die städtischen Freiheitsrechte. Ein Blick auf den Fluss erklärt die aus dem Volkslied bekannten **Regensburger Donaustrudel**: Zum Schutz vor Unterspülung sind die Pfeiler von schiffsförmigen Fundamenten (»Beschlächte«) umgeben, die für eine starke Strömung und Strudel sorgen. Von ursprünglich drei Türmen ist nur noch das Brücktor am Südufer erhalten; im Brückturm-Museum eine Ausstellung zur Geschichte des Bauwerks (geöffnet April – Okt. Di. – So. 10.00 – 17.00 Uhr). Von der einstigen Türmerwohnung im obersten Stock hat man eine herrliche Rundsicht.

◄ Brückturm-Museum ⌚

Regensburg Orientierung

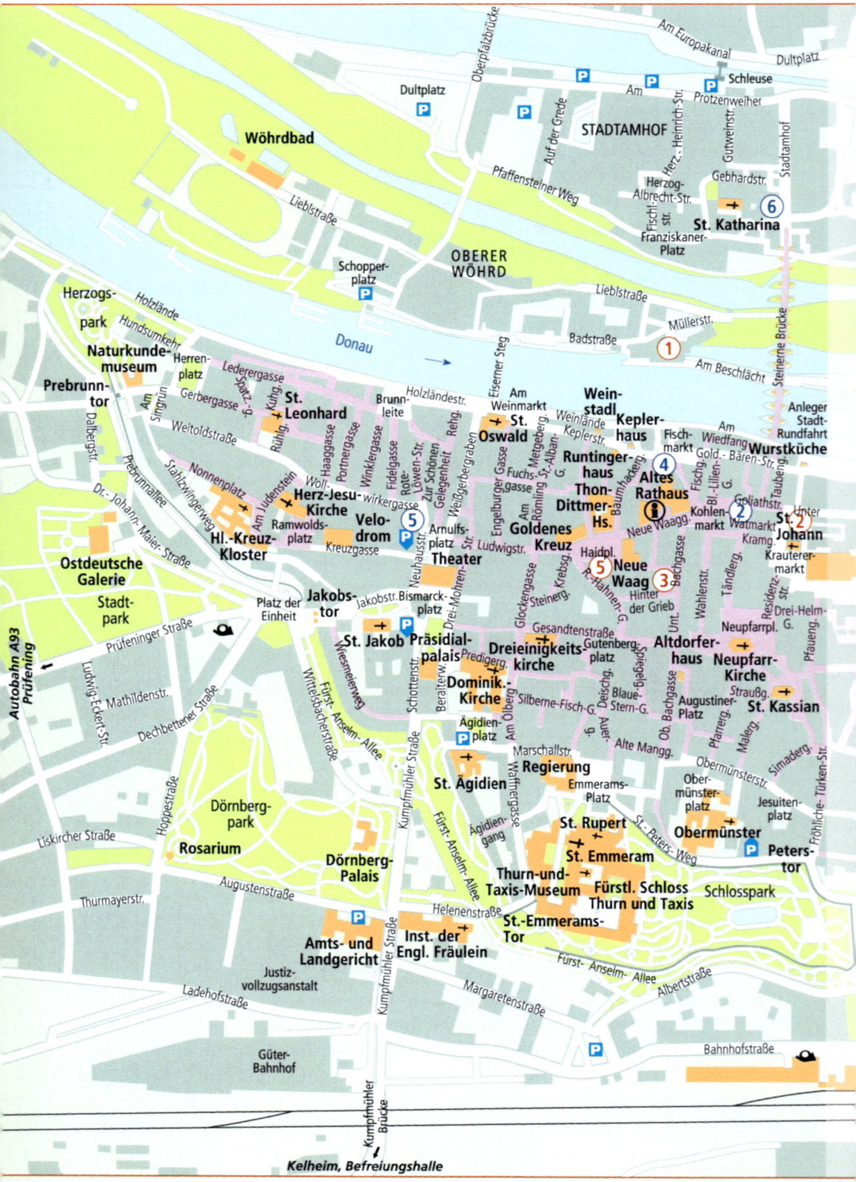

Essen
1. Rosenpalais
2. David
3. Leerer Beutel
4. Alte Münz
5. Kneitinger
6. Spitalgarten

Übernachten
1. Sorat Insel-Hotel
2. Bischofshof am Dom

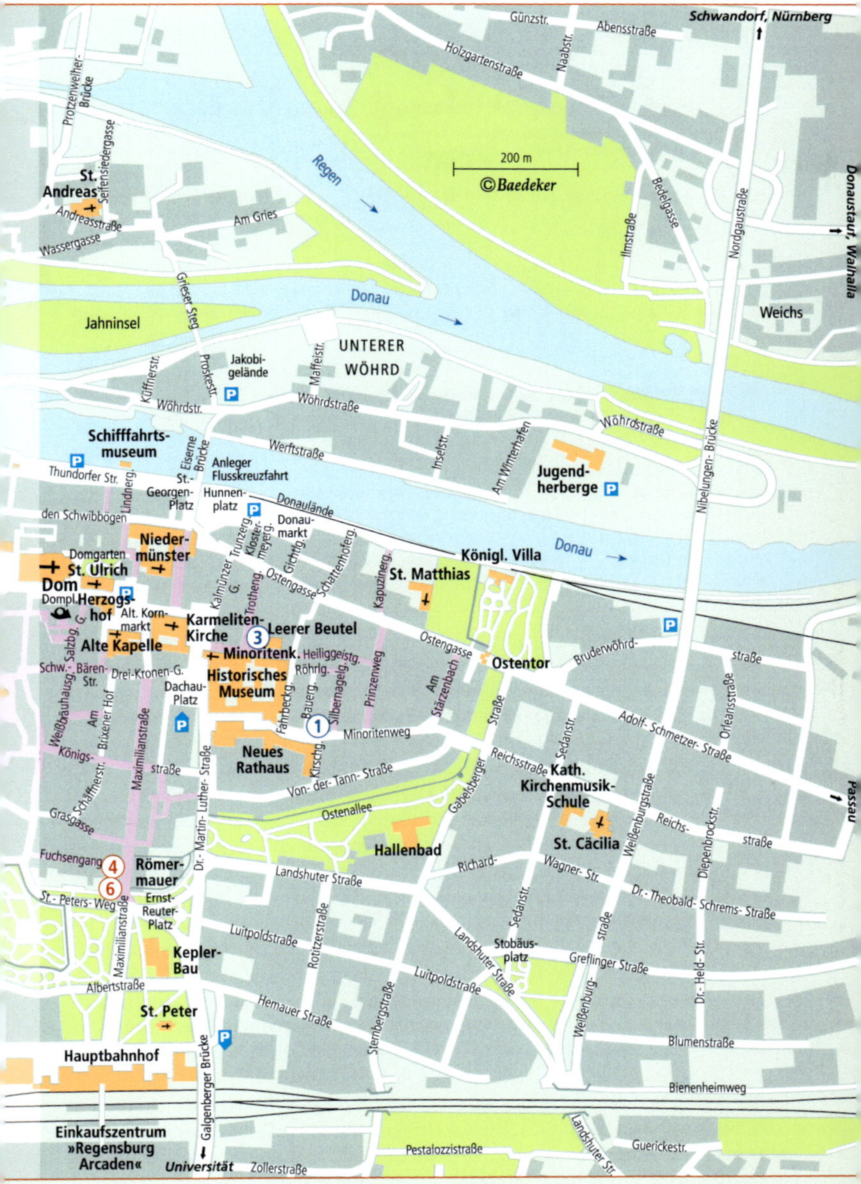

③ Orphée
④ Park-Hotel Maximilian
⑤ Altstadthotel Arch
⑥ Weidenhof
Fußgängerzone
Wohnverkehrsstraße

Regensburg Dom St. Peter

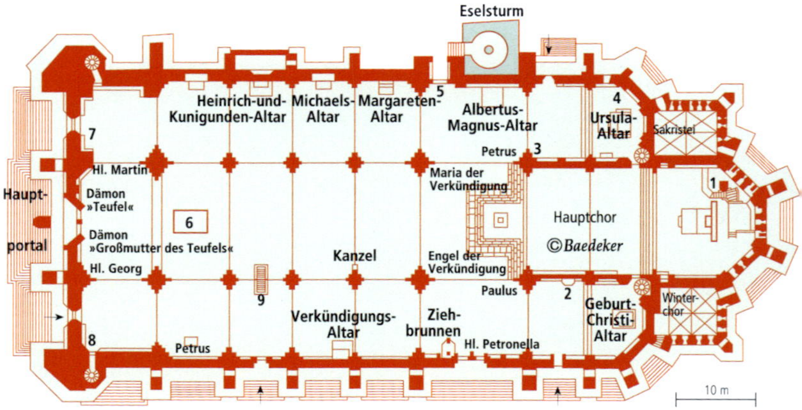

1 Sakramentshäuschen (1493)
2 Grabdenkmal für Bischof Johann Michael von Sailer (†1832)
3 Grabdenkmal für Bischof Johann Georg Graf von Herberstein (†1663)
4 Fenster von Josef Oberberger (1967/68)
5 Eingang zum Domschatzmuseum
6 Grabdenkmal für Kardinal Philipp Wilhelm von Bayern (†1598)
7 Gruppe der »Heimsuchung« (um 1350/60)
8 Epitaph der Ursula Aquila (†1547)
9 Treppe zur Grablege der Regensburger Bischöfe

Stadtamhof Von der Brücke sieht man nach Norden über die Donauinseln Oberer und Unterer Wöhrd nach Stadtamhof. Über 1000 Jahre waren die beiden Städte erbitterte Konkurrentinnen, erst 1924 wurde das durch eigenen Salzhandel reich gewordene Städtchen mit seinem etwas ländlicheren mittelalterlichen Stadtbild eingemeindet. Hier kann man durch das Fischerviertel in die Donauauen spazieren, die sehenswerte frühgotische Spitalkirche besuchen und unter alten Bäumen im Spitalgarten einkehren. Der Kern des St. Katharinenspitals datiert in die Zeit um 1220. Eindruck macht die Schleuse am Schleusenkanal nördlich von Stadtamhof.

Salzstadel Von der Brücke aus links neben dem Brückturm steht der mächtige Salzstadel (um 1620) mit fünfgeschossigem Dachstuhl. Der appetitliche Duft, der bei richtig stehendem Wind auf die Brücke heraufweht, kommt von der weltberühmten **Historischen Wurstküche**: Die »erste Imbissbude der Welt« soll schon im 12. Jh. die Bauarbeiter der Brücke versorgt haben. Auf jeden Fall – da sind sich nicht nur die Regensburger einig – gibt es hier die **besten Bratwürste** überhaupt.

Donau-Schifffahrts-Museum ► Die Geschichte der Donauschifffahrt wird an Bord zweier restaurierter Schlepper erzählt, im Radzugdampfer Ruthof (1922/23) und im Motorzugschiff Freudenau (1943), die wenige Schritte flussabwärts vertäut sind (geöffnet April – Okt. Di. – So. 10.00 – 17.00 Uhr).

Goliathstraße

◄ Abb. S. 12

Die Goliathstraße, die man auf dem Weg zum Dom quert, verdankt ihren Namen dem **Goliathhaus** (13. Jh., mehrfach verändert; Nr. 4). Das überdimensionale Fresko des Zweikampfs zwischen David und Goliath stammt von Melchior Bocksberger (um 1570). Der 28 m hohe **Baumburger Turm** am Watmarkt (südlich hinter der Goliathstraße) ist einer der schönsten mittelalterlichen Stadttürme (um 1275). Im Erdgeschoss ist in der gotischen Hauskapelle einer der kulinarischen Fixpunkte Regensburgs ansässig, der **Dampfnudel-Uli**.

Porta Praetoria

◄ Abb. S. 43

Die westliche Fortsetzung der Goliathstraße bildet die Straße »Unter den Schwibbögen«. Hier sind in der Nordfassade des Bischofshofs die zyklopischen Reste der **Porta Praetoria** zu sehen. Der halbrunde Eckturm mit Rundbogenfenstern und ein Torbogen aus mörtellos aufeinandergesetzten Steinquadern gehören zum 1885 entdeckten einstigen Nordtor des römischen Legionslagers Castra Regina.

★★ **Dom St. Peter**

Die beiden 105 m hohen Türme weisen den Weg zum Dom St. Peter. Der Bau aus hellem Kalkstein, ein **Hauptwerk gotischer Baukunst in Bayern**, entstand am Platz eines karolingischen Doms ab 1273; nach über 250 Jahren, 1520, wurde der Bau eingestellt, im 17. und 18. Jh. barock umgestaltet. Auf Initiative König Ludwigs I. wurde das Innere ab 1828 regotisiert, und erst 1869 bekamen die Türme ihre durchbrochenen Spitzhelme. Das 86 m lange Mittelschiff wird in 32 m Höhe von Kreuzrippengewölben abgeschlossen. Im Westen des Langhauses prunkt das Grabdenkmal für Kardinal Herzog Philipp Wilhelm (1576 bis 1598), ein Werk des Münchner Hofbildhauers Hans Krumper von 1611. Im dunklen, machtvollen Inneren wirken die prächtigen farbigen Glasfenster (v. a. im Hauptchor) besonders eindrucksvoll, die meisten entstanden zwischen 1300 und 1370. Die ältesten Scheiben im Südquerhaus stammen aus dem Vorgängerbau (um 1230), die Westfassade erhielt ihre Fenster erst ab 1827. Zu beachten sind der prachtvolle silberne Hochaltar, ein Gemeinschaftswerk Augsburger Künstler zwischen 1695 und 1784, und die fünf gotischen Baldachinaltäre (um 1320 – 1473) in den Nebenchören und den Seitenschiffen. Die bekanntesten Bildwerke im Dom sind die Figuren an den westlichen Pfeilern der Vierung: die überlebensgroßen Figuren der **Verkündigung des sog. Eminoldmeisters** (um 1280): Der lächelnde Erzengel Gabriel (ein Wahrzeichen Regensburgs) überbringt wirklich eine

Der lächelnde Erzengel der Verkündigung

! Baedeker TIPP

Regensburger Domspatzen

Jeden Sonntagmorgen um 10.00 Uhr – außer in den Ferien oder wenn der Chor auf Tournee ist – begleiten die weltberühmten Domspatzen mit hellen Stimmen den Gottesdienst. Der Knabenchor besteht schon seit dem Jahr 975.

»frohe« Botschaft, und Maria, eine höfisch gekleidete Schönheit ganz nach dem Geschmack des Hochmittelalters, nimmt sie huldvoll entgegen. An den östlichen Vierungspfeilern die Figuren der Apostel Petrus (um 1320) und Paulus (1370/1380). Ansehen sollte man sich auch den Kreuzgang (14.–16. Jh.) mit der Allerheiligenkapelle, einem vorzüglichen Bau der Romanik (um 1160) mit zeitgenössischer Ausmalung und der ca. 100 Jahre älteren Stephanskapelle (nördlich des Kreuzgangs). Zwölf Steinmetze der Dombauhütte sind heute ständig an St. Peter beschäftigt. Sie arbeiten ausschließlich mit Werkzeugen, die schon im Mittelalter verwendet wurden.

★ Allerheiligenkapelle ►

Domschatzmuseum

Das Domschatzmuseum in der einstigen Bischofsresidenz zeigt Goldschmiedekunst und Textilien vom 11. bis zum 20. Jh.; berühmt ist das Emailkästchen mit 11 000 eingeschmolzenen Goldsternen und in Email gemalten Fabeltieren. Geöffnet April – Okt. Di.– Sa. 10.00 bis 17.00, So. ab 12.00, sonst Fr., Sa. 10.00 – 16.00, So. ab 12.00 Uhr.

St. Ulrich

Am Domplatz schließt sich östlich von St. Peter die Kirche St. Ulrich an, erbaut ab etwa 1225 als Pfalzkirche. Sie ist heute Diözesanmuseum, in dem **sakrales Kunsthandwerk** aus über tausend Jahren zu sehen ist, u. a. ein einzigartiges Kreuzreliquiar in Form eines Schmetterlings, vermutlich aus einer Pariser Werkstatt (um 1310). Mit den beiden Fensterrosen und Wandmalereien im Chor aus der Erbauungszeit ist auch die Kirche selbst einen Besuch wert (geöffnet April – Okt. Di. – So. 10.00 – 17.00 Uhr).

Neupfarrplatz

Südwestlich des Doms liegt der Neupfarrplatz mit einem Kaufhaus aus den 1970er-Jahren und der Neupfarrkirche aus der Renaissance (1540); 1542 wurde sie die erste evangelische Kirche der zum neuen Glauben übergetretenen Reichsstadt. Einst stand hier die **Synagoge** der jüdischen Gemeinde, die seit 981 in Regensburg belegt war. 1519 wurden ihre Mitglieder vertrieben und ihr Gotteshaus zerstört. Ein Bodenrelief aus weißem Granit des israelischen Künstlers Dani Karavan bildet den Grundriss der Synagoge nach. Archäologische Grabungen 1995 – 1998 brachten hier Spuren der Stadtentwicklung vom römischen Lager Castra Regina über das mittelalterliche jüdische Viertel bis zu einem Luftschutzbunker aus dem Zweiten Weltkrieg zutage (Führungen: Do., Fr., Sa. 14.30 Uhr, Juli, Aug. auch So., Mo.; Eintrittskarten bei Tabak Götz, Neupfarrplatz 3).

»document Niederpfarrplatz« ►

Himmelstrebende Gotik im Dom St. Peter: Blick vom Grabmal für Herzog Philipp Wilhelm zum silbernen Hochaltar im Chor →

Wahlenstraße Von hier biegt man nach Norden in die Wahlenstraße ein. Ihr 1135 erwähnter ursprünglicher Name »Inter Latinos« deutet darauf hin, dass hier italienische Kaufleute ihre Niederlassungen hatten. Links erhebt sich der Turm des **Kastenmayerhauses** (13. Jh.). Auffälligstes Gebäude ist der **Goldene Turm** (1250/1300), mit 50 m Höhe der imposanteste Regensburger Hausturm.

Untere Bachgasse Durch einen Innenhof gelangt man in die Untere Bachgasse, auch sie wird von schönen Bauten gesäumt, darunter Nr. 13 (um 1102) und das gegenüberliegende Lyskirchnerhaus (2. Hälfte 15. Jh.). In der schmalen Quergasse »Hinter der Grieb« ist der um 1270 erbaute Löblturm ein schönes Beispiel eines Patrizierturms.
Sowohl die Untere Bachgasse als auch die Wahlenstraße – ein lebhaftes Quartier mit guten Läden und beliebten Cafés – münden in den **Kohlenmarkt**.

✶ Altes Rathaus Im Westen geht der Kohlenmarkt in den Rathausplatz über. Das namengebende Alte Rathaus, das **Herz des Kaufmannsviertels**, entstand in mehreren Etappen zwischen dem 13. und 18. Jh. Hier tagten der Stadtrat und die Verwaltung, im Untergeschoss war mit Gefängnis und »Fragstatt« (Folterkammer) das Gerichtswesen ansässig. Älteste Teile sind der achtgeschossige Turm (Mitte 13. Jh.) und der westlich angrenzende Anbau. Um 1325/30 wurde der den Platz nach Westen

Reichssaal ►

abschließende Saalbau errichtet. Im großen Saal im Obergeschoss hielt von 1663 bis 1803 der »Immerwährende Reichstag« seine Sitzungen ab. Die historischen Räume mit grünem Tisch und langen Bänken – hier haben die Redewendungen von den »auf die lange Bank geschobenen« oder »am grünen Tisch gefällten« Entscheidungen ihren Ursprung – sind als **Reichstagsmuseum** zugänglich (Führungen tägl., April – Okt. 9.30 – 12.00, 13.30 – 16.00 Uhr alle 30 Min., sonst 10.00, 11.30, 13.30, 15.00 und 15.30 Uhr).

✶ Haidplatz Der im Westen anschließende dreieckige Haidplatz war einst Markt- und Turnierplatz. Gleich rechts das **Thon-Dittmer-Palais**, das in klassizistischem Äußerem Elemente aus Gotik und Renaissance birgt und für Tagungen etc. genützt wird, in seinem Arkadenhof gibt's im Sommer Musik. Berühmtestes Gebäude ist das anschließende **Goldene Kreuz**, ein Patrizierpalast mit siebengeschossigem Turm (Mitte 13. Jh.). In der Herberge, die über Jahrhunderte gekrönte Häupter zu Gast hatte – heute kann man hier im gleichnamigen Hotel fürstlich wohnen –, logierte im 16. Jh. wiederholt Kaiser Karl V.; aus seinem Techtelmechtel mit der jungen Barbara Blomberg ging Don Juan de Austria (1547 – 1578) hervor, der Sieger der Seeschlacht von Lepanto 1571. Gegenüber, an der Südseite, erhebt sich die **Arch**, ein markanter gotischer Palast (13. Jh., Hotel ► S. 264) mit einem Renaissance-Arkadenhof. Die ganze Ostseite des Platzes nimmt die **Neue Waag** ein. Die Vierflügelanlage ging aus einem Patrizieranwesen des 13. Jh.s hervor und wurde im 15. Jh. zur städtischen Waage

Rathausplatz mit Altem Rathaus

erweitert; 1541 stritten sich hier Philipp Melanchthon und Johannes Eck über den richtigen Glauben, einer der vergeblichen Versuche, zwischen Katholiken und Protestanten zu vermitteln.

Keplerstraße

Richtung Norden gelangt man in die parallel zur Donau verlaufende Keplerstraße. Unter den Bauten fallen der Weinstadel (1527; Nordseite) und das gegenüberliegende **Runtingerhaus** auf. Letzteres bestand ursprünglich aus zwei Anwesen, die die durch den Handel mit Venedig reich gewordene Familie Runtinger zu einem repräsentativen Palast vereinigen ließ (um 1400). Im **Keplerhaus** an der Ecke zur Gasse am Schallern lebte 1626 – 1628 der Astronom Johannes Kepler mit seiner Familie, heute ein Museum mit zeitgenössischem Mobiliar und Instrumenten (Sa., So./Fei. 10.30 – 16.00 Uhr).

Bismarckplatz

Den Bismarckplatz am Westrand der Altstadt bestimmen **zwei klassizistische Bauten**, das ehemalige Präsidialpalais (Palais des französichen Gesandten, 1805) und das Stadttheater (1804), beide von Emanuel Joseph d'Herigoyen entworfen.

★★ Schottenkirche St. Jakob

Südwestlich nahe dem Bismarckplatz steht die Schottenkirche St. Jakob, eine der bedeutendsten Schöpfungen der Romanik in Süddeutschland. Anfang des 12. Jh.s außerhalb der Stadtmauern als Teil

Abb. S. 61 ► eines Klosters von irischen Mönchen erbaut (geweiht 1120), bekam sie im 16. Jh. ihren Namen, als das Kloster von schottischen Benediktinern übernommen wurde. Von außen präsentiert sie sich als fast original erhaltene dreischiffige Basilika mit zwei Osttürmen und westlichem Querhaus. Die große Sehenswürdigkeit ist ihr um 1180 entstandenes Nordportal (Haupteingang), eine dreiteilige Portalwand nach Art von Notre-Dame-la-Grande im französischen Poitiers, mit tiefgestaffeltem Säulenportal und reichem Skulpturenschmuck. Bizarre Dämonen, Raubtiere und Fabelwesen, Mönche, Juden und Heiden, dazu diverse weitere Vertreter des Menschengeschlechts entwerfen eine große Allegorie um das Thema des Weltgerichts, um Himmel und Hölle. Auch die Ausstattung der Kirche ist sehenswert, insbesondere die Kapitelle der Rundpfeiler, das Relief eines »schwebenden« Mönchs (12. Jh.) rechts des Nordportals, die spätromanische Kreuzigungsgruppe (um 1180) im Triumphbogen, der Kruzifixus an der südlichen Wand (um 1370) sowie die Steinskulpturen vor den Chorpfeilern (Maria und Jakobus, um 1320 bzw. 1360).

**** Fürstliches Schloss Thurn und Taxis**

Die Fürsten von Thurn und Taxis vertraten ab 1748 den Kaiser als »Prinzipalkommissare« beim Immerwährenden Reichstag. Damals befand sich ihr Familiensitz in Frankfurt, als Regensburger Wohnsitz mieteten sie – Grundbesitz durften auswärtige Reichsstände in Regensburg nicht erwerben – den Freisinger Hof und später den Kurtrierischen Hof, beide am Emmeramsplatz. 1812 erhielten sie zum Ausgleich für den Entzug des bayerischen Postmonopols das säkularisierte Kloster St. Emmeram im Süden der Altstadt, das seither Sitz der Familie ist und offiziell Fürstliches Schloss St. Emmeram heißt.

Der Ballsaal ist einer der prachtvollsten Räume des Schlosses.

Im Westflügel des Kreuzgangs: Portal zur Basilika

Ab 1816 wurde es, zunächst durch Leo von Klenze, zu einer der bedeutendsten europäischen Adelsresidenzen ausgebaut, heute ist es mit 500 Räumen der größte bewohnte Schlossbau Deutschlands. Einige der kostbar ausgestatteten Wohn- und Repräsentationsräume und der gotische Kreuzgang (um 1220 – Ende 14. Jh.) können in Führungen besichtigt werden (April – Okt. tägl. 11.00, 14.00, 15.00, 16.00, Sa., So. auch um 10.00 und 13.00 Uhr; www.thurnundtaxis.de). Als Zweigstelle des Bayerischen Nationalmuseums zeigt die **Fürstliche Schatzkammer** herausragende Schätze aus den fürstlichen Sammlungen (1997 vom bayerischen Staat angekauft). Erlesene Möbel, feinstes Porzellan, Gold- und Silberarbeiten und zahlreiche andere Preziosen zeugen vom Glanz eines der führenden Geschlechter des europäischen Hochadels (geöffnet April – Okt. Mo. – Fr. 11.00 – 17.00 Uhr, Sa., So., Fei. ab 10.00 Uhr). Im Juli finden im Schlosshof die **Thurn-und-Taxis-Schlossfestspiele** statt, im Dezember ein Weihnachtsmarkt.

ST. EMMERAM: VOM KLOSTER ZUM SCHLOSS

★★ **Deutschlands größter Schlossbau war ursprünglich ein Kloster, das sich ab dem 10. Jh. um das Grab des hl. Emmeram († 685) entwickelt hatte. 1812, nach der Aufhebung des Klosters, wurde es Sitz der Fürsten von Thurn und Taxis und von ihnen zu einer prachtvollen Residenz ausgebaut.**

Schloss und Kreuzgang:
April – Okt. tägl. 11.00, 14.00, 15.00, 16.00,
Sa., So. auch 10.00 und 13.00 Uhr

① Portalwand und Glockenturm
Durch eine Portalwand (13. Jh.) betritt man den Vorhof, an der Westwand das Renaissance-Epitaph von Johannes Aventinus († 1534). Der Glockenturm entstand 1575 – 1579 um den Kern eines romanischen Kampanile.

② Basilika St. Emmeram
Im Kirchenraum werden Kirchenpatron, Kloster und Benediktinerorden verherrlicht; die Künstler waren Egid Quirin und Cosmas Damian Asam, das Hochaltarbild malte Joachim Sandrart.

③ Wolfgangskrypta
Unter dem ab 1049 errichteten Westquerhaus liegt die 1052 geweihte Wolfgangskrypta.

④ Ramwoldkrypta
Von der Ringkrypta (8. Jh.) mit dem Emmeramsgrab gelangt man in die Außenkrypta, erbaut um 980 als eine der ersten deutschen Hallenkirchen und 1775 klassizistisch umgestaltet.

⑤ St. Rupert
Das Deckenfresko von Otto Gebhard verherrlicht den hl. Rupert als Missionar und den Triumph des Christentums im frühmittelalterlichen Bayern.

⑥ Kreuzgang
Der Kreuzgang wurde nach einem Brand 1166 neu angelegt. 1835 – 1843 entstand im Kreuzgarten nach Plänen von Carl Viktor Keim die fürstliche Gruftkapelle.

⑦ Bibliothek
Die zweigeschossige Bibliothek entstand 1732 im inneren Klostertrakt nach Plänen des Linzers Johann Michael Prunner.

Die barocke Umgestaltung der Basilika St. Emmeram zählt zu den Hauptwerken der Brüder Asam.

★★ Kirche St. Emmeram

Schon um das Jahr 730 wird die Kirche von St. Emmeram genannt, die zu einem der **ältesten Klöster in Bayern** gehört. Keimzelle war eine spätantike Kirche, in der die Reste des fränkischen Wanderbischofs Emmeram, von den Agilolfingern um 670 unter einem Vorwand gewaltsam zu Tode gebracht, bestattet waren. Königliche und herzogliche Schenkungen, v. a. Gebiete in der Oberpfalz, machten das Kloster reich, und von der Vollendung der neuen Basilika um 780 an wurde es im Lauf der Jahrhunderte umgebaut und erweitert, teils nach Zerstörungen durch Brände. 1731 – 1733 wurde der ganze Komplex, wie es Zeit und Bedeutung erforderten, barock umgestaltet, wobei die Ausstattung in Händen der berühmten Brüder **Cosmas Damian und Egid Quirin Asam** lag. In der romanischen Vorhalle der Kirche (nach 1166) beeindruckt das mit Kalksteinreliefs – thronender Christus und die Kirchenpatrone Dionysius und Emmeram – geschmückte Portal (1049 bis 1060). Unter den Grabplatten in der Vorhalle besonders interessant ist die für den Humanisten **Johannes Aventinus** (Johann Georg Turmair, 1477 – 1534), den ersten Geschichtsschreiber Bayerns. Das linke Tor führt ins Langhaus (s. u.), das rechte in das West-Querhaus mit dem Dionysius-Chor (1052). Nachdem man das pompöse Grabmal für Alexander Ferdinand von Thurn und Taxis (von S. Sorg, 1777) bewundert hat, geht man hinunter in die **Wolfgangskrypta** (1052) mit dem Grab des in Bayern sehr populären Heiligen († 994) und beachtenswerten Säulen und teils verzierten Würfelkapitellen; hier sind zu beachten u. a. der »Heinrichsstuhl«

Regensburg *Basilika St. Emmeram*

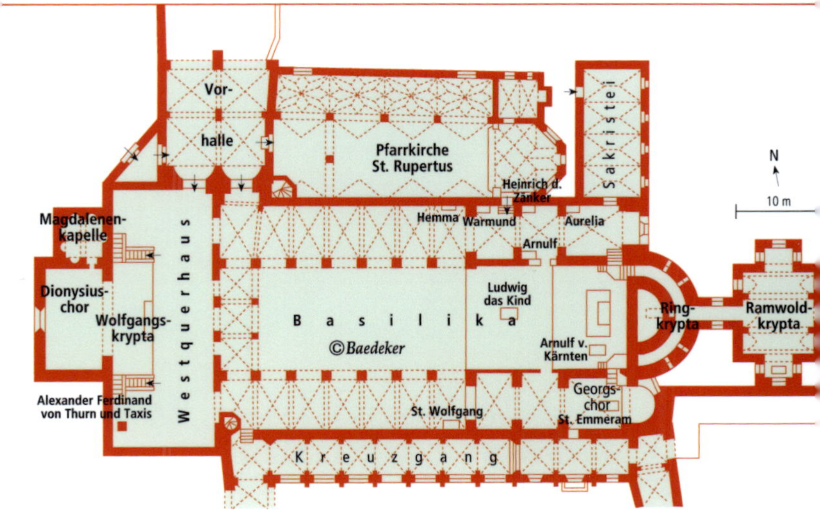

Im Chor der fürstlichen Gruftkapelle steht eine Christusfigur von Johann Heinrich Dannecker (1832).

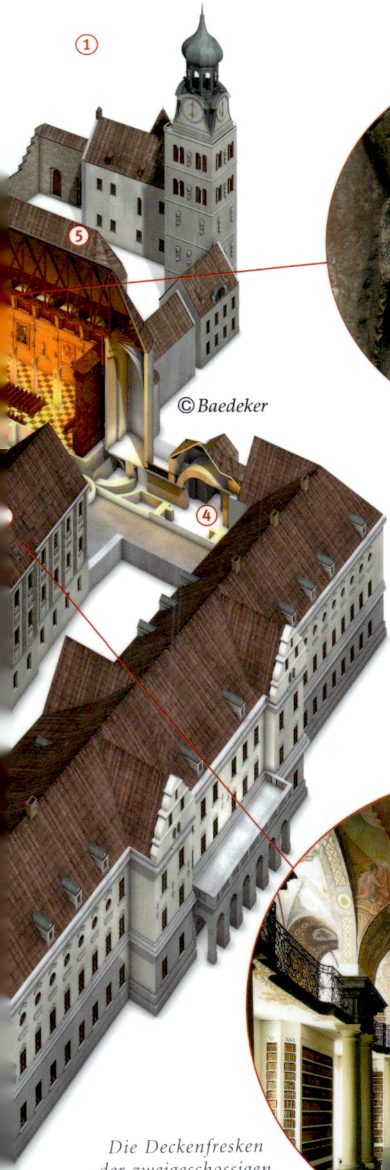

Ein um 1280 entstandenes Grabmal erinnert an Königin Hemma, Gattin Ludwigs des Deutschen († 876).

Die Deckenfresken der zweigeschossigen Bibliothek malte Cosmas Damian Asam.

S. WOLFGANGUS EPIS. RATISBON.
S. EMMERAMUS EPIS. et MARTYR.

(10./11. Jh., aus Dolomit) und der Sarkophag des **hl. Dionysius** – des Atheners, den der Apostel Paulus persönlich bekehrte, später erster Bischof von Athen (nun ja, wenn Venedig die Überbleibsel des Evangelisten Markus hat und Genua die von Johannes dem Täufer ...).

◄ Langhaus

Durch eines von fünf Toren betritt man das Langhaus, das noch die Substanz der karolingischen Basilika bewahrt hat und ab 1731 durch die Brüder Cosmas Damian und Egid Quirin Asam zu einem prachtvollen Festsaal umgestaltet wurde. Im Hochaltar von E. Q. Asam das Bild »Tod des hl. Emmeram« des Regensburgers Joachim Sandrart (1666); das große Deckenfresko im Langhaus (C. D. Asam) ist den heroischen Mythen des Klosters gewidmet. Am oberen Bildrand sieht man den hl. Emmeram mit der Leiter (an einer solchen wurde er gemartert); im Hintergrund die nach ihm benannte Klosteranlage.

Unter dem Hochaltar liegt die **Ringkrypta** (um 740), ein tonnengewölbter Gang, der das Grab des hl. Emmeram umschließt. Von hier gelangt man in die **Ramwoldkrypta** (um 980) mit dem Grab des Abtes Ramwold († 1001), neben der Wolfgangskrypta der älteste Teile der Kirche. An den kostbaren Grabplatten und -skulpturen aus dem 11. – 14. Jh. ist der hohe Rang des Klosters abzulesen; die beiden vorzüglichsten sind das Grabmal (um 1280) der Königin Hemma, Gattin Ludwigs des Deutschen († 876), und dasjenige des hl. Emmeram (um 1350) im südlichen Nebenchor. Der Kreuzgang gehört zum Schloss Thurn und Taxis und ist bei Führungen zugänglich.

◄ Grabplatten und -skulpturen

St. Rupert, nördlich an die Basilika angebaut und über deren Vorhalle zugänglich, war bis 1812 Pfarrkirche des Klosters. Der ursprüngliche Bau aus dem 12. Jh. wurde 1765 im Rokokostil umgestaltet. Das Deckenfresko von Otto Gebhardt verherrlicht den hl. Rupert.

Niedermünster

Das Niedermünster östlich des Doms entstand Mitte des 12. Jh.s für ein Damenstift (seit 1825 Sitz der bischöflichen Verwaltung). Trotz barocker Eingriffe ist außen wie innen die romanische Anlage zu erkennen. Beachtenswert sind der marmorne Hochaltar von Jakob Mösl (1763), eine Baldachinarchitektur über drei liegenden Bischofsfiguren im linken Seitenschiff (um 1325/30) und die hölzerne Kreuzigungsgruppe (um 1300) in der Kriegergedächtniskapelle (Zugang von der Vorhalle). Ausgrabungen seit den 1960er-Jahren (Zugang unter der Orgelempore) zeigen Spuren der Stadtgeschichte von römischen Resten über Bauten aus merowingischer, karolingischer und ottonischer Zeit bis zur romanischen Kirche.

◄ »document Niedermünster«

Alter Kornmarkt

Am Alten Kornmarkt südlich des Niedermünsters stehen der mächtige sog. **Römerturm**, in Wirklichkeit ein Rest der karolingischen Kaiserpfalz, und der 988 erwähnte **Herzogshof**, ehemals Residenz der bayerischen Herzöge (beide im 13. Jh. verändert). Die Alte Kapelle, die den Alten Kornmarkt im Süden abschließt, entstand unter Ludwig dem Deutschen (reg. 843 – 876) als Pfalzkapelle und wurde von Kaiser Heinrich II. 1002 – 1004 wiederhergestellt. Am Hauptportal von 1752 wurden einige mittelalterliche Skulpturen verwendet: eine

★★

◄ Alte Kapelle

Madonna (um 1370), etwa gleich alte Portallöwen und in den Portalnischen eine Beichtszene (um 1200). 1441 – 1452 erhielt der romanische Bau einen mächtigen Chor, 1747 – 1765 wurde das Innere zu einem **Wunderwerk des bayerischen Rokokos** umgestaltet: Den feinen vergoldeten Stuck schuf der Wessobrunner Anton Landes, den plastischen Schmuck der Thurn-und-Taxis'sche Hofbildhauer Simon Sorg. Überwältigende Pracht entfaltet der Hochaltar (G. B. Götz, 1762 – 1772) mit Skulpturen von Sorg: Maria als »apokalyptisches Weib«, flankiert von Kaiser Heinrich II. und seiner Gattin Kunigunde. Bis heute besteht das Kollegiatstift, das schon im frühen 12. Jh. Schülerinnen unterrichtete; aus dieser Zeit sind Schülerbriefe in lateinischen Versen erhalten, darunter auch die ersten überlieferten Liebesbriefe auf deutschem Boden.

Historisches Museum

Südöstlich von hier, am Dachauplatz, ist im Erdgeschoss des gleichnamigen Parkhauses ein 56 m langes Stück der **römischen Stadtmauer** zu sehen. Das einstige Minoritenkloster (13. Jh.) jenseits des Dachauplatzes beherbergt mit seinem modernen Anbau das Historische Museum. Es vermittelt einen Überblick über die Kunst- und Kulturgeschichte der Stadt Regensburg von vorgeschichtlicher Zeit bis ins 20. Jh. (Di., Mi., Fr.– So. 10.00 – 16.00, So. bis 20.00 Uhr).

»Leerer Beutel«

Der riesige Kornspeicher aus dem 16./17. Jh. (54 m lang, 21 m breit, 7 Geschosse), dessen seltsamer Name schon im 17. Jh. genannt wird, ist heute ein Kulturzentrum mit Restaurant, Programmkino und Städtischer Galerie; im großen Saal veranstaltet u. a. der **Jazzclub Regensburg** seine Konzerte (www.jazzclub-regensburg.de, Tel. 56 33 75). Die **Städtische Galerie** präsentiert v. a. ostbayerische Kunst aus dem 19. und 20. Jh. (geöffnet Di. – So. 10.00 – 16.00 Uhr).

Sehenswertes außerhalb der Altstadt

Ostdeutsche Galerie

In der Ostdeutschen Galerie im Stadtpark westlich der Altstadt ist bildende Kunst aus dem östlichen Europa von der Romantik bis zur Gegenwart ausgestellt. Vertreten sind u. a. Lovis Corinth, Käthe Kollwitz und Bernhard Schultze, aber auch Kokoschka, Lüpertz, Feininger und Polke (Di. – So. 10.00 – 17.00, Do. bis 20.00 Uhr).

✶✶ Klosterkirche Prüfening

Die ehemalige Benediktinerabtei (heute »Schloss«) Prüfening am südwestlichen Stadtrand wurde 1109 vom Bamberger Bischof Otto I. gegründet und Mönchen aus dem Kloster Hirsau im Schwarzwald übergeben. (1803 wurde das Kloster aufgehoben, 1899 an die Thurn und Taxis verkauft. Seit 2002 beherbergt es eine Montessori-Schule.) Die dreischiffige Klosterkirche St. Georg entstand 1109 – 1114 als erster größerer Kirchenbau der Hirsauer Schule in Bayern. Bis auf die barocke Westfassade (1718) und die mittlere Chorapsis (frühes 17. Jh.) hat sie ihr Aussehen bewahrt. Durch ein altes Portal geht es in das hohe Innere mit erst 1897 entdeckten **großartigen, byzantinisch**

Das Grabmal für Abt Erminold

anmutenden Wandmalereien aus der Zeit zwischen 1130 und 1160, darunter (in der Kuppel) eine thronende Frauengestalt, eine »Ekklesia«, d. h. die Verkörperung der Kirche. Die Gewölbemalereien der Schiffe entstanden erst um 1709. Den Hochaltar schuf um 1610 der Münchner Hofbildhauer Hans Krumper nach dem Vorbild der Münchner Kirche St. Michael; der prachtvolle Barockaltar im nördlichen Querhaus, mit dem Altarbild der schönen Büßerin Magdalena, wurde 1710 gestiftet. Besondere Aufmerksamkeit verdient das Hochgrab des Abts Erminold, der ein strenges Regiment führte und daher 1121 von einem Mönch erschlagen worden sein soll. Ihm zu Ehren fertigte 1283 ein unbekannter, »**Erminoldmeister**« genannter Künstler ein Hochgrab mit der lebensgroßen Figur des Abts (von ihm stammt auch die Verkündigungsgruppe im Dom, ► S. 269). Zugänglich ist die Kirche zu den Gottesdiensten So. 10.00 Uhr sowie April – Okt. So. 14.00 – 17.00 Uhr (Führungen unter Tel. 09 41 / 3 26 28), auch werden hier Konzerte veranstaltet.

✶ Karthaus-Prüll

Auf der Höhe südlich der Stadt nahe der Autobahnausfahrt Regensburg-Kumpfmühl (Ludwig-Thoma-Str. 14) liegt das Bezirksklinikum mit dem ehemaligen, um 997 gegründeten Kloster Karthaus-Prüll (geöffnet Mai – Okt. Sa., So. 10.30 – 17.00 Uhr, Führungen am 1. und 3. So. des Monats 10.30 Uhr). Im Jahr 1110 wurde seine zweitürmige Kirche St. Vitus geweiht, eine der ältesten ganz eingewölbten Hallenkirchen Süddeutschlands. Auf die Kartäuser, die das Kloster 1483 übernahmen, gehen Chor (bis 1513) und Kreuzgang zurück. Das Innere wurde Anfang des 17. Jh.s barockisiert, wobei der hervorragende Münchner Hofbildhauer Hans Krumper Stuck und Hochaltar nach dem Vorbild von St. Michael in München schuf. Außer dem filigranen Chorgestühl (1605) ist unter der Westempore das Verkündigungsfresko (um 1200) mit der Figur des Stifters zu beachten. In einer Klosterzelle, der »Rasura«, ein Museum zur Geschichte des Bezirksklinikums und zur Geschichte des Klosters.

Umgebung von Regensburg

Donaustauf

Der Burgberg von Donaustauf 8 km östlich von Regensburg war schon von den Kelten besiedelt, davon zeugen mächtige Grundmauern einer Befestigung aus dem 5. Jh. v. Chr. Die heute zu sehende Ruine geht auf eine mittelalterliche Burg zurück, die im 17. Jh. von schwedischen Truppen zerstört wurde. Etwas Exotik bringt der **Chinesische Turm**, der 1842 im Auftrag von Fürst Karl Alexander von Thurn und Taxis in seinem Schlossgarten erbaut wurde und im Gegensatz zum Schloss den Großbrand 1880 unbeschadet überstand.

✶✶ **Walhalla**
Abb. S. 53 ►

Einen Hauch griechische Antike bringt ein mächtiger Tempel, der östlich von Donaustauf 100 m über dem Fluss thront. Die nach dem Wohnsitz der germanischen Götter benannte **Ruhmeshalle für »ausgezeichnete Teutsche«**, die den Parthenon in Athen zum Vorbild hat, entstand 1830 – 1842 nach Plänen von Leo von Klenze. Auftraggeber war König Ludwig I., dessen Statue das Innere dominiert. Heute stehen hier 65 Gedenktafeln und 130 Marmorskulpturen, mit denen u. a. Luther, Mozart, Konrad Adenauer und Sophie Scholl geehrt werden. Über die Aufnahme – die Personen müssen mindestens 20 Jahre tot sein und »der germanischen Sprachfamilie angehören« – entscheidet der Bayerische Ministerrat. Geöffnet April – Sept. 9.00 bis 17.45, Okt. bis 16.45, sonst 10.00 – 11.45, 13.00 – 15.45 Uhr). Wer gut zu Fuß ist, erreicht den Tempel von der Donau her, die Mühe der 358 Marmorstufen wird mit herrlichem Ausblick belohnt.

Bach

Weinbau an der Donau? Tatsächlich: Das **kleinste Anbaugebiet Deutschlands** liegt 27 km östlich von Regensburg an der Mündung des Perlbachs in die Donau. Im Winzerdorf Bach erfährt man im Baierwein-Museum – in einer Kelter aus dem 14. Jh., zu Fuß etwa 20 Min. von der Anlegestelle der Schiffe von Regensburg entfernt – einiges über den von den Römern eingeführten Weinbau (geöffnet Mai – Okt., 1. So. im Monat 14.00 – 17.00 Uhr). Es gibt auch einen Weinlehrpfad. In gemütlichen Weinstuben kann der süffige »Bacherer« verkostet werden, im Spätherbst ist der »Federweiße« beliebt.

Wiesent

Auf der Martiniplatte in Wiesent (Richtung Brennberg) steht, in einem Himalayagarten mit über 300 Pflanzenarten, ein **Nepal-Tempel**. Er war einer der beliebtesten Länderpavillons der Weltausstellung »expo2000« in Hannover. Geöffnet Mai – Sept. So. 13.00 – 17.00, Mo. 14.00 – 17.00 Uhr (www.nepal-himalaya-pavillon.de).

✶ **Frauenzell**

Zwei Einsiedler gründeten ca. 6 km nördlich von Wiesent im Jahr 1321 das Kloster Marienzell oder »Unserer lieben Frauen Zell« (heute Schule). Ihre Kirche Mariä Himmelfahrt, errichtet ab 1737 nach Beratung durch die **Brüder Asam**, zählt zu den schönsten Schöpfungen des Rokokos in der Oberpfalz. Neben dem wuchtigen Turm der Kirche des 14. Jh.s führt ein prunkvolles Portal in den lichtdurchfluteten ovalen Raum, der an das Konzept von Weltenburg erinnert. Eleganter Stuck von dem Wessobrunner Anton Landes und beeindruckende Deckenfresken von Michael Speer aus Regensburg (unter der Orgelempore) und Otto Gebhard aus Prüfening (Langhaus und Chor). Führungen: Pfarramt Brennberg, Tel. (094 84) 273.

Das nahe **Brennberg** wird von einer Burgruine überragt, vom Aussichtsturm hat man einen schönen Ausblick.

Wörth

Die kleine Stadt (2800 Einw.), 22 km östlich von Regensburg links der Donau gelegen, wird von der **Burg der Bischöfe von Regensburg** dominiert, von der noch das Torhaus (1525), mächtige Rundtürme und der sechsstöckige Wohnturm erhalten sind. Das dreiflügelige **Schloss Wörth** gegenüber mit Kapelle, Wohn- und Saalbau entstand zwischen 1507 und dem frühen 17. Jh. als Sommerresidenz (heute Seniorenstift; Führungen Mai – Okt. am ersten Sa. im Monat 15.30 Uhr; Tourismusbüro Tel. 094 82 / 94 030, www.stadt-woerth.de). Im Schlosshof finden im Sommer die Schlossfestspiele statt. Die gotische Pfarrkirche St. Peter entstand im späten 13. Jahrhundert.

◄ Nostalgie-Museum

In Hofdorf 4 km östlich von Wörth lädt das »nostalgische Museum zum Verweilen, Wohlfühlen, Erinnern und auch zum Träumen« ein, Kinder finden Objekte zum Anfassen und Spielen. Im ehemaligen Forstamt (1845) sind Blech- und Holzspielzeug, Puppen, sakrales und häusliches Kulturgut, Oldtimer etc. ausgestellt (Zur Alten Donau 4, geöffnet Karfreitag – 3. Okt., 1. Advent – Jan. Sa., So., Fei. 14.00 bis 18.00 Uhr, Tel. 0 94 82 / 9 00 86, www.nostalgie-museum.de).

Kelheim

Von Regensburg aus sollte man einen Ausflug in südwestlicher Richtung nach Kelheim und zum Kloster Weltenburg nicht auslassen. Das an der Mündung der Altmühl in die Donau gelegene Kelheim (15 500 Einw.) besitzt eine hübsche kleine Altstadt zwischen Altmühl und Donau; mittelalterlich sind die rechteckige Stadtanlage mit zwei Achsen sowie die Reste der **Befestigung aus dem 13./14. Jh.** (einige Türme und drei Tortürme). Über die Geschichte des seit Urzeiten verkehrstechnisch und strategisch bedeutenden Platzes informiert das **Archäologische Museum** im herzoglichen Getreidespeicher (Ledererggasse 11, geöffnet April – Anf. Nov. Di. – So. 10.00 – 17.00 Uhr). Interessant die Zeugnisse des 1846 in Betrieb genommenen **Ludwigskanals** westlich der Altstadt (Hafen mit Kran, Lagerhalle, Schleuse). 1607 wurde das **Weiße Brauhaus** gegründet – also die älteste bayerische Weißbierbrauerei –, das 1872 von dem Münchner Georg Schneider übernommen wurde; die

Die Befreiungshalle über Kelheim

Schneider-Weiße ist heute eines der bekanntesten bayerischen Biere, ein Besuch des schönen Brauhauses gehört dazu (Emil-Ott-Str. 3, mit Biergarten). Bei einer Führung lernt man den Werdegang des Biers kennen (Mai – Okt. Di./Do. 14.00 Uhr, sonst nur Di.; Tel. 0 94 41 / 705-0). In der ehemaligen Franziskanerkirche westlich der Altstadt sind historische Orgeln und Orgelmodelle ausgestellt (April bis Okt. tägl. 14.00 – 17.00 Uhr). Sehr schön und nicht teuer nächtigt man im Gasthaus zum Schwan (► S. 264) nahe der Franziskanerkirche an der Donau.

★★ Befreiungshalle ►

Über Kelheim thront auf dem Michaelsberg ein Rundtempel, den der antikenbegeisterte König Ludwig I. ab 1842 erbauen ließ, in Erinnerung an den Sieg der Koalitionstruppen über Napoleon in der Völkerschlacht von Leipzig 1813 (März – Okt. tägl. 9.00 – 18.00, sonst bis 16.00 Uhr). In Anlehnung an das **Pantheon in Rom** schufen die Münchner Hofbaumeister F. von Gärtner und L. von Klenze eine 45 m hohe Kuppelhalle. Ihr Inneres beeindruckt mit nobler, wenn auch steifer Gestaltung; 34 Siegesgöttinnen aus Carrara-Marmor (von L. Schwanthaler) bilden einen feierlichen Reigen. Von der Befreiungshalle hat man einen schönen Ausblick über Stadt, Donau und Altmühl. Südlich der Altstadt (Parkplatz Wöhrdplatz) legen die Schiffe für die **herrliche Fahrt zum Kloster Weltenburg** ab (Betriebszeit ca. 20. März – 1. Nov.). Von Kelheim führt ein schöner Rad- und Wanderweg am Nordufer der Donau entlang nach Weltenburg; zuletzt setzt man mit Personenfähre bzw. einer Zille (nur im Sommer bei genügender Auslastung) oder mit der Autofähre weiter westlich (April – Okt., 8.00 – 17.00 Uhr, eine antriebslose Schrägseilfähre) über. Kombiniert man Wanderung und Schiffsfahrt, nimmt man von Kelheim aus das Schiff; die Bergfahrt dauert mit 40 Minuten doppelt so lange wie die Talfahrt, so hat man mehr Muße zum Schauen.

★★ **Weltenburg**

Zwischen Weltenburg und Kelheim windet sich die Donau auf einer Strecke von ca. 5 km durch den Kalk des Fränkischen Juras – eine der eindrucksvollsten deutschen Flusslandschaften: die **Weltenburger Enge** (Naturschutzgebiet), eines von »Bayerns schönsten Geotopen«. In einer Schleife des hier nur 70 m breiten Flusses, umgeben von etwa 80 m hohen Felswänden, gründeten iroschottische Mönche schon um das Jahr 617 das **Kloster Weltenburg**, Ausgangsort für die Missionierung der Region. Der barocke Gebäudekomplex entstand unter Abt Maurus Bächl 1714 – 1725. Die Benediktinermönche betreiben die älteste **Klosterbrauerei** der Welt (seit 1050), das »Barock Dunkel« wurde mehrfach als bestes Dunkelbier der Welt ausgezeichnet (Führungen 10. April – Okt. Fr. – So., Fei. 11.00, 12.30, 14.00, 15.30 Uhr; www.weltenburger.de). Im malerischen Klosterhof mit seinem **Biergarten** (im Sommer tägl. 8.00 – 19.00 Uhr) kann man unter Kastanienbäumen das Klosterbier und bayerische Schmankerln genießen; einen besonderen Ruf hat der Zwetschgendatschi. Das Kloster veranstaltet geistlich-religiöse und allgemeinbildende Seminare, in der Kirche finden Konzerte statt. Interessant ist das Informationszentrum

Weltenburg Klosterkirche

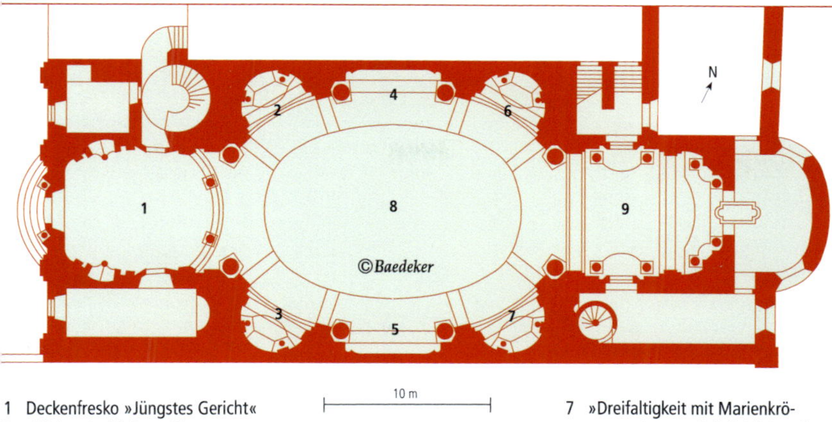

1 Deckenfresko »Jüngstes Gericht«
2 »Vision des hl. Benedikt«, darunter Relief »Hl. Scholastika«
3 »Maurus rettet seinen Mitbruder Placidus«, darunter Relief »Johannes Nepomuk«
4 Kanzel (J. J. Kürschner, 1732) mit predigendem Hl. Benedikt; links »Befolger der Lehre«, rechts »Verächter der Lehre«
5 »Ankunft der Benediktiner in Amerika«
6 »Kreuzigung«, darunter Relief »Schutzengel«
7 »Dreifaltigkeit mit Marienkrönung«, darunter Relief »Hl. Joseph«
8 Deckenfresko »Verklärung der Kirche«, in der Kuppel der Hl. Geist
9 Deckenfresko »Gründung des Klosters durch Tassilo III. und Übernahme durch die Benediktiner«

im Felsenkeller, das Einblick gibt in die Geschichte des Klosters und die Natur der Umgebung. Info: www.urbanplus.com/weltenburg.

★★ ◄ Klosterkirche

Die Klosterkirche St. Georg und Martin, errichtet ab 1716, ist mit ihrer überbordenden Pracht ein **Hauptwerk des süddeutschen Hochbarocks**. Besondere Bedeutung hat sie als erstes Gemeinschaftswerk der Brüder **Cosmas Damian und Egid Quirin Asam** (d. h. dass Architektur und Ausstattung als Einheit konzipiert wurden) und als erster ovaler Kirchenbau in Bayern. Baupläne und Fresken stammen von Cosmas Damian (1720 – 1736), alle Altäre, Skulpturen und Stuck von Egid Quirin; nur das Deckenfresko in der Vorhalle malte 1745 Franz Asam, der Sohn Cosmas Damians. Der kleine Hauptraum – 19,5 m lang, 14,5 m breit, 20 m hoch – ist ein Rausch in Goldtönen, mit Säulen und Pilastern aus »Weltenburger Marmor« und vergoldetem Stuck. Da er fast nur indirektes Licht erhält, wirkt er in der Morgensonne am plastischsten und eindrücklichsten. Dann steht auch der prachtvolle hl. Georg im Hochaltar im richtigen Licht; die Kulisse für den ungewöhnlichen Bühnenaltar bildet ein Fresko der Immaculata. Fantastisch auch die Lichtregie in der Kuppel: Von ihrem gewölbten Rand mit großen vergoldeten Stuckreliefs ist die (flache!) Decke 4 m weit abgesetzt, so dass das szenenreiche Deckenfresko durch Fenster im Kuppeltambour beleuchtet wird. Und wie um die meisterhafte Illusion ironisch zu bestätigen, lächelt an der Südseite Cosmas Damian Asam über die Brüstung; im Fresko trägt der

Kunst- und Naturschönheit ersten Ranges: Kloster Weltenburg am Donaudurchbruch

nächste Engel links, der den Betrachter frontal ansieht, die Züge Egid Quirins. Die Kirche ist tägl. ab 8.00 Uhr geöffnet, Schließung etwa bei Einbruch der Dunkelheit. Führungen nach Anmeldung Tel. (0 94 41) 204-13.

★★ Straubing

F 4

Donau und Gäuboden
Höhe: 331 m ü. d. M.
Einwohner: 44 700

Der »Gäuboden«, das ist die fruchtbare Ebene, die sich südlich der Donau etwa zwischen Wörth im Nordwesten und Künzing im Südosten ausbreitet, und das rechts der Donau gelegene Straubing ist das lebhafte Zentrum dieser »Kornkammer Bayerns«. Mit seiner spätgotischen Stadtanlage, dem täglichen Markt auf dem Stadtplatz, vielen Cafés und Läden sowie einem berühmten Römerschatz ist es unbedingt einen Besuch wert.

Straubing gestern und heute

An der Stelle einer Keltensiedlung östlich der heutigen Altstadt, wo heute die Peterskirche steht, legten die Römer um 40 v. Chr. das Militärlager Sorviodurum an. Daraus entwickelte sich die 897 erstmals erwähnte, durch Wall und Graben geschützte Siedlung Strupinga. 1218 gründete der Wittelsbacher Herzog Ludwig I. der Kelheimer die

STRAUBING ERLEBEN

AUSKUNFT

Amt für Tourismus
Theresienplatz 20, 94315 Straubing
Tel. (0 94 21) 9 44-3 07
www.straubing.de

GUT ZU WISSEN

Parken
Am besten parkt man (außer während des Gäubodenvolksfests) auf dem Festplatz Am Hagen am Nordrand der Altstadt (gebührenfrei).

Einkaufen
Mo. – Sa. Gemüsemarkt auf dem Ludwigsplatz, Fr./Sa. Bauernmarkt auf dem Theresienplatz.

Freizeit
Das Erlebnisbad AQUAtherm bietet Badespaß mit Thermalwasser aus der Heilquelle Sorviodurum. Wasserskifahren, Surfen und Segeln kann man auf dem nahen Friedenhainsee; Bootstouren auf der Donau. Spannung bieten die Eishockeyprofis Straubing Tigers und die Rennen auf Ostbayerns größter Trabrennbahn. Zwei Golfplätze in der Nähe. Der Alte Schlachthof ist heute Kulturzentrum mit interessantem Angebot. (Live-) Musik und gute Drinks gibt's im Habana Club (Am Platzl 3, nur Fr./Sa. 21.00 – 5.00 Uhr).

VERANSTALTUNGEN

In Straubing: Ende März: Figurentheater-Festival. Ende Juni bis Ende Juli, alle vier Jahre (wieder 2011): Agnes-Bernauer-Festspiele im Schloss (www.agnes-bernauer-festspiele.de). Ende Juni, in geraden Jahren: Bürgerfest. 2. Juli-Hälfte: Jazz an der Donau mit Musikern von Weltformat (www.jazzanderdonau.de). Ab dem 2. Aug.-Freitag, 11 Tage: Gäubodenvolksfest mit Ostbayernschau (Verbrauchermesse). Sept.: Bluval (Internationales Musikfestival für Blasinstrumente, www.bluval.de). Ende Sept.: Töpfer- und Kunsthandwerkermarkt. Ab Ende Nov. Christkindlmarkt.
In der Umgebung: Pfingsten: Kerzenwallfahrt zum Bogenberg. Pfingstmontag: Bergfest auf dem Gallner bei Rattiszell. Um den 20. Juni: Bogener Rautentage (Mittelalterspektakel auf dem Bogenberg).

! *Baedeker* TIPP

Straubings fünfte Jahreszeit

Alljährlich im August feiert sich Straubing mit dem elf Tage dauernden Gäubodenvolksfest als die »größte Bauernstadt Bayerns«. Über 1,2 Mio. Besucher machen das 1812 begründete Fest nach dem Münchner Oktoberfest zur zweitgrößten derartigen Veranstaltung in Bayern, und gegenüber diesem hat es den Vorzug, dass es entschieden volkstümlicher ist.

ESSEN

► Preiswert / Erschwinglich

① ***Seethaler***
Theresienplatz 25, Straubing
Tel. (094 21) 939 50
www.hotel-seethaler.de – In der gemütlichen Stube des alteingesessenen, gediegenen Gasthofs mit hübschen Zimmern wird regionale Küche serviert, im Sommer auch auf der Terrasse (So. geschl.) Radfahrerfreundliches Hotel.

② ***Zum Geiß***
Theresienplatz 40, Straubing
Tel. (094 21) 96 39 22
www.zum-geiss.de

Schon 1462 erwähntes Gasthaus unter gotischem Treppengiebel, eine Institution, nicht nur weil Angela Merkel mit Nicolas Sarkozy hier war. Zu sehr auf »bayerisch« gemacht (mit entsprechender Karte), aber gemütlich.

ÜBERNACHTEN / ESSEN

► Komfortabel

① ***Theresientor***
Theresienplatz 41, Straubing
Tel. (094 21) 84 90
www.hotel-theresientor.de
Modernes Hotel am Stadtplatz.

② ***Villa***
Bahnhofplatz 2, Straubing
Tel. (094 21) 9 63 67-0
www.hotelvilla-straubing.de
Stilvoll wohnt man in der alten Villa im Stadtpark, zu Fuß 5 Min. vom Zentrum. Im Restaurant wird italienisch gekocht.

► Günstig

③ ***Gäubodenhof***
Theresienplatz 8 a, Straubing
Tel. (094 21) 1 22 75
www.hotel-gaeubodenhof.de
Gemütliches, familiengeführtes Hotel, Restaurant mit bayrischer Küche.

④ ***Röhrlbräu***
Theresienplatz 7, Straubing
Tel. (094 21) 43 05 11
www.hotel-roehrlbraeu.de
Historisches Haus am Hauptplatz. Im Restaurant werden bayerische Schmankerl serviert, im Sommer auch auf der Terrasse.

⑤ ***Landgasthof Reisinger***
Sossauer Platz 1, Straubing
Tel. (0 94 21) 1 06 58
www.landgasthof-reisinger.de
Hübscher, freundlicher Gasthof im Straubinger Vorort. Einfache Speisekarte. Ab und zu tritt hier die Kleinkunstbühne Straubing auf.

Zur Schönen Aussicht
Bogenberg 6, 94327 Bogenberg
Tel. (094 22) 15 39, Fax 80 91 62
www.bogenberg.com
Gasthof mit ordentlichen Zimmern, bayerischer Küche und schattigem Biergarten mit umwerfender Aussicht.

regelmäßig angelegte Neustadt, nach der bayerischen Landesteilung 1349 war sie 1353 – 1425 Hauptort des **Herzogtums Straubing-Holland**. Albrecht III., Sohn des Herzogs Ernst von Bayern, heiratete 1432 heimlich die schöne Augsburger Baderstochter **Agnes Bernauer**/ die auf Betreiben ihres Schwiegervaters 1435 hier in der Donau ertränkt wurde (►Berühmte Persönlichkeiten). 1787 kam in Straubing der berühmte Glastechniker und Physiker Joseph von Fraunhofer zur Welt († 1826). Bis in die Mitte des 20. Jh.s fand auf dem Stadtplatz der Gesindemarkt statt: Zu Beginn der Erntezeit boten hier Taglöhner, Bauerntöchter, Heimarbeiter und andere Mittellose aus dem »Wald« den wohlhabenden Gäubauern ihre Arbeitskraft an. Mit Straubing-Sand um den 1996 eröffneten gleichnamigen Donauhafen (ca. 10 km östlich) besitzt die Stadt heute eines der größten Industriegebiete Bayerns; sie ist auch Sitz des bayerischen »Kompetenzzentrums für Nachwachsende Rohstoffe«, an dem Universitäten in München und Weihenstephan beteiligt sind.

Rund geht's auf dem Gäubodenvolksfest

Sehenswertes in Straubing

Herz von Straubing ist der – typisch für eine wittelsbachische Gründung – insgesamt 600 m lange Stadtplatz, bestehend aus Theresienplatz im Westen und Ludwigsplatz im Osten. Mit dem Stadtturm in der Mitte, zwei barocken Brunnen (für die Stadtheiligen Jakob und Tiburtius) und schmucken Fassaden von der Spätgotik über Barock über Klassizismus bis zur Moderne zeugt er vom Anspruch des Adels und vom Selbstbewusstsein der Bürger. Der tägliche Gemüsemarkt und der Bauern- und Viktualienmarkt gehen auf die jahrhundertealte Markttradition zurück. Natürlich sind hier eine Reihe guter Gasthöfe und Cafés versammelt. Einen Besuch wert ist das **Café Krönner** am Stadtturm, einmal wegen der netten Atmosphäre, zum andern wegen seiner Produkte; berühmt sind die Agnes-Bernauer- und die Spitzweg-Torte.

★ **Theresien- und Ludwigsplatz**

Der 68 m hohe Stadtturm mit fünf spitzen Helmen ist das nicht zu übersehende **Wahrzeichen** der Stadt. Grundsteinlegung war 1316, die Türmerwohnung und die Helme wurden im 16. Jh. fertiggestellt. Von oben hat man einen herrlichen Blick auf die mittelalterliche Stadt, die Donau, den Gäuboden und den Bayerischen Wald. 1382 erwarben die Bürger zwei Handelshäuser und bauten sie zum dreigeschossigen gotischen **Rathaus** um. Etwas weiter westlich folgen der Tiburtiusbrunnen (1685) und die 15 m hohe **Dreifaltigkeitssäule**, die 1709 nach der glimpflich verlaufenen österreichischen Belage-

◄ Stadtturm

◄ Theresienplatz

Straubing Orientierung

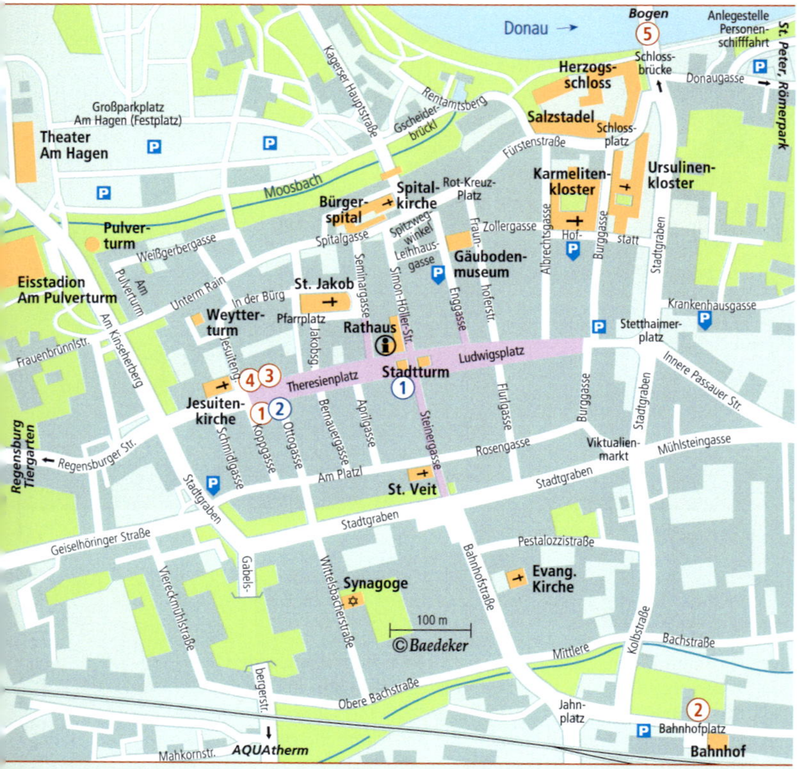

Essen
① Seethaler
② Zum Geiß

Übernachten
① Theresientor
② Villa
③ Gäubodenhof
④ Röhrlbräu
⑤ Reisinger

rung im Spanischen Erbfolgekrieg aufgestellt wurde. Die goldglänzende Dreifaltigkeit stammt von dem einheimischen Meister J. G. Frisch, den hl. Michael schuf Franz Mozart – der Großonkel von Wolfgang Amadeus Mozart –, die Verkündigungsgruppe der Salzburger Hofbildhauer Michael Bernhard Mandl. Auf dem Ludwigsplatz steht der Jakobsbrunnen (1644); in der Löwenapotheke (Nr. 11) arbeitete der Maler **Carl Spitzweg** 1829 sieben Monate lang als Provisor (Gehilfe). Das Haus in der Kron (Nr. 10) ist eines der ältesten Hauser am Stadtplatz.

Ludwigsplatz ►

★ **St. Jakob**

Die zwischen etwa 1395 und 1590 erbaute dreischiffige Kirche nördlich des Theresienplatzes ist eine der schönsten Hallenkirchen der Backsteingotik in Altbayern. Die Pläne stammen vermutlich von dem

Straubings Mitte: Der Theresienplatz mit dem markanten Stadtturm

Baumeister Hans von Burghausen. Ein Kranz von 20 Kapellen umgibt das 82 m lange Gotteshaus, zehn Säulenpaare tragen das 23 m hohe Gewölbe. Den Zyklus von 23 Szenen aus der Passion Jesu und dem leben der Jungfrau Maria über dem Kapellenkranz malte 1738 J. A. Schöpf nach Entwürfen des Straubingers Georg Kopp (frühes 17. Jh.). Beachtenswert sind auch die farbenfrohen spätgotischen Fenster, darunter das Moses-Fenster über der Josefskapelle an der Südwand (Übergabe der Gesetzestafeln an Moses), gefertigt von dem Nürnberger Veit Hirsvogel um 1498 nach einem Entwurf von **Albrecht Dürer**. Aufmerksamkeit verdienen außerdem der neogotische Hochaltar mit spätgotischen Figuren und Tafeln (um 1485), die zierliche Rokoko-Kanzel von Wenzeslaus Mirowski (Kunsttischler am Münchner Hof) und dem Straubinger Stuckateur und Bildhauer Mathias Obermayr u. a. sowie mittelalterliche und frühneuzeitliche Grabmäler, so das für den Straubinger Handelsmann und Ratsherrn Ulrich Kastenmayr († 1431) in der Bartolomäus-Kapelle hinter dem Hochaltar. Der Verstorbene ist lebensgroß in holländischer Tracht mit weitärmeligem Mantel und großem Hut dargestellt.

Gäubodenmuseum

An der von der Mitte des Ludwigsplatzes nach Norden führenden Fraunhoferstraße passiert man das Geburtshaus des Physikers Joseph von Fraunhofer (1787 – 1826), bevor man das Gäubodenmuseum erreicht (geöffnet Di. – So. 10.00 – 16.00 Uhr). In der einstigen Fürsten-

Gesichtsmaske aus dem Römerschatz

herberge (um 1700) sind neben archäologischen Fundstücken aus Jungsteinzeit, von Kelten, Römern und Herzögen vor allem **sakrale und Volkskunst** ausgestellt. Interessant ist auch Jakob Sandtners Holzmodell Straubings aus dem Jahr 1568 (Kopie).

Hauptsehenswürdigkeit ist jedoch der ✶✶ **Römerschatz**: Als die Römer 233 n. Chr. vor den einfallenden Alemannen flohen, versteckte jemand einen Kupferkessel mit wertvollen Gegenständen. Erst 1950 wurde er wieder entdeckt: 116 Teile waren in ihm verstaut, u. a. Paraderüstungen, Gesichtsmasken und Rossstirne aus fein getriebenem Messingblech.

Karmelitenkirche Hl. Geist

1368 verlegten die Karmeliten ihren Sitz von Regensburg nach Straubing, im selben Jahr wurde mit dem Bau von Kloster und Kirche begonnen (Fertigstellung um 1430). Die Pläne des Mönchschors stammen vermutlich von Hans Krumenauer (1350/60 – 1410), die der dreischiffigen Halle von Hans von Burghausen (1350/60 – 1432). Mit der Überführung des Gnadenbilds »Maria von den Nesseln« 1661 begann eine lebhafte Wallfahrt. Um 1700 wurde die Kirche durch Wolfgang Dientzenhofer geschmackvoll barockisiert. Ein architektonisches Meisterwerk ist der prunkvolle Hochaltar des Passauers J. M. Götz (um 1741), das hervorragende Altarblatt (»Pfingstwunder«) schuf Michelangelo Unterberger 1741. Unter den Grabdenkmälern ragt das prächtige Hochgrab von Herzog Albrecht II. († 1397) im Mönchschor hinter dem Hochaltar heraus. Das Klostergebäude nördlich der Kirche ist ein Werk von G. G. Zuccalli (1684).

✶ **Ursulinenkirche**

Kurfürst Max II. Emanuel gründete 1690 in Straubing ein Ursulinenkloster, um die Bildung von Mädchen zu fördern (Jungen wurden schon seit 1631 am Jesuitengymnasium unterrichtet). Die Kirche der Unbefleckten Empfängnis – Straubings Barockjuwel – entstand 1736 – 1741 und ist das **letzte gemeinsame Werk der Brüder Asam**, da Cosmas Damian, verantwortlich für die Fresken und Altarblätter, 1739 starb. Seine beiden Töchter besuchten die Ursulinenschule, und da die jüngere ins Kloster eintrat, verzichtete er als »Mitgift« auf einen Teil des Honorars. Egid Quirin Asam, Baumeister und Stuckateur, wählte aufgrund des kleinen Bauplatzes als Grundriss eine Abfolge von drei Querovalen; zusammen mit der großen Höhe des Hauptraums ergibt sich dadurch ein etwas »gequetschter« Raumeindruck. Der Hauptaltar ist einer der aufwendigsten der Asam-Brüder.

Herzogsschloss

Albrecht I. begann 1356 mit dem Bau des Schlosses in der Nordostecke der Stadt am Südufer der Donau. 1755 wurde der Komplex in eine Kaserne umgewandelt, heute beherbergt er Finanzamt, Stadtbibliothek und Stadtarchiv (im Salzstadel). Zu der um einen Hof angeordneten unregelmäßigen Anlage gehören der Fürstenbau mit Rittersaal im Nordflügel, die 1373 geweihte spätgotische Kapelle im Ostteil und der Agnes-Bernauer-Turm in der Nordwestecke, wo die nicht standesgemäße Herzogsgattin vor ihrer Ermordung gefangengehalten wurde. Im Schlosshof finden alle vier Jahre die **Agnes-Bernauer-Festspiele** statt. Vom gegenüberliegenden Donauufer aus hat man einen schönen Blick auf die türmereiche Stadt.

Spitaltor
Bürgerspital

Das Spitaltor, einst das Nordtor in der mittelalterlichen Stadtbefestigung, erhielt 1628 sein frühbarockes (heutiges) Aussehen. Das im 13. Jh. gestiftete Bürgerspital mit dreischiffigem Hospitalssaal (14. Jh.) gehört zu den ältesten Bauten im Stadtzentrum. Die zugehörige Dreifaltigkeitskirche wurde nach einem Stadtbrand 1780 frühklassizistisch erneuert. Auch der Pulverturm und der Weytterturm sind Reste der Stadtmauer.

✶
St. Peter

Die stimmungsvollste sakrale Anlage Straubings ist St. Peter, eine der **großen Kirchenbauten der Romanik in Südbayern**, mit ihrem verwunschen-idyllischen Friedhof (1 km östlich der Altstadt, zugänglich 9.00 – 17.00 Uhr). Baubeginn für die dreischiffige Basilika ohne Querschiff, aber mit drei halbrunden Apsiden im Osten war um 1200, ihre beiden Türme wurden 1887 fertiggestellt. Beachtung verdienen die beiden Stufenportale mit ihren Tympanonreliefs, das lebensgroße Kruzifix (um 1200) über dem Hochaltar und die gotische Pietà (um 1340) in der nördlichen Nebenapsis. Auf dem ummauerten Friedhof stehen unter alten Bäumen **malerisch überwucherte Steindenkmäler und geschmiedete Grabkreuze** aus sieben Jahrhunderten. Die Reliefs der zwei (von ursprünglich sieben) Kreuzwegstationen schuf Martin Leutner um 1624. Die älteste der drei Friedhofskapellen, ein zweistöckiger Karner (Beinhaus und Kapelle), steht ganz im Osten. Die **Agnes-Bernauer-Kapelle** stiftete Herzog Ernst als Sühne für den Mord an der Bernauerin 1435, an die ein Grabstein aus Rotmarmor erinnert (mit falschem Todesjahr; ►Abb. S. 84). Ein beeindruckender **Totentanz** des Straubingers Felix Hölzl (1763) schmückt die Wände der 1486 erbauten Totenkapelle im Süden des Friedhofs. Er beginnt über dem Osteingang mit Adam und Eva, darüber erscheint die Immaculata als Überwinderin des Todes, auf der Westwand folgen die Auferstehung und das Jüngste Gericht. Zu erkennen sind u. a. Papst, Mönch, Fürst, Astronom, Geizhalz, Apotheker, ein Vater und ein Säugling in der Wiege sowie ein Totengräber.

Frauenbrünnl

Freunde barocker Sakralarchitektur sollten sich am westlichen Stadtrand (Regensburger Straße, Zufahrt zur B 8) die hübsche Wallfahrtskirche Frauenbrünnl ansehen. Der 1705 – 1707 errichtete, nach Sü-

Im verwunschenen Friedhof St. Peter

den orientierte Zentralbau überrascht mit einem originellen Grundriss und ungewöhnlicher Deckenlösung, entfernt mit der in der Klosterkirche Weltenburg vergleichbar. Die vorzüglichen Fresken werden mit großer Sicherheit Hans Georg Asam zugeschrieben, dem Vater der berühmteren Brüder Cosmas Damian und Egid Quirin.

Tiergarten Der einzige Zoo Ostbayerns mit Volieren, Gehegen und Häusern für mehr als 1700 einheimische und exotische Tiere liegt in einem schönen alten Park westlich vom Frauenbrünnl (an der Regensburger Straße, geöffnet April – Okt. 8.30 – 19.00, sonst 9.00 – 17.00 Uhr). Im Danubium, einem Feuchtbiotop mit Aquarium, erfährt man vieles über die heimische Flora und Fauna. Über die Entstehung der Haustierrassen und steinzeitliche Handwerkstechniken informiert eine Ausstellung im jungsteinzeitlichen Bauernhaus.

Umgebung von Straubing

Sossau

Die Wallfahrt nach Sossau (ca. 4 km nördlich von Straubing) ist sicher eine der ältesten in Deutschland; der Legende nach brachten im 12. Jh. Engel eine Marienkapelle hierher, und zwar auf einem Kahn. Romanisch-gotisch ist die Substanz der Kirche (12./14. Jh.), das Innere wurde im 18. Jh. in lebhaftem Spätbarock/Rokoko ausgestaltet. Im Hochaltar von **Mathias Obermayr** (1777) fährt unter dem Gnadenbild der goldene Kahn mit der Kapelle, mit fröhlichen Putten als Fährleuten. Neben der Kirche der Gasthof Reisinger (►S. 288).

* Oberaltaich

Am linken Donauufer 12 km nordöstlich von Straubing signalisieren von weitem zwei Türme mit gedrückten Zwiebelhauben die ehemalige Kloster- und heutige Pfarrkirche **St. Peter und Paul**. Das Kloster wurde um das Jahr 1080 gegründet und mit Mönchen aus Niederaltaich (► Deggendorf) besiedelt, seine große Zeit hatte es zu Beginn des 17. Jh.s. Die dreischiffige Hallenkirche, erbaut 1622 – 1630 nach Plänen des Abts Veit Höser, ist architektonisch ungewöhnlich, da es keinen vom Gemeinderaum abgesetzten Chor gibt und an allen Seiten mit Emporen eine Oberkirche abgeteilt ist. Ungewöhnlich auch die imposante Ausstattung; 1727 wurde der Raum von Stuck und Fresken »befreit« und dafür bis 1730 von dem aus Marktoberdorf stammenden Joseph Anton Merz in schwerer Pracht ausgemalt. In der Nord-Vorhalle sind noch Stuckfiguren von 1630 erhalten. Das Gemälde »Kreuzigung des hl. Petrus« im Hochaltar von 1693 kann mit einer Mechanik versenkt werden. Das Gemälde im ersten Seitenaltar rechts stammt von Cosmas Damian Asam; zu beachten ist auch die überlebensgroße spätgotische Madonna mit der Birne (um 1490) im rechten Seitenschiff.

! *Baedeker* TIPP

Kultur im Kloster

Das ganze Jahr über veranstaltet das Kultur-Forum in der Mühle und im Getreidespeicher des Klosters Oberaltaich Ausstellungen, Konzerte, Vorträge, Lesungen und anderes. Einkehren kann man beim Klosterwirt in einem eindrucksvollen spätmittelalterlichen Gebäude (Tel. 0 94 22 / 52 08, Di. geschl.).

** Bogenberg

Nur einen Steinwurf östlich von Oberaltaich ragt der **»heilige Berg Niederbayerns«** auf: Er ist ein bedeutendes Pilgerziel – die älteste Marienwallfahrt Bayerns – und auch für Naturfreunde interessant. Von oben hat man einen **großartigen Blick** über die Donau und den Gäuboden, an klaren Tagen bis zu den Alpen; natürlich gibt es einen Gasthof mit Terrasse. Geologisch ist der Berg ein Rest der würmzeitlichen Donau-Prallhänge und ein markanter Teil des Donaurandbruchs, der vor 65 Mio. Jahren entstand. Vom Städtchen **Bogen** (10 000 Einw.) führt ein Kreuzweg über 118 m Höhenunterschied hinauf zur **Wallfahrtskirche Mariä Himmelfahrt**. Der Legende zufolge geht die Pilgertradition auf ein 1104 auf der Donau angeschwemmtes Gnadenbild zurück. Die wenig aufregende gotische Kirche von 1463

Von Holzkirchen wird die »Kerze« 75 km weit zum Bogenberg getragen.

wurde im Barock verändert und hat moderne Fenster. Interessant sind jedoch das Gnadenbild (1400) – eine seltene Darstellung der »Maria in der Hoffnung«, bei der das Jesuskind segnend aus einem Fensterchen im Bauch seiner Mutter grüßt –, und im Chor eine romanische thronende Madonna aus Stein (um 1240) sowie gegenüber ein frühgotisches Steinkreuz. Rechts und links des Chorbogens stehen zwei 13 m hohe, mit Wachsdocht umwickelte Fichtenstämme. Jedes Jahr wird zu Pfingsten so eine ca. 50 kg schwere »Kerze« vom 75 km entfernten Holzkirchen hierhergetragen: am Pfingstsamstag bis Deggendorf, am Pfingstsonntag nach Bogen und dann aufrecht von jeweils nur einem Mann hinauf auf den Bogenberg – eine sportliche Höchstleistung. Sehenswert ist auch das **Kreis- und Heimatmuseum** im Pfarrstadl, das die regionale Volkskultur dokumentiert (15. April – 15. Okt. Mi., Sa. 14.00 bis 16.00, So. 10.00 – 12.00, 14.00 bis 16.00 Uhr). Sehr beliebt ist der **Weihnachtsmarkt** auf dem Bogenberg am 2. Adventswochenende. Informationen: Stadt Bogen, Stadtplatz 56, 94327 Bogen, Tel. (094 22) 50 50, www.bogen.de.

? WUSSTEN SIE SCHON …?

- Bogen ist die Heimat der weiß-blauen Rauten, die in Bayern allgegenwärtig sind und den Herzschild des Staatswappens bilden. Ludmilla, die schöne Witwe des Bogener Grafen Adalbert III., heiratete 1204 den Wittelsbacher Herzog Ludwig von Bayern. Als 1242 mit dem letzten Sohn Ludmillas die Bogener ausstarben, übernahmen die Wittelsbacher ihren Besitz und das Wappen. Dass die Farbfolge mit »weiß-blau« (eigentlich silber-blau) angegeben wird, rührt daher, dass seit alten Zeiten in der oberen »rechten« (vom Betrachter aus gesehen linke) Schildecke eine angeschnittene weiße Raute erscheint.

★ Windberg

Auf einer Anhöhe 7 km nordöstlich von Bogen – mit hübschem Ausblick – liegt Windberg (1000 Einw.), ein veritables **Klosterdorf** und Musterbeispiel für moderne Dorfentwicklung. Die Gemeinde und die seit 1923 wieder hier ansässigen Mönche restaurierten die alten Bauten und ergänzten des Kloster durch eine Jugendbildungsstätte. Gegründet wurde das Prämonstratenserkloster um das Jahr 1140 von den Grafen von Bogen, die zugehörige Kirche Mariä Himmelfahrt und St. Sabinus – von außen ein schlichter romanischer Bau nach dem »Hirsauer Schema« – entstand ca. 1140 – 1230. Von vier geplanten Türmen wurde einer Mitte des 13. Jh.s ausgeführt. Im 15. Jh. Gotisierung (Gewölbe in Langhaus und Querarmen). Aus der Erbauungszeit sind zwei wertvolle Portale (West- und Nordportal, um 1220/30) sowie ein auf vier Bestien ruhender Taufstein (um 1225) erhalten. Einen schönen Kontrast dazu bildet die Rokokoausstattung, vor allem der Stuck von **Mathias Obermayr** (um 1755/60). Von ihm stammen auch die vier höchst originellen Seitenaltäre; nach Dehio gibt es »in der süddeutschen Rokoko-Plastik … keine vergleichbaren Beispiele derart farbiger Legendenschilderung«. Info im Klosterladen, Tel. 0 94 22 / 80 92 30, www.windberg.de.
In Einfürst ca. 5 km südöstlich von Windberg lädt der über 500 Jahre alte **Gasthof Artmeier** zur Einkehr.

Hunderdorf

In der Apoig-Mühle westlich unterhalb von Windberg wurde 1753 Matthäus Lang geboren, der vielen als der **»Mühlhiasl«** gilt, der berühmte »Waldprophet«: Urheber düsterer Prophezeiungen, die sich großer Popularität erfreuen (► Special S. 298). Bis 1801 führte er die Mühle, dann musste er sie wegen Überschuldung verlassen, und nach ruhelosen Wanderjahren soll er um 1810 gestorben sein.

Inderbogen

Nördlich von Neukirchen (6 km nördlich von Windberg) liegt das kleine Dorf Inderbogen: mit seinen schönen alten Bauernhäusern, z. T. in Blockbauweise, fast ein Freilichtmuseum.

Mitterfels

Mitterfels (2000 Einw., 14 km nördlich von Straubing) zieht sich auf einem schmalen Bergrücken über dem Perlbachtal hinan. Am südlichen Ortsende die beachtenswerte Kirche St. Georg (1733, kleeblattförmiger Grundriss) und die eindrucksvoll gelegene Ruine einer Burg der Grafen von Bogen mit Ringmauern und breitem Graben.

Haselbach

Dieses Dorf 3 km nördlich von Mitterfels besitzt eine ungewöhnliche Friedhofskapelle aus der Spätrenaissance (um 1670), Der achteckige Zentralbau mit verschindeltem Laternendach ist innen originell und farbkräftig ausgemalt, die Wände ziert ein 20-teiliger Totentanz, dem die »Bilder des Todes« von Hans Holbein d. J. als Vorlagen dienten

Umgebung von Rattiszell

Am Sonntag lohnt sich der Ausflug nach **Herrnfehlburg** am Fuß des 709 m hohen Gallners: Dann ist die Schlosskapelle St. Thomas zugänglich (spätgotisch, mit schöner Muttergottes, um 1500), und im

MYTHISCHER »WALDPROPHET«

Jeder im Bayerischen Wald kennt den »Mühlhiasl« genau – oder hat doch von ihm gehört. Sicheres weiß man nicht, dafür sagt man ihm umso mehr nach.

Ein Prophet sei er gewesen, ein Seher aus dem wilden Wald mit düsteren Visionen, der die Eisenbahn als »Eisernen Hund«, das Flugzeug, die »Wagen ohne Ross und Deichsel«, den Zweiten Weltkrieg, die Vertreibung der Deutschen aus Böhmen, das Waldsterben und überhaupt das große »Weltabräumen« vorausgesagt habe. »Das hat der Mühlhiasl schon gewußt«, entfährt es dem kollektiven Gedächtnis der Waldbevölkerung angesichts schlimmer Entwicklungen.

Im Jahr 1923 veröffentlichte ein Pfarrer erstmals eine Sammlung angeblich mündlich überlieferter Weissagungen, die er dem **»bayerischen Nostradamus«** zuschrieb. Er begab sich auf die Suche nach schriftlichen Quellen zum »Mühlhiasl« – eine Art Hausname aus dem Vornamen Matthias in Verbindung mit einer Mühle – und fand in der Geschichte der Windberger Klostermühle in Apoig einen Müller mit einem (fast) zutreffenden Namen. Das musste er sein! Ein Matthäus Lang war fortan der Gesuchte, und die Geschichte nahm ihren Lauf. Sog. Mühlhiasl-Forscher deuteten fantasievoll, dichteten hinzu, schrieben voneinander ab, vermengten ihn mit dem Stormberger, einem Waldhirten aus Rabenstein, und bald war der Mühlhiasl eine »echte« historische Person, nicht mehr nur **eine Melange aus Mythos und Sage**. Romane, Theaterstücke und reißerische Publikationen entstanden. Und alle wussten: Der Bayerische Wald bringt solche Leute mit dem »zweiten Gesicht« hervor.

Ernsthafte historische Forschung wird nicht gerne gesehen. Der Volkskundler Reinhard Haller konnte nachweisen, dass es im 18. Jh. einen Matthäus Lang gegeben hat, dieser aber weder dem kolportierten Lebensbild des Mühlhiasl entsprach noch im Dunkel des Waldes verschwunden ist. Die Prophezeiungen – die wie bei anderen »richtigen« Vorhersagen nach Eintreffen der Ereignisse aufgeschrieben wurden – können mit ihm nicht in Verbindung gebracht werden. Haller entzauberte den Mühlhiasl als »Waldpropheten« und löste ihn von der Person des Matthäus Lang, der 1805 eher unspektakulär als Gemüsegärtner an Lungenschwindsucht im Kreis seiner Familie in Straubing verschied. Schade eigentlich: Die Geschichte ist so gut, dass sie von Tourismusstrategen hätte erfunden werden müssen.

daran angebauten Gasthaus – einst Schloss der Bogener bzw. der Wittelsbacher – wird mittags warm aufgekocht (Tel. 0 99 64 / 246). Nach dem Mahl sollte man den Gallner besteigen (knapp 1 Std.), dessen Name von »gall / galt« für »Jungvieh« kommt. Seine besondere Qualität bekommt der Gallner nicht nur durch herrlichen Rundblick, sondern auch durch das Gallnerkircherl (spätgotisch, im Barock verändert) und den Gallnerhof mit seinem Troadkasten, den die Besitzerfamilie liebevoll erhalten hat, ein seltenes Bild im Bayerischen Wald. Am Pfingstmontag wird auf dem Gallner das Gallnerbergfest gefeiert. Die Kirche St. Michael in **Stallwang** am Westfuß des Gallners besitzt qualitätvolle Altäre (1786) des Straubingers Mathias Obermayr, dessen Bruder hier Pfarrer war. Westlich von Rattiszell liegt der 619 m hohe **Pilgramsberg**, der gern als »Berg der Seligkeit« bezeichnet wird; die Kirche St. Ursula (Ende 17. Jh.) dort ist seit 1839 Ziel einer beliebten Wallfahrt. Den herrlichen Ausblick in den Bayerischen Wald und ins Donautal kann man auch auf der Terrasse des Gasthauses (wie zu erwarten) »Zur Schönen Aussicht« genießen (Tel. 0 99 64 / 96 42, Di. geschl.).

* ◄ Gallner

Wiesenfelden

In dem beschaulichen Ort 18 km nördlich von Straubing lebt Hubert Weinzierl, der langjährige Vorsitzende des Bundes Naturschutz und »Integrationsfigur von klassischem Naturschutz und moderner Umweltpolitik« (so der einstige Bundesumweltminister Trittin). Das frühbarocke Schloss von 1648 ist Sitz des privaten **Umweltzentrums Wiesenfelden** mit einem vielfältigen Kursprogramm rund um Natur und Umwelt (www.schloss-wiesenfelden.de). Günstig übernachten kann man im Waldgasthof Schiederhof (www.schiederhof.de, Tel. 099 66/282). Er ist auch Ausgangspunkt einiger schöner Wege, so des 5 km langen, kinderwagentauglichen Naturbeobachtungswegs um den Kobelberg. Info: Verkehrsamt Wiesenfelden, Tel. 0 99 66 / 94 00 17, www.tourismus-wiesen felden.de.

! *Baedeker* TIPP

Der Natur auf der Spur ...

ist man z. B. auf dem Barfußpfad, in der Sprunggrube oder bei der Baumhöhenbestimmung: Der familienfreundliche Naturbeobachtungsweg in Wiesenfelden zeigt großen und kleinen Besuchern weniger Bekanntes auf spannende Art und Bekanntes aus einem ganz neuen Blickwinkel.

* **Loh**

Einen Ausflug wert ist die Wallfahrtskirche Heiligkreuz in Loh (bei Wischlburg an der Donau, 17 km südöstlich von Straubing), deren Zwiebelturm schon von weitem zu sehen ist. Aus einer um 1690 im Rahmen einer jahrhundertealten Wallfahrt erbauten Kirche machten 1768 – 1772 die Münchner Hofkünstler Franz Xaver Feuchtmayr d. J. (Stuck, Altäre, Kanzel) und Christian Wink – dessen Fresken und Altarbilder hier gelten als sein Hauptwerk – ein **Schatzkästchen des bayerischen Rokokos**. Gegenstand der Wallfahrt war das Holzkruzifix am Hochaltar (um 1400).

Viechtach

H 3

Mittlerer Bayerischer Wald **Einwohner:** 8800
Höhe: 435 m ü. d. M.

Der Luftkurort Viechtach ist das Zentrum der Regensenke, die den Vorderen vom Hinteren Bayerischen Wald trennt. In Frühjahr und Herbst soll er das mildeste Klima des Walds haben – wegen der nebelfreien Lage und der geringen Bewölkung entstand in der Umgebung eine Satellitenbeobachtungsstation. Die Naturattraktionen sind der Schwarze Regen, der sich durchs Tal schlängelt, und der Große Pfahl, der westlich des Orts eindrucksvoll zu Tage tritt.

Viechtach gestern und heute

Die ersten Rodungen in der Gegend nahm im 9. Jh. das Kloster Metten vor. Die erste Erwähnung im Jahr 1104 bezeugt Viechtach als Verwaltungszentrum der Grafen von Bogen, die auch den Baierweg

Altstadtgasse in Viechtach

VIECHTACH ERLEBEN

AUSKUNFT

Tourist-Information Viechtach
Stadtplatz 1, 94234 Viechtach
Tel. (0 99 42) 16 61
www.viechtach-tourismus.com

Touristinformation St. Englmar
Rathausstr. 6, 94379 St. Englmar
Tel. (0 99 65) 1 97 50
www.sankt-englmar.de

GUT ZU WISSEN

Im Sommer fährt sonntags die »Wanderbahn« Viechtach – Gotteszell (►S. 126) durch das enge Tal des Schwarzen Regens. Kanuverleih und -touren: Bit & Fun, Tel. (0 99 42) 90 44 60, www.kanuverleih-online.de.

VERANSTALTUNGEN

Pfingstmontag: »Englmari-Suchen« in St. Englmar. 1. Juli-Wochenende: Viechtachter Bürgerfest auf dem Stadtplatz. Viechtacher Kultursommer mit Openair um den 10. Juli. Juli: Burgfestspiele Neunussberg. 2./3. Aug.-Woche: Volksfest Viechtach mit Fischerstechen.

ÜBERNACHTEN / ESSEN

► Luxus

Angerhof
Am Anger 38
94379 St. Englmar
Tel. (0 99 65) 18 60, Fax 186 19
www.angerhof.de
Großes Sport- und Wellnesshotel für alle Ansprüche, mit riesigem Wellnesspark und breitem Sportangebot (3/4- oder Vollpension).

► Komfortabel / Luxus

Burghotel Sterr
Neunussberg 35, 94234 Viechtach
Tel. (0 99 42) 80 50, Fax 80 52 00
www.burghotel-sterr.com
Vier-Sterne-Wellness- und Ferienhotel, geschmackvoll gestaltet, sehr schön am Fuß der Burgruine über dem Regental gelegen (3/4- oder Vollpension).

► Komfortabel

Landhotel Miethaner
Höllenstein 13, 94234 Viechtach
Tel. (0 99 41) 95 30, Fax 95 31 99
www.landhotel-miethaner.de
Kleines, modernes Hotel in Alleinlage nördlich von Viechtach in der Nähe des Höllensteinsees, mit Wellness-Angeboten und Naturschwimmteich.

Schmaus
Stadtplatz 5, 94234 Viechtach
Tel. (0 99 42) 94 16-0, Fax 94 16-30
www.hotel-schmaus.de
Traditionsreicher Familienbetrieb, gehobenes Haus mit ausgezeichnetem Restaurant.

Zum Bräu
Viechtacher Str. 6, 94262 Kollnburg
Tel. (0 99 42) 94 85-0, Fax 94 85-75
www.zum-braeu.de
Gemütliche Zimmer mit viel Holz, bayerische Spezialitäten im Restaurant, Wellness und Hallenbad. Für Motorradfahrer gibt es Tourentipps und im Ort eine Sammlung alter Motorräder.

► Günstig

Feriendorf Schwarzholz
Schwarzholzstr. 13, 94234 Viechtach
Tel. (0 99 42) 90 50 30, Fax 90 50 31
www.feriendorf-schwarzholz.de
Komfortabel eingerichtete Ferienwohnungen für 1 – 6 Personen. Kinderfreundlich mit Streichelzoo, Spielplatz, Schwimmbad etc. In der »Waidlerstube« kommen regionale Gerichte auf den Tisch.

Predigtstuhl Resort
Am Predigtstuhl 2
94379 St. Englmar
Tel. (0 99 65) 981, Fax 14 65
www.predigtstuhlresort.de
Großes Familienhotel der 1970er-Jahre im damals modernen Betonblock-Stil, das größte Hotel im Bayerischen Wald mit 440 Appartements und Ferienwohnungen. Totalangebot an Spiel, Sport und Kinderanimation.

Landgasthof Schedlbauer
Denkzell 36
94357 Konzell
Tel. (0 99 63) 864, Fax 91 05 11
www.landgasthof-schedlbauer.de
Dorfwirtshaus mit bester bodenständiger Küche und sehr preiswerten, einfachen Zimmern. Zur eigenen Landwirtschaft gehören Kühe, Ponys, Ziegen u. a. m., die hervorragenden Bayerwald-Spezialitäten sind im Hofladen zu erstehen.

anlegten, einen wichtigen Handelsweg nach Böhmen. Mit der Grafschaft Bogen ging es 1242 an die Wittelsbacher, die den Markt planmäßig ausbauten. Im 18./19. Jh. blühte die Leinweberei und die Gerberei. Wie in vielen Orten des Bayerischen Walds haben Kriege – Dreißigjähriger Krieg, Spanischer und Österreichischer Erbfolgekrieg – und Großbrände von alter Substanz wenig übriggelassen. Seit 1953 Stadt, musste Viechtach in der Verwaltungsreform 1972 seine jahrhundertealte Rolle als Verwaltungssitz an Regen abgeben.

Sehenswertes in Viechtach

Stadtplatz Mittelpunkt des Orts ist der Stadtplatz. Im Osten schließt ihn das Schmuckstück Viechtachs ab, die Stadtpfarrkirche **St. Augustinus** aus dem Spätbarock (1757 – 1765) mit schöner Rokoko-Ausstattung; man sollte sich auch die feinen Putten näher betrachten. Das Deckengemälde stammt von dem Prüfeninger Otto Gebhardt (Langhaus) und J. A. Sohlfleisch (Chor), der feine Stuck von Laurentius Hieber aus Regensburg. Bemerkenswert sind auch das Chorgestühl und die Beichtstühle aus Eichenholz (um 1770). Die benachbarte St.-Anna-Kapelle weist gotische Bauelemente auf, mit barockem Altar. ein bedeutendes Totentanzfresko und der Karner mit bemalten Totenschädeln können besichtigt werden (Anm. im Pfarramt). Im schönen **Alten Rathaus** informiert die Ausstellung »Der Pfahl im Bayerischen Wald« über das einzigartige Naturphänomen (► S. 18): über seine Entstehung, seine Tier- und Pflanzenwelt sowie über die Sagen, die sich um ihn ranken (geöffnet Mai – Okt. Mo. – Fr. 8.00 bis 17.00, Sa. 10.00 – 13.00, Juni – Sept. auch So. 10.00 – 12.00 Uhr). Unter dem Stadtplatz verlaufen unterirdische Gänge (»Schrazlgänge«), die etwa 1000 Jahre alt sein und einem Totenkult gedient haben dürften. Im 1432 erbauten **Bürgerspital** sind im »Gewölbe der Geheimnisse« Kopien ägyptischer, griechischer und römischer Kunstwerke zu sehen (Spitalgasse 5, geöffnet April – Okt. Mi. – So. 10.00 – 17.00, Nov. – Febr. Fr. – So. 10.00 – 17.00 Uhr, www.ge-woelbe.de).

Mit skurrilem Turm macht die Gläserne Scheune in Raubühl auf sich aufmerksam.

Weitere Sehenswürdigkeiten

Vom Stadtplatz ist es nicht weit zum **Kristallmuseum** mit einer schönen Mineralien-, Kristall- und Glassammlung aus aller Welt (Haus der Geschenkgalerie Kling, Linprunstr. 4, www.kristallmuseum.de; Mo. – Fr. 9.00 – 18.00, Sa., So. 10.00 – 16.00 Uhr). Über die Verarbeitung von Fischhaut zu Leder für Kleidung, Kult- und Gebrauchsgegenständen der Nanai (Ureinwohner Sibiriens) informiert das **Fischledermuseum** (Ringstr. 3, geöffnet Mo. – Sa. 10.00 – 17.00 Uhr). Im Nostalgiehaus (1839) entdeckt man Wertvolles, aber auch Gebrauchsgegenstände aus längst vergangener Zeit (Bäckergasse 18, www.nostalgie-haus.de). Das gemütliche, bei Jung und Alt beliebte **Café Hinkofer** (Ringstr. 7, mit schönem Garten) gedenkt mit seinem »Wachsstöckel-Kabinett« seiner Lebzelter-Tradition; hier sind alte Wachsstöckl – Zeichen der Volksfrömmigkeit – zu sehen, außerdem eine alte originalgetreue Backstube.

Umgebung von Viechtach

Gläserne Scheune

Seit 1980 verwandelte Rudolf Schmid (geb. 1938) mit seiner Familie eine alte Scheune in ein Gesamtkunstwerk: Auf überdimensionale Glaswände malte er Geschichten aus dem Bayerwald, u. a. die Legende vom Waldpropheten »Mühlhiasl« und die vom Räuber Heigl. In der Galerie können Werke des Künstlers erworben werden (östlich von Viechtach, Raubühl 3, April–Sept. tägl. 10.00–17.00, sonst bis 16.00 Uhr, Tel. 0 99 42 / 81 47, www.glaeserne-scheune.de).

Höllensteinsee Nördlich von Viechtach erstreckt sich über knapp 6 km ein von Wald eingerahmter idyllischer Fjord, der aufgestaute Schwarze Regen (Bootsverleih, Angelmöglichkeiten, Restaurant). Von der Rugenmühle bei Viechtach führt ein 17 km langer Rundwanderweg über Gröllerhaus nach Höllenstein, am Kraftwerk (1925) auf die andere Seite und über Dumpf, Tresdorf und Wacht zurück zur Rugenmühle.

✶✶ **Pfahl** Der Pfahl – die Quarzrippe, die den ganzen Bayerischen Wald von Nordwesten nach Südosten durchzieht – tritt bei Viechtach besonders schön und eindrucksvoll ans Tageslicht. Nordwestlich des Orts, an der B 85, liegt der **Große Pfahl**, südwestlich von Viechtach an der Kollnburger Straße, bei der barocken Antoni-Kapelle (Kreuzweg mit 14 Steinkreuzen), der **Kleine Pfahl**. Von Mitte Mai bis Ende September wird Di. 15.00 Uhr eine Führung durch das Naturschutzgebiet Großer Pfahl angeboten (Treff: Parkplatz Großer Pfahl an der B 85).

? WUSSTEN SIE SCHON ...?

- Die markantesten, am stärksten landschaftsprägenden Abschnitte des Pfahls erstrecken sich bei Viechtach entlang der B 85 nach Cham, bei der Burg Weißenstein nahe Regen (s. S. 257) und bei der Burg Thierlstein bei Cham (s. S. 167).

Burg Neunussberg Ca. 5 km östlich von Viechtach stand eine 1309 erbaute Burg von der noch ein mächtiger quadratischer Wohnturm – er gewährt einen prachtvollen Ausblick –, Reste der Umfassungsmauer und die barockisierte Burgkapelle erhalten sind. In der 2. Juli-Hälfte wird hier unter freiem Himmel Theater gespielt, eine turbulente Ritterkomödie mit dem Böckleraufstand gegen Herzog Albrecht IV. im Jahr 1468 als Hintergrund (www.burgfestspiele-neunussberg.de).

✶ **Burg Altnussberg** Nordwestlich des Kurorts **Geiersthal** (2400 Einw., 7 km östlich von Viechtach) liegen auf dem Schlossberg die Reste der Burg Altnussberg. Der Stammsitz der Nussberger wurde im späten 12. Jh. erbaut und war die größte und älteste Anlage im Bayerischen Wald. Der trutzige, 22 m hohe Bergfried ist ein Produkt der 1983 begonnenen Restaurierung, im Burgmuseum sind Funde ausgestellt (Führungen: Mai–Okt. Do. 16.00 Uhr, Gruppen nach Anmeldung Tel. 0 99 23 / 3462 oder 2575). Sehr schön ist die Rundwanderung von Geiersthal aus auf dem Weg Nr. 3 zur Burgruine, dann hinunter zum **Schwarzen Regen** (der sich hier auf 18–20 m verengt, Wildwasser 3), flussaufwärts zum Kraftwerk Gumpenried und zurück nach Geiersthal (ca. 12 km, 4–5 Std.). In **Geiersthal** ist die Kirche St. Margareta einen Blick wert, in deren Chor spätgotische Fresken sowie eine mit Eisen beschlagene Sakristeitür aus dem 14. Jh. erhalten sind. Ein Ver-

Symphonie in Grün: Landschaft bei Viechtach

gnügen ganz anderer Art bietet der Erlebnispark **Planet Kart-o-Mania**, Niederbayerns größte Indoor-Kartbahn in Teisnach (Gewerbegebiet 15, Tel. 0 99 23 / 18 02). Alles über die Geschichte und die Herstellung von Schnaps erfährt man im **Schnapsmuseum** im Nachbarort Böbrach (►Bodenmais, Umgebung).

Kollnburg

Der Ferienort (655 m, 1300 Einw.) liegt auf einem Bergrücken südlich von Viechtach am Baierweg. Wahrzeichen sind die Reste der **Kallenburg** (12. Jh.), ein Rundturm und ein Brunnen; der Sage nach wurde sie zum Schutz des Schatzes der Grafen von Bogen errichtet. Ein privates Motorradmuseum zeigt liebevoll restaurierte Oldtimer (Willi Schmid, Sedlhofer Straße; Anmeldung bei Tourist-Info Kollnburg, Tel. 0 99 42 / 94 12 14, www.kollnburg.de). In der barocken Kirche Hl. Dreifaltigkeit (1676) ist auf der Orgelempore eine eigenartige gotische Dreifaltigkeitsgruppe des sog. Drei-Personen-Typus zu sehen. Als Hausberg von Kollnburg gilt der 1048 m hohe **Pröller** südwestlich des Orts, dessen Gipfel schon zu St. Englmar gehört. Er bietet schöne Wanderwege (u. a. »Pröllersteig« von Hinterviechtach), Gasthäuser und atemberaubende Panoramen; im Winter kann man Alpinskifahren, Snowboarden, Rodeln und Schneewandern.

St. Engelmar, ein sommers wie winters gut besuchter Ferienort

Sankt Englmar Der Luftkurort St. Englmar (1500 Einw.), 10 km südlich von Viechtach zwischen dem Pröller (1048 m) und dem Predigtstuhl (1024 m) in 800 m Höhe gelegen, ist *das* Tourismuszentrum im Vorwald. Leider heißt das auch, dass hier von der »unverfälschten und bodenständigen bayerischen Kultur«, mit der St. Englmar wirbt, kaum etwas übriggeblieben ist. Wintersportler finden Skilifte, z. T. mit Flutlicht, Loipen, Rodelhänge und Winterwanderwege, im Sommer wirbt St. Englmar mit seinem Netz von Wander- und Mountainbike-Wegen, der längsten Sommerrodelbahn im Bayerwald (1 km) sowie dem Bayerwald Coaster: Schienenbobs, die auf 6 m hohen Stelzen durch Steilkurven sausen (www.sommerrodeln.de). Im Kurpark warten der »Erlebnishof Alte Mühle«, ein Badeweiher mit Kneippanlage und eine Kinderspielstraße auf Besucher. Am Pfingstmontag zieht St. Englmar viele Besucher und Gläubige an: Das »Englmari-Suchen« erinnert an den Ortspatron, der hier um 1100 ermordet, versteckt und erst an Pfingsten wiedergefunden wurde. Nach einer Feldmesse wird die lebensgroße Figur des erschlagenen Einsiedlers auf einem Ochsenwagen in die Kirche geleitet.

★ Englmari-Suchen ▶

In St. Englmar kann man »der Natur aufs Dach steigen«, auf dem auch für Kinderwagen und Rollstuhlfahrer geeigneten **Waldwipfelweg** (► Tipp rechts). Auf festem Boden verläuft ein 2 km langer **Naturerlebnispfad** mit 25 Mitmachstationen, wo man z. B. Vogelstimmen oder Tierspuren kennenlernt.
Geöffnet April bis Okt. täglich 10.00 – 19.00, Juli und Aug. Fr. bis 22.00, Nov. – März 11.00 – 16.00 Uhr, Tel. 0 99 65 / 8 00 87, www.waldwipfelweg. de.

! *Baedeker* TIPP

Der Natur aufs Dach steigen

Buche, Kiefer, Erle & Co. aufs grüne Haupt schauen und auf einer Höhe mit Waldkauz, Kohlmeise oder Blaukehlchen wandern, das geht auf dem 370 m langen »Waldwipfelweg« bei St. Englmar. Der aus heimischem Lärchenholz erbaute Steg verläuft über den Baumkronen in bis zu 30 m Höhe, mit herrlicher Aussicht über die Berge des Bayerischen Walds, das Donautal und den Gäuboden. (Man sollte allerdings keine Höhenangst haben.)

Vilshofen

K 6

Donau und Gäuboden
Höhe: 309 – 457 m ü. d. M.
Einwohner: 16 500

Vilshofen wird gern mit dem 25 km donauabwärts liegenden Passau verglichen, denn seine Altstadt nimmt die Landzunge zwischen Donau und Vils ein. Die typisch niederbayerische Kleinstadt besitzt mit ihren Gebäuden im Inn-Salzach-Stil ein südliches Flair; in ihrer südlichen Umgebung, dem »Klosterwinkel«, sind einige der herrlichsten Barockkirchen Bayerns zu bewundern.

Ein wenig Geschichte

Die Anlage Vilshofens mit zwei parallel zum Fluss verlaufenden Achsen (Donaugasse und Stadtplatz) geht auf die Gründung durch die

VILSHOFEN ERLEBEN

AUSKUNFT

Touristikinformation
Stadtplatz 27, 94474 Vilshofen
Tel. (0 85 41) 2 08-1 12
www.vilshofen.de

GUT ZU WISSEN

Die Schiffe von Wurm+Köck (Linie Deggendorf – Passau, ►S. 127) legen vor der Altstadt an. Rundflüge vom Flugplatz am jenseitigen Donauufer, Tel. (08 51) 84 76.

VERANSTALTUNGEN

1. Jan.: Neujahrskonzert im Atrium. Politischer Aschermittwoch der SPD im Wolferstetter Keller. Frühjahr: Vollmond-Orgelnacht in der Klosterkirche Schweiklberg. Palmsonntag: Rossmarkt in Osterhofen. Im Sommer: Hilgartsberger Burgfestspiele. Um den 10. Juli: Donau in Flammen. Um den 20. Aug.: Volksfest mit Trachtenfestzug. Dez.: Schwimmender Christkindlmarkt.

! Baedeker TIPP

Vollmond-Orgelnacht

Die im Jahr 1998 neu gestaltete Kirche des Klosters Schweiklberg besitzt ein hervorragendes, vom renommierten Bonner Orgelbauer Klais gefertigtes Instrument. Ein besonderes Schmankerl unter den vielen Konzerten, die man sich nicht entgehen lassen sollte, ist die Vollmond-Orgelnacht im Frühling (Auskunft: www.schweiklberg.de).

23. Dez.: Christkindl-Ansingen in der Klosterkirche Fürstenzell.

ESSEN

► Erschwinglich

Schlemmerhof Schmalzl
Hundsöd 30, 94474 Vilshofen
Tel. (0 85 41) 51 03
Beliebtes Restaurant mit gehobener Küche und interessanten Gerichten (über die neuzeitliche Dekorationswut muss man hinwegsehen). Di. geschl.

► Preiswert

Wolferstetter Keller
Bürg 21, 94474 Vilshofen
Tel. (0 85 41) 17 29
Gutbürgerlicher Brauereigasthof mit bayerischer Küche und Biergarten (Mi. geschl.). Im berühmten Saal finden auch Jazzkonzerte statt.

Mühlhamer Keller
Mühlham 18, 94486 Osterhofen
Tel. (0 99 32) 16 92
Schlichter, guter Gasthof mit Biergarten, ein wunderbarer Platz unmittelbar an der Mühlhamer Donauschleife (im Winter Mo./Di. geschl.).

ÜBERNACHTEN

► Komfortabel

Wittelsbacher Zollhaus
Donaugasse 10 – 12, 94474 Vilshofen
Tel. (0 85 41) 9 69 60-0
www.zollhaus-vilshofen.de
Das stattliche, schön restaurierte Mauthaus von 1531 an der Donaupromenade bezaubert mit der geschmackvollen Kombination von Altem und Neuem. »Steak & Mexican« gibt's im Erdgeschoss, in den feinen Stuben oben internationale Gourmetküche. Mit Wirtsgarten.

► Günstig

Schloss Walchsing
Hausergasse 5
94501 Aldersbach-Walchsing
Tel. (0 85 43) 6 52
www.aldersbach.de/angelurlaub
Absolute Idylle 10 km westlich von Vilshofen: Liebenswert altmodische, prächtige Zimmer im 1463 erbauten Renaissanceschlösschen an der Vils (Bad/WC auf dem Flur). Mit eigenem Fischwasser.

Klosterhof
Freiherr-von-Aretin-Platz 2
94501 Aldersbach
Tel. (0 85 43) 91 84-10
www.klosterhof-aldersbach.de
Fast luxuriös nächtigt man in den freskengeschmückten Mönchszellen. In Wirtshaus und Biergarten wird beste bayerische Kost aus reellen regionalen Produkten aufgetischt.

Grafen von Ortenburg 1206 zurück. Ab 1241 war der Ort im Besitz der baierischen Wittelsbacher-Herzöge, wichtig als Grenzposten vor dem fürstbischöflichen Passau und als Donauübergang. Ein Brand legte 1794 das Städtchen in Schutt und Asche. Bundesweit bekannt wurde es durch den Politischen Aschermittwoch der CSU (von 1953 bis 1974) im Wolferstetter Keller (► S. 308), den Franz Josef Strauß durch seine unvergesslichen Auftritte prägte; heute hält die bayerische SPD hier ihre ärmliche Fastenveranstaltung ab.

Sehenswertes in Vilshofen und Umgebung

Vilshofen

Hauptschlagader der Altstadt ist der **Stadtplatz**, ein Straßenmarkt, gesäumt von hübschen Häusern im Inn-Salzach-Stil mit Laubengängen und gerade abschließenden Vorschussmauern, die flach geneigte Grabendächer verbergen. Im Westen schließt ihn der frühbarocke **Stadtturm**, 1643 – 1647 neu errichtet, wirkungsvoll ab; die Stadtgalerie veranstaltet dort interessante Ausstellungen (geöffnet Di. – So. 14.00 – 17.00 Uhr, www.kgv-vilshofen.de). Im Osten bildet die spätgotische Kirche **St. Johannes der Täufer** den Blickfang, die nach dem Stadtbrand 1803/1804 erneuert wurde; nach der Säkularisation ka-

Vilshofen, malerisch zwischen Vils und Donau gelegen, mit der Kirche St. Johannes

men die ganze Ausstattung von St. Nikola in Passau und die Orgel von Aldersbach (► S. 312) hierher. Im frühklassizistischen Inneren besonders bemerkenswert der monumentale Hauptaltar des Passauers Joseph Hartmann (1715 – 1719; Gemälde J. C. Sing, 1718) und am Chorbogen der überlebensgroße St. Johannes Nepomuk von Egid Quirin Asam (1746). Schiffer und Handwerker wohnten in der schmalen Flucht der Donaugasse. Mit dem **»Atrium«** besitzt die Stadt ein modernes Kulturzentrum, dessen Programm im ostbayerischen Raum einen guten Namen hat. Über Vilshofen thront der imposante zweitürmige Komplex der **Benediktinerabtei Schweiklberg**, erbaut 1904 – 1911; die Kirche weist ungewöhnliche Elemente des Jugendstils auf. Aufgrund seiner Missionsarbeit unterhält das Kloster ein Schwarzafrika-Museum (geöffnet tägl. 13.30 – 17.00, zugänglich durch den Klosterladen).

Künzing

Künzing 10 km nordwestlich von Vilshofen – am Rand des flachen Gäubodens gelegen – ist ein uralter Siedlungsplatz. Das **Museum Quintana** berichtet anschaulich, u. a. mit Geräten, Waffen und dem Modell des Römerlagers, das um 90 n. Chr. hier errichtet wurde, über die Vergangenheit des Orts von der Steinzeit bis in bajuwarische Zeiten (Osterhofener Str. 2, geöffnet Di. – So. Mai – Sept. 10.00 bis 17.00, Okt. – April 10.00 – 16.00 Uhr).

★★ **Osterhofen-Altenmarkt**

Wie an der Klosterkirche St. Mauritius im 10 km nördlich gelegenen Niederalteich (► Deggendorf) war der berühmte Barockbaumeister Johann Michael Fischer auch an **St. Margareta** in Altenmarkt bei Osterhofen beteiligt, einer der herrlichsten Barockkirchen Bayerns, manche sagen sogar der Welt (päpstliche Basilika 1983). Ihre Vorgängerin entstand um das Jahr 1000 als Teil eines Prämonstratenserklosters. Nach einem Brand 1701 wurde, bis auf die romanischen Türme im Westen und einen Teil des Chors, ab 1727 nach Plänen Fischers eine neue Kirche errichtet. Am kargen, schmucklosen Äußeren lässt nichts erkennen, welch überwältigender Rausch an schwingenden Formen – gezähmt durch eine klar gegliederte, durch viel Weiß betonte Architektur – und überbordendem Dekor den Besucher erwartet. Für die prachtvolle Ausgestaltung des fast 50 m langen Baus nach dem Schema eines Wandpfeilersaals sorgten, bis 1740, die ebenso berühmten Brüder **Cosmas Damian Asam** (Fresken, Hauptaltarblatt) und **Egid Quirin Asam** (Stuck, Stuckplastik, Altäre). Man sollte sich unbedingt Zeit nehmen, die wunderbar charakterisierten Figuren zu studieren, von den recht unernsten, skurril ausstaffierten Putten bis zu den sehr lebensechten Stifter- und Heiligenskulpturen; selbst die Rückwände des Chorgestühls sind mit Stuck gestaltet. Die nach Art eines barocken Theaters angelegte Raumschöpfung ist ganz auf den Hochaltar (mit einem hell leuchtenden »Oculus« darüber) zentriert: einen vom Papstaltar Berninis in der Peterskirche in Rom inspirierten Baldachinaltar mit vier Schraubensäulen, ein Hauptwerk Egid Quirin Asams. Den Kern des Hochaltars bildet ein romanischer

St. Margareta in Altenmarkt: Ein Engel von Egid Quirin Asam

Taufstein aus Granit. Im Nebenraum zwischen den Turmstümpfen malte Cosmas Damian das Gleichnis vom Zöllner und Pharisäer; im müden, bescheidenen Zöllner soll er sich selbst porträtiert haben.

Hilgartsberg

In Vilshofen geht es über die Donau und dann 4 km flussaufwärts nach Hilgartsberg. Auf dem Berg kann man in der eindrucksvollen Ruine einer mittelalterlichen Burg herumklettern und den weiten **Blick über die Donau** genießen, die (noch?) durch den Gäuboden mäandert und hier – gestaut durch das Kraftwerk Kachlet – in die Höhen des Vorwalds eintritt.

Flintsbach

In Flintsbach, weitere 6 km nordwestlich, demonstriert in einer stillgelegten Ziegelei das **Ziegel + Kalk-Museum** die jahrtausendealte Geschichte und Herstellung dieser wichtigen Baustoffe (geöffnet April bis Okt. Sa., So. 13.00 – 17.00 Uhr, www.ziegel-und-kalkmuseum.de). Außerdem gibt es hier Ausstellungen und Kurse rund ums Töpfern (auch für Kinder) sowie eine Kulturbühne (Musik, Kabarett u. a.). Flintsbach gehört zur Marktgemeinde Winzer – noch Anfang des 19. Jh.s gab es dort Weinberge. Auch hier eine Burgruine mit Ausblick.

◀ Winzer

★★ **Aldersbach**

Zum Reigen der atemberaubenden Asam-Kirchen in Niederbayern gehört die einstige **Klosterkirche Mariä Himmelfahrt** in Aldersbach 11 km südwestlich von Vilshofen. Zisterzienser aus Ebrach im Steigerwald übernahmen 1146 das um 1125 gegründete Augustinerchorherrenstift und machten es zu einem der wichtigsten Klöster Ostbayerns; von hier aus wurden u. a. Gotteszell (► Deggendorf) und Fürstenzell (► S. 314) gegründet. Von der mittelalterlichen Kirche ist nur noch der Westturm erhalten (Turmfassade 1755); der Chor entstand 1617 neu, das Langhaus bis ca. 1720. Innen ist gut erkennbar, dass der Raum und seine Gestaltung 10 – 20 Jahre älter sind als der in Altenmarkt: Die 64 m lange, lichtdurchflutete, in Weiß, Rosé und Gold gehaltene Wandpfeileranlage macht bei aller bewegten Pracht des Dekors von **Egid Quirin Asam** einen ernsten, schweren Eindruck, mit Ausnahme v. a. der schwungvollen Orgelempore. Auch hier staffeln sich die prunkvollen Seitenaltäre an den Wandpfeilern wie Kulissen zum alles übertreffenden Hauptaltar des Passauers Joseph Mattias Götz (1723), der zwischen hellen Fenstern steht und im Auszug (oben) – in diesem Bereich zählt man 88 Engel – gelb hinterleuchtet ist. Die Deckenfresken und zwei Seitenaltarbilder stammen von **Cosmas Damian Asam**. Das Hauptfresko wirkt am besten vom westlichen Langhaus aus: In dramatischer Perspektive öffnet sich der Blick auf die Geburt Christi im Stall von Bethlehem, dargestellt in der Vision des hl. Bernhard, mit dem Jesuskind als alles überstrahlender Lichtquelle. Großartig auch das Chorgestühl (1762) und die Kanzel (Joseph Deutschmann, 1748). Auch der Konvent ist einen Rundgang wert; den (leeren) Bibliothekssaal schmückt ein großes Deckenfresko von **Matthäus Günther** (1760). Von Günther stammt auch das wunderbare Deckenbild (Szenen aus dem Marienleben) in der Portenkapelle am Eingang zum Klosterbereich. Führungen durch Kirche und Kloster Ostern – Allerheiligen tägl. 13.30 Uhr. Info: Klosterladen Tel. 0 85 43 / 96 04 33, www.aldersbach.de.

? WUSSTEN SIE SCHON ...?

- Nur wer die Aldersbacher Schwalbe gesehen hat – so heißt es –, hat Aldersbach gesehen, und man muss sie selbst finden. Gehen Sie also im Hauptdeckenfresko der Klosterkirche auf die Suche …

Das Kloster wird von einer Oblatengemeinschaft genützt – Oblaten bleiben, anders als Mönche und Nonnen, in ihrem bisherigen Zivilstand –, die ein Gästehaus betreibt (► S. 308). Aldersbach ist ein beliebtes Ausflugsziel; hier gibt es seit 1268 eine der ältesten Brauereien Bayerns, mit urigem **Bräustüberl** im alten Refektorium und einem interessanten Brauereimuseum (geöffnet Ostern – Allerheiligen Mo. bis Fr. 10.00 – 17.00, Sa., So. 12.00 – 17.00 Uhr). Zu empfehlen ist auch der Gasthof Mayerhofer vor dem Kloster.

★ **Sammarei**

Der fremd klingende Namen Sammarei erklärt sich recht einfach als baierische Form von »Sankt Maria« (»Sankt Marei«), und er ist dementsprechend als »Sammárei« auszusprechen. Der 12 km südlich von

Vilshofen gelegene Wallfahrtsort – nach Altötting der bedeutendste der Diözese – besitzt eine sehr ungewöhnliche Kirche. Beim Brand eines Bauernhofs im Jahr 1619 war eine neben ihm stehende kleine Holzkapelle unversehrt geblieben. Das Wunder zog Pilger an, und schon zehn Jahre später begann der kurfürstliche Baumeister Isaak Baader mit dem Bau der Kirche (geweiht 1631) – wobei die **alte Kapelle**, ein schindelgedeckter Blockbau, erhalten blieb. Sie steht im Chor, und zwar hinter der nach Dehio »in der kirchlichen Ausstattungskunst Süddeutschlands einzigartigen« **Altarwand** (um 1645) im Stil der manieristischen Spätrenaissance, die an die Ikonostasen der orthodoxen Kirchen erinnert. Jakob Bendl schuf damit ein höchst lebensvolles und witziges (berühmt der »gschlamperte Engel«) Szenarium mit wichtigen Episoden aus dem Marienleben. Von Bendl stammen auch die Kanzel und der Orgelprospekt. In der Holzkapelle der barocke Gnadenaltar (1772) mit dem ins Jahr 1631 zurückgehenden Gnadenbild. An die 1300 Votivbilder im Chor und in der Kapelle künden von der Bedeutung des Orts. Unter den vielen Festen und Wallfahrten ragen der 1. Mai und der 15. August (Mariä Himmelfahrt, mit Lichterprozession am Vorabend) besonders heraus.

Ortenburg

Die Grafen von Ortenburg (5 km östlich von Sammarei) führten 1563 die Reformation ein, und auch nachdem das reichsunmittelbare Ländchen 1805 zu Bayern gekommen war, blieb es eine **protestantische Insel** – in all dem barock- und weihrauchgeschwängerten Niederbayern macht die nüchterne spätgotische Pfarrkirche (geweiht 1518) durchaus Eindruck. Zwei prächtige Grabmäler, von Graf Joachim († 1600) und dessen Sohn Anton († 1573), demonstrieren hier landesherrliches Selbstbewusstsein. Hauptanziehungspunkt in Ortenburg ist das trutzige **Renaissanceschloss**, zu dem eine Lindenallee hinaufführt; es besitzt einen schönen Arkadenhof sowie im Rittersaal und in der Schlosskapelle grandiose Kassettendecken (Einlasszeiten April – Okt. Di. – So. 10.00 – 16.00 Uhr). Insbesondere Kinder haben ihren Spaß im Wildpark (Einlass April – 3. Nov. 9.00 – 18.00 Uhr). Das Erlebnis runden der Schlosskeller und sein Biergarten mit Blick übers Wolfachtal ab.

Zwischen Ortenburg und Fürstenzell dehnt sich ein **Obstanbaugebiet** aus, das auf protestantische Flüchtlinge aus Österreich zurückgeht; in jüngerer Zeit werden hier wieder vermehrt alte Sorten kultiviert und vermarktet. Jeden 1. Sa. im Monat sind Obst und Most auf dem Bauernmarkt zu haben, um den 20. Sept. ist Zwetschgenmarkt. Übrigens: Wer zum ersten Mal hierher kommt und das Gefühl hat, dies und jenes schon zu kennen, hat wohl die TV-Serie **»Forsthaus Falkenau«** gesehen.

! *Baedeker* TIPP

Der Geist des Obstes

Die weitläufigen Streuobstwiesen um Ortenburg – ihre Blütenpracht im Frühling ist eine Augenweide – liefern aromatische, ungespritzte Früchte für die feinen Destillate der Brennerei Braun in Holzkirchen (Brunndobl 19, Tel. 0 85 42 / 25 93, www.braun-edle-braende.de).

★★ **Fürstenzell** Und noch einmal meisterhaftes Barock-Rokoko von ganz großen Namen: In Fürstenzell, 9 km südöstlich von Ortenburg, gab es seit 1274 ein Zisterzienserkloster, das im 18. Jh. seine hohe Zeit hatte. Auf den Grundmauern der gotischen Kirche wurde ab 1738 ein neuer Bau errichtet, den zwei Jahre später **Johann Michael Fischer** übernahm. Seine Handschrift ist in der noblen Doppelturmfassade ebenso zu erkennen wie in der eleganten, bewegten Gestaltung des Wandpfeilersaals, ähnlich wie in der früher erbauten Kirche in Altenmarkt. Der Kößlarner Johann Baptist Modler begann mit den Stuckarbeiten, doch Fischer war damit nicht zufrieden (er ließ sogar einen Teil abschlagen) und beauftragte seinen Gesellen Johann Georg Funk mit der Fortführung. Dass Modler so schlecht nicht war, zeigt sich etwa an der Kanzel (1748) mit ihren originellen Darstellungen. Auch den Hochaltar (1745) ließ Fischer einen anderen anfertigen, den Münchner Hofbildhauer **Johann Baptist Straub**, der hier seinen ersten großen Altar »ablieferte«. Das Hochaltarblatt und die Deckenfresken schuf der Tiroler Johann Jakob Zeiller; gemäß dem Patrozinium des »Doms des Rottals« hat es, wie das große Langhausfresko, die Himmelfahrt Mariä zum Thema. Ein unvergleichliches Meisterwerk ist

Der herrliche Bibliothekssaal im einstigen Kloster Fürstenzell

die – wegen Besitzerwechsel auf unbestimmte Zeit nicht zugängliche – **Klosterbibliothek** des Passauers Joseph Deutschmann. Die Hermen (Halbfiguren), die als Atlanten die Galerien stützen, sind für ihren bestürzend extremen Ausdruck berühmt; die graziösen Putten des Schrankwerks verkörpern, oft in humoriger Weise, die Wissensgebiete – »schlechtes Argumentieren« etwa durch Engelchen, die mit Würsten fechten. Das Deckenfresko des Bibliothekssaals, von Matthäus Günther und Johann Jakob Zeiller, wurde leider im 19. Jh. zerstört. Das **Christkindl-Ansingen** am 23. Dez. abends in der Kirche sollte man sich nicht entgehen lassen; es geht auf ein Weihnachtsspiel zurück, das im 19. Jh. von Glasmachern aus Böhmen in den Bayerischen Wald gebracht wurde.

REGISTER

VERZEICHNIS DER KARTEN & GRAFISCHEN DARSTELLUNGEN

BILDNACHWEIS

AKG S. 40, 51, 88
Bayerisches Hauptstaatsarchiv München S. 48 / 49
Diözesanmuseum Freising / Wolf-Christian von der Mülbe S. 82 rechts und links
Freiherr von Poschinger Glasmanufaktur S. 16, 70, 198
Glashütte Valentin Eisch S. 14 unten, 85, Umschlag hinten außen
Carsten Heinisch S. 189
HB Verlag / Hirth S. 1, 5, 10 / 11, 13 Mitte und unten, 14 oben, 22, 33, 66, 68, 74, 80, 91, 102, 104, 140, 142, 143, 145, 147, 158, 160, 167, 170, 177, 182, 192, 194, 205, 218, 225, 234, 243, 245, 250, 257, 269, 271, 296, 303, Umschlagklappe hinten innen
HB Verlag S. 34 (Widmann), 36 (Seyfert), 53 (Schulze), 58 (Hilbich), 59, 64 (Hilbich), 72, 73, 84, 112 (Hilbich), 136 (Widmann, 137, 155 (Hilbich), 213, 252, 281 (Widmann), 286 (Widmann), 292, 311
Huber S. 3 (Schmid), 4 (Gräfenhain), 15 (Schmid), 28 (Gräfenhain), 79 (Schmid), 99 (Gräfenhain), 144 / 145 (Hallberg), 150 (Gräfenhain), 215 (Gräfenhain), 220 (Hallberg), 240 (Schmid), 261 (Schmid), 273 (Schmid), 291 (Schmid), 306 (Gräfenhain)
Gerhard Mader S. 96
Mauritius S. 7 (Siepmann), 10 (Wittek), 12 (Blume), 13 oben (Otto), 14 Mitte (Siepmann), 27 (Eisele-Hein), 38 (Otto), 61 (Siepmann), 77 (Mahr), 75 (Thonig), 114 (Blume), 120 (Eisele-Hein), 124 (Siepmann), 126 (Siepmann), 132/133 (Siepmann), 141 (O'Brien), 187 (Bahnmüller), 191 (Bahnmüller), 211 (Moxter), 230 (Merten), 232 (Siepmann), 254 (Bahnmüller), 259 (Bahnmüller), 263 (Siepmann), 283 (Widmann), 289 (Siepmann), 294 (Otto), 300 (Auth), 305 (Mehlig), 309 (Otto), 314 (Peters)
Museen der Stadt Regensburg – Historisches Museum S. 278 (Ehem. Abtei St. Emmeram, Kupferstich um 1750)
picture-alliance / dpa / Weigel S. 32, 35, 89, 166
picture-alliance / akg S. 208 (Paul W. John, um 1935)
Rainer Pöhlmann S. 56, 202, 203, 204
Stadtarchiv Waldkirchen S. 86
Stadt Regensburg / Peter Ferstl S. 43, 46/47 (Detail aus einem Holzschnitt von Michael Wolgemut in der Weltchronik von Hartmann Schedel 1493; Historisches Museum), 276, 277 oben rechts
Museum Steinwelten / Dionys Asenkerschbaumer S. 238
Thurn und Taxis Museen / Clemens Mayer S. 277 unten rechts, 274, 275, 277 links
Tourismusverband Ostbayern Umschlag vorne innen, S. 6, 24 (Körner), 90 / 91 (Jagdfalkenhof Regen), 118, 122, 129, 138, 179, 206
Zwiesel Kristallglas AG S. 113

Titelbild: Mauritius / Blume (Großer Arbersee)

IMPRESSUM

Ausstattung:
152 Abbildungen, 22 Karten und grafische Darstellungen, eine große Reisekarte

Text:
Dr. Bernhard Abend und Anja Schliebitz mit Beiträgen von Dr. Jörg Haller, Carsten Heinisch, Michael Lukaschik, Daniela Schetar und Friedrich Köthe

Bearbeitung:
Baedeker Redaktion
(Dr. Bernhard Abend und Anja Schliebitz)

Kartografie:
Christoph Gallus, Hohberg;
MAIRDUMONT, Ostfildern (Reisekarte)

3D-Illustrationen:
jangled nerves, Stuttgart

Gestalterisches Konzept:
independent Medien-Design, München
(Kathrin Schemel)

Chefredaktion:
Rainer Eisenschmid,
Baedeker Ostfildern

1. Auflage 2010

Urheberschaft:
Karl Baedeker Verlag, Ostfildern

Nutzungsrecht:
MAIRDUMONT GmbH & Co KG, Ostfildern

Anzeigenvermarktung:
MAIRDUMONT MEDIA
Tel. 0049 711 4502 333
Fax 0049 711 4502 1012
media@mairdumont.com
http://media.mairdumont.com

Printed in China
Gedruckt auf 100 % chlorfrei gebleichtem Papier

i atmosfair

Reisen bereichert und verbindet Menschen und Kulturen. Jedoch: Wer reist, erzeugt auch CO_2. Der Flugverkehr trägt mit bis zu 10 % zur globalen Erwärmung bei. Wer das Klima schützen will, sollte sich daher nach Möglichkeit für die schonendere Reiseform entscheiden (wie die Bahn). Wenn keine Alternative zum Fliegen besteht, kann man zusammen mit atmosfair handeln und klimafördernde Projekte unterstützen.
atmosfair ist eine gemeinnützige Klimaschutzorganisation unter der Schirmherrschaft von Klaus Töpfer. Die Idee: Flugpassagiere spenden einen kilometerabhängigen Beitrag für die von ihnen verursachten Emissionen und finanzieren damit Projekte in Entwicklungsländern, die dort den Ausstoß von Klimagasen verringern helfen. Dazu berechnet man mit dem Emissionsrechner auf **www.atmosfair.de**, wie viel CO_2 der Flug produziert und was es kostet, eine vergleichbare Menge Klimagase einzusparen (z. B. Berlin – London – Berlin 13 Euro). atmosfair garantiert die sorgfältige Verwendung Ihres Beitrags. Auch der Karl Baedeker Verlag fliegt mit *atmosfair*. Unterstützen auch Sie unser Klima. Alle Informationen dazu auf www.atmosfair.de.

nachdenken • klimabewusst reisen
atmosfair

BAEDEKER VERLAGSPROGRAMM

- Ägypten
- Algarve
- Allgäu
- Amsterdam
- Andalusien
- Athen
- Australien
- Australien • Osten
- Bali
- Baltikum
- Barcelona
- Belgien
- Berlin • Potsdam
- Bodensee
- Brasilien
- Bretagne
- Brüssel
- Budapest
- Bulgarien
- Burgund
- Chicago • Große Seen
- China
- Costa Blanca
- Costa Brava
- Dänemark
- Deutsche Nordseeküste
- Deutschland
- Deutschland • Osten
- Djerba • Südtunesien
- Dominik. Republik
- Dresden
- Dubai • VAE
- Elba
- Elsass • Vogesen
- Finnland
- Florenz
- Florida
- Franken
- Frankfurt am Main
- Frankreich
- Fuerteventura
- Gardasee
- Golf von Neapel
- Gomera
- Gran Canaria
- Griechenland
- Griechische Inseln
- Großbritannien
- Hamburg
- Harz
- Hongkong • Macao
- Indien
- Irland
- Island
- Israel
- Istanbul
- Istrien • Kvarner Bucht
- Italien
- Italien • Norden
- Italien • Süden
- Italienische Adria
- Italienische Riviera
- Japan
- Jordanien
- Kalifornien
- Kanada • Osten
- Kanada • Westen
- Kanalinseln
- Kapstadt • Garden Route
- Kenia
- Köln
- Kopenhagen
- Korfu • Ionische Inseln
- Korsika
- Kos
- Kreta
- Kroatische Adriaküste • Dalmatien
- Kuba
- La Palma
- Lanzarote
- Leipzig • Halle
- Lissabon
- Loire
- London
- Madeira
- Madrid
- Malediven
- Mallorca
- Malta • Gozo • Comino
- Marokko
- Mecklenburg-Vorpommern
- Menorca
- Mexiko
- Moskau
- München
- Namibia
- Neuseeland
- New York

- Niederlande
- Norwegen
- Oberbayern
- Oberital. Seen • Lombardei • Mailand
- Österreich
- Paris
- Peking
- Piemont
- Polen
- Polnische Ostseeküste • Danzig • Masuren
- Portugal
- Prag
- Provence • Côte d'Azur
- Rhodos
- Rom
- Rügen • Hiddensee
- Ruhrgebiet
- Rumänien
- Russland (Europäischer Teil)
- Sachsen
- Salzburger Land
- St. Petersburg
- Sardinien
- Schottland
- Schwäbische Alb
- Schwarzwald
- Schweden
- Schweiz
- Sizilien
- Skandinavien
- Slowenien
- Spanien
- Spanien • Norden • Jakobsweg
- Sri Lanka
- Stuttgart
- Südafrika
- Südengland
- Südtirol
- Sylt
- Teneriffa
- Tessin
- Thailand
- Thüringen
- Toskana
- Tschechien
- Tunesien
- Türkei
- Türkische Mittelmeerküste
- Umbrien
- Ungarn
- USA
- USA • Nordosten
- USA • Nordwesten
- USA • Südwesten
- Usedom
- Venedig
- Vietnam
- Weimar
- Wien
- Zypern

BAEDEKER ENGLISH

- Andalusia
- Austria
- Bali
- Barcelona
- Berlin
- Brazil
- Budapest
- Cape Town • Garden Route
- China
- Cologne
- Dresden
- Dubai
- Egypt
- Florence
- Florida
- France
- Gran Canaria
- Greece
- Iceland
- India
- Ireland
- Italy
- Japan
- London
- Mexico
- Morocco
- New York
- Norway
- Paris
- Portugal
- Prague
- Rome
- South Africa
- Spain
- Thailand
- Tuscany
- Venice
- Vienna
- Vietnam

LIEBE LESERINNEN, LIEBE LESER,

ein herzliches Dankeschön, dass Sie sich für einen Baedeker Allianz Reiseführer entschieden haben. Er wird Sie zuverlässig auf Ihrer Reise begleiten und Sie nicht im Stich lassen.
Natürlich beschreibt er die wichtigen Sehenswürdigkeiten, aber er empfiehlt auch interessante Veranstaltungen, nennt Hotels für den großen und kleinen Geldbeutel, gibt Tipps für Restaurants, Shopping und für vieles mehr, was eine Reise zum Erlebnis macht. Dafür haben Bernhard Abend und Anja Schliebitz Sorge getragen. Sie sind für Sie regelmäßig in den Bayerischen Wald gereist und haben all ihre Erfahrungen und Kenntnisse in diesen Reiseführer gepackt.

Trotzdem: Die Erfahrung zeigt, dass Fehler und Änderungen nach Drucklegung, für die der Verlag keine Haftung übernehmen kann, nicht ausgeschlossen werden können. Für Kritik, Berichtigungen und Verbesserungsvorschläge sind wir Ihnen außerordentlich dankbar. Schreiben Sie uns, mailen Sie uns oder rufen Sie an:

► **Verlag Karl Baedeker GmbH**
Redaktion
Postfach 3162
D-73751 Ostfildern
Tel. (0711) 4502-262, Fax -343
E-Mail: info@baedeker.com

Besuchen Sie uns auch im Internet unter www. baedeker.com. Hier finden Sie jeden Monat den aktuellen Reisetipp der Redaktion und das gesamte Verlagsprogramm. Hier können Sie auch lesen, wer Karl Baedeker war und wie er seinen ersten Reiseführer geschrieben hat. Mit seinen über 180 Jahren ist der Karl Baedeker Verlag der älteste Reiseführer-Verlag der Welt.

www.baedeker.com

ZU GEWINNEN: STADTREISE NACH LONDON

Unter allen Einsendungen verlost der Verlag am Jahresende – unter Ausschluss des Rechtswegs – eine Städtekurzreise für zwei Personen nach London.
Freuen Sie sich auf ein spannendes Wochenende in London. Natürlich ist ein Baedeker Allianz Reiseführer London auch dabei!